CEDU쎄듀는 A **C**omprehensive **E**nglish e**DU**cation(**종합적 영어교육**)의 **약자입니다.**

온라인으로 학습하는 풍부한 기초 어법 문항

Mobile & PC 동시 학습이 가능한

쎄듀런 온라인 문법 트레이닝 서비스

학생용

❶ 주관식 1

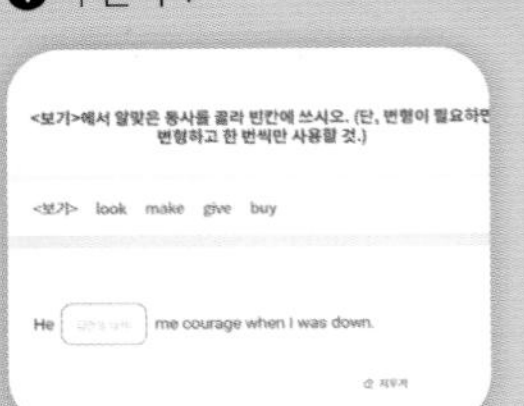

❷ 주관식 2

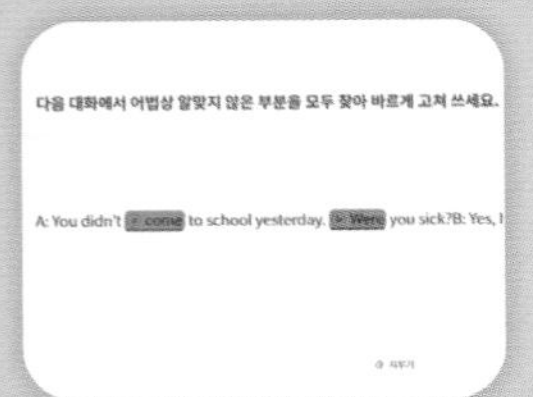

❸ 주관식 3

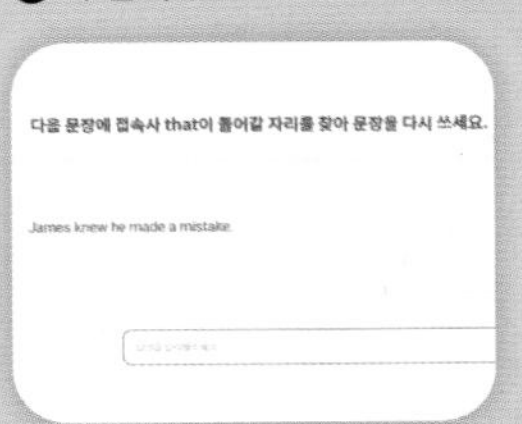

❹ 객관식

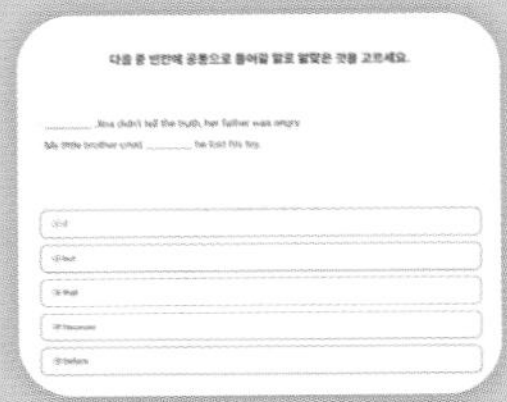

❺ 선택&주관식

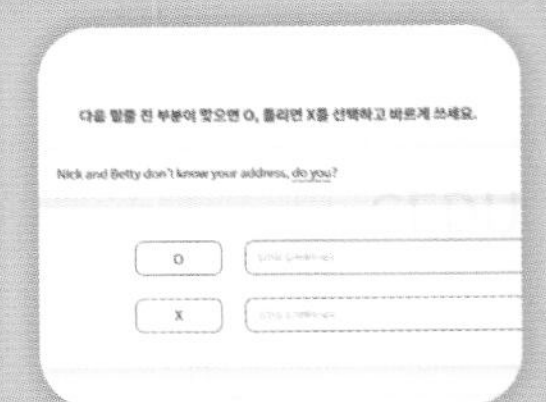

어법끝 START 온라인 학습 50% 할인 쿠폰

할인 쿠폰 번호 **LFL6D5U7YYZA**
쿠폰 사용기간 **쿠폰 등록일로부터 90일**

*어법끝 START 실력다지기의 온라인 학습 교재 코스와 동일하니 학습시 참고 바랍니다.

PC 쿠폰 등록 방법

1 쎄듀런에 학생 아이디로 회원가입 후 로그인해 주세요.
2 [결제내역→쿠폰내역]에서 쿠폰 번호를 등록하여 주세요.
3 쿠폰 등록 후 홈페이지 최상단의 [상품소개→(학생전용) 쎄듀캠퍼스]에서 할인 쿠폰을 적용하여 상품을 결제해주세요.
4 [마이캠퍼스→쎄듀캠퍼스→어법끝 START 클래스]에서 학습을 시작해주세요.

유의사항

- 본 할인 쿠폰과 이용권은 학생 아이디로만 사용 가능합니다.
- 쎄듀캠퍼스 상품은 PC에서만 결제할 수 있습니다.
- 해당 서비스는 내부 사정으로 인해 조기 종료되거나 내용이 변경될 수 있습니다.

어법끝 START 맛보기 클래스 무료 체험권 (유닛1개)

무료 체험권 번호 **TGU6QBZ7HGE6**
클래스 이용기간 **체험권 등록일로부터 30일**

Mobile 쿠폰 등록 방법

1 쎄듀런 앱을 다운로드해 주세요.
2 쎄듀런에 학생 아이디로 회원가입 후 로그인해 주세요.
3 [쿠폰등록]을 클릭하여 쿠폰 번호를 입력해주세요.
4 쿠폰 등록 후 [마이캠퍼스→쎄듀캠퍼스→어법끝 START·실력다지기 맛보기 클래스]에서 학습을 바로 시작해주세요.

쎄듀런 모바일앱 설치

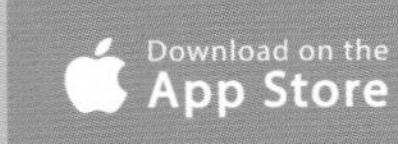

PC 쿠폰 등록 방법

1 쎄듀런에 학생 아이디로 회원가입 후 로그인해 주세요.
2 [결제내역→쿠폰내역]에서 쿠폰 번호를 등록하여 주세요.
3 쿠폰 등록 후 [마이캠퍼스→쎄듀캠퍼스→어법끝 START·실력다지기 클래스]에서 학습을 바로 시작해주세요.

쎄듀런 홈페이지
www.cedulearn.com

쎄듀런 카페
cafe.naver.com/cedulearnteacher

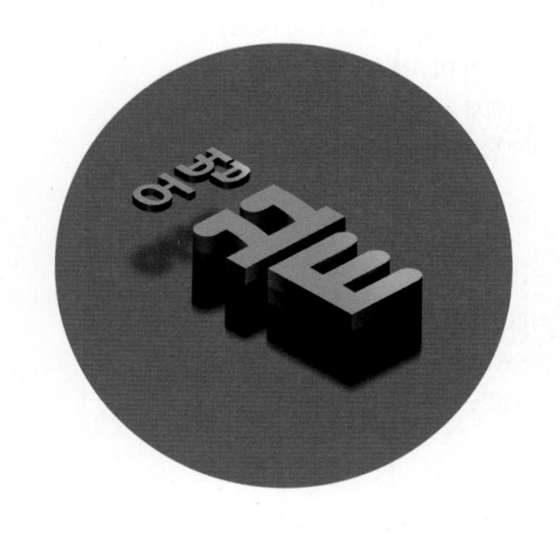

어법끝
START

Grammar & Usage

저자

김기훈 現 ㈜쎄듀 대표이사
現 메가스터디 영어영역 대표강사
前 서울특별시 교육청 외국어 교육정책자문위원회 위원
저서 천일문 / 천일문 Training Book / 천일문 GRAMMAR
첫단추 BASIC / Grammar Q / ALL씀 서술형 / Reading Relay
어휘끝 / 어법끝 / 쎄듀 본영어 / 절대평가 PLAN A
The 리딩플레이어 / 빈칸백서 / 오답백서
첫단추 / 파워업 / 쎈쓰업 / 수능영어 절대유형 / 수능실감 등

쎄듀 영어교육연구센터
쎄듀 영어교육센터는 영어 콘텐츠에 대한 전문지식과 경험을 바탕으로
최고의 교육 콘텐츠를 만들고자 최선의 노력을 다하는 전문가 집단입니다.
오혜정 수석연구원 • **인지영** 책임연구원 • **한예희** 책임연구원

검토에 도움을 주신 분 | 이홍복 선생님
원고에 도움을 주신 분 | 한정은

마케팅 콘텐츠 마케팅 사업본부
제작 정승호
영업 문병구
인디자인 편집 올댓에디팅
디자인 쎄듀 디자인팀
영문교열 Eric Scheusner · Janna Christie

펴낸이 김기훈 I 김진희
펴낸곳 (주)쎄듀 I 서울특별시 강남구 논현로 305 (역삼동)
발행일 2020년 9월 21일 1쇄
내용문의 www.cedubook.com
구입문의 콘텐츠 마케팅 사업본부
Tel. 02-6241-2007
Fax. 02-2058-0209
등록번호 제 22-2472호
ISBN 978-89-6806-197-4

Preface

개정판을 내며

본 교재는 그동안 많은 사랑을 받아온 어법끝 START 2.0의 최신 개정판입니다. 지금까지의 최신 기출문제와 최신 경향을 정확히 꿰뚫는 품질 높은 예상 문제들을 더욱 보강하였습니다. 대수능, 교육과정 평가원과 각 시도 교육청 주관의 모의평가 문제를 철저히 분석하여 반영하였고 학교 내신시험 대비를 위한 문제도 수록하였으므로, 학생들이 치러야 할 모든 종류의 시험에 완벽히 대비할 수 있도록 하였습니다. 또한 개정판을 기획하면서 일선에 계신 선생님들의 의견을 적극 반영하여 기존 교재의 장점은 그대로 유지하고 보완사항들을 개선하였으므로 한층 효과적이고 효율적인 학습이 되리라 확신합니다. 대표적인 개정 내용은 아래와 같습니다.

1 단계적 학습 방식 유지

PART I '네모 어법' 형태로 어법의 출제 핵심 포인트를 좀 더 쉽게 접근한 뒤, PART II ' 밑줄 어법'에서 밑줄형 문제에 적용하는 단계적 학습 방식은 그대로 유지하였습니다. 이는 고등 어법을 처음 대하는 학습자가 출제 의도를 보다 쉽게 익혀서 적용까지 할 수 있도록 하는 데 가장 효과적인 방법임을 많은 선생님들께서 확인해주셨습니다.

2 신설 및 개선된 사항

최신 출제 경향 반영	기출 분석을 토대로, 최근 빈출되고 있는 사항을 특히 강화하였습니다.
PART I '네모 어법'에서 서술형 '밑줄 맛보기' 문제 신설	밑줄 어법 유형의 문제가 강세를 보이는 최근 경향을 반영한 것입니다. 네모 어법의 상세 포인트를 밑줄 어법에 그대로 적용할 수 있는 것으로서 부담 없는 학습으로 밑줄 문제에 대한 기본 실력을 탄탄히 해주는 동시에 적응력을 한층 더 높여 줄 것입니다.
문제 개수 증대	기존 교재에 수록 문제 수는 총 748개였으나 이를 1055개로 약 40%를 늘렸습니다. 출제 빈도에 의거하여 최신 빈출되는 사항을 충분히 학습할 수 있게 한 것입니다.
중요도 표시	총 28개년과 최근 6개년도의 기출 어법 사항의 빈도를 반영하여 중요도를 모두 표시하였습니다.
미니 반복 학습장 증정	학습 진도가 나갈수록 누적 반복 암기가 중요합니다. 학생들이 휴대하고 다니면서 암기할 수 있도록 세분화된 CASE 내용을 대표 예문과 함께 빈칸 문제 형식으로 수록하였습니다.

어법끝 START는 복잡하고 방대한 문법 지식 중에서 실제 어법 문제에 활용되는 사항들만을 엄선하여 빠르고 정확하게 익힐 수 있도록 한 교재입니다. 어법은 핵심 포인트가 문장만 바뀐 채 계속 반복 출제되므로 이를 정확히 간파하고 문제풀이를 충분히 하면 확실한 점수를 보장할 수 있습니다. 많은 수험생 여러분들로 하여금 어법에 대한 자신감을 갖게 하여 영어 영역 1등급으로 나아갈 수 있게 하는 모멘텀이 되리라 확신합니다. 독자 여러분의 건승을 진심으로 기원합니다.

저자

about this book <어법끝 START>의 구성과 특징

1

어법 문제 유형(네모형, 밑줄형)에 따른 맞춤 접근법 제시!

어법 유형에 따라 다른 접근법을 제시합니다.

2 23개 핵심 어법 포인트를 네모형 문제로 익히기!

총 28개년 기출 어법 사항을 완벽 분석하여 핵심 포인트만 엄선했습니다.

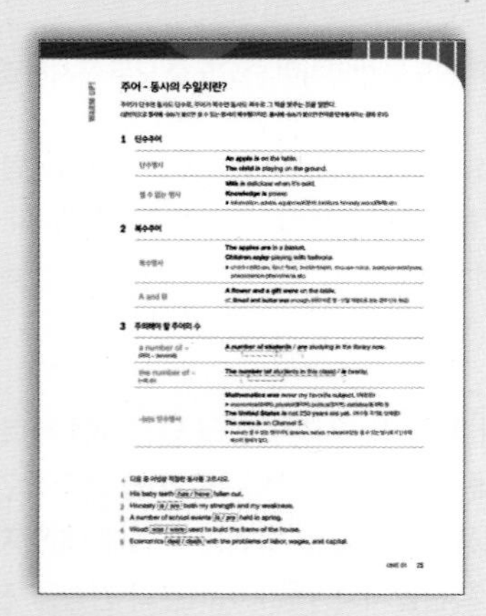

WARM UP

어법 포인트 학습에 도움이 되는 관련 기초 문법 사항 정리

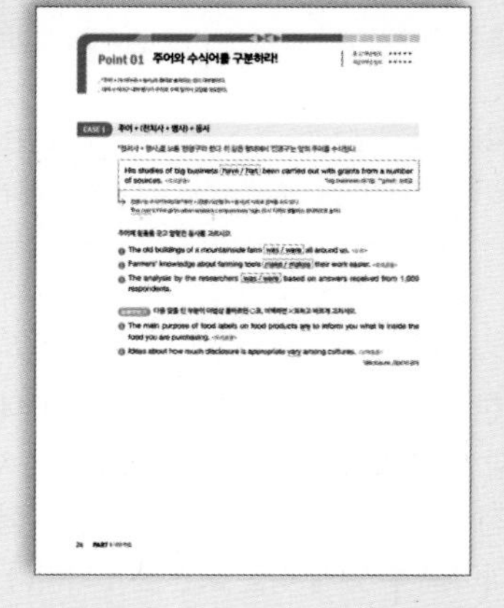

CASE

대표 예문과 간단한 연습문제로 핵심 출제 포인트 정리

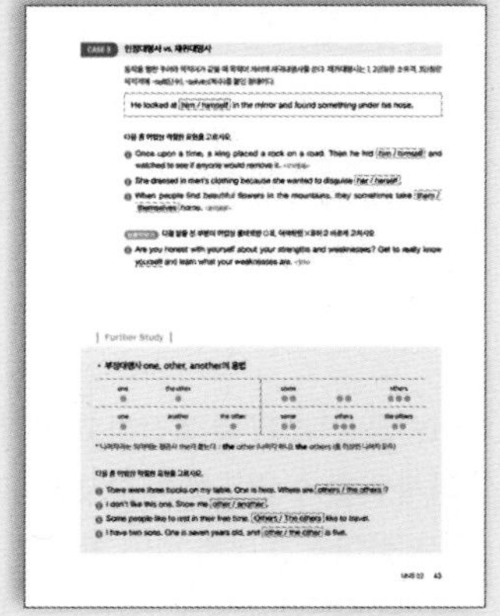

Further Study

어법 포인트 중에서 심화학습이 필요한 내용을 보다 집중적으로 학습

부가서비스 온라인에서 어휘 복습 자료 추가 제공!
쎄듀북 홈페이지 **www.cedubook.com**을 방문해 보세요.

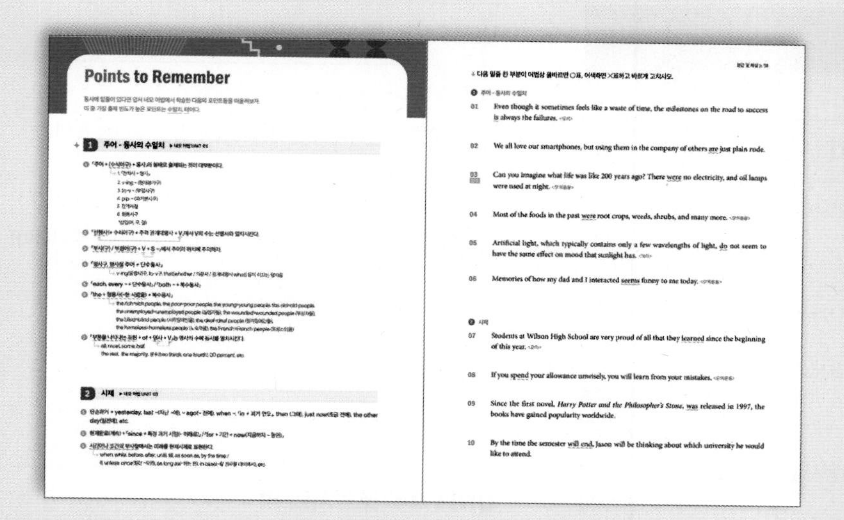

Points to Remember

1 주어 - 동사의 수일치

2 시제

※ 다음 밑줄 친 부분이 어법상 올바르면 ○표, 어색하면 ×표하고 바르게 고치시오.

❶ 주어 - 동사의 수일치

01 Even though it sometimes feels like a waste of time, the milestones on the road to success is always the failures.

02 We all love our smartphones, but using them in the company of others are just plain rude.

03 Can you imagine what life was like 200 years ago? There were no electricity, and oil lamps were used at night.

04 Most of the foods in the past were root crops, weeds, shrubs, and many more.

05 Artificial light, which typically contains only a few wavelengths of light, do not seem to have the same effect on mood that sunlight has.

06 Memories of how my dad and I interacted seems funny to me today.

❷ 시제

07 Students at Wilson High School are very proud of all that they learned since the beginning of this year.

08 If you spend your allowance unwisely, you will learn from your mistakes.

09 Since the first novel, *Harry Potter and the Philosopher's Stone*, was released in 1997, the books have gained popularity worldwide.

10 By the time the semester will end, Jason will be thinking about which university he would like to attend.

3

어법 포인트를
밑줄형 문제에 적용하기!

밑줄형 문제에서 적용할 수 있는
모든 어법 포인트를 제시합니다.

실전 어법 문제로 구성된
갈무리 모의고사로
실력 점검!

수능, 모의고사, 내신 유형을
망라하여 실전 대비 능력을
높입니다.

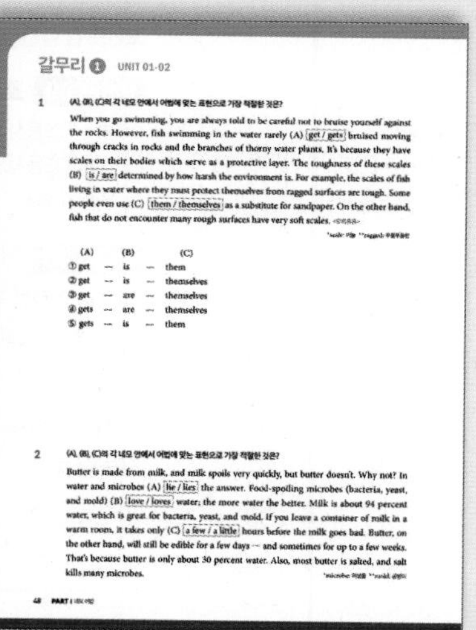

갈무리 ❶ UNIT 01-02

1 (A), (B), (C)의 각 네모 안에서 어법에 맞는 표현으로 가장 적절한 것은?

When you go swimming, you are always told to be careful not to bruise yourself against the rocks. However, fish swimming in the water rarely (A) [get / gets] bruised moving through cracks in rocks and the branches of thorny water plants. It's because they have scales on their bodies which serve as a protective layer. The toughness of these scales (B) [is / are] determined by how harsh the environment is. For example, the scales of fish living in water where they must protect themselves from ragged surfaces are tough. Some people even use (C) [them / themselves] as a substitute for sandpaper. On the other hand, fish that do not encounter many rough surfaces have very soft scales.

(A)		(B)		(C)
① get	—	is	—	them
② get	—	is	—	themselves
③ get	—	are	—	themselves
④ gets	—	are	—	themselves
⑤ gets	—	is	—	them

2 (A), (B), (C)의 각 네모 안에서 어법에 맞는 표현으로 가장 적절한 것은?

Butter is made from milk, and milk spoils very quickly, but butter doesn't. Why not? In water and microbes (A) [lie / lies] the answer. Food-spoiling microbes (bacteria, yeast, and mold) (B) [love / loves] water; the more water the better. Milk is about 94 percent water, which is great for bacteria, yeast, and mold. If you leave a container of milk in a warm room, it takes only (C) [a few / a little] hours before the milk goes bad. Butter, on the other hand, will still be edible for a few days — and sometimes for up to a few weeks. That's because butter is only about 30 percent water. Also, most butter is salted, and salt kills many microbes.

48 PART I

갈무리 ❶ UNIT 01-02

1 다음 글의 밑줄 친 부분 중, 어법상 틀린 것을 찾아 바르게 고치시오.

The Bach bow ① was invented because of an unusual musical problem: Bach, the great German composer, wrote violin sonatas that ② is impossible to play on the traditional violin! The sonatas include three- and four-note chords, but you can't play more than two notes at a time using a traditional violin bow. That's because the bridge of a violin is curved, while the violin bow is straight and ③ its horsehair is very tight. This bow's hair can touch only two strings at once. The Bach bow, on the other hand, is curved, and its hair can ④ be loosened by violinists as they play. With a Bach bow, three or four notes can ⑤ be played simultaneously, just as Bach wrote them.

2 다음 글의 밑줄 친 부분 중, 어법상 틀린 것을 찾아 바르게 고치시오.

You can go on whale-watching tours in many countries, but only in Tonga ① can you actually get into the water and swim right alongside these beautiful giants. Every July, humpback whales migrate to the warm waters of Tonga and stay for several months. If you ② take a whale-watching tour from Tonga's Vava'u Island, you will ③ allow to snorkel near the whales and their babies. Some people say the presence of so many boats and people in the water ④ causes the humpbacks to suffer stress, and at least one tour-boat operator doesn't allow snorkeling for this reason. ⑤ Others claim that the whales are curious about the tourists, rather than worried or distressed.

161

5

휴대용 학습장으로 반복 학습!

어법 포인트의 누적 반복 학습에 매우 편리합니다.

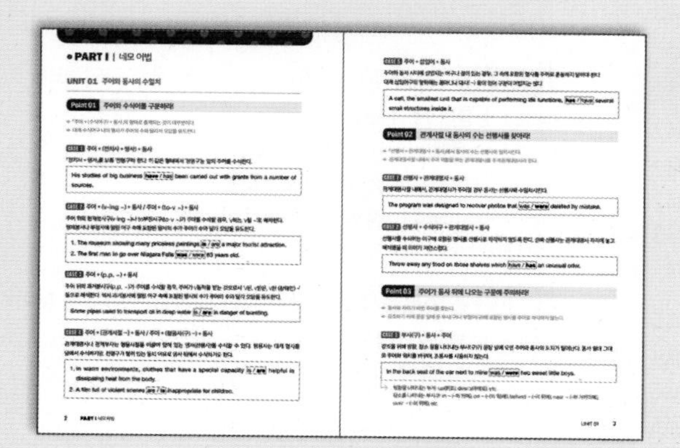

contents

PART II | 밑줄 어법

주요 품사 Parts of Speech

품사란 영어 표현 그대로, '말의 부분들'이다. 즉 문장을 구성하는 각 단어를 가리킨다.
(보통, 명사, 대명사, 형용사, 부사, 동사, 전치사, 접속사, 감탄사, 총 8개의 품사로 나눈다.
관사는 형용사로, 조동사는 동사로 분류하는 경우가 대부분이다.)

대개 단어들은 하나의 품사로 고정되어 있지 않고 문장에 따라 각기 다른 품사로 쓰일 수 있다.
그러므로 어떤 단어의 품사가 무엇인지 그 단어로 구별할 수 있지 않고, 반드시 문장 내에서의 쓰임을 통해 판가름할 수 있다.

예) 단어 **close**

- **Close** the door quietly. (동사: 문을 조용히 닫으세요.)
- The hotel is quite **close** to the downtown area. (형용사: 그 호텔은 시내에서 꽤 가깝다.)
- She moved **closer** to hear the story. (부사: 그녀는 이야기를 들으려고 더 가까이 이동했다.)
- Can we bring this meeting to a **close**? (명사: 이 회의를 끝낼까요?)

1 명사 Nouns

사람, 또는 사물 등 모든 것의 이름을 뜻한다.
문장에서 주어, 보어, 목적어가 된다. 's 등이 붙어 소유격(e.g. my **brother's** bike)을 만들기도 한다.
어법에서 가장 중요한 사항은, 문장에서 **어떤 명사가 셀 수 있는 명사인지 셀 수 없는 명사인지를 판별하는 것**이다.
이로써 앞에 붙는 수식어나 동사와의 수일치, 대명사와의 일치 등을 올바로 답할 수 있다.

명사
고유명사 : Hong Gil-dong / Korea 등 사람이나 장소, 국가 등의 이름
보통명사
셀 수 있는 명사 : a pencil / a hope / an idea
(앞에 a, an 가능)
셀 수 없는 명사 : bread / courage / information
(앞에 a, an 불가능)

(1) 셀 수 있는 명사 (Countable Nouns, 가산명사)
문장에서 '하나'를 나타내는 단수형, 또는 '둘 이상'을 나타내는 복수형으로 쓰인다.
- How *many* **envelopes** do you have? — Just a few.
- Are *these* **drawings** by Picasso?

(2) 셀 수 없는 명사 (Uncountable Nouns, 불가산명사)
셀 수 없으므로 단수형, 복수형이 따로 없다.
- **Oil** *is* expensive these days.
- I'd like *a little* **bread** with this cheese.

2 대명사 Pronouns

명사를 대신해서 쓰이는 말이다. 명사와 마찬가지로 문장에서 주어, 보어, 목적어가 된다.
인칭대명사, 지시대명사(this, that 등), 부정대명사, 의문대명사, 관계대명사 등이 있다.
대명사와 관련된 어법 사항으로 중요한 것은 **대신하는 명사의 수와 일치하는지를 문맥으로 판단하는 것**이다.

- The floor is clean but the windows are dirty. I must wash **them**. (them = windows(○), the floor(×))

❶ 인칭대명사 (Personal Pronouns)

수 / 격 etc. / 인칭/성	단수형					복수형				
	주격	소유격	목적격	소유대명사	재귀대명사	주격	소유격	목적격	소유대명사	재귀대명사
1	I	my	me	mine	myself	we	our	us	ours	ourselves
2	you	your	you	yours	yourself	you	your	you	yours	yourselves
3 남성	he	his	him	his	himself	they	their	them	theirs	themselves
여성	she	her	her	hers	herself					
중성	it	its	it		itself					

* it, they, them은 '사물'을 나타내기도 하지만 보통 인칭대명사에 포함시킨다.

(1) 주어로 쓰이는 형태: I, you, he, she, it, we, they

문장에서 주어로 쓰일 때의 형태를 말하며 '주격(Subject Forms)'이라고 한다.
'격'은 쉽게 말해, 문장에서의 역할에 따라 쓰이는 '형태'이다.

(2) 목적어로 쓰이는 형태: me, you, him, her, it, us, them

문장에서 타동사나 전치사의 목적어(☞p. 14)로 쓰일 때의 형태를 말하며 '목적격(Object Forms)'이라고 한다.

- If you see Jane, please *give* **her** this message.
- I have no information *about* **them**.

* 구어체로는 be동사의 보어, 비교구문의 as/than 뒤, 또는 동명사의 의미상 주어(☞p.18)로 많이 사용된다.

- It *was* **her** who said that. (보어)
- You're taller *than* **me**.
- She's as old *as* **me**.
- I do mind **him** *talking* loudly. (동명사의 의미상 주어)

(3) 소유를 나타내는 형태: my, your, his, her, its, our, their

명사 앞에 쓰이는 대명사로서 '소유격(Possessives)'이라고 한다.

- **Your** backpack is nice.

* 동명사의 의미상 주어로 쓰인다.

- I do mind **his** *talking* loudly.

(4) 소유대명사 (Possessive Pronouns) : mine, yours, his, hers, ours, theirs

'소유격 + 대명사'의 의미로서 이때 대신하는 명사는 단수나 복수 모두 가능하다.
문장에서 주어, 보어, 목적어 자리에 쓰인다는 것과 his는 소유격과 동일한 형태임을 알아두자.

- I added my answer but **yours**(= your answer) is more helpful.
- Whose toys are these? — They are **hers**(= her toys).
- These shoes are **his**(= his shoes), not **mine**(= my shoes).
- I've lost my eraser. Can I use **yours**(= your eraser)?
- Jean's been a customer of **ours**(= our customers) for a long time.

(5) 재귀대명사 (Reflexive Pronouns) : myself, yourself, himself, herself, itself, oneself, ourselves, yourselves, themselves

재귀대명사의 역할 중 하나는, 주어와 목적어가 동일한 사람일 때 목적어 자리에 쓰인다는 것이다.
동사의 동작을 행하는 사람(주어)과 그 동작을 받는 사람(목적어)이 동일한 경우, 목적어로 재귀대명사가 올바로 쓰였는지를 묻는 문제가 출제된다.

• He got out of the water and dried **himself**. (dried him (×))

❷ 부정대명사 (Indefinite Pronouns)

여기서 '부정'이란 'no'의 의미가 아니라, '특별히 정해지지 않은'을 의미한다.
I'd like an ice cream. Are you having **one**, too?
난 아이스크림을 하나 먹을래. 너도 **하나**(= an ice cream) 먹겠니?
cf. I'd like an ice cream. Are you having **it**, too?
난 아이스크림을 하나 먹을래. 너도 **그걸**(= the ice cream) 먹겠니?

여기서 one 대신 it을 사용하면 '내가 먹을 바로 그 아이스크림'을 너도 먹겠니?라는 의미가 되어 어색하다. 즉 one은 '아이스크림 아무것이나 하나' 즉 특별히 정해지지 않은 것을 의미하고 it은 '내가 먹을 아이스크림' 즉 특별히 정해진 것을 의미한다.

부정대명사로는 one, other, another, some, all, both, each, either, neither, none, any, somebody, something, anybody, anything 등이 있으며 명사 앞에서 형용사로도 많이 쓰인다.
부정대명사 각각의 쓰임새 중 주로 출제되는 사항들을 잘 알아두도록 한다.

❸ 의문대명사

의문을 나타내는 대명사로서 who, what, which 3개가 있다. 역시 문장에서 주어, 목적어, 보어로 쓰이며 who는 who(주격), whose(소유격), whom(목적격)의 형태로 격이 변화한다. what, which, whose는 의문형용사로도 쓰인다.
* 의문부사인 when, where, why, how와 함께 '의문사(question-word)'에 속한다.

3 동사 Verb

주어의 '동작, 상태'를 나타낸다.

❶ 동사의 형태

원형(*e.g.* do), 현재형(*e.g.* does), 과거형(*e.g.* did), 과거분사형(*e.g.* done), 동명사/현재분사형(*e.g.* doing)이 있다.

(1) 원형 (Root)

동사의 가장 기본이 되는 형태를 말한다. (e.g. play, work, do, have, be)
동사(의) 원형, 원형동사, 동사의 기본형, 때로는 원형부정사라고도 한다.
어법에 주로 출제되는 부분은 다음과 같다.
① make, let, have 사역동사 + 목적어 + 목적격보어(동사원형)
• I'll *make* her **go** on an errand.
② see, hear 등 지각동사 + 목적어 + 목적격보어(동사원형)
• I *saw* him **enter** the room.
③ 요구, 주장, 제안, 명령의 동사가 오는 주절 뒤의 that절이 '~해야 한다'라는 당위성을 내포할 때
• He *insisted* that we **go** home.

(2) 현재형

3인칭 단수 주어로서 현재 시제일 때는 is, has, does, 원형에 + -(e)s를 쓰며, 같은 3인칭 주어 현재 시제라도 복수일 때는 are, have, do, 원형을 쓴다. 주어의 '수'에 따라 동사의 현재형이 달라지므로 이에 대한 문제가 빈출된다.

- *He* usually **drinks** coffee at breakfast.
- *People* in Taiwan **drink** a lot of bubble tea.

(3) 과거형

보통은 원형에 -ed를 붙여 만든다.

① 직설법 과거시제

- I **visited** Hollywood while I **stayed** in Los Angeles.

② 가정법 과거

- If I **had** enough time, I **would** visit him.

(4) 과거분사형 (Past Participle)

줄여서 p.p.라고도 하며, 대개 「원형 + -(e)d」의 형태이다. 수동태나 완료형 또는 분사구문을 만들거나, 명사를 수식하는 역할을 한다.

(5) 동명사/현재분사형 (Gerund/Present Participle, -ing)

v-ing라고 나타내기도 하며, 대개 「원형 + -ing」의 형태이다. 동명사로서 문장의 주어, 목적어, 보어가 되기도 하고 현재분사로서 진행형 또는 분사구문을 만들거나 명사를 수식하는 역할을 한다.

❷ 동사의 명칭

어떤 맥락에서 쓰였는가에 따라 각기 달리 부른다.

(1) 일반동사

be동사를 제외한 나머지 모든 동사(like, help, buy, take 등등)를 일반동사라 한다.

e.g. '빈도부사는 be동사나 조동사 뒤, 일반동사 앞에 위치한다.'와 같은 설명에서 등장한다.

- I **always** dream about you.
- He's **rarely** late for appointments.

(2) 본동사

문장에 쓰인 동사를 말하며, 주로 「조동사 + 동사원형」 형태일 때 조동사와 구별하여 동사원형을 본동사라 한다.

- *Can* you **come** to my office tomorrow?

❸ 동사의 구분

(1) 동사와 문장구조

동사의 뒤에 어떤 종류의 말이 따라와서 어떤 구조를 만드느냐에 따라 구분한다.
크게는 5가지, 더 많게는 총 7가지로 분류된다.

이런 식으로 동사 뒤에 나오는 종류의 말이 나뉘는 것은, 대개 동사가 가지고 있는 의미 때문이다.
be(~이다)는 '~'에 해당하는 '보어'가 뒤따라 나와야 의미가 완전해진다.
break(~을 깨다)는 '~'에 해당하는 '목적어'가 뒤따라 나와야 의미가 완전해진다.
즉 동사 뒤에 뒤따르는 말의 종류(보어, 목적어 등)에 따라 동사를 구분한다.

그런데 어느 한 동사를 5가지나 7가지 분류 중 어디에 속하는지를 아는 것은 아래와 같은 이유들 때문에 쉽지 않다.

첫째, 자연스러운 우리말 의미와 영어 동사의 쓰임이 항상 일치하지는 않는다. 예를 들어, teach나 explain 모두, 우리말로는 '누구'에게 '무엇'을 가르쳐주다/설명해주다'란 어구가 자연스러워서 같은 분류인 것 같지만 그렇지 않다. 즉, He **taught me everything**.이란 표현은 사용하지만, He **explained me everything**.(×)이라고는 하지 않는다.

둘째, 같은 동사라도 뜻이 여러 개면 그에 따라 취하는 구조가 달라질 수도 있다.
- I **lost** my bag. (나는 가방을 잃어버렸다.) • I **lost**. (나는 패배했다.)

셋째, 심지어 동사의 의미가 같아도 다른 구조를 취할 수 있다.
- Let's **eat**. (먹읍시다.)
- I can't **eat** this. (나는 이걸 먹을 수가 없어요.)

결론적으로, 동사가 어떤 분류에 속하여 어떤 구조를 만들 수 있는지는 개별적으로 학습해야만 하는 사항이다. 그러므로 동사를 학습할 때는 뒤에 따라 나오는 어구를 함께 덩어리로 외워두는 것이 중요하고, 시험을 위해서는 자주 출제되는 것을 우선적으로 완벽히 학습해두어야 한다.

SV	I usually **sleep** well. *SVA: She **stayed** in her room.
SVC(주격보어)	Your room **is** a mess.
SVO	: **영문 대부분은 이 SVO의 형태이다.** We **invited** our friends. *SVOA: **Put** your bag on the sofa.
SVOO	I'll **send** you the e-mail next week.
SVOC(목적격보어)	• Don't **call** me a liar. • He **made** me nervous. • They don't **allow** people to smoke here. • Why won't you **let** me explain? (let, make, see, hear, feel, watch, notice, have 등) • Did you **see** her talking with him?

***문장 필수 성분[요소]**: S, V, O, C와 같이 문장의 의미가 완전해지는 데 꼭 필요한 것을 말한다.
수식어(구)는 문장 필수 성분이 아니다.

- My parents don't allow me **to go out late**.
  (My parents: 주어 / don't allow: 동사 / me: 목적어 / to go out: 목적격보어 / late: 수식어)
- My parents don't allow me to go out. (○)
- My parents don't allow me late. (×)

***(불)완전한 구조**: 갖춰야 하는 문장 필수 성분이 하나라도 빠진 것을 불완전한 구조라 하고, 다 갖춰진 것은 완전한 구조라 한다. 아래의 예문들은 모두 불완전한 구조이다.

- Your room is. (is의 보어가 필요)
- I'll give you. (give의 직접목적어가 필요)
- Let's invite. (invite의 목적어가 필요)
- Don't make me. (make의 목적격보어가 필요)

(2) 자동사와 타동사

자동사(Intransitive Verbs): SV, SVC와 같이 목적어(O)가 필요 없는 동사, 즉 동사의 동작이 미치는 대상이 없어도 문장의 의미를 완전하게 만들 수 있는 동사를 말한다.

타동사(Transitive Verbs): SVO, SVOO, SVOC와 같이 목적어(O)가 필요한 동사, 즉 동사의 동작이 미치는 대상을 반드시 명시해줘야 문장의 의미가 완전해지는 동사를 말한다. 대부분의 동사는 타동사로 쓰이기도 하고 의미를 약간 달리하여 자동사로 쓰이기도 한다.

❹ 형용사 (Adjective)

대부분의 형용사는 (대)명사를 앞이나 뒤에서 수식한다.

- He has lost that **new gold** *watch*.
- She was carrying *a basket* **full** of eggs.

여기서 '수식'의 의미는 (대)명사를 화려하거나 기교 있게 꾸민다기보다, 더 구체적으로 설명[묘사]하고 의미를 제한하는 것이다. 즉 new gold watch, a basket full of eggs는 그냥 watch, a basket으로 표현하는 것에 비해 그 의미가 좀 더 구체적이고 제한이 된다.

아래와 같은 일부 형용사는 주어나 목적어의 의미를 보충 설명하는 보어로만 쓰인다.

asleep, awake, afraid, aware, content, alone, alive, alike, ashamed (of~), unable 등

- All the passengers were found **alive** in a bus crash. (○)
- All the alive passengers were found in a bus crash. (×)

❺ 부사 (Adverb)

주로 동사나 형용사를 수식하며, 다른 부사나 어구 또는 문장 전체를 수식하기도 한다. '때, 장소, 방법, 빈도, 정도, 원인, 이유, 결과' 등을 나타낸다.

❻ 전치사 (Preposition)

전치사는 시간, 장소, 방향 등을 나타내는데, 문장에서 홀로 쓰이지 않고 뒤에 명사(구)를 목적어로 취하여 '전명구'를 이룬다.

at 8 o'clock   **in** the room   **toward** the river

전치사의 의미가 '~에, ~에서, ~을 향하여' 등일 때 '~'에 해당하는 명사가 전치사의 목적어이다.

in the basket
전치사 명사(=전치사의 목적어)

* 전치사의 목적어는 (대)명사나 명사구, 동명사, 명사절이 가능하다.

전명구는 문장에서 형용사나 부사, 즉 수식어구의 역할을 한다.

- The items **in the basket** are unknown. (앞의 명사를 수식하는 형용사 역할)
- I put some money **in the basket**. (동사를 수식하는 부사 역할)

❼ 접속사 (Conjunction)

(1) 등위접속사

등위접속사는 단어와 단어, 구와 구, 절과 절을 이어주는 역할을 하며 and, or, but 등이 있다.

- The restaurant was *nice* **and** *quiet*.
  단어(형용사) 단어(형용사)

- He wants *to watch TV* **or** *(to) listen to some music*.
  구(부정사구) 구(부정사구)

- *It was rainy* **but** *they set out*.
  (등위)절 (등위)절

위의 예문과 같이 등위접속사는 형용사와 형용사, 부정사와 부정사, 절과 절 등, 문법적으로 서로 대등한 것끼리 연결하는데 이것이 어법 포인트로 빈출된다.

(2) 종속접속사

종속접속사는 문장에서 명사(주어, 목적어, 보어)나 부사 역할을 하는 절을 이끈다. 이를 종속절(☞ p. 16)이라 하고 나머지 뼈대가 되는 또 다른 절은 주절이라 한다.
종속접속사가 이끄는 명사절과 부사절은 문장의 필수성분이 다 갖춰진, 완전한 구조라는 것도 함께 알아두자.

- I believe **that you are innocent**. (명사절을 뺀 나머지 주절은 불완전한 구조이다.)
  주절 종속절(명사절: 목적어)

- **When I was your age**, Pluto was still a planet.
  종속절(부사절: 시간의 의미) 주절

구와 절 Phrase & Clause

1 구 Phrase

2개 이상의 단어가 모여 문장에서 명사, 형용사, 부사의 역할을 하는 것을 말한다.
그중에 '주어 + 동사'가 포함된 것을 '절', 그렇지 않은 것을 '구'라 한다.

❶ 명사구: ~하는 것, ~인 것

문장에서 명사 역할을 하는 구. 즉, 주어, 목적어, 보어 역할을 하는 구를 말한다.
명사뿐만 아니라, 부정사, 동명사, '의문사 + to-v' 등이 될 수 있다.

- Her job is **teaching English**.
- He explained to me **how to use it**.

❷ 형용사구: ~하는, ~인

문장에서 형용사 역할을 하는 구이다. 즉 문장에서 명사인 주어, 목적어, 보어를 수식해주거나 보어가 된다. 부정사, 분사, 전명구 등이 있다.

- I want *something* **to eat**.
- *The man* **sitting on the bench** is my father.
- *The bike* **under the tree** is yours.

❸ 부사구

문장에서 부사 역할을 하는 구. 부정사구, 분사구, 그리고 전명구 등이 부사구가 될 수 있다. 문장에서 동사나 형용사, 다른 부사 또는 문장 전체를 수식한다.

- I *studied* hard **to enter the university**.
- I was so *happy* **to go to the concert**.
- She left home *early* **in the morning**.

2 절 Clause

'주어 + 동사'를 포함하면서 문장의 일부가 되는 것을 말한다.

❶ 등위절

등위접속사로 연결되는 절을 말한다.

- **We fished all day,** but **(we) didn't catch a thing.**

❷ 종속절

(1) 명사절 (명사절 이끄는 that 포함, 동격 that 포함)

문장에서 명사 역할, 즉 주어, 보어, 목적어가 되는 종속절이다. 문장의 필수성분인 S, O, 또는 C에 해당하므로, 명사절을 생략하면 문장이 불완전해지지만 명사절 자체는 완전한 구조이다. 명사절을 이끄는 종속접속사에는 that, whether[if]가 있고, 관계대명사 what, 그리고 의문사 who, why, what, which 등이 있다.

- **When he did it** is a mystery. (주어)
- The question is **whether he has signed the contract**. (보어)
- I know **that he will cancel the plan**. (목적어)

(2) 형용사절

(대)명사를 수식하는 역할을 하는 종속절을 말하며, 관계사(☞ p.18)가 이끈다.

- This is *the photo* **which shows my house**.

(3) 부사절

시간, 이유, 목적, 결과, 조건, 양보 등의 의미를 나타내는 종속절을 말한다. 부사절은 명사절과 같이 완전한 구조이지만, 명사절과 달리 부사절은 생략해도 주절이 완전한 구조이다.

시간이나 조건을 나타내는 부사절에서는 미래시제 대신 현재시제를 쓴다는 것을 잘 알아두자.

- We will leave **when he comes back**.

준동사 Verbal

1 종류

to부정사(원형부정사), 분사, 동명사가 있다.

2 역할

동사에서 나온 것이지만 문장에서 명사, 형용사, 부사의 역할을 한다.

3 의미상 주어

준동사는 동사에서 나온 것이므로 그 동작이나 상태를 행하는 주어에 해당하는 것이 있다. 이를 의미상 주어라 한다. 대부분 주어나 목적어, 수식하는 명사 등과 일치하며 문맥으로 충분히 알 수 있다. 그러나 그렇지 않을 경우 아래와 같이 따로 명시를 하며 문장의 '주어 + 동사'와는 다른 방식으로 나타낸다.

❶ 의미상 주어를 명시하지 않는 경우

(1) 일반인일 때

- It's not easy *to break* a bad habit.
- *Seeing* is *believing*.
- *Judging* from the situation, business will recover soon.

(2) 명시하지 않아도 문맥상 명확할 때

- It was not my desire *to live in* Australia. (문맥상 to live의 의미상 주어는 me, 즉 '나')
- My favorite pastime is *watching* wild birds. (문맥상 watching의 의미상 주어는 '나')
- Don't touch the *boiling* water. (boiling의 의미상 주어는 'water')

(3) 의미상 주어 = 문장의 주어

- **I** was so happy *to get* there in time.
- **I** like *going* to the movies.
- *Arriving* there, **he** found a car waiting.

(4) 의미상 주어 = 문장의 목적어

- The doctor advised **me** *to have* a rest. (SVOC(to-v)의 형태 to have의 의미상 주어는 me, 즉 '나')
- Thank **you** very much for *inviting* us to dinner.
- We watched **him** *doing* a magic trick.

❷ 의미상 주어를 명시하는 경우

앞의 ❶의 예에 해당되지 않는 경우에는 따로 명시한다.

(1) 부정사 (Infinitive)

앞에 for나 of를 두고 목적격으로 나타낸다.

- It is necessary **for him** *to take* proper exercise every day.
- It is very kind **of you** *to lend* me the book.

(2) 동명사 (Gerund)

동명사 바로 앞에 소유격으로 나타 내는 것이 원칙이다. 사물인 경우 목적격으로 나타낸다.

- He insists on **my** *attending* the meeting in his place. (구어에서는 목적격을 쓰기도 한다.)
- Are you sure of **the novel** *being* sold out?

(3) 분사 (Participle)

분사 바로 앞에 주격이나 목적격 형태로 나타낸다.

- **My mother** *being* sick, I took care of her. (의미상 주어와 문장의 주어가 일치하지 않을 때)
- He was working with **his sleeves** *rolled* up. (「with + (대)명사 + 분사」의 형태로, 부대상황을 나타냄)

관계대명사 Relative Pronouns

1 관계대명사란?

절과 절을 결합하면서 대명사 역할도 하는 것을 관계대명사라 한다.

나는 내 옛 친구를 만났다. [+ 그녀는] 작년에 결혼했다.
I met my old friend. [+ She] got married last year.

→

나는 작년에 결혼한 내 옛 친구를 만났다.
I met my old friend [who] got married last year.
관계대명사

2 종류와 격

인칭대명사의 he, his, him처럼 관계대명사도 관계사절 내에서 주어인지, 소유를 나타내는지, 목적어인지에 의해 각각의 알맞은 형태(주격, 소유격, 목적격)를 써야 한다.

(1) 주격: 관계사절 내에서 주어 역할

- I have a friend **who** has a cat as a pet.
  (who = S)

(2) 소유격: 관계사절 내에서 소유를 나타냄

- I have a friend **whose** son is allergic to nuts.

(3) 목적격: 관계사절 내에서 목적어 역할

- I have a friend **who(m)** I've known ● for over 12 years.
  (who(m) = O′)

3 선행사 Antecedent

관계사절의 수식을 받는 명사(구)를 말한다. 관계사절 앞의 주절에 나온 명사(구) 중, 문맥상 관계사절이 수식해주는 것을 찾으면 된다.

Try *the pie* on *the table* **which was made by my grandmother**.

파이(선행사) 테이블(선행사 ×) 할머니가 구우신

'할머니가 구우신 테이블'이 아니라 '할머니가 구우신 파이'이므로 관계사절이 수식하는 선행사는 the table이 아니라 the pie이다.

4 관계사 앞의 콤마 (,)

❶ 콤마가 없을 경우

앞에 콤마가 없는 관계사절은 선행사를 수식하는 형용사절에 속하는데, 선행사를 설명하는 데 없어서는 안 될 필수 정보를 제공한다. 이를 제한적 용법이라 한다.

- I like books **which** are full of photos.

(나는 사진이 가득 실린 책들을 좋아한다.: 책 중에서도 '사진이 가득 실린 책들'을 좋아한다는 의미)

❷ 콤마가 있을 경우

선행사에 대해 추가적인 설명을 덧붙이는 것으로서, 선행사를 설명하는 데 꼭 필요한 정보는 아니다. 이를 계속적 용법이라 한다.

- I like these books **, which** are full of photos.

(나는 이 책들을 좋아하는데, 사진이 가득 실려 있기 때문이다.: 좋아하는 책이 '이 책들'로 이미 어떤 책을 말하는지가 확실한데, 부가적으로 이 책들이 사진이 많다는 설명을 덧붙이는 것이다.)

즉 선행사가 구체적으로 무엇을 뜻하는지 확실할 경우, 콤마 없는 관계사절을 쓸 수 없다.

- Dad went to the beach with *Mom* **who** could not swim at all.

→ ~ Mom, who (○)

콤마 없이 쓰면 마치 여러 Mom들 중에 수영을 전혀 할 수 없는 Mom과 해변에 갔다는 것이 되기 때문이다. 그래서 아래와 같은 예문들이 문법책에 자주 등장한다.

I have a son who became an artist. (여러 아들 중 예술가가 된 아들이 선행사임)

I have a son, who became an artist. (아들은 하나이고 그 아들이 예술가가 되었다는 의미. 아들이 하나이므로 이를 설명하는 데 없어서는 안 될 필수정보는 존재하지 않는다.)

관계부사 Relative Adverbs

1 관계부사란?

when, where, why, how가 있으며, 관계대명사가 '접속사 + 대명사'의 역할을 하는 데 비해, 관계부사는 '접속사 + 부사'의 역할을 한다.

- Do you remember **the place**? + I first met you **at the place**.
- Do you remember *the place* **where** I first met you?
  (where: 관계부사)

2 관계부사와 선행사

where는 '장소', when은 '때', why는 '이유(reason)'를 나타내는 어구를 선행사로 하며, how는 '방법'을 나타내는 것으로서 the way how의 형태로는 쓰이지 않고 how 또는 the way의 형태로 쓰인다.

- I remember *the day* **when** we first met.
- This is *the place* **where** I've wanted to bring you.
- Do you know *the reason* **why** he was absent yesterday?
- Could you tell me **how** you cook this?

어순 Word Order

1 전형적인 영어의 어순

❶ 기본적인 영어의 어순

기본적으로는 주어, 동사, 목적어, 부사의 순서이다. 이 순서가 지켜지지 않는 경우가 주로 어법 문제에 빈출된다.

- The whole building began to shake suddenly.

❷ 어순의 변형

가장 일반적인 것으로는 주어와 동사의 순서가 바뀌거나 없어지는 '의문문과 명령문'이 있다.
빈도부사(일반동사 앞, be동사 뒤)의 위치는 중학 문법에서 중요한 사항으로 다뤄진다.
그러나 무엇보다도 고등학교 어법에서 어순의 변형으로 가장 중요한 사항은 다음의 '도치'이다.

2 도치 Inversion

정상적으로는 '주어-동사'의 어순이어야 하나 그 순서가 서로 뒤바뀌게 되는 경우를 '도치'라 한다.
어법에서 문제화가 되는 것은 주로 아래 같은 경우이다.

부정어구 +	조동사 + 주어 + 동사 ~ .
never	be
rarely	do
seldom	have
little	can
on no account	must 등
only ~ (준부정어)	

- *Never* **have I** seen such a huge crowd of people.
- *Little* **did I** dream that I would pass the test.
- *Only then* **did I** see the danger we were in.

PART I

네모 어법

출제 포인트를
제대로 짚어라!

A / B 를 구성하고 있는 A와 B의 관계를 잘 살펴보자. do / does , do / to do 에서처럼 A가 모두 do라고 할지라도 B가 무엇이냐에 따라 출제자가 테스트하고자 하는 포인트가 다르므로 해결 방법도 달라지게 된다.

그러므로 출제 포인트, 즉 출제자의 의도를 잘 파악하는 것이 모든 어법 문제 해결의 선결 조건이라고 할 수 있다.

UNIT 01
주어와 동사의 수일치

유닛 구성

Point 01 주어와 수식어를 구분하라!
Point 02 관계사절 내 동사의 수는 선행사를 찾아라!
Point 03 주어가 동사 뒤에 나오는 구문에 주의하라!
Point 04 주어 형태에 주목하라!

포인트 감 잡기!

선택지 구성

is / are

→ 네모 안의 선택지가 단수동사 / 복수동사 의 형태이므로, 이 문제는 주어의 수에 따른 동사의 단수, 복수 일치 여부를 묻는 것이 포인트이다. 주어를 잘 찾아 그 수가 무엇인지를 파악하는 것이 관건이다.

연습 문제

✦ 다음 중 주어와 동사의 수일치를 묻는 선택지를 있는 대로 고르시오.

① has / have
② keep / keeping
③ follow / follows
④ was / were
⑤ increase / increased
⑥ does / do

정답 및 해설 p. 2

WARM UP!

주어 - 동사의 수일치란?

주어가 단수면 동사도 단수로, 주어가 복수면 동사도 복수로 그 짝을 맞추는 것을 말한다.
(일반적으로 **명사에** -(e)s가 붙으면 셀 수 있는 명사의 **복수형**이지만, **동사에** -(e)s가 붙으면 현재형 **단수동사**라는 점에 유의)

1 단수주어

단수명사	**An apple *is*** on the table. **The child *is*** playing on the ground.
셀 수 없는 명사	**Milk *is*** delicious when it's cold. **Knowledge *is*** power. ▶ information, advice, equipment(장비), furniture, honesty, wood(목재), etc.

2 복수주어

복수명사	**The apples *are*** in a basket. **Children *enjoy*** playing with balloons. ▶ child-children, foot-feet, tooth-teeth, mouse-mice, analysis-analyses, phenomenon-phenomena, etc.
A and B	**A flower and a gift *were*** on the table. *cf.* **Bread and butter *was*** enough. (버터 바른 빵 - 단일 개념으로 보는 경우 단수 취급)

3 주의해야 할 주어의 수

a number of ~ (여러 ~ (several))	**A number of students** / ***are*** studying in the library now. S V
the number of ~ (~의 수)	**The number** (**of** students in this class) / ***is*** twenty. S V
-(e)s 단수명사	**Mathematics *was*** never my favorite subject. ((학문명)) ▶ economics(경제학), physics(물리학), politics(정치학), statistics(통계학) 등 **The United States *is*** not 250 years old yet. ((복수형 국가명, 단체명)) **The news *is*** on Channel 5. ▶ news는 셀 수 없는 명사이며, species, series, means(수단)는 셀 수 있는 명사로서 단수와 복수의 형태가 같다.

✦ 다음 중 어법상 적절한 동사를 고르시오.

1 His baby teeth [has / have] fallen out.
2 Honesty [is / are] both my strength and my weakness.
3 A number of school events [is / are] held in spring.
4 Wood [was / were] used to build the frame of the house.
5 Economics [deal / deals] with the problems of labor, wages, and capital.

Point 01 주어와 수식어를 구분하라!

전체 기출 빈도 ✦✦✦✦✦
최근 기출 빈도 ✦✦✦✦✦

- 「주어 + (수식어구) + 동사」의 형태로 출제되는 것이 대부분이다.
- 대개 수식어구 내의 명사가 주어의 수와 달라서 오답을 유도한다.

CASE 1 주어 + (전치사 + 명사) + 동사

「전치사 + 명사」를 보통 '전명구'라 한다. 이 같은 형태에서 '전명구'는 앞의 주어를 수식한다.

His studies of big business [have / has] been carried out with grants from a number of sources. <모의응용>
*big business: 대기업 **grant: 보조금

→ 전명구는 수식어구이므로 「주어 + (전명구)(전명구) + 동사」의 식으로 겹쳐올 수도 있다.
The cost (of living) (in urban areas) is comparatively high. (도시 지역의 생활비는 상대적으로 높다.)
(The cost = S, is = V)

주어에 밑줄을 긋고 알맞은 동사를 고르시오.

1. The old buildings of a mountainside farm [was / were] all around us. <모의>
2. Farmers' knowledge about farming tools [make / makes] their work easier. <모의응용>
3. The analysis by the researchers [was / were] based on answers received from 1,000 respondents.

밑줄맛보기 다음 밑줄 친 부분이 어법상 올바르면 ○표, 어색하면 ×표하고 바르게 고치시오.

4. The main purpose of food labels on food products are to inform you what is inside the food you are purchasing. <모의응용>
5. Ideas about how much disclosure is appropriate vary among cultures. <모의응용>

*disclosure: (정보의) 공개

CASE 2 주어 + (v-ing ~) + 동사 / 주어 + (to-v ~) + 동사

주어 뒤의 현재분사구(v-ing ~)나 to부정사구(to-v ~)가 주어를 수식할 경우, 'v하는, v할 ~'로 해석한다. 현재분사나 부정사에 딸린 어구 속에 포함된 명사의 수가 주어의 수와 달라 오답을 유도한다.

1. The museum showing many priceless paintings is / are a major tourist attraction.
2. The first man to go over Niagara Falls was / were 63 years old.

주어에 밑줄을 긋고 알맞은 동사를 고르시오.

❶ Ocean waves crashing on a beach make / makes numerous small bubbles.

❷ One way to show your respect for others is / are attentive listening. <모의응용>

밑줄맛보기 다음 밑줄 친 부분이 어법상 올바르면 ○표, 어색하면 ×표하고 바르게 고치시오.

❸ The competition to sell manuscripts to publishers is fierce. <모의>

CASE 3 주어 + (p.p. ~) + 동사

주어 뒤의 과거분사구(p.p. ~)가 주어를 수식할 경우, 주어가 v동작을 받는 것으로서 'v된, v받은, v한 (상태인) ~' 등으로 해석한다. 역시 과거분사에 딸린 어구 속에 포함된 명사의 수가 주어의 수와 달라 오답을 유도한다.

Some pipes used to transport oil in deep water is / are in danger of bursting.

→ 주어 뒤의 과거분사를 문장의 동사로 착각하지 않도록 주의하자. 한 문장에 접속사나 관계사 없이 두 개의 동사가 있을 수 없다. (☞ Unit 07 Point 17 CASE 1 참조)

주어에 밑줄을 긋고 알맞은 동사를 고르시오.

❶ That girl dressed in a white jacket and a skirt is / are my sister.

❷ Products made from milk is / are full of protein and calcium.

❸ Gold coins found in this area belongs / belong to the government.

밑줄맛보기 다음 밑줄 친 부분이 어법상 올바르면 ○표, 어색하면 ×표하고 바르게 고치시오.

❹ Trees surrounded by concrete is not expected to have a long life.

CASE 4 주어 + [관계사절 ~] + 동사 / 주어 + (형용사(구) ~) + 동사

관계대명사나 관계부사는 형용사절을 이끌어 앞에 있는 명사(선행사)를 수식할 수 있다. 형용사는 대개 명사를 앞에서 수식하지만, 전명구가 딸려 있는 등의 이유로 명사 뒤에서 수식하기도 한다.

1. In warm environments, clothes that have a special capacity [is / are] helpful in dissipating heat from the body. <모의응용> *dissipate: (열을) 발산하다
2. A film full of violent scenes [are / is] inappropriate for children.

→ 명사 뒤의 형용사구는 앞에 「관계대명사 + be동사」가 생략되어 있는 것으로 볼 수 있다.
A film (which is) full of violent scenes ~.

주어에 밑줄을 긋고 알맞은 동사를 고르시오.

❶ All the vessels that try to sail over the rock [hit / hits] it. <모의>

❷ The files available for downloading from this website [is / are] free of charge.

밑줄맛보기 다음 밑줄 친 부분이 어법상 올바르면 ○표, 어색하면 ×표하고 바르게 고치시오.

❸ Children younger than 12 <u>require</u> parental care and monitoring to use these websites.

❹ The company which specializes in providing IT services <u>are</u> located in San Francisco.

CASE 5 주어 + 삽입어 + 동사

주어와 동사 사이에 삽입되는 어구나 절이 있는 경우, 그 속에 포함된 명사를 주어로 혼동하지 말아야 한다. 대개 삽입어구의 앞뒤에는 콤마(,)나 대시(—) 등이 있어 구분이 어렵지는 않다.

A cell, the smallest unit that is capable of performing life functions, [has / have] several small structures inside it.

→ 주어와 동사 사이의 삽입어구는 주로 주어와의 동격어구, 관계사절, 분사구문 등이다.

주어에 밑줄을 긋고 알맞은 동사를 고르시오.

❶ A key witness, who has worked with the victim for over 10 years, [is / are] going to appear in court.

❷ This special relationship, a strategic partnership between the two countries, [has / have] continued for many years.

❸ My colleague, knowing that his wife is expecting twins, [is / are] going to take a course on baby care.

Point Exercise

정답 및 해설 p. 3

다음 중 어법상 적절한 표현을 고르시오.

01 Their team members led by a newly appointed team leader has / have published important findings in a science journal.

02 College students anxious about obtaining a job is / are hoping to get places in internship programs.

03 Children who start studying certain subjects too early often suffer / suffers from much stress. <모의응용>

04 Soldiers serving in a dangerous war zone receive / receives bonus pay for their sacrifice.

05 The reason why people start talking about the weather or current events is / are that they are harmless topics and of interest to everyone. <모의>

06 After a long, dry summer, many rivers in the region are / is nearly dry.

다음 밑줄 친 부분이 어법상 올바르면 ○표, 어색하면 ×표하고 바르게 고치시오.

07 Collisions between aircraft usually occur in the surrounding area of airports, while crashes due to aircraft malfunction tends to occur during a long-haul flight. <모의> *long haul: 장거리 비행

08 A common problem which affects around one third of stroke survivors is aphasia.

*stroke: 뇌졸중 **aphasia: 실어증

09 A study found that children living in city areas have higher rates of food allergies than those living in rural areas.

우리말에 맞도록 다음 어구들을 바르게 배열하시오. (어형 변화 가능, 주어진 어구로만 배열할 것)

10 꽃을 주는 가장 흔한 이유는 낭만적 사랑을 표현하기 위해서이다.
(be, to express, flowers, the most common reason, romantic love, to give)

____.

Point 02 관계사절 내 동사의 수는 선행사를 찾아라!

- 「선행사 + 관계대명사 + 동사」에서 동사의 수는 선행사와 일치시킨다.
- 관계대명사절 내에서 주어 역할을 하는 관계대명사를 주격관계대명사라 한다.

전체 기출 빈도 ✦✧✧✧✧
최근 기출 빈도 ✦✦✦✧✧

CASE 1 선행사 + 관계대명사 + 동사

관계대명사절 내에서, 관계대명사가 주어일 경우 동사는 선행사와 수일치시킨다.

The program was designed to recover photos that [was / were] deleted by mistake.
<모의>

→ 선행사란 관계사절이 수식하는 명사(구)를 말하며 관계대명사는 관계대명사절 내에서 선행사를 대신한다.
Take *the cup* **which** is on the table. (← Take the cup. **+ The cup** is on the table.)
↳ which

다음 문장에서 선행사를 찾아 밑줄을 긋고 알맞은 동사를 고르시오.

❶ I have a little dog which [has / have] a bad habit of biting everyone.

❷ I love the rainforests and all the animals that [live / lives] there. <모의응용>

밑줄맛보기 다음 밑줄 친 부분이 어법상 올바르면 ○표, 어색하면 ×표하고 바르게 고치시오.

❸ Happiness for me is having a co-worker who become a good friend.

CASE 2 선행사 + 수식어구 + 관계대명사 + 동사

선행사를 수식하는 어구에 포함된 명사를 선행사로 착각하지 않도록 한다. 진짜 선행사는 관계대명사 자리에 놓고 해석했을 때 의미가 자연스럽다.

Throw away any food on those shelves which [have / has] an unusual odor.

→ Throw away any food on those shelves **which has an unusual odor**.
any food: 음식(선행사) / on those shelves: 저 선반의(선행사 ×) / which has an unusual odor: 이상한 악취가 나는

다음 문장에서 선행사를 찾아 밑줄을 긋고 알맞은 동사를 고르시오.

❶ The new menu satisfies diners in the local area who [don't / doesn't] eat meat.

❷ There are children under 7 years of age who [don't / doesn't] want to learn to read.
<모의응용>

Point Exercise

정답 및 해설 p. 5

다음 중 어법상 적절한 표현을 고르시오.

01 Recently there has been a huge increase in the number of people who remain / remains single into their thirties. <모의응용>

02 In Australia and South Africa, sharks are caught and killed by the nets that is / are supposed to protect swimmers. <모의응용>

03 Most people who live alone are young adults who postpone / postpones marriage until their late twenties or thirties. <모의응용>

04 The apartment had all the modern conveniences that was / were unusual in most places of that price range.

05 Just go around with a pen and paper and take notes on what you buy. See whether there are other options that is / are less expensive. <모의응용>

06 People feel sad for animals like the orangutan which is / are losing their homes through rainforest destruction. <모의응용>

07 The biggest complaint of kids is that they can't find anything to read that interest / interests them. <모의응용>

다음 밑줄 친 부분이 어법상 올바르면 ○표, 어색하면 ×표하고 바르게 고치시오.

08 함정 Professionals must be involved in the rescue of wild animals that have been injured.

09 도전 Microbeads, found in some body washes and facial scrubs, are tiny bits of plastic that is usually one millimeter or smaller.

*microbead: 미세 플라스틱 조각

우리말에 맞도록 다음 어구들을 바르게 배열하시오. (어형 변화 가능, 주어진 어구로만 배열할 것)

10 도심에 위치한 숲을 보존하는 계획들이 계속 진행 중이다.

(to preserve, which, in the middle of the city, plans, be, be, the forest, locate)

______________________________ ongoing.

Point 03 주어가 동사 뒤에 나오는 구문에 주의하라!

- 동사와 자리가 바뀐 주어를 찾는다.
- 강조하기 위해 문장 앞에 둔 부사(구)나 부정어(구)에 포함된 명사를 주어로 착각하지 않는다.

전체 기출 빈도 ✦✦✧✧✧
최근 기출 빈도 ✦✦✧✧✧

CASE 1 부사(구) + 동사 + 주어

강조를 위해 방향, 장소 등을 나타내는 부사(구)가 문장 앞에 오면 주어와 동사의 도치가 일어난다. 동사 형태 그대로 주어와 위치를 바꾸며, 조동사를 사용하지 않는다.

In the back seat of the car next to mine [was / were] two sweet little boys. <모의>

→ **방향을 나타내는 부사**: up(위로), down(아래로), etc.
장소를 나타내는 부사구: in ~ (~의 안에), on ~ (~(의 위)에), behind ~ (~의 뒤에), near ~ (~의 가까이에), over ~ (~의 위에), etc.

다음 문장에서 주어를 찾아 밑줄을 긋고 알맞은 동사를 고르시오.

❶ Near that hospital [is / are] some great Korean restaurants.

밑줄맛보기 다음 밑줄 친 부분이 어법상 올바르면 ○표, 어색하면 ×표하고 바르게 고치시오.

❷ Behind the two women <u>stands</u> a man wearing sunglasses and a hat.

CASE 2 부정어(구) + (조)동사 + 주어

강조를 위해 부정어가 포함된 어구가 문장 앞에 놓이면 주어와 동사의 도치가 일어난다. 일반동사(go, come 등)인 경우, 조동사 do/does/did를 주어 앞에 둔다.

No longer [is / are] self-driving cars considered science fiction.

→ **부정어구**
: no, not, never, little(거의 ~않다), hardly(거의 ~않다), scarcely(거의 ~않다), nowhere(아무 데도), not until ~(~해서야 비로소), only(단지), etc.

다음 문장에서 주어를 찾아 밑줄을 긋고 알맞은 동사를 고르시오.

❶ Not until the 1980s [was / were] the PC introduced to the public.

❷ Little [does / do] someone's appearance tell us about his or her character.

밑줄맛보기 다음 밑줄 친 부분이 어법상 올바르면 ○표, 어색하면 ×표하고 바르게 고치시오.

❸ Only then <u>is</u> the messages permanently removed from the database.

CASE 3 There + 동사 + 주어

there는 형식적으로 문장 앞 주어 자리에 쓰인 부사이고 실제 주어는 동사 뒤에 나온다.

There [is / are] two emergency exits on every floor of this hotel.

다음 문장에서 주어를 찾아 밑줄을 긋고 알맞은 동사를 고르시오.

❶ There [has / have] been some increases in healthcare spending this year.

❷ In any old building in that area there [is / are] mice or rats.

Point Exercise

정답 및 해설 p. 6

다음 중 어법상 적절한 표현을 고르시오.

01 On the back of the birthday card [was / were] some funny words written by my son.

02 Not only [do / does] lack of sleep cause headaches, but also it interferes with learning.

03 Only recently [has / have] researchers attempted to predict how climate change might affect the distribution of diseases.

04 Nowhere [was / were] any sign or suggestion of life except the barking of a distant dog.

<수능응용>

05 함정 On the platform [was / were] a tired-looking old man and a little girl.

다음 밑줄 친 부분이 어법상 올바르면 ○표, 어색하면 ×표하고 바르게 고치시오.

06 There <u>are</u> plenty of devices that consumers can install in their homes to save more money.

<모의응용>

우리말에 맞도록 다음 어구들을 바르게 배열하시오. (어형 변화 가능, 주어진 어구로만 배열할 것)

07 17세기가 되어서야 비로소 유리 창문이 집에서 흔한 특징이 되기에 충분할 정도로 비싸지 않았다.
(inexpensive, the 17th century, be, not until, glass windows)

____

enough to be a common feature in homes.

Point 04 주어 형태에 주목하라!

전체 기출 빈도 ✦✦✦✦✧
최근 기출 빈도 ✦✦✦✧✧

- 명사구나 명사절이 주어일 경우 단수 취급한다.
- each와 every는 언제나 단수로, both는 복수 취급한다.
- 「the + 형용사」가 '~한 사람들'이란 의미로 쓰일 땐 복수 취급한다.

CASE 1 v-ing구, to-v구, 명사절 주어 + 단수동사

동명사구, to부정사구, 명사절(접속사 that, whether 또는 의문사, 관계대명사 what 등이 이끈다.)이 문장의 주어로 쓰이면 단수동사로 받는다. 동사 가까이에 있는 복수명사로 오답을 유도하는 경우가 많다.

1. Getting in the habit of asking questions [transform / transforms] you into an active listener. <모의>
2. Whether alien life actually exists [is / are] still an unanswered question.

→ 부사구로 쓰인 to-v, 분사구문의 v-ing, 「v-ing + 명사 주어」일 때와 혼동하지 않도록 주의하자.

To be a great musician, (S)you (V)have to start young.
(위대한 음악가가 되려면 어릴 때 시작해야 한다.)

Living in the city, (S)I rarely (V)see shooting stars.
(도시에 살아서 나는 유성을 거의 보지 못한다.)

(S)Living organisms in our world (V)are all influenced by heavy metals in food.
(이 세상의 살아 있는 유기체들은 모두 음식물 속의 중금속에 의해 영향을 받는다.)

다음 문장에서 주어를 찾아 밑줄을 긋고 알맞은 동사를 고르시오.

❶ To take pictures in this gallery [is / are] not allowed.

❷ Whether the new medicine is safe [has / have] not been proved.

밑줄맛보기 다음 밑줄 친 부분이 어법상 올바르면 ○표, 어색하면 ×표하고 바르게 고치시오.

❸ Reducing the amount of snacks you eat help improve your dental health significantly.

❹ What makes life interesting is to learn and experience many new things.

❺ Smiling faces sometimes tells lies. Some people look happy but they struggle with depressive thoughts on a daily basis.

CASE 2 each, every + 단수동사 / both ~ + 복수동사

each(각각의)와 every(모든, 매 ~)는 단수동사, both는 복수동사로 받는다.

1. Everybody [was / were] as quiet as a mouse until the end of the examination.
<모의응용>
2. Both of my shoes [was / were] missing when I came back from swimming.

단수	each, 「each + 단수명사」, 「every + 단수명사」
복수	both(대명사), 「both + 복수명사」, 「both A and B」

다음 중 어법상 적절한 동사를 고르시오.

❶ Each of these brands [has / have] its own target customers.

❷ Every one of these guidebooks [is / are] carefully written.

❸ Both the white and yolk of an egg [are / is] rich in nutrients, including proteins, vitamins and minerals.

*yolk: 노른자

CASE 3 the 형용사 + 복수동사

「the 형용사」가 '~한 사람들'을 뜻할 때는 복수동사로 받는다.

The poor often [has / have] to do without essential health care.

복수 (~한 사람들)	the rich=rich people / the poor=poor people / the young=young people / the old=old people / the unemployed=unemployed people (실업자들) / the wounded=wounded people (부상자들) / the blind=blind people (시각장애인들) / the deaf=deaf people (청각장애인들), the homeless=homeless people (노숙자들) / the French=French people (프랑스인들)
단수	the true=truth / the beautiful=beauty / the unknown(알려지지 않은 것) / the unexpected(예기치 못한 것)

다음 중 어법상 적절한 동사를 고르시오.

❶ The homeless [is / are] in urgent need of shelter and blankets.

❷ The blind [hear / hears] sounds more often than they see anything in their dreams.

CASE 4 부분 표현 + of + 명사(N)

'부분'을 나타내는 표현에서는 이어지는 「of + 명사」에서 명사(N)의 수에 따라 동사를 일치시킨다.

About 95 percent of the water on earth [is / are] not drinkable. <모의응용>

부분 표현	
all of + N (모든 ~)	the rest of + N (나머지 ~)
most of + N (대부분의 ~)	the majority of + N (대다수의 ~)
some of + N (~ 중 일부분)	분수(two thirds, one fourth, etc.) of + N
half of + N (~ 중 절반)	00 percent of + N

* one of the N (~ 중 하나): 단수동사로 받는다.
** none[neither] of + 복수명사: 단수/복수동사가 모두 가능하다.
Neither of us **is[are]** happy about the situation.
None of my friends **has[have]** been invited to the party.

다음 중 어법상 적절한 동사를 고르시오.

❶ I think all of my work experience [is / are] valuable.

❷ The majority of our clients across the state [is / are] happy with our services.

❸ According to a recent study, one third of the people over 20 years old [want / wants] to live apart from their parents.

밑줄맛보기 다음 밑줄 친 부분이 어법상 올바르면 ○표, 어색하면 ×표하고 바르게 고치시오.

❹ Because most of the plastic particles in the ocean <u>is</u> very small, there is no practical way to clean up the ocean. <모의응용>

❺ From at least 50,000 years ago, some of the energy stored in air and water flows <u>was</u> used for navigation. <모의응용>

*navigation: 항해, 운항

Point Exercise

정답 및 해설 p. 8

다음 중 어법상 적절한 표현을 고르시오.

01 Whether viruses are living organisms or not [is / are] not agreed upon by scientists.

02 Most of the professional sports teams in the region [have / has] been sponsored or run by large companies.

03 When the castles were built [is / are] unknown. Their stonework, however, suggests they were built by the Romans in the 11th century.

04 Taking photos on hot, sunny days [is / are] just as dangerous for you as it is for your camera. <모의>

05 Not having access to enough healthy food [causes / cause] obesity by leading the poor to eat cheap sugary and fatty snacks.

06 To be around people who make us feel good about ourselves [is / are] a very delightful experience.

07 One of the most important skills you can develop to succeed in life [is / are] overcoming what scares you.

08 What matters [is / are] not how much you say, but how much nice stuff you say.

다음 밑줄 친 부분이 어법상 올바르면 ○표, 어색하면 ×표하고 바르게 고치시오.

09 When the unemployed is faced with health issues and lack of emotional support, they can suffer from depression.

우리말에 맞도록 다음 어구들을 바르게 배열하시오. (어형 변화 가능, 주어진 어구로만 배열할 것)

10 누가 그 교통사고에 책임이 있는지는 확실하지 않다.
(for, the car accident, certain, who, responsible, be, be, not)

____.

UNIT Exercise

다음 중 어법상 적절한 표현을 고르시오.

01 The police investigated the cause of the accident. The car accident that killed four people [was / were] caused by drunk driving and speeding.

02 There [is / are] a number of issues that can come up when children receive little parental involvement and guidance.

03 Everyday life in war-torn countries such as Sudan, Ethiopia, and Somalia [is / are] extremely difficult. <모의응용>

04 On the left side [is / are] a recreation area with many attractions where children and adults have fun. <모의응용>

05 According to the survey, the majority of the applicants [have / has] a university degree.

06 Both species [has / have] very long and flexible tongues that they use to strip leaves and buds from trees. <모의>

07 도전 Although squeezing out food from 3D printers [is / are] not efficient, companies are already testing how the technology can transform the way we eat.

08 All of the educational materials created here [is / are] distributed for free to anyone who requests them.

09 Each employee [is / are] allowed up to three days of sick leave per month for any illness. <모의응용>

10 Tourism is not good news for the environment. First of all, transporting millions of tourists all over the world [pollute / pollutes] the air and the seas. <모의응용>

11 The allergy symptoms caused by pollen [are / is] much the same as those of the flu, affecting the ears, nose, eyes, throat, and even the lungs.

12 Every company that develops incredible software products [need / needs] people who can tell stories to get someone interested in buying that product.

13 Fast food containing trans fats [is / are] likely to cause heart disease. Fats block up blood vessels. As a result, blood stops flowing properly. <모의응용>

*trans fat: 트랜스 지방

14 Eating has always been one of the greatest ways for people to bond with others. Families who eat together around a table [has / have] better conversations and relationships. <모의응용>

15 Wheelchair basketball is played by two opposing teams in four 10-minute quarters. Each team [consist / consists] of five players with various degrees of disability. <모의응용>

다음 밑줄 친 부분이 어법상 올바르면 ○표, 어색하면 ×표하고 바르게 고치시오.

16 The pressure to conform to the standards and expectations of friends and other social groups <u>is</u> likely to be intense. <모의>

17 When Rome was actually founded <u>have</u> been a major issue among historians for a long time.

18 함정 Technology skills are more vital than ever for us, and the lack of them <u>have</u> a major impact on profitability and productivity.

19 Experts say that the most effective way to prevent infections <u>are</u> social distancing and self-isolation.

우리말에 맞도록 다음 어구들을 바르게 배열하시오. (어형 변화 가능, 주어진 어구로만 배열할 것)

20 레몬즙은 음식에 향미를 더할 뿐 아니라 음식을 더 오래 신선하게 유지하는 데 도움을 줄 수 있다.
(extra flavor, lemon juice, to food, give, not only, do)

____,
but it can help keep food fresh for longer.

UNIT 02
명사/대명사의 일치

유닛 구성

Point 05 대명사의 형태에 주의하라!
Point 06 명사의 종류에 따라 수식어를 구별하라!

포인트 감 잡기!

선택지 구성

its / their

→ 네모 안의 단어는 its(소유격단수) / their(소유격복수)의 형태이다. 대명사가 대신하는 명사가 단수인지 복수인지에 따라 적절한 대명사를 택해야 하는 문제이다. 문맥을 잘 살펴서 대명사가 대신하는 명사가 문장 중에서 어떤 것인지를 정확히 판단해내야 한다.

연습 문제

✦ 다음 중 명사와 대명사의 수일치를 묻는 선택지를 있는 대로 고르시오.

① his / their
② that / which
③ that / those
④ it / them

정답 및 해설 p. 10

명사 - 대명사/수식어의 일치란?

명사와 그 명사를 대신하는 대명사의 수와 인칭 등을 맞춰야 하고, 명사의 수에 따라 수식어를 구별해서 사용해야 한다.

1 단수명사 - 단수대명사(it, its, that, one) 복수명사 - 복수대명사(they, them, theirs, those, ones)

it vs. them	I opened **the letter** and I read **it** again. I opened **the letters** and I read **them** again.
that vs. those	The **weather** there is hotter than **that** of Seoul. Their **lives** were like **those** of animals. *those는 뒤에 형용사 수식어(구, 절)와 함께 쓰여 'people'을 의미하기도 한다. Be nice to **those** *around us*. (우리 주변의 사람들에게 친절해라.)
one vs. ones	one은 반드시 셀 수 있는 명사를 대신하며 복수형은 ones이다. I lost my pencil. I have to buy a new **one**. (내 연필을 잃어버려서 (아무 연필) **하나** 새로 사야 해.) I lost my pencils. I have to buy new **ones**. (내 연필들을 잃어버려서 (아무) **연필들이나** 새로 사야 해.) *one은 불특정한 명사를 대신하고, it은 특정한 명사를 대신한다. I lost *my pencil*. I have to find **it**. (내 연필을 잃어버려서 **그것**을 찾아야 해.)

2 주의해야 할 대명사

소유대명사 (= 소유격 + 명사)	my address = **mine** / our plan = **ours** / your belongings = **yours** his suitcase = **his** / her voice = **hers** / their house = **theirs**
재귀대명사	He killed **himself**. (재귀용법) (He = himself) *cf.* He killed **him**. (he ≠ him) He made the food **himself**. (강조용법: himself를 생략해도 문장 성립)

3 명사의 수식어 구별

셀 수 있는 명사를 수식하는 것과 셀 수 없는 명사를 수식하는 것을 구별해야 한다.

many letters (○) **much** letters (×)

Point 05 대명사의 형태에 주의하라!

전체 기출 빈도 ★★★★★
최근 기출 빈도 ★★★★☆

- 대명사가 지칭하는 대상을 해석으로 정확하게 찾는 것이 관건이다.
- 대명사 관련 문제 중에서는 수일치 출제 비중이 가장 높다.

CASE 1 명사-대명사의 수일치

대명사가 가리키는 명사가 무엇인지 문장을 정확히 해석하여 찾아내야 한다. 대개 문장에는 단수와 복수명사가 다 포함되어 있어 오답을 유도한다.

1. We parents need to do a better job of helping our kids identify the genres that excite [it / them]. <모의응용>
2. We can see that professions of the younger generation will be totally different from [that / those] of their parents.

다음 중 어법상 적절한 표현을 고르시오.

❶ Town officials gather information about [its / their] community's population. <모의응용>

❷ She has an interest in computers, so she is learning to use [it / them] at the public library. <모의>

❸ What is beauty? Different cultures define [it / them] quite differently. <모의>

밑줄맛보기 다음 밑줄 친 부분이 어법상 올바르면 ○표, 어색하면 ×표하고 바르게 고치시오.

❹ Without advertising, consumers would have a lack of knowledge about what a specific product can do to benefit or help <u>them</u>.

❺ You may feel that the buttons of the watch are harder to press compared with <u>that</u> of conventional watches.

CASE 2 인칭대명사 vs. 소유대명사

소유대명사는 「소유격 + 명사」를 대신한다. 소유대명사에는 mine(나의 것), yours(너(희)의 것), ours(우리의 것), his(그의 것), hers(그녀의 것), theirs(그들의 것) 등이 있다.

The robotic muscles made from fishing wire are 100 times stronger than [you / yours].

다음 중 어법상 적절한 표현을 고르시오.

❶ His statement about the incident did not match [her / hers].

❷ Birds have [their / theirs] own disease problems that sometimes become [us / ours].

CASE 3 인칭대명사 vs. 재귀대명사

동작을 행한 주어와 목적어가 같을 때 목적어 자리에 재귀대명사를 쓴다. 재귀대명사는 1, 2인칭은 소유격, 3인칭은 목적격에 -self(단수), -selves(복수)를 붙인 형태이다.

> He looked at [him / himself] in the mirror and found something under his nose.

다음 중 어법상 적절한 표현을 고르시오.

❶ Once upon a time, a king placed a rock on a road. Then he hid [him / himself] and watched to see if anyone would remove it. <모의응용>

❷ She dressed in men's clothing because she wanted to disguise [her / herself].

❸ When people find beautiful flowers in the mountains, they sometimes take [them / themselves] home. <모의응용>

밑줄맛보기 다음 밑줄 친 부분이 어법상 올바르면 ○표, 어색하면 ×표하고 바르게 고치시오.

❹ Are you honest with yourself about your strengths and weaknesses? Get to really know <u>yourself</u> and learn what your weaknesses are. <모의>

Further Study

• 부정대명사 one, other, another의 용법

one ●	the other ●		some ●●	●●	others ●●●
one ●	another ●	the other ●	some ●●	others ●●●	the others ●●

* '나머지'라는 의미에는 정관사 the가 붙는다. : **the** other (나머지 하나), **the** others (둘 이상인 나머지 모두)

다음 중 어법상 적절한 표현을 고르시오.

❶ There were three books on my table. One is here. Where are [others / the others]?

❷ I don't like this one. Show me [other / another].

❸ Some people like to rest in their free time. [Others / The others] like to travel.

❹ I have two sons. One is seven years old, and [other / the other] is five.

Point Exercise

정답 및 해설 p. 11

다음 중 어법상 적절한 표현을 고르시오.

01 I quickly wrote a note about my concerns, and put [it / them] in his letterbox. <모의응용>

02 When you read a new word in context, there is a very good chance that you will be able to guess [its / their] meaning. <모의>

03 Scientists discovered that pigs and cows have heart tissue similar to [that / those] of humans.

04 Animal parents have limited resources to dedicate to [its / their] offspring, and if the baby is sick or weak, it is abandoned.

05 The farmer who lived there took a tire off his car and said, "Drive into town, get your tire fixed, and leave [me / mine] at the gas station. I'll get it back later on." <모의>

06 Though he tried to ignore the family's troubles, Paul soon found [him / himself] caring for them and sharing his home under the bridge with them. <모의>

07 Geckos have tiny, hair-like coverings on their flattened feet, which make [it / them] extraordinary climbers. <모의응용>

*gecko: 도마뱀붙이 (가장 작은 도마뱀)

08 Even when they are under the same circumstances, some people experience depression while [others / the others] don't.

다음 밑줄 친 부분이 어법상 올바르면 ○표, 어색하면 ×표하고 바르게 고치시오.

09 The unemployment rate in Brazil is relatively high due to <u>their</u> financial and political issues.

10 Some people have little confidence in <u>them</u> because they think they haven't done anything proud in life.

Point 06 명사의 종류에 따라 수식어를 구별하라!

전체 기출 빈도 ✦✦✦✧✧
최근 기출 빈도 ✦✧✧✧✧

- 셀 수 있는 명사와 셀 수 없는 명사의 수식어는 서로 다르다.
- 명사의 복수형 앞에는 셀 수 있는 명사의 수식어가 온다.

CASE 1 셀 수 있는 명사의 수식어 vs. 셀 수 없는 명사의 수식어

many는 셀 수 있는 명사의 많은 '수', much는 셀 수 없는 명사의 많은 '양'을 나타낸다.

Scientists developed [many / much] different theories, but they could not prove that their ideas were correct. <모의>

셀 수 있는 명사의 수식어	many, a great[good / large] number of (많은), a few (약간 있는), few (거의 없는)
셀 수 없는 명사의 수식어	much, a great[good / large] amount[deal] of(많은), a little (약간 있는), little (거의 없는)

*시험에 빈출되는 셀 수 없는 명사들: advice, money, information, news, -(e)ry로 끝나는 명사(*e.g.* scenery(경치), jewelry(보석류), machinery(기계(류))), furniture(가구), clothing(의류), baggage, luggage(짐), mail(우편물), equipment(장비), evidence(증거), etc.

다음 중 어법상 적절한 표현을 고르시오.

❶ Their homes were small, wet, and cold, and had [few / little] furniture. <모의응용>

❷ Vegetarianism has been gaining popularity in a number of [country / countries]. <모의응용>

*vegetarianism: 채식주의

밑줄맛보기 다음 밑줄 친 부분이 어법상 올바르면 ○표, 어색하면 ×표하고 바르게 고치시오.

❸ Any manuscript that contains errors stands little chance at being accepted for publication. <모의>

CASE 2 셀 수 있는[없는] 명사의 공통 수식어(구)

a lot[lots / plenty] of (많은), some[any] (약간 있는)은 셀 수 있는 명사나 셀 수 없는 명사 모두를 수식할 수 있다.

One of my friends found [some / a few] money in a library book.

다음 중 어법상 적절한 표현을 고르시오.

❶ I remember [much / a lot of] pleasant experiences I had at school. <모의응용>

❷ If you have [any / a little] further questions, please contact us.

Point Exercise

정답 및 해설 p. 12

다음 중 어법상 적절한 표현을 고르시오.

01 Over the last few years there have been a lot of / much news reports about violence in schools. <모의응용>

02 Doctors thought she had few / little chance of surviving but her mother didn't give up. <모의응용>

03 The brains of older people only appear to slow down because they have so much / many information to process, much like a full hard drive.

04 There was lots of / a number of evidence from fossils to prove that the continents were once connected.

05 Although John had been in line only a few minute / minutes, he began to wonder whether the free prize was worth the wait. <모의응용>

06 Many people spend a great deal of / a number of energy making excuses for their own limitations, "I can't do that," they say. "I can't help it." <모의응용>

07 When she was young, she used to complain that country life gave her few / little opportunities to meet people and offered her little chance of education. <모의응용>

08 Be sure to drink plenty of / many water while traveling in hot countries but avoid carbonated drinks like sparkling water and cola.

*carbonated drink: 탄산음료

다음 밑줄 친 부분이 어법상 올바르면 ○표, 어색하면 ×표하고 바르게 고치시오.

09 They value experience and competence, and usually have few patience with inefficiency.

10 A great number of advance have been made in developing autonomous cars.

*autonomous car: 자율 주행 자동차

다음 중 어법상 적절한 표현을 고르시오.

01 The company is planning to make efforts to increase [its / their] sales in China by 50% compared to the previous year.

02 If unfamiliar chest pains last longer than [a few / a little] minutes, don't hesitate to call an ambulance. <모의응용>

03 To prepare for your first attempt at skiing, spend time picturing [you / yourself] skiing easily down the slopes.

04 I sat on the beach, idly passing my fingers through the sand. I found an unusual stone and looked at [it / them] for a moment. <모의응용>

05 Drivers should slow down or stop at every railroad crossing. Trains can't stop in time to prevent accidents. But people aren't paying [many / much] attention. <모의응용>

06 [A great deal of / A great number of] research on how we remember has focused on the relationship between emotion and memory.

07 One fact is the growth patterns of dinosaurs, which are more like [that / those] of warm-blooded mammals. <모의>

08 If you don't build your dream, someone will hire you to build [them / theirs].

다음 밑줄 친 부분이 어법상 올바르면 ○표, 어색하면 ×표하고 바르게 고치시오.

09 Audiences and critics who attended the concert praised the performers for its enthusiasm.

10 Traveling with too much equipment can be a serious drawback, especially if the trip requires a lot of physical effort.

갈무리 ❶ UNIT 01-02

1 (A), (B), (C)의 각 네모 안에서 어법에 맞는 표현으로 가장 적절한 것은?

When you go swimming, you are always told to be careful not to bruise yourself against the rocks. However, fish swimming in the water rarely (A) get / gets bruised moving through cracks in rocks and the branches of thorny water plants. It's because they have scales on their bodies which serve as a protective layer. The toughness of these scales (B) is / are determined by how harsh the environment is. For example, the scales of fish living in water where they must protect themselves from ragged surfaces are tough. Some people even use (C) them / themselves as a substitute for sandpaper. On the other hand, fish that do not encounter many rough surfaces have very soft scales. <모의응용>

*scale: 비늘 **ragged: 우둘투둘한

	(A)		(B)		(C)
①	get	—	is	—	them
②	get	—	is	—	themselves
③	get	—	are	—	themselves
④	gets	—	are	—	themselves
⑤	gets	—	is	—	them

2 (A), (B), (C)의 각 네모 안에서 어법에 맞는 표현으로 가장 적절한 것은?

Butter is made from milk, and milk spoils very quickly, but butter doesn't. Why not? In water and microbes (A) lie / lies the answer. Food-spoiling microbes (bacteria, yeast, and mold) (B) love / loves water; the more water the better. Milk is about 94 percent water, which is great for bacteria, yeast, and mold. If you leave a container of milk in a warm room, it takes only (C) a few / a little hours before the milk goes bad. Butter, on the other hand, will still be edible for a few days — and sometimes for up to a few weeks. That's because butter is only about 30 percent water. Also, most butter is salted, and salt kills many microbes.

*microbe: 미생물 **mold: 곰팡이

정답 및 해설 p. 13

	(A)		(B)		(C)
①	lie	—	loves	—	a few
②	lie	—	love	—	a little
③	lies	—	loves	—	a few
④	lies	—	love	—	a few
⑤	lies	—	love	—	a little

3 (A), (B), (C)의 각 네모 안에서 어법에 맞는 표현으로 가장 적절한 것은?

The Negro Motorist Green Book, or simply the *Green Book* was a guidebook for African American travelers that provided a list of hotels, bars, restaurants, gas stations and other establishments throughout the country. Victor H. Green published it annually from 1936 to 1966 when discrimination against African Americans (A) [was / were] widespread. During this period, African Americans faced racial prejudice, refusal of food and lodging, and physical violence while traveling around the United States. The *Green Book* featured African American-friendly services and places, and (B) [its / their] coverage spread to include not just the New York area, but much of North America. The information included in the *Green Book* was able to help increase (C) [its / their] safety and treatment.

	(A)		(B)		(C)
①	was	—	its	—	its
②	was	—	their	—	its
③	was	—	its	—	their
④	were	—	their	—	their
⑤	were	—	its	—	its

4 다음 밑줄 친 부분 중 어법상 틀린 것끼리 짝지은 것은?

내신맛보기

As humans spread out across the world and use more and more land, we leave other species little space to live on. According to a study by Yale ecologists, by 2070, increased land use by humans ⓐ is expected to put 1,700 species of amphibians, birds, and mammals at great risk of extinction. In particular, species living in South America, Central and East Africa, and Southeast Asia ⓑ is going to suffer the greatest habitat loss and increased extinction risk. Walter Jetz, the professor of ecology and evolutionary biology at Yale, ⓒ caution that this problem affects not just the countries where the species live, but the whole world. "Losses in species populations can permanently damage the functioning of ecosystems and human quality of life," said Jetz. "While biodiversity destruction in far-away parts of the planet ⓓ doesn't seem to affect us directly, its consequences for human livelihood can spread globally."

*amphibian: 양서류

① ⓐ, ⓑ ② ⓐ, ⓒ ③ ⓐ, ⓓ
④ ⓑ, ⓒ ⑤ ⓑ, ⓓ ⑥ ⓒ, ⓓ

5 다음 밑줄 친 부분 중 어법상 틀린 것을 2개 찾아 기호를 쓰고 바르게 고친 뒤 고친 이유를 쓰시오.

내신맛보기

To admire a person's ability and praise them for what seems like an innate talent ⓐ is tempting to us all. If your kid does well on a test, you might say, "You're so brilliant!" If your friend plays a great soccer game, you might say, "You're so athletic!" However, research on the psychology of success by Carol Dweck ⓑ suggest a better strategy. Praising people for their natural ability often ⓒ cause harmful effects. Once people start to think that skills and talents are things they either have or don't have, what happens when they fail at something? They'll get frustrated and think they're not so great after all. Instead, though, what if you praised people for their effort? What if you told your kid, for example, "you tried so hard for the test" or your friend, "you really put in effort in the game today"? Studies show that focusing on the effort and determination that people put in ⓓ makes them better at overcoming future difficulties.

기호	고쳐야 할 표현	고친 표현

6 다음 (1), (2)에 답하시오.

내신맛보기 (1) ⓐ~ⓒ에 들어갈 말로 가장 적절한 것을 <보기>에서 골라 문맥과 어법에 맞게 변형하여 넣으시오. (중복 사용 불가)

<보기> do you contain

We often use food not just as a means to satisfy our physical hunger, but also for comfort, stress relief, and to reward ourselves. And when we do, we tend to reach for unhealthy foods from our kitchen which ⓐ ____________ high amounts of saturated fat and refined sugar. You might reach for a piece of chocolate cake when you're feeling depressed or order a pizza if you're stressed or lonely. 당신의 감정적 욕구를 충족시키기 위해 음식을 이용하는 것은 감정적 식사라고 한다. Unfortunately, emotional eating doesn't fix emotional problems. In fact, it usually makes you feel worse. Afterward, not only ⓑ ____________ the original emotional issue remain, but you also feel guilty for overeating. Emotions usually don't last long, so you only need to distract ⓒ ____________ from eating for a short time, until the emotion passes. Try going for a short walk or turning to an activity you enjoy.

*saturated fat: 포화 지방

ⓐ ______________________________

ⓑ ______________________________

ⓒ ______________________________

(2) 밑줄 친 우리말에 맞도록 아래 괄호 안에 주어진 어구들을 알맞게 배열하시오. (어형 변화 가능, 주어진 어구로만 배열할 것)

(to satisfy, food, emotional eating, your emotional needs, be called, use)

____.

UNIT 03

동사의 시제

유닛 구성

Point 07 단순과거와 현재완료의 구별은 부사를 찾아라!

Point 08 현재시제가 미래를 나타내는 부사절에 주의하라!

포인트 감 잡기!

선택지 구성

have made / had made

→ 네모 안의 단어는 현재완료 / 과거완료 의 형태이다. 따라서 올바른 시제를 고르는 문제 유형이다. 시제라고 하면 통상 12시제인데, 그 개수부터 만만치가 않다. 하지만, 시험에 출제되는 시제들은 일부에 불과하고 단서가 명백하게 문장에 존재하므로 어렵지 않게 풀 수 있다.

연습 문제

✦ 다음 중 동사의 시제를 묻는 선택지를 있는 대로 고르시오.

① send / will send
② used / have used
③ destroyed / was destroyed
④ give / gives
⑤ took / has taken
⑥ forget / forgetting

정답 및 해설 p. 15

WARM UP!

동사의 시제란?

동작이나 상태가 일어난 시간이나 진행, 완료 등의 여부를 나타내는 것으로서, 동사의 형태를 변화시키거나 조동사를 이용한다.

1 현재-과거-미래시제

The car **belongs** to Jim. [현재 상태]
I **attended** the meeting yesterday. [과거 사실]
They **eat** fast food every day at lunch. [과거-현재-미래의 습관, 반복적 행동]
I **will go** to the restaurant this weekend. [미래]

2 완료시제

He **has lived** in Seoul *for* 10 years. [계속]
The speaker **has** *just* **arrived** at the conference. [완료]
I **have** *never* **seen** that movie. [경험]
She **has gone** to China. [결과]
We arrived at the theater, but the movie **had** already **started.** [과거보다 더 과거의 일]

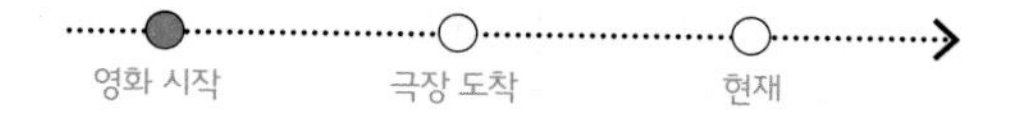

3 진행시제

일시적 또는 제한적으로 진행 중인 동작이나 상태를 나타낸다.
She **is talking** on the phone.
He **was studying** at Yale University.
Amy's train **is leaving** in 10 minutes. [미래]

4 완료진행시제

이전 시점에서 일어난 일이 계속되어, 기준 시점(현재, 과거, 미래)에도 진행 중임을 나타낸다.

완료시제	have p.p.
+ 진행시제	be v-ing

완료진행시제 have been v-ing
It **has been raining** for two days.

Point 07 단순과거와 현재완료의 구별은 부사를 찾아라!

- 문장 안에 있는 시제의 단서가 되는 부사(구[절])를 찾는다.
- 명백한 과거를 나타내는 부사(구)가 있다면 현재완료를 쓸 수 없다.

전체 기출 빈도 ✦✦✧✧✧
최근 기출 빈도 ✦✧✧✧✧

CASE 1 단순과거 vs. 현재완료(계속)

단순과거는 과거에 이미 끝나버린 일을 표현하므로 과거의 특정한 때를 나타내는 부사(구)와 함께 자주 쓰인다. 현재완료(계속)는 과거부터 현재까지 계속해온 일을 표현하며 '계속'을 뜻하는 부사구와 함께 자주 쓰인다.

1. After traveling for 36 years, the Voyager 1 space probe [left / has left] our solar system in 2013.
2. Populations of large fish, such as tuna and shark, [dropped / have dropped] by 90% since 1950. <모의>

과거시제 + 부사(구, 절)	yesterday(어제), last ~(지난 ~에), ~ ago(~ 전에), then(그때), when ~, 「in + 과거 연도」, just now(조금 전에), the other day(일전에=a few days ago)
현재완료(계속) + 부사(구, 절)	「since + 특정 과거 시점(~ 이래로)」, 「for + 기간 + now (지금까지 ~ 동안)」

* 「for + 기간」은 현재완료(계속)와 자주 같이 쓰이지만, 과거시제에서도 쓸 수 있으므로 현재완료를 반드시 써야 하는 단서가 되지는 못한다.
I've lived here **for five years**. (나는 이곳에서 5년 동안 살고 있다.)
I lived here **for five years**. ((지금은 아니지만) 나는 이곳에서 5년 동안 살았다.)

시제의 단서가 되는 부사구[절]에 밑줄을 긋고 알맞은 동사를 고르시오.

1. Four years ago, her family [immigrated / has immigrated] to Kenya.
2. Over 5,000 people [reached / have reached] the summit of Mt. Everest since it was first climbed.
3. When Sally was about eight years old, she [climbed / has climbed] trees every day.
4. I [played / have played] the violin for several years now and I'm enjoying it more and more.
5. Last Saturday afternoon, I [went / have gone] to a football match in London.

Point Exercise

정답 및 해설 p. 15

다음 중 어법상 적절한 표현을 고르시오.

01 When he was eleven, he [wanted / has wanted] to take Japanese lessons so that he could read Japanese books. <모의응용>

02 The first IMAX system [was / has been] set up in Toronto in 1971, and displayed images of far greater size than those of typical film. <모의응용>

03 Though no one expected that our team would win the game, we [advanced / have advanced] to the finals last night.

04 도전 I had to fly to London on business the other week. I usually have a hard time sleeping on airplanes, so I [took / have taken] a sleeping pill just before takeoff. <모의응용>

05 Once the sun goes down, Louise transforms herself into a vampire. She has even gotten some vampire teeth. For ten years now, she [collected / has collected] a houseful of horror movie videos, skulls, and bats. <모의>

06 There [was / has been] a dramatic decrease in the number of traffic accidents since last year. It must be the effect of a clampdown on drinking and driving. *clampdown: 단속

다음 밑줄 친 부분이 어법상 올바르면 ○표, 어색하면 ×표하고 바르게 고치시오.

07 Most scientists now believe that our ancestors—the earliest Homo Sapiens—<u>have originated</u> in Africa around 200,000 years ago.

08 The GDP <u>has decreased</u> by 0.12 percent since early this year as compared to the same period last year.

도전 다음 괄호 안에 주어진 단어를 문맥과 어법에 맞게 쓰시오.

09 China's frequent times of unity have a long history. The most productive areas of modern China were politically joined for the first time in 221 BC, and ______ (remain) ______ so for most of the time since then. It has had only a single writing system from the beginning, a single principal language for a long time, and solid cultural unity for two thousand years. <모의응용>

____

Point 08 현재시제가 미래를 나타내는 부사절에 주의하라!

- 시간과 조건의 부사절에서는 미래의 의미를 나타낸다고 할지라도 현재(완료)시제가 미래(완료)시제를 대신한다.
- 주로 네모 안에는 [현재시제 / 미래시제]의 형태로 출제된다.

전체 기출 빈도 ✦✧✧✧✧
최근 기출 빈도 ✦✧✧✧✧

CASE 1 시간을 나타내는 부사절

시간을 나타내는 부사절에서는 현재시제가 미래시제를 대신한다.

What will happen when the world's largest volcano [erupts / will erupt] again?

* 시간을 나타내는 부사절을 이끄는 접속사
when, while, before, after, until, till, as soon as, by the time 등

cf. 의문사 **when**(언제)이 명사절을 이끌 때는 미래시제를 그대로 쓴다.
No one knows **when** the supervolcano **will** erupt. (그 대화산이 언제 분출할지는 아무도 모른다.)
S V O(명사절)

when이 이끄는 명사절을 목적어로 취할 수 있는 표현	
ask when ~	언제 ~인지를 묻다
wonder when ~	언제 ~인지를 궁금해하다[알고 싶어 하다]
(not) know when ~	언제 ~인지를 알다[모르다]
be (not) sure[certain] when ~	언제 ~인지를 확신하다[확신하지 못하다]

다음 중 어법상 적절한 표현을 고르시오.

❶ As soon as the schedule [is / will be] fixed, I'll call you.

❷ I wonder when the professor [comes / will come] back from the trip.

밑줄맛보기 다음 밑줄 친 부분이 어법상 올바르면 ○표, 어색하면 ×표하고 바르게 고치시오.

❸ By the time I will arrive home, my family will have finished the meal.

CASE 2 조건을 나타내는 부사절

조건을 나타내는 부사절에서도 현재시제가 미래시제를 대신한다.

If the weather [is / will be] good, he will arrive in Yeouido on August 15. <모의>

* 조건을 나타내는 부사절을 이끄는 접속사
if, unless, once(일단 ~하면), as long as(~하는 한), in case(~할 경우를 대비해서) 등

cf. 접속사 if(~인지)가 명사절을 이끌 때는 미래시제를 그대로 쓴다.
I wonder **if** it **will** rain tomorrow. (나는 내일 비가 올지 궁금하다.)
S V O(명사절)

if가 이끄는 명사절을 목적어로 취할 수 있는 표현	
ask if ~	~인지 (아닌지)를 묻다
wonder if ~	~인지 (아닌지)를 궁금해하다
not know if ~	~인지 (아닌지)를 모르다
not sure[certain] if ~	~인지 (아닌지)를 확신하지 못하다

다음 중 어법상 적절한 표현을 고르시오.

❶ If you [leave / will leave] Friday evening, you can come back Sunday evening.

❷ The post office won't accept the package unless you [seal / will seal] it securely in a proper box.

밑줄맛보기 다음 밑줄 친 부분이 어법상 올바르면 ○표, 어색하면 ×표하고 바르게 고치시오.

❸ I think I'm the right person for the job, but I'm not sure if they will offer it to me.

Point Exercise

정답 및 해설 p. 16

다음 중 어법상 적절한 표현을 고르시오.

01 If you [see / will see] a sign with a knife and fork, you'll find a place where you can get a meal. <모의응용>

02 Because of last year's dominating performance, soccer fans wonder if Spain [wins / will win] the World Cup again this year.

03 Audience members who arrive after the concert [begins / will begin] will be asked to wait to be seated.

04 Once you [have / will have] smelled the delicious aroma of garlic, you'll never forget it. <모의응용>

05 If I fall down at home and cannot get up, my dog will bark until somebody [comes / will come] to help.

06 NASA has stated that humanity will not survive for very long unless we [make / will make] it to Mars. They said humans have to become a "multi-planet species" within a couple of centuries to avoid a certain disaster.

07 It is advisable, before your arrival to the conference, to ask if the inviting institution or the company [provides / will provide] you with accommodation.

다음 밑줄 친 부분이 어법상 올바르면 ○표, 어색하면 ×표하고 바르게 고치시오.

08 As long as people <u>will continue</u> to generate trash, there will always be a need for advanced equipment and technology to dispose of it.

09 No one knows for certain when the Kilauea Volcano in Hawaii <u>will erupt</u> again.

우리말에 맞도록 다음 어구들을 바르게 배열하시오. (필요한 어구 추가 및 어형 변화 가능)

10 귀하의 주문은 그 물품이 저희 창고에 도착하는 즉시 항공 속달로 배송될 것입니다.
(in our warehouse, the item, as soon as, arrive)
Your order will be shipped by air express ______________________________
______________________________.

*air express: 항공 속달

정답 및 해설 p. 17

다음 중 어법상 적절한 표현을 고르시오.

01 As long as the root of the problem [is / will be] growing on the inside, it will persist and keep popping up. <모의응용>

02 The unforgettable musical *Rent* [was / has been] performed more than five thousand times since the show opened in 1996. <모의>

03 He didn't think he had done well enough to pass the exam because he [was / has been] ill when he took it. <모의응용>

04 A meteor [has exploded / exploded] in the sky above Russia last month. People said the flash was brighter than the sun.

05 If a plant species [disappears / will disappear], the butterfly species that depends on it will also be eliminated.

06 Since May 2005, the average time between an online shopper's first visit to a website and a purchase by that shopper [increased / has increased] from 19 to 34 hours.

07 Don't wait until everything [is / will be] just right. It will never be perfect. There will always be challenges, obstacles, and less than perfect conditions. Get started now.

다음 괄호 안에 주어진 단어를 문맥과 어법에 맞게 쓰시오.

08 The surgery will not proceed unless the consent form (be) ________ signed by the patient or guardian.

09 House prices in the UK (fall) ________ 1.5 per cent nationally last month for the first time in three years.

10 By the time the boss (come) ________ back from the States, the work will have been finished.

UNIT 04

조동사와 법

유닛 구성

Point 09 조동사 + have p.p.는 가리키는 때와 의미에 주의하라!
Point 10 가정법의 핵심은 시제이다!

포인트 감 잡기!

선택지 구성

would

be / have been

→ 네모 안에 짝을 이룬 단어들은 동사원형과 have p.p.이다. 이는 조동사의 시제 표현 및 가정법의 형태를 묻는 것으로서, 문맥에서 가리키는 때를 근거로 정답을 알아낼 수 있다. 이와 더불어 조동사가 각기 고유하게 가지고 있는 의미에 대해서도 정리해보자.

연습 문제

✦ 다음 중 조동사의 시제를 묻는 선택지를 있는 대로 고르시오.

① could [give / have given]
② would [help / be helped]
③ might not [use / have used]

정답 및 해설 p. 18

조동사란?

'동사를 도와주는(助) 동사'이다. be, have, do 조동사는 동사의 문법적 기능을 도와서 시제, 의문문, 부정문을 만든다. 아래 나열된 can, may 등의 조동사는 본동사에 의미를 더해 주거나 가능성, 추측을 나타낸다.

1 본동사에 능력, 허가, 추측, 충고, 의무 등의 의미를 더해 주는 조동사

능력	I **can** speak English well.
허가	You **can** go home now. **May** I take your order?
가능성, 추측	Dr. Lee **may** have another idea. (약한 추측) His opinion **must** be the best. (강한 추측)
충고	The government **should** give free food to the poor.
의무	Passengers **must** fasten their seat belts in the airplane.
과거의 습관	He **would**[**used to**] often take a walk with his dog.
과거의 상태	This **used to** be my playground.

2 현재나 미래의 가능성, 추측을 나타내는 조동사

can, may 등의 조동사는 가능성, 추측을 나타내며 아래와 같이 '확신의 정도'에 따라 적절한 것을 표현한다.

(대략적인 확신의 정도)	**might** < may < **could** < can < **should** < **would** < will < must, cannot 30% 40% 50% 60% 70% 80% 90% 100%

위에서 볼 수 있듯이, 과거형 조동사(might, could, should, would)일지라도 '가능성, 추측'을 의미할 때는 **현재나 미래**에 대한 것임을 늘 잊지 말아야 한다. 현재형에 비해 확신의 정도만 더 낮을 뿐이다.
The boy **could** be his son. (그 소년은 그의 아들일 수도 있다. — 현재의 불확실한 추측)

*** 조동사 기초**
조동사 뒤에는 항상 동사원형이 오며, 조동사는 두 개를 연속하여 쓰지 않는다.
He **can sings** that song. (×)
He **can sing** that song. (○)
My father **will can** lift that chair. (×)
My father **will be able to** lift that chair. (○)

Point 09 조동사 + have p.p.는 가리키는 때와 의미에 주의하라!

- 조동사 + [동사원형 / have p.p.] : 가리키는 때를 판단하는 문제
- [조동사 / 조동사] + have p.p. : 조동사의 의미상 차이를 묻는 문제

전체 기출 빈도 ✦✦✧✧✧
최근 기출 빈도 ✦✧✧✧✧

CASE 1 「조동사 + 동사원형」 vs. 「조동사 + have p.p.」

추측, 후회, 유감 등이 '현재'의 일에 대한 것일 때는 「조동사 + 동사원형」, '과거'의 일에 대한 것일 때는 「조동사 + have p.p.」이다. 문맥 중에 나온 시간 부사(구, 절)가 단서가 된다.

Canada shouldn't [take / have taken] humpback whales off the endangered species list last year.
*humpback whale: 혹등고래

「조동사 + 동사원형」	현재	「조동사 + have p.p.」	과거
must + v	**~임에** 틀림없다	must + have p.p.	**~했음이** 틀림없다
cannot + v	**~할** 리가 없다	cannot + have p.p.	**~했을** 리가 없다
would + v	**~할** 것이다	would + have p.p.	**~했을** 것이다
may[might] + v	**~할**지도 모른다	may[might] + have p.p.	**~했을**지도 모른다
should + v	**~해야** 한다	should + have p.p.	**~했어야** 했는데

다음 중 어법상 적절한 표현을 고르시오.

❶ I should [use / have used] a flash when I took the photos.

❷ When your mom discussed your career with others, she may [be / have been] looking for suggestions. <수능응용>

❸ I will need your help. You should [come / have come] back home by nine o'clock.

밑줄맛보기 다음 밑줄 친 부분이 어법상 올바르면 ○표, 어색하면 ×표하고 바르게 고치시오.

❹ They cannot give us a definite answer earlier this afternoon because the matter is currently being discussed.

❺ Ellison must feel relieved when her husband suddenly appeared in front of her.

CASE 2 「조동사 + have p.p.」에서 조동사 간의 의미 차이

조동사끼리의 의미 구별은 문맥 파악을 통해 가능하다.

New evidence shows volcanoes [should / might] have helped many species survive the last Ice Age.

다음 중 어법상 가장 적절한 표현을 하나씩만 고르시오.

❶ We [shouldn't / couldn't / must] have taken this route. We are stuck in a traffic jam.

❷ I apologize for any inconvenience I [may / cannot / should] have caused you the other day.

❸ Sandra [should / cannot / must] have panicked when she found out her three-year-old child missing.

❹ The participants [may / cannot / would] have paid attention to the principal's speech. It was just too boring.

Point Exercise

정답 및 해설 p. 18

다음 중 어법상 적절한 표현을 고르시오.

01 I should [think / have thought] more about my finances before I came to visit you in Japan. <모의응용>

02 They [couldn't / shouldn't] have explored the deep canyon in winter. Many of them didn't survive the journey.

03 Richard was perfectly well-mannered and kind. He cannot [say / have said] such rude things.

04 Like most parents, your mother and father might [spend / have spent] money on toys that you didn't play with very much. <모의응용>

05 The doctors told Norman that they did not know how to cure him and that he might never get over the illness. Norman felt that his unhappy thoughts [should / might] have caused his illness. <모의응용>

06 I [may / shouldn't] have watched the horror movie about two weeks ago. I thought it wasn't so scary then, but I still have nightmares every night.

밑줄 친 우리말에 맞도록 아래 괄호 안에 주어진 어구들을 알맞게 배열하시오. (필요한 어구 추가 및 어형 변화 가능)

07 Scientists have noticed striking similarities between the Earth and its moon. Many believe that in the distant past, 그 둘은 하나였던 게 틀림없다고.
(one, must, the two, be)

____.

Point 10 가정법의 핵심은 시제이다!

전체 기출 빈도 ✦✦✧✧✧
최근 기출 빈도 ✦✧✧✧✧

- 가정법 과거는 현재나 미래, 가정법 과거완료는 과거를 가정, 상상한다.
- '~해야만 한다'라는 당위성을 나타내는 that절은 「(should +) 동사원형」을 쓰는 특수 가정법 구문이다.

CASE 1 가정법 과거 vs. 가정법 과거완료

가정법 과거와 과거완료는 직설법과는 다른 때를 의미한다는 것에 주의해야 한다.

1. If global wealth were distributed evenly, each adult would [receive / have received] about $50,000, according to a study.
2. If it had not rained, we could [play / have played] baseball yesterday.

*** 가정법 과거**

If + 주어 + **동사의 과거형** ~, 주어 + **조동사 과거형**[would, could, should, might] + **동사원형** ....

If절 (만약 ~라면) 주절 (…일[할] 텐데)

→ '현재'나 '미래'의 일을 반대로 가정하거나 있을 법하지 않다고 생각하는 일

*** 가정법 과거완료**

If + 주어 + **had p.p.** ~, 주어 + **조동사 과거형**[would, could, should, might] + **have p.p.** ....

If절 (만약 (그때) ~했다면) 주절 (…했을 텐데 (안 했다))

→ '과거'의 일을 반대로 가정하거나 있을 법하지 않았다고 생각하는 일

다음 중 어법상 적절한 표현을 고르시오.

❶ If he had done his job properly, he would not [be / have been] fired.

❷ The soup would taste better if it [has / had] more salt in it.

❸ If the sun stopped shining, life on earth would [be / have been] wiped out.

❹ If you [didn't ask / hadn't asked], I might have forgotten.

밑줄맛보기 다음 문장에서 괄호 안의 단어를 어법과 문맥에 맞도록 고쳐 쓰시오.

❺ If it had not been for their help, it (will, take) many more days to put out the fire.

❻ If you (can, travel) back in time, who would you like to meet?

CASE 2 that절에 should를 쓰는 특수 가정법

<요구, 제안, 주장, 명령>을 나타내는 동사에 이어지는 that절이 '~해야 한다'라는 당위성을 내포하면 화자의 주관적 감정이 드러나는 일종의 가정법으로 볼 수 있다. 이때 that절에 쓰인 조동사 should는 생략되어 동사원형이 바로 나올 수 있다.

> The WHO may formally recommend that everyone [cuts / cut] their sugar intake by half.
> *intake: 섭취(량)

→ 주어 + <요구, 제안, 주장, 명령>의 동사 + **that** + 주어 + (**should** +) 동사원형 ...
주절 ((요구, 제안, 주장, 명령)하다) / that절 (~해야 한다고)

→ '현재'나 '미래'의 일을 반대로 가정하거나 있을 법하지 않다고 생각하는 일

<요구·제안·주장·명령>의 동사

insist 주장하다	urge 권고하다	recommend 권고하다	demand 요구하다
request 요청하다	order 명령하다	suggest 제안하다	advise 충고하다
ask 요구하다	propose 제안하다	command 명령하다	move 제안하다

cf. that절이 '~해야 한다'라는 당위성을 뜻하지 않고 현재나 과거의 '사실'을 나타내면 직설법 시제를 쓴다.
He **insisted** that he **had seen** a ghost in that house a few years ago. (그는 몇 년 전에 그 집에서 귀신을 본 적이 있다고 **주장했다**.)
I **advised** him that he **had** little chance of winning. (나는 그에게 이길 가능성이 거의 없다고 **조언했다**.)
The evidence **suggests** that the papers **are** fake. (그 증거는 그 문건들이 가짜임을 **암시한다**.)

다음 중 어법상 적절한 표현을 고르시오.

1. People are demanding that something [is / be] done to stop drunk driving.
2. She strongly recommended that I [join / joined] the drama club before I graduate.
3. The suspect insisted that he [had been / be] simply defending himself from the victim.
4. They suggest that the government [restrict / restricts] the number of cars allowed to drive through the downtown area.

밑줄맛보기 다음 밑줄 친 부분이 어법상 올바르면 ○표, 어색하면 ×표하고 바르게 고치시오.

5. He requested that some acquaintances <u>are</u> invited to the premiere.
6. The doctor advised me that there <u>be</u> an alternative food for vegetarians which was nearly identical to meat.

Point Exercise

정답 및 해설 p. 20

다음 중 어법상 적절한 표현을 고르시오.

01 The National Weather Service advised that travelers [were / be] prepared for extended delays and blizzard conditions.
*blizzard: 눈보라

02 The survey suggests that keeping companion animals [has / have] a significant impact on people's lives.
*companion animal: 반려동물

03 If the detective [saw / has seen] the wheel tracks, he might find out what kind of vehicle made them.

04 People insist that early retirement [allow / allows] you to enjoy an active life before old age restricts the range of activities that you can do. <모의응용>

05 Even though most of the passers-by were probably rushing to work, the scene might [be / have been] quite different if they had known that the young musician was Tony Adamson, a world famous violinist. <모의>

06 If you had read and followed the instructions on the chemical container, you would not [hurt / have hurt] yourself.

07 If the automobile company [withdrew / had withdrawn] to its homeland, a lot of people would be out of work.

다음 밑줄 친 부분이 어법상 올바르면 ○표, 어색하면 ×표하고 바르게 고치시오.

08 I propose that a total ban on cigarette advertising <u>is</u> a topic to talk about in the next meeting.

09 If the passengers in the bus <u>haven't fastened</u> their own seat belts, they would have been seriously injured in that accident.

우리말에 맞도록 다음 어구들을 바르게 배열하시오. (어형 변화 가능, 주어진 어구로만 배열할 것)

10 그는 그녀가 지역민들의 문화를 더 배우고 친구로 받아들여지기 위해 그 지역 관습을 따르려고 노력해야 한다고 제안했다. (make an effort, the local customs, suggest, he, she, that, to follow)

____

so as to learn more about the culture and be accepted as a friend.

다음 중 어법상 적절한 표현을 고르시오.

01 I strongly recommend that you start working full-time instead of part-time, and that all of your extra money is / be saved in your bank account. <모의응용>

02 Countries should encourage / have encouraged the development of alternative energy sources when fossil fuels were first proved to be harmful.

03 If we had known Billy couldn't ride horses, we might teach / have taught him how to do it before we left. <모의응용>

04 It is easy for us to fantasize about how much easier life would be / have been if we could only make more money. <모의응용>

05 We request that she follow / follows the format shown in this sample when preparing presentations to be displayed on the bulletin board.

06 The book titled *Archaeology* suggests that ancient rock art should / might have been made by aliens.

07 Their testimony shouldn't / must have been convincing because the court decided that the company pay the customers for the damages it had done.

08 The student insisted that he be / was innocent when he was accused of cheating during an online exam.

다음 밑줄 친 부분이 어법상 올바르면 ○표, 어색하면 ×표하고 바르게 고치시오.

09 My dream was to make a career as a painter, but the rules of the school demanded that the students obtained not only the best grades in art studies, but also in general education.

10 It was a disappointing book and I shouldn't have wasted my time reading it. I should have bought and read something else which genuinely interests me.

갈무리 ❷ UNIT 01-04

1 (A), (B), (C)의 각 네모 안에서 어법에 맞는 표현으로 가장 적절한 것은?

Toward the end of the 19th century, people were looking for faster and more efficient ways to fasten several sheets of paper together. Sewing stacks of pages together with needle and thread, for instance, (A) [was / were] difficult and time-consuming. Then, in 1879, an American company (B) [began / has begun] manufacturing the McGill Single-Stroke Staple Press. This tool was so simple and effective that people (C) [used / have used] tools like it since then. It works when you place pieces of paper under its arm and press down firmly; this releases a staple, drives the staple's sharp ends through the paper, and bends the ends together against the underside of the paper. Today, it's used in offices, schools, and homes worldwide. It's called a stapler.

	(A)		(B)		(C)
①	was	—	began	—	used
②	was	—	began	—	have used
③	was	—	has begun	—	have used
④	were	—	began	—	used
⑤	were	—	has begun	—	have used

2 (A), (B), (C)의 각 네모 안에서 어법에 맞는 표현으로 가장 적절한 것은?

"Hot" and "cold" are the two main words that we (A) [use / used] to describe how we perceive temperature. They are imprinted on our consciousness at a very early age. And for the most part, we have no problem telling the difference between the two. Yet in a few cases the difference between them (B) [isn't / aren't] altogether clear. Here's an example: If you were blindfolded and someone touched you first with a hot iron and then with a piece of dry ice, you probably wouldn't (C) [be / have been] able to tell hot from cold. This is a simple demonstration of a key fact. Physiological, or bodily, sense isn't a dependable method for measuring temperature. <모의응용>

*physiological: 생리적인, 생리학의

	(A)		(B)		(C)
①	use	—	aren't	—	be
②	use	—	isn't	—	be
③	use	—	isn't	—	have been
④	used	—	isn't	—	be
⑤	used	—	aren't	—	have been

3 (A), (B), (C)의 각 네모 안에서 어법에 맞는 표현으로 가장 적절한 것은?

Electric cars have many advantages compared to traditional ones. They do not cause air pollution and global warming by emitting carbon dioxide. They also produce only (A) [a few / a little] noise pollution because they run quietly on battery power. However, despite these benefits, safety issues have been raised about these green vehicles. For example, it is difficult to hear electric cars coming. So they could be dangerous to some pedestrians, especially the blind, who (B) [rely / relies] on their hearing to cross roads. In response to this concern, groups of scholars, blind people, and police insist that a sound-making function (C) [is / be] introduced in these eco-friendly vehicles. <모의응용>

*carbon dioxide: 이산화탄소

	(A)		(B)		(C)
①	a few	—	rely	—	is
②	a few	—	relies	—	is
③	a little	—	rely	—	is
④	a little	—	rely	—	be
⑤	a little	—	relies	—	be

4 (A), (B), (C)의 각 네모 안에서 어법에 맞는 표현으로 가장 적절한 것은?

Brands today frequently encounter changes that affect the way that consumers interact with them. In the past, when consumers wanted to give feedback, they (A) [would / might] write or call. Today, consumers can interact with brands via social networks in a far more immediate way. Several years ago, the US clothing chain GAP (B) [tried / has tried] to change its logo. For decades, the logo had been white lettering on a blue square, with a classic feel. But as soon as they offered a more modern looking logo, they realized that they (C) [must / shouldn't] have tried it. Consumers missed the old version. They took Facebook and Twitter to express their disappointment, and even anger. A week later, GAP released a statement, saying that they would revert to their classic logo.

	(A)		(B)		(C)
①	would	—	tried	—	shouldn't
②	would	—	tried	—	must
③	would	—	has tried	—	shouldn't
④	might	—	tried	—	shouldn't
⑤	might	—	has tried	—	must

5 ⓐ~ⓒ에 들어갈 말로 가장 적절한 것을 <보기>에서 골라 문맥과 어법에 맞게 변형하여 넣으시오. (중복 사용 불가)

내신맛보기

<보기> take receive be inform think

When I got an email last March from a restaurant app notifying me that my order was on its way to an address 3,000 miles away from my location, I ⓐ ______________ it was not that big of a deal. I informed my bank of the wrong charge and got a refund. However, that was just the beginning. I ⓑ ______________ that more seriously. Five days ago, I found that $9,000 had been transferred away from my account two days previously without my knowledge. I called the bank immediately. They blocked any access to my account for investigation, including mine. Since then, I ⓒ ______________ borrowing money from my friends to cover my expenses! Now that my account has been hacked twice, I'm afraid that this bank must have a weak security system.

ⓐ ______________________

ⓑ ______________________

ⓒ ______________________

6 다음 (1), (2)의 밑줄 친 우리말에 맞도록 아래 괄호 안에 주어진 어구들을 알맞게 배열하시오.

내신맛보기

(어형 변화 가능, 필요한 경우 어휘 추가 가능)

An 18,000-year-old puppy buried for centuries in frozen mud was discovered in a layer of permafrost in Siberia's Far Eastern reaches. The fur, skeleton, teeth, head, eyelashes and whiskers of the puppy are still present. (1) 과학자들은 그것이 빠르게 얼어붙었음에 틀림없다고 말한다 before other animals could get to it. But scientists don't know whether it is a dog or wolf, and it was said more DNA research would be conducted in the coming months. Many scientists say dogs evolved about 15,000 years ago from a species of extinct wolves. (2) 다른 이들은 그것이 훨씬 더 이전에 일어났을 수도 있다고 주장한다. After thousands of years of being domesticated by humans, these wolves evolved to become our modern-day companies. Scientists think this puppy may help illustrate the connection between dogs and wolves.

*permafrost: 영구 동토층(땅속이 1년 내내 얼어 있는 상태의 지대)

(1) (must, say, quickly, freeze, scientists, it, that)

____

(2) (earlier, could, much, others, insist, happen, it, that)

____

UNIT 05
능동태 vs. 수동태

유닛 구성

Point 11 동사의 태는 주어와의 의미 관계를 파악하라!
Point 12 to부정사/동명사의 태는 의미상 주어부터 찾아라!

포인트 감 잡기!

선택지 구성

introduced / was introduced

→ 네모 안의 단어는 시제가 '과거로 동일하지만 '태가 다른 구성이다. 즉 능동태 / 수동태의 형태이다. 태의 구별은 출제 빈도가 매우 높은 사항으로서 동사뿐만 아니라 준동사도 출제된다. 올바른 태를 판단할 수 있기 위해서는 어떤 사항들을 고려해야 하는지 집중적으로 살펴보자.

연습 문제

✦ 다음 중 동사나 준동사의 태를 묻는 선택지를 있는 대로 고르시오.

① took / was taken
② leaving / being left
③ found / been found
④ to see / to be seen
⑤ was made / were made
⑥ taking / taken
⑦ to receive / receiving

정답 및 해설 p. 23

WARM UP!

태란?

주어가 동사의 동작을 하는지, 그 동작을 받는지를 나타내는 동사의 형태를 말한다. 능동태와 수동태, 두 가지 종류가 있다.

1 능동태-수동태의 기본 형태

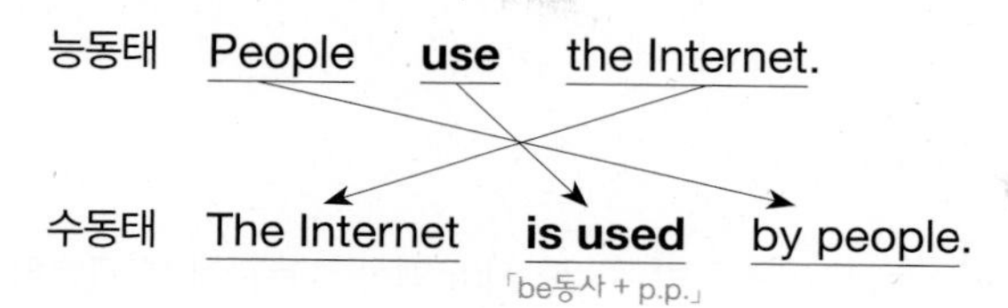

능동태 People use the Internet.
수동태 The Internet is used by people.
「be동사 + p.p.」

2 주어와 동사의 의미 관계

주어가 동사의 동작을 하면 능동관계이므로 능동태로 표현하고, 주어가 동사의 동작을 받으면 수동관계이므로 수동태로 표현한다. 그러므로 주어와 동사만 보아도 태를 판단할 수 있는 경우가 많다.

능동관계	People **use** the Internet. (사람들이 **사용하는** 것이므로 능동태) She **opened** the window. (그녀가 **연** 것이므로 능동태) I **will repair** my television. (내가 **수리할** 것이므로 능동태)
수동관계	The Internet **is used** by people. (인터넷은 **사용되는** 것이므로 수동태) The window **was opened** by her. (창문은 **열리는** 것이므로 수동태) My television **will be repaired** by me. (TV는 **수리되는** 것이므로 수동태)

* 주어와 동사의 의미 관계가 능동, 수동 둘 다 가능한 경우, 문장의 나머지 부분을 통해 확인해야 한다.
The kid **sent** an email to me. (그 아이는 내게 이메일을 보냈다. - 능동)
The kid **was sent** to her room. (그 아이는 방으로 보내졌다. - 수동)

✦ 다음 중 주어와 동사의 의미 관계에 따라 동사의 태가 가능한 것을 모두 고르시오.

1 A letter [□ wrote □ was written] ~ .
2 John [□ elected □ was elected] ~ .
3 A deer [□ shot □ was shot] ~ .
4 He [□ saw □ was seen] ~ .
5 They [□ taught □ were taught] ~ .

Point 11 동사의 태는 주어와의 의미 관계를 파악하라!

- 주어와 동사의 능동, 수동 의미 관계를 파악하여 동사의 태를 결정한다.
- 자동사는 목적어를 취하지 않으므로 수동태로 쓸 수 없다.

전체 기출 빈도 ✦✦✦✦✦
최근 기출 빈도 ✦✦✦✦✧

CASE 1 능동태 vs. 수동태

주어가 동사의 동작을 하는 것인지(문맥상 능동관계) 혹은 받는 것인지(문맥상 수동관계)를 구별하여 동사의 태를 결정한다. 각 시제별 능동, 수동 형태를 잘 알아두자.

His work has been internationally [recognizing / recognized], his book *The Visible Hand* being awarded the Pulitzer Prize for History and the Bancroft Prize. <모의>

분류	선택지 구성	해석
능동태/수동태	A [developed / was developed] ~	A는 [개발했다 / 개발되었다]
진행형(능동)/수동태	A was [developing / developed] ~	A는 [개발하고 있었다 / 개발되었다]
진행형(능동)/진행형(수동)	A was [developing / being developed] ~	A는 [개발하고 있었다 / 개발되고 있었다]
완료형(능동)/완료형(수동)	A has [developed / been developed] ~	A는 [개발해왔다 / 개발되어왔다]
완료진행형(능동)/완료형(수동)	A has been [developing / developed] ~	A는 [개발해오고 있는 중이다 / 개발되어왔다]

다음 중 어법상 적절한 표현을 고르시오.

❶ Coffee beans [pick / are picked] by hand, one by one. <모의응용>

❷ Steel needles were first [making / made] in England.

❸ I heard her life story is [making / being made] into a movie.

❹ All the films have [produced / been produced] by professional filmmakers.

❺ Breakfast and parking [include / are included] in the room rate.

밑줄맛보기 다음 밑줄 친 부분이 어법상 올바르면 ○표, 어색하면 ×표하고 바르게 고치시오.

❻ The nature of a solution is related to how a problem is defined. <모의응용>

❼ The company has been looked for a site for its new factory.

❽ Coconut oil has been using for cooking in Asian cuisines for centuries.

CASE 2 「수동태 + 명사」 구조

3문형 수동태 문장은 능동태에서의 목적어가 주어로 나가므로 동사 뒤에 목적어가 없다. 그래서 동사 뒤에 목적어가 될 만한 명사가 있으면 능동태, 없으면 수동태로 판단하기도 한다. 그런데, 4, 5문형이 수동태가 되면 목적어나 명사 보어가 남아 있을 수 있음을 기억하자.

1. Two years ago, I [gave / was given] a precious surprise gift by Tom.
2. Cabbage is so rich nutritionally that it has [called / been called] man's best friend in the vegetable kingdom.

4문형 동사	give, make, bring, buy, send, show, teach, lend, offer, pay, promise, tell 등 '~에게 …을 주다'의 의미
명사 보어를 취하는 5문형 동사	call/name(~을 …라고 부르다/이름 짓다), choose/elect(~을 …로 선택하다/선출하다), appoint(~을 …로 임명하다)

다음 중 어법상 적절한 표현을 고르시오.

❶ We [sent / were sent] an invitation by the sculptor to the opening of the exhibition.

❷ People in many Asian countries [consider / are considered] elephants a symbol of good luck.

❸ The Republican candidate [elected / was elected] governor of Florida in 2018.

밑줄맛보기 다음 밑줄 친 부분이 어법상 올바르면 ○표, 어색하면 ×표하고 바르게 고치시오.

❹ An expensive bottle of champagne <u>bought</u> for Jake because he was promoted last week.

Further Study

• 수동태로 만들 수 없는 자동사

1, 2문형(SV, SVC) 자동사는 목적어가 없으므로 자연히 수동태가 불가능하다.

appear 나타나다, ~인 것 같다	disappear 사라지다	rise 오르다
remain 남아 있다, ~인 채로 있다	arrive 도착하다	exist 존재하다
seem ~인 것처럼 보이다	consist of ~으로 구성되다	go 가다, come 오다
occur / happen / take place 발생하다, 일어나다	result (~의 결과로) 발생하다	

* consist of는 '~으로 구성되다'를 의미하여 마치 수동태처럼 해석되므로 특히 주의해야 한다.

다음 중 어법상 적절한 표현을 고르시오.

❶ Life [exists / is existed] in the most extreme environments on Earth.

❷ Many car accidents [occur / are occurred] at railroad crossings.

❸ Indonesia [consists / is consisted] of more than 18,000 islands.

CASE 3 관계대명사절의 능동태 vs. 수동태

관계대명사절에서, 관계대명사가 주어이거나 「주어 + of + 관계대명사」 형태인 경우, 선행사를 찾아 동사와의 의미 관계로 태를 판단한다.

1. We provided families in need with food parcels and water, which [delivered / were delivered] to them last night.
2. At great depths, photography is the principal way of exploring a mysterious deep-sea world, 95 percent of which has never [seen / been seen] before. <모의응용>

선행사 찾기

선행사는 대개 관계대명사 바로 앞에 위치하지만 반드시 그렇지는 않다. 관계대명사가 대신하는 것이 선행사이므로, 앞에 나온 명사들 중에서 관계대명사 자리에 놓았을 때 해석이 가장 자연스러운 것이 선행사에 해당한다.

He told us *a sad story* about his family, at the end of **which** we all cried.
(a sad story: 선행사 / his family: 선행사(×)) [**이야기의(○)** / 그의 가족의(×)] 끝에서 우리 모두 울었다.

다음 중 어법상 적절한 표현을 고르시오.

❶ Both countries agreed to sign the treaty, the content of which [kept / was kept] secret.

❷ Only 15% of the candidates in the election that [recommended / were recommended] for appointment were female.

❸ The Internet is a great invention of the 20th century that has [changed / been changed] the way we communicate.

밑줄맛보기 다음 밑줄 친 부분이 어법상 올바르면 ○표, 어색하면 ×표하고 바르게 고치시오.

❹ In high school, football coaches are typically teachers who pay a little extra for their after-class work. <모의응용>

CASE 4 be used to-v vs. be used to v-ing

「be used to-v」는 '~하는 데 사용되다', 「be used to v-ing」는 '~하는 데 익숙하다'이다.

Feathers of the bird may be used to [attract / attracting] mates. <모의>

형태	의미	예문
be used to-v	~하는 데 사용되다	Salt **is used to preserve** food. (소금은 음식을 보존하는 데 사용된다.)
be used to v-ing	~하는 데 익숙하다	Sam **is used to eating** spicy food. (샘은 매운 음식을 먹는 데 익숙하다.)
cf. used to-v	~하곤 했다(동작) ~했다(상태 *지금은 아님)	My father **used to carry** me on his shoulders. (아버지께서는 나를 어깨 위에 태워주시곤 했다.)

다음 중 어법상 적절한 표현을 고르시오.

❶ Sherpas are used to [living / live] at high altitudes.

❷ Red grapes can be used to [make / making] white wine.

❸ Signs are used to [show / showing] road conditions and traffic regulations.

밑줄맛보기 다음 밑줄 친 부분이 어법상 올바르면 ○표, 어색하면 ×표하고 바르게 고치시오.

❹ In India, debate was used to <u>settle</u> religious controversies and was a very popular form of entertainment. <모의>

Point Exercise

정답 및 해설 p. 25

다음 중 어법상 적절한 표현을 고르시오.

01 The oceans are [polluting / being polluted] by oil. We should take action to save them.

02 Sunflowers are used to [clean / cleaning] up radioactive waste. They are able to extract pollutants through their roots and store them in the stems and leaves.

03 In sign language, information is [processed / processing] through the eyes rather than the ears. <모의응용>

04 Around 200 B.C., the emperor Qin Shi Huangdi's army [unified / was unified] all of China for the first time.

*Qin Shi Huangdi: 진시황제

05 For ages, cats have [loved / been loved] as companion animals by people who see them as independent and clean.

06 You are probably not used to [eating / eat] lighter at dinner than lunch, but try it for a change.

07 Stress can [cause / be caused] the body to tense up, which makes it more difficult to get to sleep.

08 The rising young artist [knew / was known] to have been preparing for another exhibition in France in December.

09 The Elizabethan Age [called / was called] the golden age of English literature because of the great writers who worked during that period, including Shakespeare.

10 Lamu Old Town in Kenya, which has [designated / been designated] as a UNESCO World Heritage Site, is famous for its mixture of African and Arab culture.

다음 괄호 안에 주어진 단어를 어법상 알맞은 형태로 빈칸에 쓰시오. (현재시제로 쓸 것)

11 Applicants (ask) ______________ to submit an application form including details of their experience and education.

12 The policies of the new web site (think) ______________ to be more open and flexible.

13 Research has found that eating dark chocolate which (contain) ______________ at least 70 percent cacao has beneficial effects on health.

14 Studies are showing that cooking at too high a temperature (cause) ______________ health problems for us.

우리말에 맞도록 <조건>에 맞게 영어로 쓰시오.

15 어린이들은 건강하지 않은 음식을 피하고 그 대신 과일, 채소, 그리고 유제품을 충분히 먹을 필요성에 대해 어린 나이부터 교육받아야 한다.

______________________________ about the need to avoid unhealthy foods and instead eat enough fruit, vegetables and dairy products.

<조건> - <보기>의 단어를 모두 활용할 것
- 필요시 단어의 형태를 변형할 것
- 문장 완성 시 필요한 단어를 추가할 것

<보기> educate / children / from / should / an early age

Point 12 to부정사/동명사의 태는 의미상 주어부터 찾아라!

- to부정사/동명사의 태는 의미상 주어(☞p. 18)와의 관계가 능동인지, 수동인지에 따라 결정된다.
- '의미상 주어'는 문장의 주어나 목적어와 일치하는 경우도 있지만 일치하지 않을 경우, 문장 안에서 별도로 명시된 것을 찾아야 한다.

전체 기출 빈도 ✦✦✦✦✧
최근 기출 빈도 ✦✦✦✧✧

CASE 1 to부정사의 태

to부정사의 의미상 주어를 찾아 to부정사와의 관계가 능동인지, 수동인지를 따져본다.

Some people don't want [to bother / to be bothered] by the inconvenience of recycling.

→ **to부정사의 의미상 주어**

1. 문장의 주어와 일치	*I* want **to attend** the meeting.
2. 문장의 목적어와 일치	I want ***you*** **to attend** the meeting.
3. 소유격과 일치	***My*** dream **to go** to Spain finally came true.
4. 별도 표시 (for/of + 목적격)	It is necessary ***for him*** **to attend** the meeting. It is so nice ***of him*** **to help** me.

to부정사의 시제와 태

	능동태	수동태
문장의 동사와 같은 때	to-v	to be p.p.
문장의 동사보다 앞선 때	to have p.p.	to have been p.p.

She seems **to have been** a beauty at one time. (그녀는 한때 미인이었을 것 같아 보인다.)
→ 보이는 것은 현재, 미인이었던 것은 과거임.

다음 문장에서 의미상 주어를 찾아 밑줄을 긋고 어법상 적절한 표현을 고르시오.

❶ We expect him [to choose / to be chosen] for the national team.

❷ The extra chairs need [to place / to be placed] in the basement.

❸ It was careless of you not [to check / to be checked] your essay before you handed it in to the teacher.

밑줄맛보기 다음 밑줄 친 부분이 어법상 올바르면 ○표, 어색하면 ×표하고 바르게 고치시오.

❹ Occasionally young people can make decisions that we might not wish them to follow.

❺ I was honored to have mentioned by such a wonderful writer.

CASE 2 동명사의 태

동명사의 의미상 주어를 찾아 동명사와의 관계가 능동인지 수동인지 따져본다.

Some athletes cheat by [taking / being taken] performance enhancing drugs.

*performance enhancing drug: 경기력 향상 약물

동명사의 의미상 주어

1. 문장의 주어와 일치	*I* like **fishing** in the river.
2. 문장의 목적어와 일치	Thank *you* for **coming**.
3. 별도 표시 (소유격)	I appreciate *your* **visiting** me.

동명사의 시제와 태

	능동태	수동태
문장의 동사와 같은 때	v-ing	being p.p.
문장의 동사보다 앞선 때	having p.p.	having been p.p.

I'm sorry for **having kept** you waiting yesterday. (어제 당신을 기다리게 해서 죄송합니다.)
→ 미안한 것은 현재, 기다리게 한 것은 과거임.

다음 문장에서 의미상 주어를 찾아 밑줄을 긋고 어법상 적절한 표현을 고르시오.

1. I can't imagine my brother [praising / being praised] by his teacher.
2. The baby won't sleep without [holding / being held] her teddy bear.
3. The book shows no signs of damage; in fact it shows no signs of having [read / been read].

밑줄맛보기 다음 밑줄 친 부분이 어법상 올바르면 ○표, 어색하면 ×표하고 바르게 고치시오.

4. Some workers complained of having treated unfairly.
5. We were very excited to hear the news of your accepting by all the universities you applied to.

Point Exercise

정답 및 해설 p. 27

다음 중 어법상 적절한 표현을 고르시오.

01 Actually, I didn't expect her to [invite / be invited] me to her wedding because we haven't been in touch for so long.

02 You should give dogs lots of exercise to prevent them from [boring / being bored]. Bored dogs start chewing on things like shoes and furniture.

03 This new system calls for their personal information [to write / to be written] on a piece of paper. <모의응용>

04 The Supreme Court allows witnesses to [testify / be testified] without revealing their identities as part of witness protection programs.

05 Humans are exceptionally good at [recognizing / being recognized] faces they've seen before. It doesn't take much effort to accurately recall whether you've seen a particular face or not. <모의응용>

06 Ibrahim Hamato lost both his hands after a terrible accident. But that didn't extinguish his passion for ping pong. After years of practice he has mastered the game by [holding / being held] the racket in his mouth.

다음 밑줄 친 부분이 어법상 올바르면 ○표, 어색하면 ×표하고 바르게 고치시오.

07 The environmental activists have been looking forward to <u>interviewing</u> by a documentary filmmaker.

08 The heavy rain that fell overnight forced more than 150 families <u>to be left</u> their homes in the district.

정답 및 해설 p. 27

다음 중 어법상 적절한 표현을 고르시오.

01 She [elected / was elected] mayor by popular vote, having won over 85% of the vote.

*popular vote: 일반[국민] 투표

02 Floods have [occurred / been occurred] throughout history and are only partly preventable.
<모의응용>

03 They insist that over 85% of personal computers worldwide are [monitoring / being monitored] by government agencies, banks, corporations, and private institutions.

04 The essential qualities of a good book for traveling are these: one can open it anywhere and find something interesting, and it is capable of [reading / being read] in a short time.
<모의응용>

05 Improvements in the way we treat animals are evident in the language we use. For instance, the word "pet" has [replaced / been replaced] by "animal companion" in U.S. laws and regulations.

06 Most African cultures were traditionally oral ones: Their stories and tales are meant to [tell / be told] aloud. <모의>

07 She refused to provide further information, on the grounds that an internal investigation is [conducting / being conducted].

08 도전 The project [calls / is called] "catch of the day" because it involves picking up the garbage which can [find / be found] on the beach every day.

09 A famous painting by Marc Chagall, which [stole / was stolen] from a gallery in 1996 and found 19 years later, will be sold at auction soon.

10 A person's point of view or attitude to life develops over time and [influences / is influenced] by his or her upbringing and environment.

11 She made a desperate effort to save a street dog and started a charity which has [helped / been helped] hundreds of dying stray dogs.

12 Some students haven't been [attending / attended] classes regularly since they found jobs before graduation.

13 Since she appeared on a famous TV program, she's been used to [recognizing / being recognized] on the road by young people.

14 He scored a goal in the last minute of the game and [gave / was given] a standing ovation by the fans.

*standing ovation: 기립 박수

15 Children who are [bullying / being bullied] generally feel helpless. Somebody has to tell them that the most important thing to do is report it to an adult they trust.

다음 밑줄 친 부분이 어법상 올바르면 ○표, 어색하면 ×표하고 바르게 고치시오.

16 Some of the members of the royal family refused to <u>be photographed</u> by the media at the wedding last Saturday.

17 Out of the hundred students who <u>asked</u> to respond to the questionnaire, 96 students gave back their answers.

18 With mathematics, science and other related subjects being intensified, the humanities which are the fundamentals of all studies have <u>been neglected</u>.

19 Doctors have been <u>criticizing</u> for using technical jargon that the patients do not understand.

*jargon: (특정 분야의 전문·특수) 용어

우리말에 맞도록 다음 어구들을 바르게 배열하시오. (어형 변화 가능, 주어진 어구로만 배열할 것)

20 도전 중대한 공헌을 한 모든 사람들은 저자로 명단에 포함될 기회를 제공받았다.

(be, be, as authors, the opportunity, to, offer, list)

All those who made significant contributions ______________________________

______________________.

UNIT 06
분사의 능동 vs. 수동

유닛 구성

포인트 감 잡기!

선택지 구성

seen / seeing

→ 네모 안의 단어가 동사의 과거분사형과 현재분사형으로 이루어져 있으면서 앞이나 뒤의 명사와 수식 관계이면 분사의 능동, 수동 관계를 묻는 문제이다. (단, 동사의 과거형과 과거분사형이 같을 경우에는 문장의 동사 자리인지 준동사 자리인지를 묻는 문제일 가능성도 있으므로 전체 문장을 통해 확인해야 한다.)

e.g.

- The study showed that people [worked / **working**] from home were more efficient.
- The study showed that people [**worked** / working] hard and were very self-sufficient.

연습 문제

✦ 다음 중 능동, 수동을 묻는 선택지를 있는 대로 고르시오.

① speaking / spoken
② eating / eaten
③ breaking / broken
④ bring / brings

정답 및 해설 p. 29

WARM UP!

분사의 능동, 수동이란?

분사는 형용사처럼 명사를 수식하는 역할로 주로 쓰인다. 이때 분사의 수식을 받는 명사와 분사를 '주어-동사'로 생각하여 의미 관계에 따라 분사의 능동, 수동을 판단하면 된다.

수식받는 명사와 분사

I have a daughter [**who** hopes to be a singer].
(능동)

→ I have **a daughter** [***hoping*** to be a singer].
S V O

* a daughter와 hope의 의미 관계: 능동 → 현재분사 (가수가 되기를 **희망하는** 딸)

The only thing [**that** makes me happy] is your smile.
(능동)

→ **The only thing** [***making*** me happy] is your smile.
S V

* The only thing과 make의 의미 관계: 능동 → 현재분사 (나를 행복**하게 하는** 유일한 것)

The writer [**who is** known for her wit] published a new book.
(수동)

→ **The writer** [***known*** for her wit] published a new book.
S V

* The writer와 know의 의미 관계: 수동 → 과거분사 (재치로 **알려진**[유명한] 작가)

I found beautiful seashells [**which** were buried in the sand].
(수동)

→ I found **beautiful seashells** [***buried*** in the sand].
S V O

* beautiful seashells와 bury의 의미 관계: 수동 → 과거분사 (모래에 **묻힌** 아름다운 조개껍데기)

Point 13 수식받는 명사와의 의미 관계를 파악하라!

- '수식받는 명사'와 '분사'의 관계를 '주어'와 '동사'의 관계로 생각한다.

전체 기출 빈도 ✦✦✦✦✦
최근 기출 빈도 ✦✦✦✦✧

CASE 1 능동(v-ing) vs. 수동(p.p.)

수식받는 명사가 분사의 동작을 하는 것이면 능동으로서 현재분사(v-ing)이며 주로 '~하는, ~하고 있는'으로 해석된다. 수식받는 명사가 분사의 동작을 받는 것이면 수동으로서 과거분사(p.p.)이며 '~된, ~당한, ~해진'으로 해석된다.

1. Eighty percent of the population is from various ethnic groups [speaking / spoken] different languages. <모의>
2. There have always been recommendations [making / made] to athletes about foods that could enhance athletic performance. <모의응용>

→ p.p.의 형태가 동사의 과거형과 일치할 경우, 동사 자리를 묻는 문제일 수도 있으므로 동사를 먼저 확인하는 습관을 들여야 한다.
e.g. [speaking / spoken]의 경우, spoken(p.p.) ≠ spoke(과거형)이므로 능동, 수동을 묻는 것이 확실하다.
[making / made]의 경우, made(p.p.) = made(과거형)이므로 동사 vs. 준동사 자리를 묻는 문제(☞ p.100)일 수도 있다.

다음 중 어법상 적절한 표현을 고르시오.

❶ They helped those [needing / needed] assistance after the hurricane.
❷ The team [leading / led] the project has excellent students.
❸ The snow storm affected everyone [traveling / traveled] home for the holidays.
❹ There are still many drivers [using / used] mobile phones.
❺ Most of the toilet paper [producing / produced] in Korea comes from non-recycled wood.
❻ Plato was one of the students [teaching / taught] by Socrates in ancient Greece.

밑줄맛보기 다음 밑줄 친 부분이 어법상 올바르면 ○표, 어색하면 ×표하고 바르게 고치시오.

❼ I estimate that less than one percent of the material <u>sent</u> to publishers is ever published.
<모의응용>

Point Exercise

정답 및 해설 p. 29

다음 중 어법상 적절한 표현을 고르시오.

01 At about 2 p.m., a man [wearing / worn] a mask of an elderly man entered a bank, and approached a teller.

02 The house [surrounding / surrounded] by palm trees looks as if it's been transplanted from Bali.

03 According to the data, 90 percent of people [struck / striking] by lightning survive, but they may suffer permanent after-effects and disabilities.

04 Rainbow Telecom has grown from a small company to a global corporation [providing / provided] telecommunications services to millions. <모의응용>

05 Roosevelt served four terms; after his death during his last term in office, a law [restricted / restricting] the number of terms a president could serve was passed. <모의>

06 It was a cold winter morning in a busy subway station in Washington, D.C. There, clothed in a pair of jeans and a T-shirt, was a young man [playing / played] his violin with great passion. <모의>

07 Animals [finding / found] in cold habitats are often larger than related species living in warm habitats.

다음 밑줄 친 부분이 어법상 올바르면 ○표, 어색하면 ×표하고 바르게 고치시오.

08 People looking for ways to eat healthier often decide to quit eating carbohydrates.

*carbohydrates: 탄수화물 식품

09 Anything leaving in the lockers after April 30 will be considered abandoned and will be discarded.

10 Recently there has been lots of movement to move from energy producing from fossil fuels to renewable energy such as solar power.

Point 14 분사구문의 의미상 주어를 찾아라!

전체 기출 빈도 ✦✦✦✦✧
최근 기출 빈도 ✦✦✦✧✧

- 분사구문의 '의미상 주어'와 '분사'의 관계를 '주어'와 '동사'의 관계로 생각한다.

CASE 1 능동(v-ing) vs. 수동(p.p.)

분사와 의미상 주어가 '~하다'로 해석되어 능동의 의미이면 현재분사(v-ing)가 올 자리이고 '~되다'로 해석되어 수동의 의미이면 과거분사(p.p.)가 올 자리이다.

1. A cat in a small box will behave like a fluid, [filling / filled] up all the space. <모의응용>
2. [Knowing / Known] as "the cow of China," tofu's protein is similar in quality to that of meat. <모의>

분사구문의 위치와 콤마(,)

분사구문은 문장 앞, 뒤, 중간에 올 수 있는데, 뒤에 올 경우 콤마가 없기도 한다.

1. 분사구문, 주절 2. 주어, 분사구문, 동사 ~ 3. 주절(,) 분사구문

명사 뒤의 분사가 분사구문을 이끄는 것인지 앞의 명사를 수식하는 것인지는 문맥을 통해 파악해야 한다.

The girl extended her hand **smiling** brightly.

(앞의 명사인 **her hand**와 **smile**은 의미가 통하지 않으므로 **smiling** 이하는 문장의 주어인 **The girl**을 의미상 주어로 하는 분사구문이다.)

다음 문장에서 분사구문의 의미상 주어를 찾아 밑줄을 긋고 어법상 적절한 표현을 고르시오.

❶ My goldfish, [looking / looked] for food, swims to the surface.

❷ In many countries people still harvest crops [using / used] simple hand tools. <모의응용>

❸ [Leaving / Left] alone in his room, he tried to imagine what he had done wrong.

❹ [Impressing / Impressed] by her voice, they recommended that she have an audition.

밑줄맛보기 다음 밑줄 친 부분이 어법상 올바르면 ○표, 어색하면 ×표하고 바르게 고치시오.

❺ A rubber tire company decided to try black tires, <u>thinking</u> that they might not show dirt. <모의응용>

❻ Indian kings sponsored great debating contests, <u>offered</u> prizes for the winners. <모의응용>

CASE 2 with + (대)명사 + 분사

「with + (대)명사 + 분사」는 분사 앞에 온 (대)명사와 분사가 주어, 동사 관계가 되어 동시상황(~이 …한 채로)의 의미를 나타낸다.

He put the card in with the magnetic strip [facing / faced] up. <모의>

* with + (대)명사 + 현재분사(v-ing): (대)명사와 분사가 능동관계
* with + (대)명사 + 과거분사(p.p.): (대)명사와 분사가 수동관계

다음 중 어법상 적절한 표현을 고르시오.

❶ I can't concentrate on anything with the dog [barking / barked] all day.

❷ Do not open the window with the air conditioner [turned / turning] on.

밑줄맛보기 다음 밑줄 친 부분이 어법상 올바르면 ○표, 어색하면 ×표하고 바르게 고치시오.

❸ They let the baby sleep in the other room with the door <u>leaving</u> open.

❹ With his eyes <u>fixed</u> on the screen, he gave a presentation on the new product.

Further Study

• 접속사가 있는 분사구문

접속사는 보통 생략되지만, 분사구문의 뜻을 분명히 나타내기 위해 밝혀두는 경우도 있다. 이런 경우에도 분사구문의 의미상 주어와의 능동, 수동관계에 따라 분사의 형태가 결정된다.

1 **Children** enjoy their parents' attention ***while*** **listening** to bedtime stories. <모의응용>
(능동관계)

2 ***When*** **mixed** with cement, **old money** is used to make fire-resistant roof tiles. <모의응용>
(수동관계)

1 아이들은 잠자리에서 동화를 들으며 부모의 관심을 받는 것을 즐긴다.

2 오래된 지폐는 시멘트와 혼합되어 불에 잘 타지 않는 기와들을 만드는 데 사용된다.

다음 중 어법상 적절한 표현을 고르시오.

❶ If [making / made] from recycled wood, the paper is environmentally friendly.

❷ After [filling / filled] out the forms, I had to wait two hours to meet the doctor. <모의응용>

Point Exercise

정답 및 해설 p. 31

다음 중 어법상 적절한 표현을 고르시오.

01 When [mixing / mixed] with lemon peel, honey, and spices, the sap from the birch makes a delicious wine. <모의응용>

*sap: 수액 **birch: 자작나무

02 He made his fortune from real estate, [purchased / purchasing] properties at low prices and reselling them for millions.

03 She stood on the winner's podium with tears [falling / fallen] from her eyes.

04 [Known / Knowing] as "the fastest man in the world," Usain Bolt is the world record holder in his category for the 100- and 200-meter events. <모의응용>

05 [Established / Establishing] to meet the need for a simple means of communication, the company later expanded to major American cities before becoming a multinational company. <모의응용>

06 When I was a brand-new mom, I was in an elevator with two teenage boys. When the door opened, one boy was about to get off first. The other boy put his arm in front of his friend, [motioned / motioning] for me to go ahead. <모의>

07 I explained what the symbol meant, [thinking / thought] that they might find it interesting.

다음 밑줄 친 부분이 어법상 올바르면 ○표, 어색하면 ×표하고 바르게 고치시오.

08 These credit cards can be a good way to manage your debt, <u>giving</u> you time to pay it off without having to pay interest.

09 All pedestrians <u>crossed</u> the street should look left and right to see any oncoming traffic.

10 <u>Realized</u> that communicating through the Internet was far more comfortable, we have seldom talked on the phone.

Point 15 감정동사의 의미상 주어를 찾아라!

전체 기출 빈도 ✦✦✦✦✧
최근 기출 빈도 ✦✦✦✧✧

- 감정동사의 분사형을 고를 때에도 의미상 주어와의 관계를 보아야 한다.
  분사가 보어라면 의미상 주어는 문장의 주어 또는 목적어와 일치하고 명사를 수식하면 그 명사가 의미상 주어이다.

CASE 1 능동(v-ing) vs. 수동(p.p.)

의미상 주어가 다른 누군가에게 '~한 감정을 느끼게 하다'의 의미이면 v-ing, 의미상 주어가 '~한 감정을 느끼다'의 의미이면 p.p.이다.

1. The soccer teams performed an [exciting / excited] match yesterday with many goals.
2. He tried the card and was [pleased / pleasing] to discover that it worked. <모의>

→ **감정동사의 능동/수동 표현**

amazing / amazed	놀라게 하는 / 놀란	boring / bored	지루하게 하는 / 지루한
disappointing / disappointed	실망스러운 / 실망한	embarrassing / embarrassed	당황하게 하는 / 당황한
frustrating / frustrated	좌절시키는 / 좌절된	interesting / interested	흥미를 주는 / 흥미로운
surprising / surprised	놀라운 / 놀란	touching / touched	감동을 주는 / 감동을 받은
confusing / confused	혼란시키는 / 혼란스러운	shocking / shocked	충격을 주는 / 충격을 받은
exciting / excited	흥분시키는 / 흥분된	pleasing / pleased	기쁘게 하는 / 기쁜

다음 중 어법상 적절한 표현을 고르시오.

❶ She was holding a phone with a [surprising / surprised] look on her face.

❷ Some information is [confusing / confused] and incorrect.

❸ Her friend at the company was [embarrassed / embarrassing] when he found out that she was offered the job.

❹ Students may quickly become [frustrating / frustrated] in the classroom if they are pressured to perform well.

❺ It was a [disappointing / disappointed] result for the team not to make the finals.

Point Exercise

정답 및 해설 p. 32

다음 중 어법상 적절한 표현을 고르시오.

01 Some of the expressive actions of monkeys are [interesting / interested]. They are very much like humans'.

02 When you buy one of these products, you will be [amazing / amazed] at the quality and the range of colors you can obtain.

03 The exhibit was attended by [interesting / interested] crowds who took a warm interest toward Asia.

04 Voice mail can be very [frustrating / frustrated] for people who need to speak to someone immediately. <모의응용>

05 The students were [surprising / surprised] to see him pick up the blocks and throw them randomly at the wall. <모의응용>

다음 괄호 안에 주어진 단어를 문맥과 어법에 맞게 쓰시오.

06 The results of the experiment are truly (shock) ____________ and I hope this documentary will make people more aware of the problem of obesity. <모의>

07 One of the common excuses of low achievers is, "The instructor is (bore) ____________." These students think every course should be easy and entertaining. <모의응용>

08 Students may feel (confuse) ____________ or under strong pressure when they compare themselves to their peers.

09 My colleague's unexpected and rude remark put me in a very (embarrass) ____________ situation.

10 The spectators were extremely (excite) ____________ during the soccer game, and some of them began invading the field.

정답 및 해설 p. 32

다음 중 어법상 적절한 표현을 고르시오.

01 An ambulance [called / calling] to help an old lady was delayed because of heavy traffic.

02 Dogs are [scaring / scared] when the vacuum cleaner is moving across the living room carpet.

03 She leaned against the window frame, [looking / looked] out at the beach in front of the house. <모의응용>

04 I was scared of air travel. I had read many news stories [describing / described] crash scenes and imagined the same things happening to me. <모의응용>

05 Researchers have found that most people lose their appetite when served food [dyeing / dyed] blue, because many blue plants and fruits in nature are poisonous.

06 Those who are good at music are good at languages as well. That should not be [surprised / surprising], since the study of music and the study of language have a lot in common. <모의>

07 Highly [praising / praised] by our customers, these new products are going to be produced and supplied in large quantities by next month.

08 Drones [equipping / equipped] with a camera or recording device cannot be flown over private property.

09 When [considering / considered] products with material properties, such as clothing or carpeting, consumers like goods they can touch in stores more than products they only see and read about online or in catalogs. <모의응용>

*property: 속성

10 This oil is a product [designing / designed] for treating and restoring teakwood, a tropical hardwood that is popular for outdoor furniture and boats.

11 I heard a [terrifying / terrified] story that a shark had bitten a surfer last Saturday afternoon off Southern California.

12 We were sitting and enjoying the cool breeze coming off the sea while [listening / listened] to the waves lap against the shore.

다음 괄호 안에 주어진 단어를 문맥과 어법에 맞게 쓰시오.

13 Some people manage to do many things at a time, while others do one thing at a time, (deal) ____________ with only one problem before moving on to the next one.

14 Police took extreme measures to block all the bridges (connect) ____________ the city center and the outskirts to catch the criminal.

15 Your face deserves to relax with this cream (contain) ____________ natural plant extracts that have a (calm) ____________ effect on the skin.

16 A recently (announce) ____________ study suggests that the most important factors (affect) ____________ happiness are health, family harmony, use of leisure time, and social relationships.

17 Andrew was (astonish) ____________ to see two men (stand) ____________ in his yard, with their shoes (cover) ____________ in dust.

우리말에 맞도록 다음 어구들을 바르게 배열하시오. (어형 변화 가능, 주어진 어구로만 배열할 것)

18 그 영화 속의 폭력적인 장면들 중 일부는 사람들이 밤잠에 들지 못하게 할 정도로 무섭다.
(in the movie, be, the violent scenes, some, frighten, of)

____

enough to give people sleepless nights.

19 나는 오빠가 머리를 손에 파묻고 침대에 앉아 있는 것을 발견했다. (bury, in his hands, his head, with)
I found my older brother sitting on the bed ____________________________.

20 기념식에 참석하여서, 참가자들은 그 유명한 작가를 만나 질문을 하는 것에 흥분했다.
(the participants, the ceremony, excite, attend, be)

____

to meet the famous author and ask him questions.

갈무리 ❸ UNIT 01-06

정답 및 해설 p. 33

1 (A), (B), (C)의 각 네모 안에서 어법에 맞는 표현으로 가장 적절한 것은?

One of the worst things about growing old (A) [is / are] the feeling that you are becoming invisible. Shop assistants, waiters, and other customer-service workers tend to overlook old people, and not many movies or TV shows include characters who are very old. Perhaps the worst thing about being old is not (B) [listening / being listened] to; people tend to treat the aged as if they have nothing interesting or valuable to say. With so few people (C) [taking / being taken] any notice of them it's no wonder that some old people bore kids nearly to death whenever they get the chance to talk to them. In a youth-obsessed society, you need a lot of strength and good humor to endure the negative aspects of aging.

	(A)		(B)		(C)
①	is	—	listening	—	being taken
②	is	—	listening	—	taking
③	is	—	being listened	—	taking
④	are	—	listening	—	being taken
⑤	are	—	being listened	—	taking

2 (A), (B), (C)의 각 네모 안에서 어법에 맞는 표현으로 가장 적절한 것은?

As you know, I (A) [was / have been] satisfied with your medical service for the past six years. You are always so kind to me and so professional. However, are you aware that the condition of your waiting room is very (B) [disappointing / disappointed]? The carpet is rarely vacuumed, the plastic plants are thick with dust, and the magazines and children's playthings are disorganized. A clean environment seems particularly important in a clinic and although I know what an excellent physician you are, I can't help worrying about how clean everything else is. I hope you find this letter helpful rather than unpleasant—it was (C) [written / writing] with the best of intentions. <모의응용>

	(A)		(B)		(C)
①	was	—	disappointing	—	written
②	was	—	disappointed	—	writing
③	have been	—	disappointing	—	written
④	have been	—	disappointing	—	writing
⑤	have been	—	disappointed	—	writing

3 (A), (B), (C)의 각 네모 안에서 어법에 맞는 표현으로 가장 적절한 것은?

Before picking out a souvenir to take home, consider how it (A) [made / was made] and where it came from. If animal products such as bones or skin were used to (B) [make / making] it, just leave it on the shelf. For example, a tropical island gift shop may sell beautiful tortoiseshell items such as jewelry. But people who buy and sell tortoiseshell products have caused terrible damage to rare and threatened populations of turtles. Taking souvenirs directly from nature is another bad idea. That's because many countries protect natural things, including seashells and even some kinds of rocks. Instead, choose something that's good for the place you visit, such as paintings or crafts (C) [produced / producing] locally. <모의응용>

*tortoiseshell: 거북의 등딱지

	(A)		(B)		(C)
①	made	—	make	—	produced
②	made	—	making	—	produced
③	was made	—	make	—	produced
④	was made	—	make	—	producing
⑤	was made	—	making	—	producing

4 (A), (B), (C)의 각 네모 안에서 어법에 맞는 표현으로 가장 적절한 것은?

Is there such a thing as a sixth sense? Or only the five scientifically proven senses of sight, hearing, smell, touch, and taste? The imagined sixth sense is the near-magical ability to perceive things that can't be (A) [perceiving / perceived] using the known human senses. Imagine, for example, that you decide not to get on an amusement park ride because you have a sudden feeling that something bad will (B) [happen / be happened]. Then imagine that the ride crashes, seriously (C) [injuring / injured] a lot of people. You might be tempted to believe that your "sixth sense" stopped you from getting on the ride, but it's more likely that your bad feeling and the crash were simply a coincidence.

	(A)		(B)		(C)
①	perceiving	—	happen	—	injuring
②	perceiving	—	happen	—	injured
③	perceived	—	be happened	—	injured
④	perceived	—	be happened	—	injuring
⑤	perceived	—	happen	—	injuring

5 다음 밑줄 친 부분 중 어법에 맞지 않는 것을 모두 찾아 기호를 쓰고 바르게 고치시오.

내신맛보기

On January 12, 2020, the Taal Volcano in the Philippines woke after 43 years of quiet and began ⓐ to emit gases, ash, and lava into the air. In the following weeks, the eruption dropped a layer of unusually wet and heavy ash on the ⓑ surrounded area, and caused most of the vegetation to wither. The damage affected more than just plants. A large number of people died while the volcano erupted. A lot of livestock and companion animals ⓒ were left behind when the local population evacuated. Ash even affected the fish ⓓ raising in Taal Lake. About 30 percent of the fish cages in the lake ⓔ destroyed during the eruption. The landscape of the area was damaged by ash, still looking more like the moon than the tropical regions even after two months.

UNIT 07

동사와 준동사

유닛 구성

포인트 감 잡기!

선택지 구성

to forget / forgot
keeps / keeping

→ 네모 안의 단어는 to부정사인 to forget과 동사의 과거형인 forgot, 동사 keeps와 v-ing형인 keeping으로 이루어져 있다. 이렇게 짝지어져 있는 경우, 문장에서 준동사가 필요한지 동사가 필요한지를 판단해야 한다. 다른 준동사(to부정사, 원형부정사, v-ing, p.p.)들끼리 짝지어진 문제도 자주 출제되는데 이때는 문장에서 필요한 역할을 하는 준동사를 찾으면 된다.

*과거형과 과거분사형이 같은 경우 등, 일부 동사(e.g. cut, receive, etc.)는 선택지만 보아서는 동사/준동사를 묻는 것인지 준동사/준동사를 묻는 것인지 확신할 수 없기도 하다. 문장이나 절에 동사가 있는지부터 확실히 체크하고 준동사 자리라면 어떤 역할이 필요한지를 따지는 순서로 해결하는 것이 좋다.

연습 문제

✦ 다음 중 동사인지 준동사인지를 묻는 선택지를 있는 대로 고르시오.

① has / having
② to send / sending
③ goes / to go
④ don't / doesn't
⑤ do / are

정답 및 해설 p. 35

준동사란?

동사에서 온 것으로서, 동사의 성질을 가지고 있으면서 문장에서 명사, 형용사, 부사 역할을 한다.
부정사, 동명사, 분사를 말한다.

준동사의 동사적 성질

1. 목적어나 보어, 수식어구를 취할 수 있다.
2. 의미상의 주어를 가진다. (UNIT 5 Point 13)
3. 시제, 태에 따라 형태가 변한다. (UNIT 5 Point 13)

1 명사 역할: 부정사, 동명사

주어	**To enter** the museum is free. → It is free **to enter** the museum. [진주어] **Wearing** a helmet is safe.
보어	My goal is **to lose** 5 kg this month. My hobby is **chatting** with people all over the world.
목적어	I don't want **to wear** a uniform. I like **eating** snacks on the street.

2 형용사 역할: 부정사, 분사

명사 수식	There's no time **to lose**. The boy **wearing** a baseball cap is my brother. The boy **called** Link is the hero of the Zelda series.
목적격보어	They don't *allow* people **to smoke** here. Why won't you *let* me **explain**? I *watched* a spider **climbing** her arm. I *had* my phone **repaired** at a service center.

3 부사 역할: 부정사

Sam took apart a table **to move** it. [to부정사 '~하기 위해서']

4 분사구문

Walking down the street, I saw a movie star. [분사구문 '~하다가']

Point 16 동사부터 찾아라!

전체 기출 빈도 ✦✦✦✦✦
최근 기출 빈도 ✦✦✦✦✦

- 한 문장에서 접속사나 관계사의 연결 없이 두 개의 동사가 쓰일 수 없으며 반드시 하나는 준동사여야 한다.

CASE 1 문장의 동사 vs. 준동사

문장 내에 동사가 없으면 동사 형태여야 하고, 동사가 있고 접속사나 관계사로 연결되지 않았다면 문장 내 역할에 맞는 준동사 형태여야 한다. (참고 p. 99 Warm Up! 준동사란?)

[Keep / Keeping] the lens covered when not in use is recommended. <모의응용>

문장 내에 동사를 찾을 때 주의점

(1) 문장에서 동사를 찾을 때, 명사와 동사 둘 다 잘 쓰이는 단어들에 주의해야 한다. 명사로 쓰인 것을 동사로 착각하거나 동사로 쓰인 것을 명사로 착각할 수 있기 때문이다.

Outside of work, he reads non-fiction, **experiments** in the kitchen and enjoys any type of beer.

(2) 과거형과 과거분사형이 같은 동사의 경우, 과거분사로 쓰인 것을 동사로 착각하지 않도록 주의해야 한다.

The proposal (S) (**agreed** upon that night) was included (V) in the document.

다음 중 어법상 적절한 표현을 고르시오.

❶ Baked potatoes with butter [have / having] a lot of calories.

❷ The Egyptians invented a ball [made / was made] of seeds wrapped in linen.

❸ [Get / Getting] a good sleep is important for your health.

밑줄맛보기 다음 밑줄 친 부분이 어법상 올바르면 ○표, 어색하면 ×표하고 바르게 고치시오.

❹ Mike exercises every day and eats adequately <u>keep</u> in shape.

❺ People attending the meeting <u>expressed</u> concern about the safety of children during their trip to school.

❻ Judith Rich Harris, who is a developmental psychologist, <u>arguing</u> that three main forces shape our development. <모의>

CASE 2 do vs. be

반복을 피하기 위해, 앞에 나온 일반동사(구)를 대신할 때는 대동사 do, does, did를 사용하며, 앞이 be동사일 때는 be동사를 써야 한다. 명사를 반복해서 쓰지 않고 대명사를 사용하듯이, 동사도 대동사를 사용하는 것으로 이해하면 된다.

Many users probably spend more time on the Internet than they [do / are] in their cars.

→ **대신하는 동사가 일반동사인지 be동사인지**를 확인하는 것으로 네모 어법 문제는 대부분 해결되지만, 내신 등을 위해서는 다음과 같은 사항들도 함께 알아두도록 하자.

(1) 대동사는 대동사가 쓰인 절의 **주어의 수와 인칭**에 따라 적절한 형태를 사용해야 한다.
My brother and I both play the piano, but I don't play as well as *he* **does**.

(2) 대동사의 **시제**는 앞선 동사와 반드시 일치하지는 않는다.
대동사가 쓰인 절의 시간 부사(구) 등 문맥에 따라 적절한 형태를 사용해야 한다.
I will never run as fast as I **did** *when I was young*.

다음 중 어법상 적절한 표현을 고르시오.

❶ They said she would fall asleep soon and in fact she [did / was].

❷ Some people are in favor of using their real names online, while others [do / are] not.

밑줄맛보기 다음 밑줄 친 부분이 어법상 올바르면 ○표, 어색하면 ×표하고 바르게 고치시오.

❸ Our grandparents drank twice as much coffee as we <u>are</u> now.

❹ It seems that no one likes the film quite as much as Emily <u>is</u>.

❺ Planting a seed does not necessarily require overwhelming intelligence; creating an environment that allows seeds to prosper <u>does</u>. <모의>

Point Exercise

정답 및 해설 p. 35

다음 중 어법상 적절한 표현을 고르시오.

01 Keeping / Keep your body warm in cold weather is one important thing for your health.

02 The customer who bought the jeans on Tuesday demanded / demanding a refund.

03 Not getting / get enough to eat for a long time can slow a kid's growth and brain development. <모의>

04 The purpose of the United Nations is bring / to bring all nations of the world together to work for peace and development.

05 Most blogs use special software or websites which are specifically aimed at bloggers, so you don't need to be a computer expert creates / to create your own blog. <모의>

06 Studies show that people who regularly exercise for thirty minutes at least three days a week live / living longer than people who are inactive. <모의>

07 You have probably heard Luciano Pavarotti sing Puccini's famous aria once or twice. But it has never had so much meaning as it did / was on a stage in Great Britain, being sung by a mobile phone salesman named Paul Potts. <모의>

다음 밑줄 친 부분이 어법상 올바르면 ○표, 어색하면 ×표하고 바르게 고치시오.

08 Stress occurs when you perceive that you cannot handle the demands put on you.

09 도전 The man who does more than he is paid for will soon be paid for more than he does.

우리말에 맞도록 다음 어구들을 바르게 배열하시오. (어형 변화 가능, 주어진 어구로만 배열할 것)

10 그는 글을 쓸 때보다 말할 때 그 어구를 훨씬 더 자주 사용한다. (when, do, he, write, than)
He uses the phrase much more often when speaking ________________.

Point 17 동사별로 취하는 목적어 형태를 알아두라!

- 목적어로 'to부정사를 취하는 동사'와 '동명사를 취하는 동사'를 구분하여 알아둔다.

전체 기출 빈도 ✦✦✦✦✧
최근 기출 빈도 ✦✦✧✧✧

CASE 1 동사의 목적어: to부정사 또는 동명사

to부정사 목적어는 '~할 것을'의 의미로서, 앞으로 일어날 일을 나타내는 경우가 많다.
동명사 목적어는 '(그 전에) 하던 일을, (지금) 하고 있는 일을'의 의미로서, 주로 과거나 현재를 나타낸다.

1. Some people refuse [apologizing / to apologize] even when they're clearly in the wrong.
2. These caravans can be moved and many families enjoy [to travel / traveling] from place to place on holidays. <모의>

*caravan: 이동식 주택

동사 + to부정사

afford to-v	v할 여유가 있다	learn to-v	v하는 법을 배우다	plan to-v	v할 것을 계획하다
agree to-v	v할 것에 동의하다	manage to-v	용케 v해내다	refuse to-v	v할 것을 거부하다
decide to-v	v할 것을 결정하다	need to-v	v할 것이 필요하다	want to-v	v할 것을 원하다
hope to-v	v할 것을 희망하다	offer to-v	v할 것을 제안하다	wish to-v	v할 것을 바라다

동사 + 동명사

avoid v-ing	v하기를 피하다	enjoy v-ing	v하기를 즐기다	keep v-ing	계속해서 v하다
consider v-ing	v하기를 고려하다	finish v-ing	v하기를 마치다	mind v-ing	v하기를 꺼리다
deny v-ing	v한 것을 부인하다	give up v-ing	v하기를 포기하다	delay[put off] v-ing	v하기를 미루다
discuss v-ing	v하기를 토론하다	imagine v-ing	v하기를 상상하다	suggest v-ing	v하기를 제안하다

다음 중 어법상 적절한 표현을 고르시오.

❶ At what age should a child learn [using / to use] a computer? <모의응용>

❷ If you are under 18, you need [being / to be] accompanied by a parent.

❸ The best way to avoid [being / to be] injured in a car accident is to wear your seatbelt.

밑줄맛보기 다음 밑줄 친 부분이 어법상 올바르면 ○표, 어색하면 ×표하고 바르게 고치시오.

❹ As he made better and better spyglasses, which were later named telescopes, Galileo decided <u>to point</u> one at the Moon. <모의>

CASE 2 동사의 목적어: to부정사와 동명사 모두 가능

목적어로 to부정사와 동명사를 모두 취하는 동사들 중, 의미 차이가 나는 것들에 주의해야 한다. to부정사 또는 동명사의 각 고유 의미가 동사 의미와 합쳐져서 이런 의미 차이를 낳는다.

You should brush your teeth for 2 minutes twice a day. Remember [brushing / to brush] your tongue, too. <모의>

remember to-v	(미래에) v할 것을 기억하다	remember v-ing	(과거에) v했던 것을 기억하다
forget to-v	(미래에) v할 것을 잊다	forget v-ing	(과거에) v했던 것을 잊다
regret to-v	v하게 되어 유감이다	regret v-ing	(과거에) v한 것을 후회하다
try to-v	v하려고 노력하다, 애쓰다	try v-ing	시험 삼아 v해보다
stop to-v	v하기 위해 멈추다	stop v-ing	v하는 것을 멈추다

* stop to-v의 to-v는 stop의 목적어가 아니라 '~하기 위하여((목적))'를 뜻하는 부사적 쓰임.

다음 중 어법상 적절한 표현을 고르시오.

❶ Don't forget [to check / checking] the gas valve before you go out.

❷ I regret [to say / saying] that I'm not able to support you.

❸ I've tried [to taste / tasting] many of these wines, and some of them taste pretty good.

밑줄맛보기 다음 밑줄 친 부분이 어법상 올바르면 ○표, 어색하면 ×표하고 바르게 고치시오.

❹ You have the ability to choose how to respond to life. Decide today to end all the excuses, and stop <u>lying</u> to yourself about what is going on. <모의>

CASE 3 가목적어와 진목적어

make, think 등의 동사가 SVOC의 구조에서 목적어로 to부정사구 또는 that절을 취하는 경우, 대신 가목적어 it을 두고 진목적어인 to부정사구나 that절은 C(보어) 뒤로 보낸다.

There are many factors that make it impossible [live / to live] on Venus. <모의응용>

S + V (make/think/believe/consider/find...) + O + C
→ S + V + **it** + C + to-v / that S+V

다음 중 어법상 적절한 표현을 고르시오.

❶ They make it a rule [refund / to refund] the money if purchasers return plastic or paper bags. <모의>

밑줄맛보기 다음 밑줄 친 부분이 어법상 올바르면 ○표, 어색하면 ×표하고 바르게 고치시오.

❷ I <u>find them</u> very irritating to watch movie scenes in which actors smoke. <모의응용>

❸ She considered <u>important</u> that all product information should reflect the latest data. <모의>

Point Exercise

정답 및 해설 p. 37

다음 중 어법상 적절한 표현을 고르시오.

01 I want to lose weight, but I don't want to give up [to eat / eating] my favorite foods.

02 You will never regret [doing / to do] the right thing even if it's hard. What you will regret is not doing it.

03 The coach said that she is planning [to take / taking] a week off before preparation starts for the world championships.

04 As my presentation was limited to ten minutes, I felt that I could not afford [to waste / wasting] words. <모의응용>

05 We have suggested [to donate / donating] old books and magazines to our community library, but so far nobody has given anything.

06 A driver stopped [helping / to help] a motorcyclist injured from a crash, but he was fined at the scene for parking "illegally."

07 It is reported that the officials delayed [to tell / telling] residents about polluted water due to the election.

다음 밑줄 친 부분이 어법상 올바르면 ○표, 어색하면 ×표하고 바르게 고치시오.

08 How can we manage <u>stopping</u> ourselves from consuming junk foods and drinks on a daily basis?

09 As a member of the committee, you should remember <u>to encourage</u> all members' involvement in the discussion of safety issues.

우리말에 맞도록 다음 어구들을 바르게 배열하시오. (어형 변화 가능, 필요한 어구 추가할 것)

10 당국은 그 문제에 대한 연구에 착수하는 것이 적절하다고 생각하지 않는다.
(of the matter, a study, consider, undertake, appropriate, it)
The authorities do not ______________________________.

Point 18 목적격보어는 동사와 목적어를 동시에 고려하라!

- 목적격보어로 쓰이는 준동사는 '원형부정사(v), to부정사, 현재분사(v-ing), 과거분사(p.p.)'가 모두 가능하므로, 동사별로 어떤 형태의 목적격보어가 쓰일 수 있는지 알아두어야 한다.

전체 기출 빈도 ✦✦✦✦✧
최근 기출 빈도 ✦✦✦✧✧

CASE 1 목적어와 목적격보어가 능동관계 vs. 수동관계

목적어와 목적격보어가 능동관계일 경우 동사에 따라 목적격보어로 원형부정사, to부정사, 현재분사를 구분하여 쓴다. 목적어와 목적격보어가 수동관계일 때는 목적격보어로 과거분사(p.p.)를 쓴다. (단, 동사가 let인 경우는 be p.p.를 쓴다.)

1. The rock is covered with water. That causes many ships [crash / to crash] into it. <모의>

2. I finally found my sock [stick / stuck] to the inside of the dryer.

S + V + O + **v**	S + V + O + **to-v**	S + V + O + **v-ing**
[사역동사] (목적어가 v하게 하다) **make** + 목적어 + v **have** + 목적어 + v **let** + 목적어 + v **help** + 목적어 + (to+) v	**ask** + 목적어 + to-v **cause** + 목적어 + to-v **get** + 목적어 + to-v **want** + 목적어 + to-v **allow** + 목적어 + to-v	**keep** + 목적어 + v-ing **find** + 목적어 + v-ing **leave** + 목적어 + v-ing **catch** + 목적어 + v-ing
[지각동사] (목적어가 v하는 것을 보다/듣다/느끼다) **see[watch]** + 목적어 + v **hear** + 목적어 + v **feel** + 목적어 + v	**lead** + 목적어 + to-v **enable** + 목적어 + to-v **expect** + 목적어 + to-v **encourage** + 목적어 + to-v **persuade** + 목적어 + to-v	**[지각동사]** (목적어가 v하고 있는 것을 보다/듣다/느끼다 *목적어의 행동이 진행 중임을 강조) **see[watch]** + 목적어 + v-ing **hear** + 목적어 + v-ing **feel** + 목적어 + v-ing

* help는 목적격보어로 v와 to-v를 모두 취할 수 있다.

다음 중 어법상 적절한 표현을 고르시오.

❶ I'll let you [know / to know / known] the result of the interview. <모의응용>

❷ Her black dress and pretty hat made her [look / to look / looked] very feminine.

❸ I had my hair [dyed / dye / to dye] at a new hair salon.

❹ You need the program to have lost files [to recover / recovered / recover]. <모의>

밑줄맛보기 다음 밑줄 친 부분이 어법상 올바르면 ○표, 어색하면 ×표하고 바르게 고치시오.

❺ We should not underestimate the old and overestimate the new. This leads us to make all sorts of wrong decisions. <모의응용>

Point Exercise

정답 및 해설 p. 38

다음 중 어법상 적절한 표현을 모두 고르시오.

01 He watched a kid [to run / running / run] out from between the parked cars. <모의응용>

02 Many businesses send free gifts or samples through the mail, or allow customers to try and test new products in order to persuade future customers [to purchase / purchasing / purchase] them. <모의>

03 We have had our car [repaired / be repaired / repair] by this auto repair shop several times over the last three years.

04 When you are late, your parents wait up for you and aren't able to sleep well until they hear you [come / to come / coming] in the front door. <모의응용>

05 Because ice is lighter than water, it stays on the surface and actually helps underwater mammals [remain / remaining / to remain] warm. <모의응용>

06 Children seem to grow taller in schools with lots of sunlight. Daylight is also good for business. The use of natural light makes customers [to spend / spend / spent] more money in stores. <모의응용>

다음 밑줄 친 부분이 어법상 올바르면 ○표, 어색하면 ×표하고 바르게 고치시오.

07 Isaac Newton didn't just see an apple fall from a tree. He used that observation to help him figure out why it fell. <모의>

08 Get enough sleep, or you'll have a hard time focusing at work and find yourself dozed off on the subway or bus.

09 The law would allow the government direct companies to prioritize the production of public goods.

우리말에 맞도록 다음 어구들을 바르게 배열하시오. (어형 변화 가능, 주어진 어구로만 배열할 것)

10 사람들은 도서관이 마을 한가운데 세워지길 바랐다. (the library, of town, build, in the center, want)
People ____.

UNIT Exercise

정답 및 해설 p. 39

다음 중 어법상 적절한 표현을 고르시오.

01 Your brain controls your digestion and lets you [to know / know] when you are hungry. <모의응용>

02 My friends got their sleeves [to roll / rolled] up and started painting the walls of my house.

03 We agreed [performing / to perform] community service as our punishment.

04 By the time workers finish [constructing / to construct] the apartment building, all of the units will have been sold.

05 Special artificial legs will enable some paralyzed individuals [to feel / feel] the surfaces they walk on.

06 Students who wish [to apply / applying] for the exchange student program are required to complete the relevant forms.

07 My father never minded [to spend / spending] money on our education, but he objected to spending it on anything else. <모의응용>

08 The tsunami produced by the earthquake [to result / resulted] in the deaths of over a hundred thousand people.

09 If you were trained to be a physical education teacher, not having a gym [is / being] not a huge problem. For example, you could teach your students the striking skills in tennis in the school parking lot. <모의>

10 It's no wonder track bicycle racers wear gloves! If they didn't, their hands would get terribly hurt every time they tried [to stop / stopping].

다음 중 어법상 적절한 표현을 모두 고르시오.

11 The researchers say that drinking water while exercising can cause health problems such as dizziness. [Avoid / To avoid / Avoiding] the problems, exercisers should not drink more than they sweat.

12 In the department store, I saw some attractive young women [to look / looking / look] at our company's new products. <모의응용>

13 [Pick / Picking / To Pick] your souvenirs directly from nature is a bad idea. That's because sea shells are more beautiful on the beach than on your desk. <모의응용>

14 It is recommended to have your teeth [examine / to examine / examined] by a dentist once or twice a year.

15 My grandfather said he had never imagined [be / being / been] able to visit such remote countries.

다음 괄호 안에 주어진 단어를 문맥과 어법에 맞게 쓰시오.

16 The country's official policy is to refuse (negotiate) ______________ with terrorists under any circumstances.

17 He said he would sue the vet for misdiagnosis which eventually led to his dog's death, and yesterday he actually (do) ______________.

18 They saw garbage (leave) ______________ on the side of the road and stopped to pick it up.

19 The country made it easier for the unemployed (receive) ______________ unemployment benefits.

20 Parks present the opportunity to participate in a wide variety of community activities, which might encourage people (spend) ______________ more time outdoors.

UNIT 08
병렬구조와 비교구문

유닛 구성

Point 19 등위접속사 + 네모는 병렬구조를 묻는다!
Point 20 비교구문의 종류별 의미와 표현에 주목하라!

포인트 감 잡기!

선택지 구성
and
found / finding

→ 네모 앞에 and, but, or 등의 등위접속사가 있다면 병렬구조에 대해 묻는 문제일 가능성이 가장 크다. 등위접속사는 문법적으로 대등한 형태의 것을 연결한다. 이외에 비교구문에서 비교 대상이 되는 A, B도 역시 문법적으로 대등한 형태여야 한다.

연습 문제

✦ 다음 중 병렬구조를 묻는 선택지를 있는 대로 고르시오.

① and gets / getting
② or enjoys / enjoying
③ but also go / going
④ the bigger / biggest
⑤ but soft / softly

정답 및 해설 p. 40

등위접속사란?

등위접속사는 and(그리고), or(또는), but(그러나) 등이 있으며, 문법적 특성이 대등한 단어, 구, 절을 연결한다.

We visited Spain **and** France. (명사-명사, 동사-동사, 형용사-형용사, 부사-부사)
단어 / 단어

He likes to play golf **and** (to) go skiing. (등위접속사 뒤에 연결되는 to부정사의 to는 생략되는 경우가 많다.)
to부정사 / to부정사

Her sister enjoys skating **and** swimming.
동명사 / 동명사

Will you go by train **or** by bus?
전명구 / 전명구

The restaurant isn't great, **but** the food is cheap.
등위절 / 등위절

비교구문이란?

정도를 나타내는 형용사/부사(*e.g.* pretty, cold, tall, fast, etc.)는 그것이 어느 정도인지를 나타내기 위하여 비교구문을 사용한다. 즉 It is cold.라고만 표현하는 것에 비해 아래와 같은 비교구문들이 사용되면 추운 정도를 좀 더 확실히 알 수 있다.

(1) It is **as cold as** yesterday. (어제만큼 춥다.)
(2) It is **not as cold as** yesterday. (어제만큼 춥지는 않다.)
(3) It is **colder than** yesterday. (어제보다 춥다.)
(4) Today is **the coldest** day of the year. (오늘이 일 년 중 가장 추운 날이다.)

(1), (2)와 같이 형용사/부사 형태를 그대로 사용하는 것이 원급, (3)과 같이 -er을 붙이거나 앞에 more를 쓰는 것을 비교급, (4)와 같이 -est를 붙이거나 앞에 most를 쓰는 것을 최상급이라 한다.

Point 19 등위접속사 + 네모는 병렬구조를 묻는다!

- 네모 앞에 등위접속사가 있다면 그 접속사 앞의 어떤 어구와 연결된 것인지 문맥에 의거하여 찾는다.

전체 기출 빈도 ✦✦✦✦✦
최근 기출 빈도 ✦✦✦✦✧

CASE 1 등위접속사 and, or, but으로 연결된 병렬구조

등위접속사는 문법상 대등한 관계(p. 111 Warm Up! 참고)의 단어, 구, 절을 연결한다. both A and B처럼 등위 접속사가 both와 같은 다른 단어와 짝을 이룰 때도 A와 B는 문법상 대등해야 한다.

1. In the play, the hero defeats a monster, and then [rescuing / rescues] the princess.
2. Red chili pepper not only improves the taste of kimchi but also [reduces / reducing] the need for salt.

다른 단어와 짝을 이루는 등위접속사

not only A **but** (also) B A뿐 아니라 B도 (= B as well as A) either A **or** B A 또는 B 어느 한 쪽	neither A **nor** B A도 B도 아닌 both A **and** B A와 B 둘 다 not A **but** B A가 아니라 B

다음 중 어법상 적절한 표현을 고르시오.

❶ The traveler looked around and [find / found] the maple trees.

❷ I've dreamed about buying an old sailboat and [sailing / to sail] around the world.

❸ The city needs to train more police officers or [building / build] safer housing to solve the problem.

❹ The process of recycling was both confusing and [costly / cost].

밑줄맛보기 다음 밑줄 친 부분이 어법상 올바르면 ○표, 어색하면 ×표하고 바르게 고치시오.

❺ People were either passively sitting or <u>ignore</u> the speaker. <모의응용>

❻ The most important thing in competitive sports is not to win but <u>participate</u>.

Point Exercise

정답 및 해설 p. 41

다음 중 어법상 적절한 표현을 고르시오.

01 I responded to my father's comments by bending my knees more and [to run / running] faster when I played baseball. <모의응용>

02 Blueberries not only taste good but also [to carry / carry] useful nutrients in them.

03 The hotel managers want guests to relax and [be / are] comfortable, just as they do in their own homes. <모의응용>

04 Have you ever taken a long trip and not [remembering / remembered] a town you drove through? <모의>

다음 괄호 안에 주어진 단어를 문맥과 어법에 맞게 쓰시오.

05 Stop thinking about what you don't have and (find) ________ a solution yourself! <모의>

06 When Isaac was fourteen years old, his mother wished that he would leave school and (assist) ________ her in managing the farm. <모의응용>

07 People sacrifice sleep to do other things. They work longer hours, attend company meetings, stay up watching TV, or (go) ________ out after work with colleagues.

08 A designer must first document the existing conditions of a problem and (collect) ________ relevant data to be analyzed. <모의>

09 Meditation allows many people to increase their sense of well-being and (experience) ________ a better quality of life. <모의응용>

10 The material they choose to publish must not only have commercial value, but (be) ________ very competently written and free of editing and factual errors. <모의>

Point 20 비교구문의 종류별 의미와 표현에 주목하라!

- 비교구문에는 '형용사/부사'의 원급, 비교급, 최상급이라는 세 가지 비교 표현이 쓰인다.

전체 기출 빈도 ✦✦✦✧✧
최근 기출 빈도 ✦✦✦✧✧

CASE 1 원급 vs. 비교급 vs. 최상급

형용사와 부사의 상태, 성질, 수량 등의 정도를 비교할 때 원급, 비교급, 최상급이 쓰인다. 구문을 함께 이루는 어구들과 각각의 의미를 알아두는 것이 중요하다.

In order to succeed, your desire for success should be [greater / great] than your fear of failure.

→ **다른 단어와 짝을 이루는 등위접속사**

as + 원급 + as not as[so] + 원급 + as	~만큼 …한 ~만큼 …하지 않은
비교급 + than	(둘 중) ~보다 더 …한
the + 최상급(형용사) *뒤에는 '범위'를 나타내는 어구들이 올 수 있다. (in[of] ~ / 절 등)	(셋 이상 ~ 중에서) 가장 …한

* 부사의 최상급에는 원칙적으로 the를 붙이지 않는다.

다음 중 어법상 적절한 표현을 고르시오.

1. Who do you think will be the [faster / fastest] runner in the race?
2. Diamonds are [old / older] than nearly everything else on earth. <모의응용>
3. Baked foods are [better / best] than fried foods. Eat a baked potato, not French fries.
4. Some people think learning English is not as difficult [as / than] learning Chinese.
5. Portland is the [more / most] amazing city that I've ever been to. <모의응용>

CASE 2 as 형용사 / 부사 as

as와 as 사이에 형용사가 들어가는지 부사가 들어가는지는 as를 떼고 적절한 문장 구조로 판별한다.

I love my dogs and think they should be able to live as [free / freely] as possible.

→ He is *as* **suitable** for the job *as* me. (→ He is **suitable** for the job.)
I can't swim *as* **well** *as* you can. (→ I can't swim **well**.)

다음 중 어법상 적절한 표현을 고르시오.

1. Our aim is to answer your questions as [clear / clearly] as possible.
2. The pan is certainly not as [heavy / heavily] as many other iron pans on the market.

CASE 3 비교 대상의 병렬구조

비교되는 대상인 A와 B도 등위접속사와 연결될 때처럼 문법상 대등해야 한다.

Speaking English is a lot harder than [to read / reading] it.

A [비교급 + than / as + 원급 + as] B

특히 아래와 같이 B를 대명사로 받는 경우에 주의하자.

My room is cleaner than **his**. (his = his room)
A(소유격 + 명사) B(소유대명사)

Her **painting** is as good as **that** of the boy.
A(단수명사) B(단수대명사)

Her **paintings** are as good as **those** of professional painters.
A(복수명사) B(복수대명사)

다음 중 어법상 적절한 표현을 고르시오.

❶ I would rather stay home than [go / going] to the movies.

❷ If you want to know a country, learning about its culture is just as important as [learning / to learn] its language. <모의응용>

밑줄맛보기 다음 밑줄 친 부분이 어법상 올바르면 ○표, 어색하면 ×표하고 바르게 고치시오.

❸ The processor of your laptop is more powerful than mine.

Further Study

• 「the + 비교급 ~, the + 비교급 ...」: ~할수록 더 …한

1 **The harder** you try, **the better** you get. (당신이 더 열심히 노력할수록, 더 좋아진다.)

2 **The more** she thought about the problem, **the more** confused she became.
(그녀가 그 문제에 대해 더 생각할수록, 그녀는 더 혼란스러워졌다.)

• 비교급 수식 부사

much, even, still, a lot, (a) little, (by) far 등이 있다. very는 비교급을 수식할 수 없다.

다음 중 어법상 적절한 표현을 고르시오.

Rabbits that live in hot deserts have [much / very] larger ears than those that live in cooler climates. <모의응용>

Point Exercise

정답 및 해설 p. 42

다음 중 어법상 적절한 표현을 고르시오.

01 Following its recent release in Korea, it's now the [more / most] successful animated movie of all time.

02 The Netherlands scored a goal after ten minutes in the soccer match, and they were playing really well. After halftime, however, England played [better / best]. <모의>

03 Parents found their babies playing [much / more] with the boxes than with the toys inside the boxes. <모의응용>

04 It can be scary to start a new relationship because the [closer / closest] you are to someone, the easier it is to hurt them.

05 Riding a bike to school or work and taking the stairs instead of the elevator are as natural as [brush / brushing] your teeth after meals!

06 Small talk is a natural human skill. Like walking, running, or writing, we are all able to do it at some level. However, the way to get [much / very] better is to practice. <모의>

07 It is important to recognize that mental illness is just as [serious / seriously] as physical illness and should not be underestimated.

다음 밑줄 친 부분이 어법상 올바르면 ○표, 어색하면 ×표하고 바르게 고치시오.

08 There is a wide diversity of opinion on what the most innovative technology was during the last century.

09 He proved that he could win success in New York as definite as anybody else.

우리말에 맞도록 다음 어구들을 바르게 배열하시오. (어형 변화 가능, 주어진 어구로만 배열할 것)

10 도전 요즘 어떤 사람들은 성공적인 직업을 갖는 것이 결혼하는 것보다 더 중요하다고 생각한다.
(have, important, than, get married, a successful career, consider, more)
These days, some people ____
____.

다음 중 어법상 적절한 표현을 고르시오.

01 The state of Louisiana voted to outlaw cockfighting and succeeding / succeeded in banishing the cruel sport. <모의>

02 In primary schools, the number of female teachers in 2004 was over three times as large as male teachers / that of male teachers. <모의응용>

03 By getting some ideas from friends and adding / to add your own ideas to theirs, you can create your own style.

04 The world's biggest sporting event is the World Cup soccer contest. In many countries, soccer is gaining much / more popularity than any other sport. <모의>

05 To save energy, we need to set thermostats lower in winter and using / use air conditioners less in summer.

*thermostat: 온도 조절 장치

06 If you wish to write a book, the less / least writing talent you have, the easier the process will be. If you're a professional writer right now, it's an uphill struggle as you try to perfect what's already perfect.

07 The book encourages men and women to accept their differences, avoid misunderstandings, and interacting / interact better with each other. <모의응용>

08 The first underwater photographs were taken by an Englishman. In 1856, he waterproofed a simple box camera, attached it to a pole, and lowered / lowering it beneath the waves off the coast of southern England. <모의>

다음 밑줄 친 부분이 어법상 올바르면 ○표, 어색하면 ×표하고 바르게 고치시오.

09 When we communicate with others, expressing our ideas, knowledge, and feelings is not as important as understand what is expressed by others.

10 Visitors can either bring their own tents and camping equipment or renting them for free at the festival site.

갈무리 ❹ UNIT 01-08

1 (A), (B), (C)의 각 네모 안에서 어법에 맞는 표현으로 가장 적절한 것은?

In a department store, you hear attractive young women (A) [to talk / talking] about a sweater. You listen to their conversation. "I can't believe it! A Bertolla! It's almost impossible to find! And it's a lot cheaper than the one Sara bought in Rome." You've never heard of Bertolla but those stylish girls must know. You decide (B) [to buy / buying] it. You don't realize that those young women are employees of an advertising agency. They are actually paid to go from store to store, (C) [say / saying] wonderful things about Bertolla clothes in loud voices. This is the secret of undercover marketing. If a person looks cool, the product the person likes seems cool, too. The strong point of this marketing is that you don't know the conversation is just a performance. <모의응용>

	(A)		(B)		(C)
①	to talk	—	to buy	—	say
②	to talk	—	buying	—	say
③	to talk	—	buying	—	saying
④	talking	—	to buy	—	saying
⑤	talking	—	to buy	—	say

2 (A), (B), (C)의 각 네모 안에서 어법에 맞는 표현으로 가장 적절한 것은?

I was recently standing in the express checkout line. There was a bit of a problem with one register and its line was growing longer. Your employee, Karen, jumped in and opened another register. As I saw her (A) [approaching / to approach] the new register, I expected the usual disorder. Usually the person who has been waiting the least amount of time (B) [run / runs] to the new line first, and everyone else gets pretty frustrated. But Karen looked right at the person who'd been waiting the longest and said, "I believe you're next." What she did made everyone actually (C) [act / to act] like an adult. I was greatly impressed. <모의응용>

(A)		(B)		(C)
① approaching	—	run	—	act
② approaching	—	runs	—	act
③ approaching	—	runs	—	to act
④ to approach	—	run	—	to act
⑤ to approach	—	runs	—	act

3 (A), (B), (C)의 각 네모 안에서 어법에 맞는 표현으로 가장 적절한 것은?

Stress can increase your appetite for fatty, carbohydrate-rich foods. That's because eating high-carb foods, such as potatoes and ice cream, releases (A) [calming / calmed] hormones that provide some relief from stress. When researchers removed high-carb foods from the diet of some mice, the mice suddenly started producing large amounts of stress-related hormones. We produce the same hormones when we are (B) [depressed / depressing], and they trigger rapid storage of fat, which is a cause of obesity. Rapid storage of fat was useful for early humans, who needed energy on stand-by for fighting other humans and wild animals or (C) [ran / running] away from them. These days, however, we rarely have to fight or run for our lives, so all that stand-by energy just makes us fat.

*carbohydrate: 탄수화물 **high-carb: 고(高)탄수화물

(A)		(B)		(C)
① calming	—	depressing	—	ran
② calming	—	depressed	—	running
③ calming	—	depressed	—	ran
④ calmed	—	depressing	—	running
⑤ calmed	—	depressed	—	running

4 (A), (B), (C)의 각 네모 안에서 어법에 맞는 표현으로 가장 적절한 것은?

Planning is the development of a method or a strategy: the direction your new house will face, the number of rooms, height of the ceilings, and so forth. Preparation is what you do in order to enact your plan, like getting the ground ready to support the foundation and (A) [purchasing / to purchase] the necessary materials. Planning is the organization of your goals and objectives, while preparation is the process (B) [used / using] to achieve them. Without preparation, your plans are likely to remain ideas beyond achievement. Rose Fitzgerald Kennedy attributed the success of the Kennedy family not to money but to their careful planning and organization. (C) [She / They] planned their strategies, organized their resources, and laid the groundwork for every forward step.

	(A)		(B)		(C)
①	purchasing	—	using	—	She
②	purchasing	—	used	—	She
③	purchasing	—	used	—	They
④	to purchase	—	using	—	They
⑤	to purchase	—	used	—	They

5 다음 밑줄 친 부분 중 어법상 틀린 것을 모두 찾아 기호를 쓰고 바르게 고치시오.

내신맛보기

Ubuntu is a South African philosophy which teaches that all humans are greatly interconnected. It asks us to look outwards ⓐ to acknowledge the humanity of others. When we ⓑ are this, our behavior changes. It's impossible to treat others poorly if we recognize their true value. Every person with whom we interact ⓒ becomes worthy of our respect, whether they're our friend from childhood or the cashier at the supermarket. Ubuntu challenges us to change the way we think. Instead of using other people as a point of comparison, it causes us ⓓ to focus on what others bring to our lives. Forming a connection with those around you isn't as ⓔ difficult as you might think. A good place to start is by looking people in the eye when you interact. Try it next time you're paying for your groceries or ⓕ pick up your dry cleaning.

6 다음 괄호 안에 주어진 단어를 문맥과 어법에 맞게 쓰시오.

내신맛보기

Since 1851, normal human body temperature has been considered 37°C, established by Carl Reinhold August Wunderlich. However, the human body isn't consistently one temperature and it varies depending on your age, the time of day, and even the activities you've been doing. It's more accurate to describe a normal body temperature range: between 36.1°C and 37.2°C. On average children tend to be slightly ⓐ ______(warm)______ than adults, while those over the age of 65 are ⓑ ______(cool)______. Body temperature drops at night during sleep and increases over the day. The normal body temperature can be as ⓒ ______(high)______ as 37.7 °C in the late afternoon. Usually, ⓓ ______(low)______ temperature occurs at around 4 a.m., and ⓔ ______(high)______ peak at 5 p.m. Temperature can vary between individuals, where some members of a family are consistently warmer than others. However, experts advise people who have a fever ⓕ ______(high)______ than 40°C to contact their doctor.

ⓐ ______________________

ⓑ ______________________

ⓒ ______________________

ⓓ ______________________

ⓔ ______________________

ⓕ ______________________

UNIT 09

쓰임상의 구분 I

유닛 구성

Point 21 형용사와 부사 역할을 구분하라!

Point 22 전치사와 접속사를 혼동하지 마라!

포인트 감 잡기!

선택지 구성

legal / legally

→ 네모 안의 단어는 형용사 / 부사 짝이다. 이 경우, 문장 구조상 형용사가 들어갈 자리인지 부사가 들어갈 자리인지를 파악해야 한다. 전치사 / 접속사 가 짝지어진 문제 역시 문장 구조의 파악이 관건이다.

연습 문제

✦ 다음 중 형용사 혹은 부사를 묻는 선택지를 있는 대로 고르시오.

① exact / exactly
② nice / nicely
③ many / much
④ tight / tightly

정답 및 해설 p. 46

형용사와 부사

형용사는 명사(구)를 수식하거나, 주어나 목적어의 의미를 보충 설명하는 보어 역할을 한다.
부사는 동사, 형용사, 다른 부사, 어구, 문장 전체를 수식하며 보어로는 쓸 수 없다.

형용사	명사 수식	The ***new* machine** works effectively.
	주격보어	**The machine** is ***effective***. S
	목적격보어	We found **the machine *effective***. O
부사	동사 수식	The old man **walked *slowly***.
	형용사 수식	I'm ***terribly* sorry**.
	다른 부사 수식	The dinner will be served ***very soon***.
	어구 수식	The motorcyclist was ***clearly* in the wrong**.
	문장 수식	***Probably*, the rumor is true**.

▶ 보어로만 쓰이는 형용사

형용사 중에는 명사를 수식하지 못하고 보어로만 쓰이는 것들이 있는데 주로 'a-' 로 시작한다.

asleep, awake, afraid, aware, alone, alive, alike, ashamed (of~), ...

I fell **asleep** on the bus.
보어 (O)

The **asleep** baby is in the room.
명사 수식 (×)

Point 21 형용사와 부사 역할을 구분하라!

전체 기출 빈도 ✦✦✦✦✦
최근 기출 빈도 ✦✦✦✦✧

- 형용사와 부사의 수식 대상이 서로 다르므로 이를 구분하여 알아둔다.
- 보어로 쓸 수 있는 것은 형용사이며, 부사는 보어로 쓸 수 없다.

CASE 1 형용사 vs. 부사

형용사는 명사(구)를 수식하고, 부사는 대개 동사, 형용사, 부사, 구 또는 문장 전체를 수식한다. 출제되는 문장이 점점 길고 복잡해지는 추세이므로 주의해야 한다.

In this country, eleven languages are [official / officially] recognized. <모의>

→ **'수식'하는 대상 찾기**
수식하는 대상은 대개 수식어 앞이나 뒤에 있게 되는데, 의미가 가장 자연스럽게 연결되는 것을 찾는다.
The disorder makes a child [easy / **easily**] *distracted*. 그 질병은 아이가 **쉽게** ***주의 산만해지도록*** 만든다.
(쉽게 주의 산만해지는 (○) 쉬운 아이 (×))

다음 중 어법상 적절한 표현을 고르시오.

❶ Positively or negatively, our parents and families are [powerful / powerfully] influences on us. <모의응용>

❷ Most of the plastic particles in the ocean are so small that one would have to filter enormous amounts of water to collect a [relative / relatively] small amount of plastic. <모의응용>

밑줄맛보기 다음 밑줄 친 부분이 어법상 올바르면 ○표, 어색하면 ×표하고 바르게 고치시오.

❸ The reporter's voice was <u>surprisingly</u> calm despite the noise of passersby around her.

❹ Ancestral humans lost their hair over successive generations because less hair meant cooler, more <u>effectively</u> long-distance running. <모의응용>

Further Study

• enough
형용사와 부사로 모두 쓰일 수 있으나 수식하는 대상에 따라 위치가 달라진다.

형 충분한	「enough + 명사」	I don't have ***enough* time** to exercise. (나는 운동할 시간이 충분하지 않다.)
부 (~할 만큼) 충분히	「형/부/동 + enough」	The safety belt isn't **long** *enough*. (그 안전벨트는 충분히 길지 않다.)

CASE 2 의미와 쓰임에 주의해야 할 부사

형용사와 부사의 형태가 동일한 단어들 중에 뒤에 -ly가 붙어 형용사 의미와 달라지는 부사가 있다.
이렇게 짝지어진 부사가 나오면 해석을 통해 판단해야 한다.

I believe the experiment is [high / highly] educational. <모의>

↳ **주의해야 할 부사**

high	형 높은 부 높이	[1] Switzerland has ***high*** mountains. [2] The bird flies ***high*** in the sky.
highly	부 상당히, 꽤	[3] These are ***highly*** dangerous chemicals.
near	형 가까운 부 가까이	[4] What will happen in the ***near*** future? [5] Christmas is coming ***near***.
nearly	부 거의	[6] The bus was ***nearly*** empty.
late	형 늦은 부 늦게	[7] Tom was ***late*** for school. [8] I have to work ***late*** tomorrow.
lately	부 최근에	[9] Have you seen Jennifer ***lately***?
hard	형 어려운 부 열심히	[10] The English exam was ***hard*** for me. [11] I studied ***hard*** for the exam.
hardly	부 거의 ~않다	[12] He's ***hardly*** ever home before 10 p.m.

[1] 스위스에는 높은 산들이 있다. [2] 새가 하늘 높이 난다. [3] 이것들은 상당히 위험한 화학 물질이다. [4] 조만간 무슨 일이 벌어질까? [5] 크리스마스가 다가오고 있다. [6] 버스는 거의 비어 있었다. [7] Tom은 학교에 지각했다. [8] 나는 내일 늦게까지 일해야 한다. [9] 최근에 Jennifer를 본 적 있니? [10] 그 영어 시험은 나에게 어려웠다. [11] 나는 시험 때문에 열심히 공부했다. [12] 그는 밤 10시 전에는 거의 집에 있지 않다.

다음 중 어법상 적절한 표현을 고르시오.

❶ I witnessed a kingbird take off and chase a bald eagle that was flying [high / highly] overhead.

❷ I meet lots of people in my job and I can [hard / hardly] ever remember their names when I meet them again, but I always remember their faces.

❸ The number of customers requesting a sugar-free dessert at our restaurant has become a bit more frequent [late / lately].

CASE 3 형용사를 보어로 취하는 동사

형용사 보어의 해석이 우리말의 부사처럼 되기도 하지만 부사는 보어가 될 수 없다.

It is best to face cold environments with layers of clothing so you can adjust your body temperature to avoid sweating and remain [comfortable / comfortably]. <모의응용>

형용사를 보어로 취하는 주요 동사

1. 상태	be (~이다) remain/keep/stay (~인 채로 있다)	The moon *is* **bright** tonight. The price of fruit *remains very* **high**.
2. 변화	become/get/grow (~이 되다, ~해지다)	Our hair *grows* **gray** with age.
3. 인식	seem/appear/look (~인 것 같다)	He *seems* **young**. She *looks* **happy**.
4. 감각	sound (~하게 들리다) smell (~한 냄새가 나다) taste (~한 맛이 나다) feel (~한 느낌이 들다)	The singer *sounds* **terrible**. The trash *smells* **awful**. The apple *tastes* a bit **sour**. This cloth *feels* **soft**.
5. 생각	think/consider/believe/feel ... (to be) ~ (…이 ~라고 생각하다[느끼다]) find (…이 ~인 것을 알게 되다)	I *thought[found]* him **polite**.
6. ~하게 하다	make/drive (…이 ~하게 하다)	He *makes[drives]* me **crazy**.
7. ~한 상태로 두다	leave/keep (…이 ~한 상태로 두다)	*Leave* me **alone**. I *kept* the door **open**.

*위의 동사들이 다른 뜻으로 쓰일 때는 뒤에 다른 문장 요소가 나올 수도 있다.

I *smelled* ***the sweet aroma***. (나는 달콤한 향을 맡았다.)
S V O

*여기서 smell은 '~을 냄새 맡다'란 타동사로 목적어를 취한다.

다음 중 어법상 적절한 표현을 고르시오.

❶ Sugar is used to make food taste [nice / nicely] and is a good source of calories, but it has no other nutritional value.

❷ All of the factors may account for why some women and men say they feel the cold [different / differently].

밑줄맛보기 다음 밑줄 친 부분이 어법상 올바르면 ○표, 어색하면 ×표하고 바르게 고치시오.

❸ Such treatment seems completely paradoxical — you teach people to deal with pain by helping them to become more aware of it! <모의응용>

❹ Doctors will find it advantageously to hire someone else to keep their medical records. <모의응용>

Point Exercise

정답 및 해설 p. 47

다음 중 어법상 적절한 표현을 고르시오.

01 If the milk smells [bad / badly], just throw it out. Don't drink sour milk.

02 The birth rate is low at 1.8 children per woman, and the number of elderly people is growing [rapid / rapidly]. <모의>

03 The video shows the moment that a skydiver was [near / nearly] hit by a meteorite as it rushed toward the Earth.

*meteorite: 유성; 운석

04 Physical contact is important to newborns and can help them feel more [secure / securely].

<모의응용>

05 Each ball must be thrown [enough high / high enough] to allow the juggler time to handle the other balls. <모의>

*juggler: 던지기 곡예사

06 Sleep problems are becoming [increasing / increasingly] common and can have a profound effect on our overall mood and wellbeing.

다음 밑줄 친 부분이 어법상 올바르면 ○표, 어색하면 ×표하고 바르게 고치시오.

07 Chemicals used as preservatives in food help keep it <u>freshly</u> longer and prevent the growth of bacteria.

*preservative: 방부제

08 They found the movie quite <u>interestingly</u> even though it's not the kind of thing they would normally watch.

09 도전 Children compare themselves to their peers, and their perception of who they are <u>frequent</u> causes them to form cliques with other people whom they enjoy spending time with.

*clique: 파벌, 패거리

우리말에 맞도록 다음 어구들을 바르게 배열하시오. (어형 변화 가능, 주어진 어구로만 배열할 것)

10 어떤 사람들은 매우 민감한 미각돌기를 갖고 있다. 이 때문에 그들은 일부 음식의 맛이 불쾌할 정도로 강하다고 여긴다. (find, strong, the flavor, they, of some foods, unpleasant)

Some people have very sensitive taste buds. Because of this, ______________________________

____.

*taste bud: (혀의) 미각돌기

Point 22 전치사와 접속사를 혼동하지 마라!

전체 기출 빈도 ✦✦✦✦✧
최근 기출 빈도 ✦✦✦✧✧

- 전치사 뒤에는 '명사(구)'가, 접속사 뒤에는 「주어 + 동사 ~」 형태의 절이 온다.
- 전치사로 쓰이는 to와 부정사 앞에 쓰이는 to를 구별해야 한다.

CASE 1 전치사 자리와 접속사 자리

전치사 뒤에는 명사(구)가 이어지고, 접속사 뒤에는 「주어 + 동사」가 갖춰진 절이 이어진다.

Such practices may be suggested to athletes [because / because of] their benefits by individuals who excelled in their sports. <모의응용>

구조	**전치사** + 명사(구)		**접속사** + 주어 + 동사 ~	
종류	during / for	~ 동안	while	~ 동안; 반면에
	because of / due to	~ 때문에	because	~ 때문에
	despite / in spite of	~에도 불구하고	(al)though	비록 ~이지만

*before, after는 전치사와 접속사로 모두 쓰일 수 있다.

다음 중 어법상 적절한 표현을 고르시오.

❶ The baseball game was postponed [because of / because] rain and will be made up on Monday.

❷ [Despite / Although] the sun is shining, it doesn't feel very warm.

❸ I played computer games [during / while] my mom was out shopping.

❹ [In spite of / Though] the fact that too much coffee isn't good for health, I just can't stop drinking it.

밑줄맛보기 다음 밑줄 친 부분이 어법상 올바르면 ○표, 어색하면 ×표하고 바르게 고치시오.

❺ Flights and accommodation are much more expensive <u>while</u> the peak season.

CASE 2 to v-ing vs. v

전치사는 뒤에 '명사(구)'가 와야 하므로 'v-ing'형이 온다. 빈출되는 것들을 사전에 잘 암기해두어야 한다.

Our company is committed to [provide / providing] innovative high-quality products and services that meet or exceed the expectations of our customers.

object to v-ing	v하는 것을 반대하다	look forward to v-ing	v하기를 고대하다
lead to v-ing	v하는 것으로 이끌다	contribute to v-ing	v하는 것에 기여하다
be committed to v-ing	v하는 것에 헌신[전념]하다	be accustomed[used] to v-ing	v하는 것에 익숙하다
when it comes to v-ing	v하는 것에 관해	be devoted to v-ing	v하는 데 몰두하다
with a view to v-ing	v하기 위하여		

다음 문장에서 어법상 틀린 부분을 하나씩 찾아 밑줄을 긋고 바르게 고치시오.

❶ I'm looking forward to read his new novel about space.

❷ Many environmentalists and residents object to build a new airport on the island.

❸ When it comes to cook meat, roasting is the best and easiest way.

CASE 3 like vs. alike

like는 동사 이외에도 전치사나 접속사로도 쓰인다. 형용사나 부사로 쓰이는 alike와 구별하는 문제로 간혹 출제된다.

Labels on food are [like / alike] the table of contents found in books. <모의응용>

like	전 ~와 같은, ~와 비슷한	[1] The gossip spread **like** wildfire.
	접 ~인 것처럼	[2] It looks **like** he told a lie.
alike	형 닮은, 유사한	[3] We are **alike** in many ways.
	부 같게, 마찬가지로	[4] Not everyone thinks **alike**.

[1] 그 소문은 산불처럼 퍼졌다(→ 순식간에 퍼졌다). [2] 그가 거짓말을 한 것 같다. [3] 우리는 많은 점에서 비슷하다. [4] 모두가 똑같이 생각하는 것은 아니다.

다음 중 어법상 적절한 표현을 고르시오.

❶ People think identical twins are exactly [like / alike] in every way. <모의응용>

❷ Those tales are [like / alike] folk tales in that they are usually short and simple. <모의>

Point Exercise

정답 및 해설 p. 48

다음 중 어법상 적절한 표현을 고르시오.

01 [During / While] we were traveling, we took hundreds of pictures.

02 Have you ever become so absorbed in a movie that two hours rushed by [like / alike] minutes? <모의응용>

03 It's not easy to study the eagle's habits [because / because of] it lives in such remote and wild areas.

04 People's standards of living differ greatly, and some people are well-off [while / during] others are not. <모의>

05 [Despite / Though] the positive effects suggested by the researcher, the subjects became depressed and irritable. <모의응용>

06 Everybody wants to be in Professor Frazier's class. Many students sign up for his classes [because / because of] his widespread reputation. <모의>

07 [Although / Despite] various state-law bans and nationwide campaigns to prevent texting from behind the wheel, the number of people texting while driving is actually on the rise, a new study suggests. <모의>

다음 밑줄 친 부분이 어법상 올바르면 ○표, 어색하면 ×표하고 바르게 고치시오.

08 We often feel alike others judge us on what we do, on what we accomplish, and on what effect we have in the world.

09 Social media users have become accustomed to post their daily routines any place any time.

10 The government made the decision to send troops overseas in spite of public opposition.

UNIT Exercise

정답 및 해설 p. 49

다음 중 어법상 적절한 표현을 고르시오.

01 Some parents say that something is wrong / wrongly if a baby gets his or her teeth late. <모의응용>

02 In fact, the Safety Board is working to make cell phone use, from talking hands-free to texting, illegal / illegally in all states. <모의>

03 A blog differs from a traditional website in several ways. Most importantly, it is updated more regular / regularly. <모의>

04 During / While the past summer, I gained invaluable experience through my work with children of all ages. <모의응용>

05 Every place on Earth is different. Just like / alike people, no two places can be exactly alike. <모의>

06 If you don't want to get into an argument, stay calm and say nothing, despite / though you'll be tempted to interrupt. <모의응용>

07 Because / Because of the rapid reaction of state and local weather watchers, most of the area's residents had plenty of warning before the typhoon hit. <모의>

다음 밑줄 친 부분이 어법상 올바르면 ○표, 어색하면 ×표하고 바르게 고치시오.

08 It was so depressing when I was hardly able to walk due to a knee injury.

09 With the increasing impact of technology on our lives, privacy and security threats have often made people anxiously.

우리말에 맞도록 다음 어구를 바르게 배열하시오. (어형 변화 가능, 주어진 어구로만 배열할 것)

10 이 프로젝트는 새로운 도시 외곽순환 도로 건설을 계획하는데, 도시의 도로 교통 혼잡을 줄이는 데 기여할 것이다. (traffic congestion, reduce, will, on the city's roads, to, contribute)
This project, which plans to build new ring roads, ______________________________
____.

*ring road: 도시 외곽순환도로

UNIT 10
쓰임상의 구분 II

유닛 구성

Point 23 접속사, 관계대명사, 관계부사의 역할을 구분하라!

포인트 **감 잡기!**

선택지 구성

that / what

네모 안의 단어가 that / what 으로 구성되어 있다. that과 what은 각각 접속사와 관계사로 모두 쓰일 수 있으므로 주어진 문장의 문맥과 구조에 따라 적절한 것을 골라야 한다.

연습 문제

✦ 다음 중 접속사나 관계사 자리를 묻는 선택지를 있는 대로 고르시오.

① their / them

② whose / that

③ which / what

④ that / which

⑤ which / when

정답 및 해설 p. 50

관계대명사란?

관계대명사는 「접속사 + 대명사」의 역할을 한다. 즉, 이미 언급된 명사(선행사)를 대신하는 대명사의 역할과 그 명사의 의미를 제한, 수식, 보충 설명하는 절을 연결하는 접속사의 역할을 한다.

나는 한 친구가 있다. + 그녀는 고양이 한 마리를 반려동물로 가지고 있다.
I have a friend. **+ She** has a cat as a companion animal.
→ 나는 고양이 한 마리를 반려동물로 가지고 있는 한 친구가 있다.
I have a friend **who** has a cat as a companion animal.

주격	**who** **(사람)**	Look at *the girl* **who** is wearing a crown. (→ Look at the girl. + **She** is wearing a crown.)
	which **(사물)**	Let's take *the train* **which** leaves at 8 p.m. (→ Let's take the train. + **It** leaves at 8 p.m.)
목적격	**who(m)** **(사람)**	This is *the man* **whom** we saw in the movie. (→ This is the man. + We saw **him** in the movie.)
	which **(사물)**	This is *the movie* **which** I saw yesterday. (→ This is the movie. + I saw **it** yesterday.)
소유격	**whose** **(공통)**	I interviewed *a man* **whose** hair came down to his knees. (→ I interviewed a man. + **His** hair came down to his knees.)

* that은 사람, 사물에 관계없이 주격, 목적격에 모두 쓰인다.

관계부사란?

관계부사는 「접속사 + 부사」의 역할을 한다. 「전치사 + 관계대명사」를 대신하여 선행사의 의미를 제한, 수식, 보충 설명하는 절을 연결한다.

시간	*The day* **when** she returned was Monday. (→ The day was Monday. + She returned **on the day**.)
장소	Do you remember *the place* **where** I first met you? (→ Do you remember the place? + I first met you **at the place**.)
이유	I don't know *the reason* **why** he got angry with me. (→ I don't know the reason. + He got angry with me **for the reason**.)
방법	This is **how** I trained my dog. (→ This is the way. + I trained my dog **in the way**.) * the way how의 형태로는 쓰지 않고 how 또는 the way 중 하나만 쓴다.

Point 23 접속사, 관계대명사, 관계부사의 역할을 구분하라!

• 접속사, 관계대명사, 관계부사의 각 쓰임을 올바르게 이해하는 것이 중요하다.

전체 기출 빈도 ✦✦✦✦✦
최근 기출 빈도 ✦✦✦✦✦

CASE 1 that vs. what Ⅰ - 둘 다 명사절을 이끄는 경우

명사절은 문장에서 필수 요소인 주어, 목적어, 보어의 역할을 한다. that과 what은 모두 명사절을 이끌 수 있는데, that은 완전한 구조, what은 불완전한 구조의 명사절을 이끈다.

The truth is [that / what] most people have a better chance to be uncommon by effort than by natural gifts.

접속사 that	관계대명사/의문대명사 what
불완전한 구조 + that + **완전한 구조** (명사절) 문장 필수 요소가 다 갖춰진 형태 I envy **that** S he V has O a perfect family. *완전한 구조인 명사절을 이끄는 접속사 역할을 할 수 있는 것으로는 that 외에도 의문부사에 해당하는 when, where, why, how 등이 있다. The problem is **when** you arrive there. (문제는 **언제** 네가 그곳에 도착하느냐이다.)	불완전한 구조 + what + **불완전한 구조** (명사절) 문장 필수 요소가 안 갖춰진 형태 I envy **what** S he V has O ●. (has의 목적어가 없음) *what은 문맥에 따라 '~하는 것(관계대명사)' 또는 '무엇(의문대명사)'으로 해석한다. I don't know **what** he's doing right now. (나는 그가 지금 **무엇을** 하고 있는지 모른다.)

• 완전한 구조 vs. 불완전한 구조

문장이나 절이 완전한 구조냐 아니냐는 주어와 동사, 그리고 동사 뒤에 꼭 필요한 요소인 목적어, 보어가 있느냐 없느냐로 판단한다. 영어는 3문형인 SVO 문장의 비율이 월등히 높기 때문에 목적어의 유무로 완전한지를 판단하기 쉬운데, 1, 2문형의 동사는 목적어가 필요 없다는 것을 잊지 말아야 한다.

He **appeared** suddenly. (SV)
The book **looks** difficult. (SVC)

평소 독해나 어휘 예문 등을 학습하면서, 1, 2문형을 만드는 동사의 의미와 구조를 확실히 학습해두는 것이 매우 중요하다.

다음 중 어법상 적절한 표현을 고르시오.

❶ I've noticed [that / what] Mom's hair is turning gray.

❷ My skin is very sensitive to [that / what] I wear.

❸ [That / What] you are doing now will be a precious memory later in your life.

❹ Advertising helps people find the best for themselves. They can get [that / what] they desire with their money. <모의응용>

밑줄맛보기 다음 밑줄 친 부분이 어법상 올바르면 ○표, 어색하면 ×표하고 바르게 고치시오.

❺ The language barrier was <u>that</u> scared my kids the most, but children do not need language to connect.

CASE 2 that vs. what II - that이 관계대명사인 경우

뒤가 불완전한 구조의 절인 경우, what으로 정답을 속단하지 말고 한 가지 더 확인해야 한다. that이 관계대명사일 때는 불완전한 절을 이끌며, 앞에 that절이 수식하는 명사(선행사)가 있지만, what 앞에는 선행사가 없다는 것이 다르다.

Hypnosis is an altered state [that / what] we frequently go into and out of. <모의>

관계대명사 that	관계대명사/의문대명사 what
1. 관계대명사 that 앞에는 선행사가 있다. 2. 형용사절을 이끈다. 3. that + 불완전한 구조 (선행사) Tell me **the story** [*that* ^S^you ^V^heard ●]. (목적어 없음) 형용사절(불완전한 구조)	1. what 앞에 선행사가 없다. 2. 명사절을 이끈다. 3. what + 불완전한 구조 (선행사 없음) Tell me ***what*** ^S^you ^V^heard ●. (목적어 없음) 명사절(불완전한 구조)

다음 중 어법상 적절한 표현을 고르시오.

❶ I found a table [that / what] is made of wood.

❷ This is the book [that / what] you recommended yesterday.

❸ This car is [that / what] my brother plans to buy next month.

❹ Last night, I watched the baseball game [that / what] was playing on TV.

밑줄맛보기 다음 밑줄 친 부분이 어법상 올바르면 ○표, 어색하면 ×표하고 바르게 고치시오.

❺ How will we know whether the different things <u>what</u> we are doing are having a beneficial impact?

CASE 3 보충 설명하는 관계사절

관계사 앞에 콤마(,)를 두어 선행사에 대한 보충 설명을 할 수 있는데, 관계대명사 that과 what은 이 용법으로 쓸 수 없다.

The rest of the bird's body is covered in short feathers, [which / that] keep out the cold. <모의>

콤마(,) + 관계사	계속적 용법을 쓸 수 없는 관계사
[1] *He kept shaking his legs,* ***which*** was annoying. 콤마 뒤의 which는 명사 외에도 **앞에 나온 어구나 절 전체**를 선행사로 할 수 있다. [2] I met *a girl,* ***who*** came from Italy. [3] I congratulated *my friend,* ***whose*** score was perfect. [4] We married in *2009,* ***when*** I was 24.	① I met *a girl,* ***that*** came from Italy. (×) ② He *gave me,* ***what*** he bought in Tokyo. (×) * He gave me ***what*** he bought in Tokyo. (○)

[1] 그는 계속 다리를 떨었는데, 그건 짜증스러웠다. [2] 나는 한 소녀를 만났는데, 그녀는 이탈리아 출신이었다. [3] 나는 내 친구를 축하해주었는데, 그가 만점을 받았기 때문이다. [4] 우리는 2009년에 결혼했는데, 그때 나는 24살이었다.

다음 중 어법상 적절한 표현을 고르시오.

1. The 2018 Winter Olympics were held in Pyeongchang, [that / which] is a city in South Korea.
2. I saw John, [that / who] is the captain of our soccer team.
3. Her garden has beautiful trees, [which / what] I want to plant in mine.
4. I'd like to go to Thailand, [where / what] there are many delicious tropical fruits.

CASE 4 관계대명사의 격과 선행사 구분

이끄는 절이 앞의 선행사를 수식하고, 네모 안의 단어들이 모두 관계대명사로 쓰일 수 있지만 다른 격으로 이루어진 경우, 관계대명사절에서 선행사의 역할에 따라 격을 판단한다.

He was an economic historian [whose / which] work was centered on the study of business history and, in particular, administration. <모의응용>

선행사	관계대명사		
	주격	소유격	목적격
사람	who[that]	whose	who(m)[that]
사물	which[that]	whose	which[that]
	관계사절 내에서 주어 역할을 하므로 주어가 빠져 있고 곧바로 동사가 뒤따른다. ~ who/which/that ● **has** a plan.	뒤따르는 명사를 한정하는 역할을 하므로, 「whose + 명사」를 제외하면 관계사절이 불완전하다. ~ whose opinion ● **is wrong**. ~ whose coffee **I spilled** ●.	관계사절 내에서 목적어 역할을 하므로 목적어가 빠져 있고 '주어 + 동사'가 이어진다. ~ who(m)/which/that **you saw** ●.

선행사를 찾아 밑줄을 긋고, 어법상 적절한 표현을 고르시오.

❶ Tell me the person [whose / whom] you want to invite.

❷ The house [that / whose] we bought last week is so nice.

❸ The police are still looking for the man [who / which] robbed the bank.

❹ He is repairing the copy machine [whom / that] I broke yesterday.

밑줄맛보기 다음 밑줄 친 부분이 어법상 올바르면 ○표, 어색하면 ×표하고 바르게 고치시오.

❺ Most publishers will not want to waste time with writers whose material contains too many mistakes. <모의>

CASE 5 관계대명사 vs. 대명사

접속사나 관계대명사는 절과 절을 연결할 수 있지만 대명사는 그럴 수 없다.

> The koala is the only known animal [its / whose] brain only fills half of its skull.
> <모의응용>

→ 특히 아래와 같은 어구 뒤의 관계대명사를 간과하기 쉬우므로 주의해야 한다.
all of, both of, some of, many of, one of, none of, most of, half of 등

I didn't like the food in that restaurant. + Most of **it** was too salty.

I didn't like the food in that restaurant, most of **which** was too salty.

다음 중 어법상 적절한 표현을 고르시오.

❶ I would like to see the doctor [he / who] examined me last week.

❷ We prefer to visit places [they / which] have a rich history.

❸ I'm using the same blender, and [it / that] works just fine.

밑줄맛보기 다음 밑줄 친 부분이 어법상 올바르면 ○표, 어색하면 ×표하고 바르게 고치시오.

❹ He took on the difficult task of treating chronic-pain patients, many of them had not responded well to traditional therapy. <모의>

❺ An artificial reef is a human-made structure it is usually built for the purpose of increasing marine life.

*reef: 암초

CASE 6 관계대명사 vs. 관계부사 / 전치사 + 관계대명사

관계대명사가 「접속사 + 대명사」의 역할을 하는 데 비해, 관계부사는 「접속사 + 부사」의 역할을 한다.
따라서 관계대명사는 불완전한 절을, 관계부사 혹은 「전치사 + 관계대명사」는 완전한 절을 이끈다.

1. Cats are most active in the early evenings, [which / when] they do most of their hunting.
2. Near the surface of a lake or river, [where / which] the water is clear, it is possible for a photographer to take great shots with an inexpensive underwater camera. <모의응용>

관계대명사	관계부사 / 전치사 + 관계대명사
• 관계대명사 + 불완전한 구조 관계대명사 뒤에는 주어나 목적어 등 문장 필수 성분이 빠진 불완전한 구조가 온다. This is *my friend* **who** ● lives in Sydney. (● 주어 없음, lives V)	• 관계부사 + 완전한 구조 관계부사 뒤에는 문장 필수 성분이 모두 있는 완전한 구조가 온다. This is *the restaurant* **where** we have lunch. (we S, have V, lunch O) This is *the restaurant* **in which** we have lunch. (we S, have V, lunch O)

선행사를 찾아 밑줄을 긋고, 어법상 적절한 관계사를 고르시오.

❶ Let me know the time [which / when] I can meet you.

❷ This is the spot [which / where] I found your ring yesterday.

❸ Please directly call the restaurant [that / where] you would like to eat at and make a reservation.

❹ I don't know the reason [which / why] she is so angry at me.

❺ Select clothing appropriate for the temperature and environmental conditions [which / in which] you will be doing exercise. <모의>

밑줄맛보기 다음 밑줄 친 부분이 어법상 올바르면 ○표, 어색하면 ×표하고 바르게 고치시오.

❻ The church where was burned down last year is being rebuilt with the help of volunteers.

❼ The young writer explains how she wrote the popular book and had her own book published at just 13 years old.

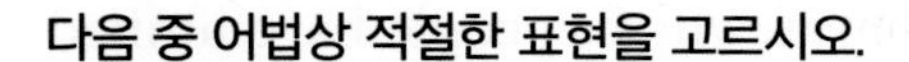

다음 중 어법상 적절한 표현을 고르시오.

01 In the world, there are lots of people [who / which] don't get enough food to eat. <모의>

02 Sometimes there are situations [which / when] it is better not to tell the truth. <모의응용>

03 Engineers in China have built a train [that / what] can travel at over 300 mph.

04 City people are moving to rural areas [which / where] they hope to find more leisurely lives.

05 If you don't enjoy [that / what] you're doing, don't despair. There are a lot of other things you can do.

06 About 2,400 years ago, Hippocrates prescribed willow bark, [what / which] contains a natural form of aspirin. <모의>

*willow bark: 버드나무 껍질

07 People [who / whose] fears are too intense or last too long might need support to overcome them. <모의응용>

08 One of the most immediate benefits of a "webinar" is [that / which] it can eliminate a large portion of your company's travel budget. <모의>

*webinar: 웨비나 (온라인을 통한 세미나)

09 Customers have to pay a small deposit by inserting a coin, [that / which] is returned when the cart is connected to another cart. <모의응용>

10 A friend [whose / whom] I hadn't talked to in twenty years called me. All he said was "Hello," and I knew who it was before he said another word. <모의응용>

11 Some restaurants [that / where] play loud music want customers to quickly eat their meals and leave so that waiting customers can be seated and sales can increase.

12 함정 This program helps parents restrict the time [that / when] children spend on the Internet. It also blocks access to specified websites.

13 The campus has traditional classrooms for lecture room teaching [which / where] the students and lecturer discuss matters in class.

14 The term "food desert" refers to geographic areas [which / in which] people have limited access to healthy and affordable food.

15 An artist [whose / whom] works feature the beauty of the Quebec landscapes has been recognized for his commitment to the local community.

16 We have a responsibility to minimize our environmental impact on the planet for future generations who will inherit [that / what] we leave behind.

17 Looking into the eyes of the person [who / whose] you are talking with can make the interaction more effective.

18 Emily Dickinson, a famous poet, wrote over 1,700 poems, none of [them / which] were published while she was still alive.

19 A leading scientist explained the reason [which / why] every student majoring in mathematics, sciences, and engineering needed to study the humanities.

20 Nearly every step of food production [that / what] involves farming, fishing, processing, and distribution consumes energy and releases greenhouse gas emissions, contributing to global warming.

다음 밑줄 친 부분이 어법상 올바르면 ○표, 어색하면 ×표하고 바르게 고치시오.

21 Researchers analyzed data on antibiotic use from 50 countries over the last ten years and found <u>that</u> the consumption of these medications has increased rapidly in low-income countries.

22 Albert Einstein remained as a German citizen in Berlin until 1933, <u>which</u> he gave up his citizenship for political reasons and immigrated to America.

23 One of the most damaging aspects of the growing online food delivery industry is the great amount of plastic waste which it generates.

24 The Spanish-American war, where ended with America acquiring a lot of territories in the western Pacific and Latin America was a conflict in 1898.

25 A labor union is an organization what represents workers and tries to protect their interests over wages, benefits, and other working conditions.

26 The researchers assumed what the variety a brand offers would be used as a quality cue and thus influence consumers' choices.

27 The farmer's market, which we usually buy our fruits and vegetables, opens from 7 a.m. to 1 p.m. on Saturdays year round.

우리말에 맞도록 다음 어구 중에서 필요한 어구만 골라 바르게 배열하시오. (어형 변화 가능, 중복 사용 가능)

28 이러한 분석들은 사람들이 인생에서 나쁜 일들에 어떻게 반응하는지를 보여준다.
(people, show, in life, react, the ways, how, to the bad things)

These analyses ______________________________.

29 중국, 브라질, 호주와 같이 수도가 가장 큰 도시가 아닌 나라들이 꽤 있다.
(which, whose, be, not, the largest city, capitals)

There are quite a few countries such as China, Brazil and Australia ______________
______________________________.

30 도전 이 지역의 도로는 비가 오면 매우 질퍽한데, 이는 차들이 지나가기 어렵게 만든다.
(be, to pass through, it, difficult, when, make, that, which, for cars, rain, extremely, muddy, 콤마(,))

Roads in the area ______________________________
______________________________.

갈무리 ⑤ UNIT 01-10

1 (A), (B), (C)의 각 네모 안에서 어법에 맞는 표현으로 가장 적절한 것은?

School kids shouldn't carry heavy loads in their backpacks — and neither should you. Carry less than 24 percent of your total body weight in your backpack, (A) [that / which] should be worn over both shoulders, never just one. Even a weight of twelve kilograms (a laptop computer and a few books) can cut blood flow to the arms in just ten minutes, leading to pain, numbness, and muscle aches. Also, keep your backpack (B) [close / closely] to your body by adjusting the straps to fit your size and shape. When you pick up anything heavy, bend your knees; don't bend over from the waist. Think of the back braces used by people (C) [who / which] do heavy lifting: the braces help to keep backs nice and straight.

*back brace: 허리 지지대

	(A)		(B)		(C)
①	that	—	close	—	who
②	that	—	closely	—	who
③	which	—	close	—	who
④	which	—	close	—	which
⑤	which	—	closely	—	which

2 (A), (B), (C)의 각 네모 안에서 어법에 맞는 표현으로 가장 적절한 것은?

Here's a quick quiz for you. What is the sound (A) [what / that] people all over the world most love to hear, no matter what their language? The answer is simple: everyone likes to hear their own name. Dale Carnegie, author of the famous book *How to Win Friends and Influence People*, said "the sweetest sound in any language is a person's name." There's no doubt about it. When you remember the names of the people you meet, you make them feel (B) [special / specially] and you bring personal warmth and friendliness to your conversation. Make a habit of remembering names, and you will enjoy better rapport with all people, (C) [who / which] will be grateful to you and admire you for having shown interest in them.

*rapport: (친밀한) 관계

	(A)		(B)		(C)
①	what	—	special	—	who
②	what	—	specially	—	which
③	that	—	special	—	which
④	that	—	special	—	who
⑤	that	—	specially	—	who

3 (A), (B), (C)의 각 네모 안에서 어법에 맞는 표현으로 가장 적절한 것은?

If you have a problem you just can't deal with on your own, (A) [find / finding] someone you can talk to about it. It doesn't have to be your mother or best friend—it can be a friendly neighbor, a gym instructor, or a kindly owner of a neighborhood grocery store. It usually happens that just talking about (B) [which / what] is on your mind shows you new ways to deal with it. This approach can even reveal that what you thought was a big problem was never really a problem at all! You might even be (C) [lucky / luckily] enough to talk to somebody who once had the same trouble, somebody who knows exactly how you're feeling right now.

	(A)		(B)		(C)
①	find	—	which	—	lucky
②	find	—	what	—	lucky
③	find	—	which	—	luckily
④	finding	—	which	—	lucky
⑤	finding	—	what	—	luckily

4 (A), (B), (C)의 각 네모 안에서 어법에 맞는 표현으로 가장 적절한 것은?

Only five years after (A) [taking / being taken] off the endangered species list, the gray whales have been dying off in large numbers. The population has dropped from an estimated peak of 26,635 whales to just 17,414 whales, a decline of more than a third. The 35- to 50-ton beasts spend their summer in the Bering Sea (B) [feeding / to feed] on millions of amphipods — tiny creatures that live on the ocean's floor. Though the whales migrate all the way from Southern California to the Bering Sea to eat, the amphipods rely on their food being brought to them by ocean currents, (C) [that / which] are being altered by global warming.

*gray whale: 귀신고래 **amphipod: 단각류의 (동물) (절지동물의 갑각류)

	(A)		(B)		(C)
①	being taken	—	to feed	—	which
②	being taken	—	feeding	—	which
③	being taken	—	feeding	—	that
④	taking	—	to feed	—	which
⑤	taking	—	feeding	—	that

5 다음 밑줄 친 부분 중 어법상 틀린 것을 3개 찾아 기호와 고쳐야 할 표현을 쓰고 바르게 고치시오.

내신맛보기

Although your product or service may have plenty of advantages, that doesn't mean ⓐ which you need to constantly discuss every one of them. Instead, let people know how you can solve their problem, especially one ⓑ that may be causing them trouble. Let's say you're selling a reusable bag. You can list high-quality materials ⓒ what your reusable bags are made of. Instead of only discussing that, you can focus on selling the way your bags are environmentally friendly, which is ⓓ that your customers are actually concerned about. Here's another example: back in 2001, the iPod became successful with the slogan "1,000 songs in your pocket." Why? People were sick of carrying a heavy Walkman around. So think about a reason ⓔ that will make them feel like "this product or service is something I really need."

기호	고쳐야 할 표현	고친 표현

6 ⓐ~ⓓ에 들어갈 말로 가장 적절한 것을 <보기>에서 골라 쓰시오. (중복 사용 가능)

내신맛보기

<보기> where when which how who

One desert locust can consume its own weight in vegetation in one day. That may not sound like much for one 2.5 gram locust, but when 40 million of them gather they can eat as much food as 35,000 people. Scientists funded by NASA are partnering with the UN to better locate ⓐ ________________ locusts are likely to swarm. Using remote sensing observations of soil moisture and vegetation, researchers are tracking ⓑ ________________ environmental conditions impact the life cycles of the locust. They hope to stop outbreaks before they spread. The moisture of the soil is important because females almost always lay their eggs in soil ⓒ ________________ is wet, warm, and sandy. Typically, they do not lay their eggs unless the soil down to 5-10 centimeters beneath the surface is moist. After eggs hatch, a large amount of nearby vegetation becomes an important requirement ⓓ ________________ provides nutrients for growing locusts and guides migration patterns.

*swarm: 무리[떼]를 짓다

ⓐ ______________________________

ⓑ ______________________________

ⓒ ______________________________

ⓓ ______________________________

PART II

밑줄 어법

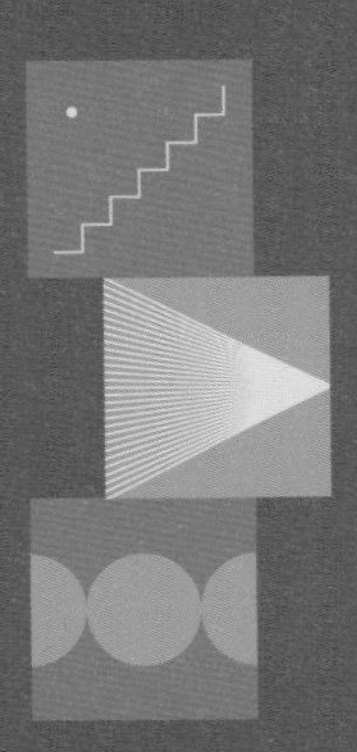

출제 포인트를
제대로 짚어라!

밑줄, 아무 데나 긋는 것이 아니다

밑줄만 보고 문장의 구조와 글 전체의 문맥에 맞는 어법 포인트를 적용하여 정답을 선택해야 하기 때문에 네모 어법보다도 어렵게 느껴지는 밑줄 어법. 그러나 출제자의 의도를 알고, 밑줄의 본질을 파악한다면 밑줄 어법도 식은 죽 먹기!

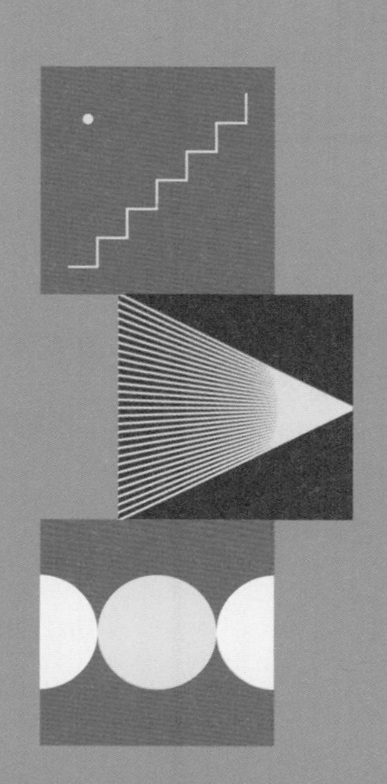

UNIT 01
동사 밑줄

유닛 구성

Points to Remember

1 주어 - 동사의 수일치
2 시제
3 조동사와 법
4 태
5 병렬구조

포인트 감 잡기!

● 선택지 보기

are, do, took, etc.

"영어의 절반은 동사다!"

→ 준동사를 포함하여 동사가 출제되는 비율은 전체 어법 문제에서 70% 이상을 차지한다. 동사에 대한 이해가 그만큼 중요하다는 얘기! 동사에 밑줄이 있다면 Part I 에서 배운 Point들을 떠올리며 출제된 포인트가 무엇인지 파악해보자.

Points to Remember

동사에 밑줄이 있다면 앞서 네모 어법에서 학습한 다음의 포인트들을 떠올려보자.
이 중 가장 출제 빈도가 높은 포인트는 수일치, 태이다.

1 주어 - 동사의 수일치 ▶ 네모 어법 UNIT 01

❶ 「주어 + (수식어구) + 동사」의 형태로 출제되는 것이 대부분이다.
   ↳ 1. 「전치사 + 명사」
   2. v-ing ~ (현재분사구)
   3. to-v ~ (부정사구)
   4. p.p. ~ (과거분사구)
   5. 관계사절
   6. 형용사구
   *삽입(어, 구, 절)

❷ 「선행사(+ 수식어구) + 주격 관계대명사 + V」에서 V의 수는 선행사와 일치시킨다.

❸ 「부사(구) / 부정어(구) + V + S ~」에서 주어의 위치에 주의하자.

❹ 「명사구, 명사절 주어 + 단수동사」
   ↳ v-ing(동명사)구, to-v구, that[whether / 의문사 / 관계대명사 what] 등이 이끄는 명사절

❺ 「each, every ~ + 단수동사」 / 「both ~ + 복수동사」

❻ 「the + 형용사(~한 사람들) + 복수동사」
   ↳ the rich=rich people, the poor=poor people, the young=young people, the old=old people,
   the unemployed=unemployed people (실업자들), the wounded=wounded people (부상자들),
   the blind=blind people (시각장애인들), the deaf=deaf people (청각장애인들),
   the homeless=homeless people (노숙자들), the French=French people (프랑스인들)

❼ 「부분을 나타내는 표현 + of + 명사 + V」는 명사의 수에 동사를 일치시킨다.
   ↳ all, most, some, half,
   the rest, the majority, 분수(two thirds, one fourth), 00 percent, etc.

2 시제 ▶ 네모 어법 UNIT 03

❶ 단순과거 + yesterday, last ~(지난 ~에), ~ ago(~ 전에), when ~, 「in + 과거 연도」, then (그때), just now(조금 전에), the other day(일전에), etc.

❷ 현재완료(계속) + 「since + 특정 과거 시점(~ 이래로)」 / 「for + 기간 + now(지금까지 ~ 동안)」

❸ 시간이나 조건의 부사절에서는 미래를 현재시제로 표현한다.
   ↳ when, while, before, after, until, till, as soon as, by the time /
   if, unless, once(일단 ~하면), as long as(~하는 한), in case(~할 경우를 대비해서), etc.

↓ 다음 밑줄 친 부분이 어법상 올바르면 ○표, 어색하면 ×표하고 바르게 고치시오.

❶ 주어 - 동사의 수일치

01 Even though it sometimes feels like a waste of time, the milestones on the road to success is always the failures. <모의>

02 We all love our smartphones, but using them in the company of others are just plain rude.

03 함정 Can you imagine what life was like 200 years ago? There were no electricity, and oil lamps were used at night. <모의응용>

04 Most of the foods in the past were root crops, weeds, shrubs, and many more. <모의응용>

05 Artificial light, which typically contains only a few wavelengths of light, do not seem to have the same effect on mood that sunlight has. <모의>

06 Memories of how my dad and I interacted seems funny to me today. <모의응용>

❷ 시제

07 Students at Wilson High School are very proud of all that they learned since the beginning of this year. <모의>

08 If you spend your allowance unwisely, you will learn from your mistakes. <모의응용>

09 Since the first novel, *Harry Potter and the Philosopher's Stone*, was released in 1997, the books have gained popularity worldwide.

10 By the time the semester will end, Jason will be thinking about which university he would like to attend.

3 조동사와 법 ▶ 네모 어법 UNIT 04

❶ 문맥상 알맞은 조동사가 사용되었는지 확인한다. (의미, 시제, 태 확인)
can(능력, 허가), may(허가, 약한 추측), must(강한 추측, 의무), should(충고), would(과거의 습관), used to(과거의 습관, 상태)

「조동사 + 동사원형」	현재	「조동사 + have p.p.」	과거
must + v	**~임에** 틀림없다	must + have p.p.	**~했음이** 틀림없다
cannot + v	**~할** 리가 없다	cannot + have p.p.	**~했을** 리가 없다
would + v	**~할** 것이다	would + have p.p.	**~했을** 것이다
may[might] + v	**~할**지도 모른다	may[might] + have p.p.	**~했을**지도 모른다
should + v	**~해야** 한다	should + have p.p.	**~했어야** 했는데 (하지 않았다)

❷ if 가정법 과거 / 과거완료

If + 주어 + **동사의 과거형** ~, 주어 + would, could, should, might + **동사원형** ...
If절 (만약 ~라면) / 주절 (…일[할] 텐데)
→ '현재'나 '미래'의 일을 반대로 가정하거나 있을 법하지 않다고 생각하는 일

If + 주어 + **had p.p.** ~, 주어 + would, could, should, might + **have p.p.** ...
If절 (만약 (그때) ~했다면) / 주절 (…했을 텐데 (안 했다))
→ '과거'의 일을 반대로 가정하거나 있을 법하지 않았다고 생각하는 일

❸ <요구·주장·제안·명령>의 동사 + that + 주어 + (should +) 동사원형
↳ insist, request, ask, urge, order, propose, recommend, suggest, command, demand, advise, move(제안하다), etc.
↳ (~해야 한다고: 당위성)

4 태 ▶ 네모 어법 UNIT 05

❶ 문장의 동사의 태는 주어가 동작을 하는 것인지(능동), 받는 것인지(수동)를 고려한다.

❷ 4, 5문형이 수동태가 되면 목적어나 명사 보어가 남아 있을 수 있음을 기억하자.

❸ 1, 2문형(SV, SVC) 자동사는 목적어가 없으므로 자연히 수동태가 불가능하다.
↳ appear, disappear, rise, remain, arrive, exist, seem, consist of, go, come, occur, happen, take place, result, etc.

❹ 관계대명사절에서, 관계대명사가 주어이거나 「주어 + of + 관계대명사」 형태인 경우, 선행사를 찾아 동사와의 의미 관계로 태를 판단한다.

❺ be used to-v vs. be used to v-ing

be used to-v	~하는 데 이용되다
be used to v-ing	~하는 데 익숙하다
cf. used to V	~하곤 했다(동작); ~했다(상태 *지금은 아님)

❻ 준동사의 태는 준동사의 의미상 주어와 준동사의 관계가 능동인지, 수동인지를 확인하여 결정한다.

✦ 5 병렬구조 ▶ 네모 어법 Point 19

and, but, or 등 등위접속사로 연결된 병렬구조일 때, 연결되는 대상은 문법적으로 서로 대등한 형태여야 한다.

↓ 다음 밑줄 친 부분이 어법상 올바르면 ○표, 어색하면 ×표하고 바르게 고치시오.

❸ 조동사와 법

11 I used to play with a lot of dolls and toys in our church's Sunday school playroom when I was young. <모의응용>

12 "I'm afraid we don't have any rooms. We're full," said the clerk. I must have reserved a room beforehand.

13 Our teacher requested that all the students in our class were at the hall by 9 a.m. tomorrow. <모의응용>

❹ 태

14 Late one Saturday evening, I was awakening by the ringing of my phone. <모의>

15 These robots made of a synthetic compound designed last year to repair vehicles, or perhaps to help assemble them.

16 In the past, people commonly searched for food in forests, riversides, caves, and virtually any place where food could possibly be found. <모의응용>

17 While staying in San Francisco, we visited Napa Valley twice, which knows for its excellent wines.

18 All donated blood is tested for a variety of blood-borne infections, such as hepatitis B and HIV.

*hepatitis: 간염 **HIV: 에이즈 바이러스(human immunodeficiency virus)

❺ 병렬구조

19 함정 Non-verbal communication does not substitute verbal communication but rather complement it. <모의응용>

20 The teacher asked him to stop lying and admitted that it was he who had broken the statue.

정답 및 해설 p. 59

다음 밑줄 친 부분이 어법상 올바르면 ○표, 어색하면 ×표하고 바르게 고치시오.

01 He found his wife preparing some of the food and introducing her to a few company people.

02 I was used to try to get my daughter to make more friends, but finally I learned that her needs are different from other children's. <모의응용>

03 Cross your fingers! Then maybe your wish will come true. Crossing one's fingers come from an old custom. <모의응용>

04 Rare is the musical organizations that can afford to hire those musicians for every concert. <모의>

05 One of her pastimes are telling us a lot of stories from legends and, best of all, ghost stories. <모의>

06 Only a handful of these advancements, like international conference calls, IP phones, and video chats, allows people to speak rather than to write. <모의>

07 People have to put cans and plastic bottles in different garbage bags. Paper, too, is keeping separate. The plastic, metal, and paper are taken to special centers for recycling. <모의>

08 Dodo birds became extinct during the late 19th century. They were overhunted by humans and other animals. After they were disappeared, the Calvaria Tree soon stopped sprouting seeds. <모의>

09 The scientists involved in ocean science hopes that by understanding and learning more about sea life, they can encourage even more people to protect the species that live in the oceans. <모의>

10 Suddenly, a three-meter-long crocodile came out of the water and biting her legs. Fortunately, she was able to hold on to the branch of a tree. <모의>

11 Some time ago, an American research team explored a temple which stands in an ancient city. The city at one time must be prosperous, for it enjoyed a high level of civilization.

<모의>

12 Almost two thirds of US consumers believe that sharing data and personal information online is part of the modern economy.

13 For three months now, there was a significant increase in the number of clients coming to us with their cellphone screen cracked.

14 Because children are so vulnerable, experiences during early childhood are affected their thoughts and behaviors over the course of their lives.

15 This is a list of bread dishes and foods which use bread as a primary ingredient.

16 If all the ice covering Antarctica and Greenland and in mountain glaciers melts, the sea level would rise about 70 meters, and the ocean would cover all the coastal areas.

17 The movie star, who invited to speak at the Venice Film Festival, also received an award at the event.

18 The most common symptoms of the disease includes fever, sore throat, muscle pains, severe headache, coughing, and fatigue.

*sore throat: 인후염, 인후통

19 Teaching children wrong from right, loving them in a responsible manner and provide them with the skills to live a happy life make parenting an extremely challenging job.

20 A new study suggests that playing three-dimensional video games improve both spatial memory and recognition ability.

21 If you don't submit the documents by the deadline, you will lose your health insurance or financial assistance.

22 Price changes in the commodity influence the economic environment at every level, from family spending to corporate earnings to the nation's GDP.

23 The amendment of the contract will come into force only after a written agreement has signed by both sides.

24 It's not going to stop raining any time soon. We must have checked the weather forecast before planning this picnic.

25 The last severely destructive earthquake in the Philippines occurred beneath the west coast of Bohol Island in 2013.

26 In a study of whether the regular use of vitamin C reduces the risk of getting a cold, participants assigned to either a vitamin C group or a group that did not take vitamin C.

우리말에 맞도록 다음 어구들을 바르게 배열하시오. (어형 변화 가능, 필요한 어구 추가 가능)

27 앨빈은 건축이라는 직업을 선택했다. 그는 그 일을 그다지 잘하지 못했고 향상되는 것 같지도 않았다.
(he, improve, to, nor, seem) <모의응용>

Alvin chose a career: architecture. He was not very good at his work, ______________________
______________________.

28 당신은 실수로부터 배운다. 많은 학습이 시행착오를 통해 일어난다.
(trial and error, occur, through, of learning, much) <모의응용>

You learn from your mistakes. ______________________.

29 마케팅 전략은 신규 고객을 끌어들일 뿐만 아니라 그들과 장기적인 건전한 관계를 유지하는 데 초점을 맞춰야 한다. (not only, but also, new customers, healthy, with them, maintain, long-term, relationships, attract)

Marketing strategies should focus on ______________________
______________________.

30 모든 아이들이 외향적이지는 않다. 그러나, 연구에 의하면 개를 가까이하는 아이들은 좀 더 사회적인 경향이 있다. (who, a dog, more social, to be, tend, children, be, around)

Not all kids are outgoing. But, studies show that ______________________
______________________.

UNIT 02
명사/대명사 밑줄

유닛 구성

Points to Remember

1 대명사의 일치

2 명사와 수식어의 수일치

포인트 감 잡기!

● 선택지 보기

it, them, those, etc.

→ 명사와 대명사는 문장 내에서 '주어, 목적어, 보어'의 역할을 하며 문장의 의미를 전달하는 핵심 요소이기 때문에 어법 문제로 자주 출제된다. 하지만, 몇 가지 출제 포인트를 제대로 알고 있다면 명사 또는 대명사에 그어진 밑줄도 문제없다.

Points to Remember

명사, 대명사에 밑줄이 있다면 다음의 포인트들을 떠올려보면 된다.
이 중 가장 출제 빈도가 높은 포인트는 대명사의 일치이다.

1 대명사의 일치

❶ 「대명사가 지칭하는 대상에 알맞은 **수**의 대명사가 쓰였는가? ▶ **네모 어법 Point 05**
it/its/that은 단수명사를, them/their/those는 복수명사를 받는다.

❷ **자리**에 맞는 대명사가 쓰였는가? ▶ **네모 어법 Point 05, 23**

소유대명사	문장 내에서 「소유격 + 명사」의 역할이 필요한 자리인가를 확인 소유대명사: mine, yours, ours, his, hers, theirs
재귀대명사	동사의 목적어가 (의미상) 주어와 일치할 때 재귀대명사가 쓰였는가를 확인
대명사 vs. 관계사	문맥상 대명사가 올 자리인지, 혹은 선행사와 뒤에 이어지는 절을 연결해주는 「접속사 + 대명사」 역할의 관계대명사가 올 자리인가를 확인 특히 아래와 같은 어구 뒤의 관계대명사를 간과하기 쉬우므로 주의해야 한다. all of, both of, some of, many of, one of, none of, most of, half of, etc. I didn't like the food in that restaurant, most of it (→which) was too salty.

❸ 각각의 **용법**에 맞는 대명사가 쓰였는가?

it	문맥에서 it이 어떤 역할을 하는가를 확인 (앞서 언급된 특정한 명사를 대신하는 대명사 it, 가주어, 가목적어, 비인칭 주어 등)
부정대명사	one, other, another 등의 쓰임을 구분 ▶ **네모 어법 Point 05**

one	the other		some		others
●	●		●●	●●	●●●
one	another	the other	some	others	the others
●	●	●	●●	●●●	●●

2 명사와 수식어의 수일치 ▶ 네모 어법 Point 06

셀 수 있는 명사의 수식어	many, a great[good / large] number of (많은), a few (약간 있는), few (거의 없는)
셀 수 없는 명사의 수식어	much, a great[good / large] amount[deal] of (많은), a little (약간 있는), little (거의 없는)

*a lot[lots / plenty] of (많은), some[any] (약간 있는)은 셀 수 있는 명사나 셀 수 없는 명사 모두에 쓰일 수 있다.
*시험에 빈출되는 셀 수 없는 명사들: advice, money, information, news, -(e)ry로 끝나는 명사 (*e.g.* scenery(경치), jewelry(보석류), machinery(기계(류))), furniture(가구), clothing(의류), baggage, luggage(짐), mail(우편물), equipment(장비), evidence(증거), etc.

정답 및 해설 p. 61

↓ 다음 밑줄 친 부분이 어법상 올바르면 ○표, 어색하면 ×표하고 바르게 고치시오.

❶ 대명사의 일치

01 These days many Americans consider pennies as an annoyance. In fact, most people don't even use them. <모의응용>

02 Characters in musicals are quite different from that in the opera. <모의>

03 In perceiving changes, we tend to regard the most recent ones as the most revolutionary. <모의>

04 People suffering from Parkinson's disease have difficulty feeding themselves due to their shaking hands.

05 The environmental action group presented two ideas, both of them are aimed at improving our city's air quality.

06 The microplastics in ocean currents are very difficult to measure once they are small enough to pass through the nets typically used to collect themselves. <모의응용>

07 There are lots of events I like to watch in the summer Olympic Games. One is swimming, and the other is gymnastics. <모의응용>

08 More than 35 models of high-efficiency toilets are on the U.S. market today, some of them use less than 1.3 gallons per flush. <모의>

❷ 명사와 수식어의 수일치

09 The students put in a great deal of effort to prepare for the play that takes place next month.

10 Being the oldest player, I had to play the outfield. During one game, I made a few mistakes. <모의>

UNIT Exercise

정답 및 해설 p. 62

다음 밑줄 친 부분이 어법상 올바르면 ○표, 어색하면 ×표하고 바르게 고치시오.

01 If your social image is terrible, look within yourself and take the necessary steps to improve it, today. <모의>

02 The day after I brought my dog home, I lost a pair of my shoes. The next day I found one of my shoes half-buried in the garden and another one was inside my neighbor's house.

03 Worrying about what will happen in the future is a tough habit to break, but if you don't break them, you can't live life to the fullest today. <모의응용>

04 Often the abbreviation is the first syllable of the word, or if two or more words are together, its initials. <모의>

*abbreviation: 축약형

05 The 10 km race was incredible! Brian was in last place all the way until, with just 100 meters to go, he caught up to the others, overtook themselves all, and won!

06 There is absolutely no reason why any e-commerce enterprise should limit themselves to marketing and selling just one company's products. <모의>

07 The violinists and pianists their names you've heard earn between $30,000 and $50,000 for a single performance. <모의>

08 You don't have to be Shakespeare, but you do need to know how to express you properly in written form. <모의>

09 The team wants to develop classroom materials in Gullah to give children a better understanding of their own language and to make this easier to switch to English later. <모의>

*Gullah: 걸러어 (사우스캐롤라이나 해안의 흑인들이 사용하는 언어)

10 An airplane is one huge container of metal with few visible moving part. <모의>

갈무리 ❶ UNIT 01-02

1 다음 글의 밑줄 친 부분 중, 어법상 틀린 것을 찾아 바르게 고치시오.

The Bach bow ① was invented because of an unusual musical problem: Bach, the great German composer, wrote violin sonatas that ② is impossible to play on the traditional violin! The sonatas include three- and four-note chords, but you can't play more than two notes at a time using a traditional violin bow. That's because the bridge of a violin is curved, while the violin bow is straight and ③ its horsehair is very tight. This bow's hair can touch only two strings at once. The Bach bow, on the other hand, is curved, and its hair can ④ be loosened by violinists as they play. With a Bach bow, three or four notes can ⑤ be played simultaneously, just as Bach wrote them.

2 다음 글의 밑줄 친 부분 중, 어법상 틀린 것을 찾아 바르게 고치시오.

You can go on whale-watching tours in many countries, but only in Tonga ① can you actually get into the water and swim right alongside these beautiful giants. Every July, humpback whales migrate to the warm waters of Tonga and stay for several months. If you ② take a whale-watching tour from Tonga's Vava'u Island, you will ③ allow to snorkel near the whales and their babies. Some people say the presence of so many boats and people in the water ④ causes the humpbacks to suffer stress, and at least one tour-boat operator doesn't allow snorkeling for this reason. ⑤ Others claim that the whales are curious about the tourists, rather than worried or distressed.

*humpback whale: 혹등고래

3 다음 글의 밑줄 친 부분 중, 어법상 틀린 것을 2개 찾아 기호를 쓰고 바르게 고치시오.

내신맛보기

Unlike most other domestic animals, cats are not social animals in the wild. Furthermore, cats didn't domesticate ① them by offering help to humans in the form of protection or labor. While other animals ② needed help from humans to survive the end of the Ice Age, cats were in no such trouble. In the end, it was probably the Egyptians who finally brought them inside and ③ tamed them. Although there is archaeological evidence that domestic cats may ④ be living with humans as far back as 6,000 B.C.E., the first definitive historical evidence shows up in Egyptian paintings from 3,500 years ago. Because they haven't been nearly as selectively bred by humans as dogs have, cats are ⑤ much closer to their ancestors genetically; essentially, cats are still wild animals.

기호	고쳐야 할 표현	고친 표현

4 다음 글의 밑줄 친 부분 중, 어법상 틀린 것을 모두 찾아 바르게 고치시오.

내신맛보기

The idea that reading can enhance our connections to the broader human experience ① are more than a mere observation; it has been supported by considerable research. Studies indicate that reading can help children build skills related to emotional intelligence and compassion, allowing ② them to form greater connections with different human perspectives. An article in the *Scientific American* describes how researchers discovered that literary fiction increases a reader's understanding of what others are ③ felt. Furthermore, the article claims that literary fiction educates and promotes values regarding social behavior, including the significance of relationship with those who are different from ourselves. The research results suggest that readers have a higher level of emotional intelligence and compassion, meaning they can more easily place ④ themselves in someone else's shoes.

UNIT 03
형용사/부사 밑줄

유닛 구성

Points to Remember

1 형용사, 부사 자리 구분

2 비교급 수식 부사

포인트 감 잡기!

● 선택지 보기

beautiful, extremely, etc.

"형용사와 부사의 수식 대상은 엄연히 다르다!"

→ 형용사와 부사는 기본적으로 무엇인가를 수식해주는 것으로서, 역할은 비슷하다고 볼 수 있다. 다만, 수식하는 대상이 각각 다르다. 명사를 수식하는 형용사 자리에 자칫 부사를 쓰게 되면 의미 전달이 제대로 되지 않는다. 올바른 수식어를 묻는 문제는 어느 어법 시험에서나 단골로 출제되는 기본적인 사항이다.

Points to Remember

형용사나 부사에 밑줄이 있다면 다음의 포인트를 떠올려보면 된다.
가장 출제 빈도가 높은 사항은 형용사와 부사 자리를 구분하는 것이다.

1 형용사, 부사 자리 구분 ▶ 네모 어법 Point 21

	형용사	부사
역할	• 명사 수식 • 보어 (주어나 목적어가 무엇인지 또는 어떤 상태인지를 보충 설명)	• 형용사, 동사, 부사, 구, 또는 문장 전체 수식

❶ enough의 수식 위치: 「enough + 명사」, 「형/부/동 + enough」

❷ 의미에 주의할 부사
: highly(부 상당히, 꽤), nearly(부 거의), lately(부 최근에), hardly(부 거의 ~않다)

❸ 보어를 취하는 동사
: 형용사는 보어로 쓸 수 있지만, 부사는 보어로 쓸 수 없다.
주로 형용사를 보어로 취하는 2문형(SVC)과 5문형(SVOC)의 주요 동사들은 다음과 같다.

1. 상태	be (~이다), remain/keep/stay (~인) 채로 있다
2. 변화	become/get/grow (~이 되다, ~해지다)
3. 인식	seem/appear/look (~인 것 같다)
4. 감각	sound (~하게 들리다), smell (~한 냄새가 나다), taste (~한 맛이 나다), feel (~한 느낌이 들다)
5. 생각	think/consider/believe/feel ... (to be) ~ (…이 ~라고 생각하다[느끼다]) find (…이 ~인 것을 알게 되다)
6. ~하게 하다	make/drive/get (…이 ~하게 하다)
7. ~한 상태로 두다	leave/keep (…이 ~한 상태로 두다)

2 비교급 수식 부사 ▶ 네모 어법 Point 20

much, even, still, a lot, (by) far, (a) little 등이 있다. very는 비교급을 수식할 수 없음에 유의하자.

다음 밑줄 친 부분이 어법상 올바르면 ○표, 어색하면 ×표하고 바르게 고치시오.

❶ 형용사, 부사 자리 구분

01 Before Stanley Kubrick was known for his films he was a high talented photographer.

02 The project of exploring new habitable planets would take time since the cost will make a return flight to Earth almost impossibly. <모의>

03 Reading novels is a mental stimulating activity: as you read, you create pictures in your mind, like movies that go along with the story.

04 The nervous system helps to keep your body temperature stably by monitoring conditions outside.

*nervous system: 신경계

05 Household appliances officially approved as most efficient are tagged with a special logo to alert the shopper. <모의응용>

06 People are slowly but surely getting acquainted with searching for wild food resources. More and more people find it very beneficial. <모의응용>

07 Although rewards sound very positive, they can often lead to negative consequences. <모의응용>

08 My parents aren't strict enough. My brother plays computer games whenever he wants to.

09 He doesn't have experience enough as a teacher. He needs help controlling the naughty kids in his class.

❷ 비교급 수식 부사

10 Armed with scientific knowledge, people build tools and machines that transform the way we live, making our lives much easier and better. <모의>

정답 및 해설 p. 64

다음 밑줄 친 부분이 어법상 올바르면 ○표, 어색하면 ×표하고 바르게 고치시오.

01 We are already halfway through the language course. These past four weeks have gone quick.

02 My friends said the dress I wore in the orchestra made me look gorgeously tonight.

03 When I tested a sample of the product, it made my skin feel so smoothly that I bought some right away.

04 In today's society, it is easier to do more at night. Stores stay open 24 hours a day for shopping. <모의>

05 People today are not getting sleep enough. Instead of sleeping eight hours a night, they're working or doing other things. <모의응용>

06 Airline reservation agents are near helpless when their reservation systems break down. <모의응용>

07 What is in our hearts always shows. Keep your heart openly to accept the best in everyone. <모의>

08 During regular scheduled meetings, members share their stories, stresses, feelings, issues, and recoveries. <모의>

09 People have different tastes. So it doesn't sound reasonably to argue about which book is the best.

10 I told Mark that I was going to be a little lately because I had to pick up Sam on the way to the baseball field.

11 The city of Pompeii is a partial buried Roman town-city near modern Naples. <모의>

12 All students in our classroom will have their yearly meeting to discuss the progress they are making.

13 The special lenses created by Dutch eyeglass makers were not much more than toys because their lenses were not very strong. <모의응용>

14 Some researchers assumed early human beings ate mainly the muscle flesh of animals. Yet focusing on the muscle appears to be a relatively recent phenomenon. <모의>

15 High-efficiency dishwashers save even more water than older models. These machines use up to 50 percent less water than older models. <모의응용>

16 Media reports of the election results are being updated, and more news will follow short.

17 Although everyone makes mistakes, there are not many people who are enough brave to admit their mistakes.

18 While it may seem obvious that a hike through a forest can heal your mind and body, science is now discovering that hiking can actually change your brain for the better.

19 Walruses are marine mammals that can be easy identified by their long white tusks, mustaches, and large bodies.

*walrus: 바다코끼리

20 My only complaint would be regarding a member of the staff who treated us very rude; otherwise, it was a great place to visit.

21 As people spend more time online, it becomes increasing important for companies to improve their digital presence.

22 함정 We found her very easily at our train station once we arrived and she gave us a very thorough overview of Busan.

23 The child refused to take the medicine, complaining that it tasted bitterly.

24 The extended opening hours will make it more convenient for customers to shop late at night.

25 Attorneys are usually required to keep their attorney-client communications complete confidential.

26 Most respondents disagreed with the statement, "I think most green practices are costly."

27 The ability to manage your emotions and remain calmly under stress or pressure has a direct link to your success.

우리말에 맞도록 다음 어구들을 바르게 배열하시오. (어형 변화 가능, 주어진 어구로만 배열할 것)

28 네잎클로버를 행운으로 여기는 이유 중 하나는 그것의 희귀성 때문이다.
(consider, be, be, because of, lucky, rarity, its)

One of the reasons that a four-leaf clover ______________________________.

29 총 수익의 증가와 영업 손실 감소는 그 회사가 점차로 효율적으로 되어가고 있음을 강력히 시사한다.
(suggest, the company, efficient, strong, grow, that, be, more)

Increasing gross profits and shrinking operating losses ______________________________
______________________________ over time.

30 개발 도상국에서 유전자 변형 작물은 대부분 수출용으로 재배되며 현지 소비를 위한 것이 아니다.
(grow, most, be, for export)

In developing countries, genetically modified crops ______________________________, not for local consumption.

UNIT 04

비교구문 밑줄

유닛 구성

Points to Remember

1 원급, 비교급, 최상급 형태 구분
2 비교 대상의 병렬구조
3 비교급 관용 표현

포인트 감 잡기!

● 선택지 보기

stronger, strongest, etc.

→ 비교구문을 이루는 어구 어디에나 밑줄이 올 수 있다. 기본적으로 원급, 비교급, 최상급을 이루는 어구의 형태나 구문이 각각 문맥에 맞게 정확히 쓰였는지, 서로 혼동되지 않았는지를 바르게 판단할 수 있어야 한다. 비교구문에 밑줄이 있다면 Part I에서 배운 Point들을 떠올리며 출제 포인트를 파악해보자.

Points to Remember

비교구문에 밑줄이 있다면 다음 포인트들을 떠올려보면 된다.
비교구문에 관련된 포인트는 다양하게 출제되는 것은 아니므로 다음 포인트들만은 확실히 짚고 넘어가자.

1 원급, 비교급, 최상급 형태 구분 ▶ 네모 어법 Point 20

❶ 형용사/부사의 비교급, more, much, than, as + △ + as 등에 밑줄이 있을 때 다음 형태가 바르게 쓰였는지 확인한다.

as + 원급 + as not as[so] + 원급 + as	~만큼 …한 ~만큼 …하지 않은
비교급 + than	(둘 중) ~보다 더 …한

❷ 「△ + in/of ~」가 범위 안(in/of ~)에서 '가장 ~한'이란 의미를 갖는다면 △는 「the + 최상급」이 되어야 한다.
밑줄 앞에 one of가 있다면 다음 최상급 표현을 생각해보자.
「one of the + 최상급 + 복수명사 + in/of ~ (~ 중에서 가장 …한[인] 것들 중의 하나)」

❸ as와 as 사이의 원급이 형용사인지 부사인지는 as를 떼고 적절한 문장 구조로 판별한다.
He is as **suitable** for the job as me. (← He is **suitable** for the job.)
I can't swim as **well** as you can. (← I can't swim **well**.)

2 비교 대상의 병렬구조 ▶ 네모 어법 Point 20

비교와 대조의 두 대상은 반드시 문법적 성격이 같아야 하므로 as나 than 뒤에 밑줄이 있다면 비교되는 두 대상의 문법적 성격이 같은지 확인한다. (수, 격, 형태 등에 주의)

A [비교급 + than / as + 원급 + as] **B**

My room is cleaner than **his**. (his = his room)
A(소유격 + 명사) **B**(소유대명사)

Her painting is as good as **that** of the boy.
A(단수명사) **B**(단수대명사)

Her **paintings** are as good as **those** of professional painters.
A(복수명사) **B**(복수대명사)

3 비교급 관용 표현 ▶ 네모 어법 Point 20

「the + 비교급 ~, the + 비교급 ...」: ~할수록 더 …한
밑줄이 포함된 문장 속에 「the + 비교급」 형태가 있다면 짝이 맞는지 살펴보자.
The harder you try, **the better** you get. (당신이 더 열심히 노력할수록, 더 좋아진다.)

↓ 다음 밑줄 친 부분이 어법상 올바르면 ○표, 어색하면 ×표하고 바르게 고치시오.

❶ 원급, 비교급, 최상급 형태 구분

01 The library in Blue River, Oregon, is one of the more unusual libraries in the world. <모의응용>

02 From his earliest beginnings as a composer, Schubert wrote music as freely as one would write a friendly letter. <수능>

03 He told us the benefits of treatment were a lot great than any potential risk.

04 In terms of the consequent economic and social changes, the Internet revolution has not been as important as the washing machine and other household appliances. <모의응용>

❷ 비교 대상의 병렬구조

05 Hurricanes with women's names seem to kill more than men's names.

06 When we want to change others, praising is better than to scold. <모의응용>

07 People in the country are more friendly than the city. I think that living in the country has many advantages. <모의>

08 I would rather stay home doing nothing than going to a movie with him on Friday.

09 Many parents would agree that going out with a baby or a little child is at least twice as difficult as to go out by yourself.

❸ 비교급 관용 표현

10 The larger cities become, more we need to invest in public transportation.

다음 밑줄 친 부분이 어법상 올바르면 ○표, 어색하면 ×표하고 바르게 고치시오.

01 Our attention span has decreased due to technological devices. In 2013, the average attention span of a human being was 8 seconds. That is even shorter than a goldfish, which has an attention span of 9 seconds.

02 Children who are cared for by babysitters or in day-care centers tend to gain independence and social skills much quickly than those cared for by their mothers. <모의응용>

03 The coconut palm is known by many as the "tree of life." Indeed, some people consider it the most useful tree on earth. <모의응용>

04 In the real world, you face lots of difficulties. How can you get over them? One way is to use your imagination. In fact, it is a powerful tool than you may believe. <모의응용>

05 Black sheep were traditionally considered less valuable than white ones because it was difficult to dye their wool different colors.

우리말에 맞도록 다음 어구들을 바르게 배열하시오. (어형 변화 가능, 주어진 어구로만 배열할 것)

06 후에 의사들은 그의 부상이 이전에 생각되었던 것만큼 심각하지 않다고 발표했다.
(serious, previous, think, as, as, be, be, not, it, his injury)

Doctors later announced that ______________________________

______________________________.

07 도전 오늘날의 경쟁적인 근무 환경은 사람들이 사랑하는 사람들과 함께 있는 것보다 일하는 데 더 많은 시간을 보내게 만들었다. (more, than, spend, be, time, work, with their loved ones, people)

Today's competitive working environment has made ______________________________

______________________________.

갈무리 ❷ UNIT 01-04

정답 및 해설 p. 68

1 다음 글의 밑줄 친 부분 중, 어법상 틀린 것을 찾아 바르게 고치시오.

It's lovely to be able to sleep ① lately and get up whenever you like. Most days, though, you have to get ② yourself up and out of your cozy nest sooner rather than later. Some people can wake up naturally, but most of us need help — usually in the form of ③ harsh loud noises from an alarm clock. It's not as if we like the noise; it's just that we get used to ④ it. How much better would it be to be moved ⑤ gently out of sleep by beautiful music or the sound of singing birds? Loud alarms are for fires and other emergencies. Give yourself a nicer start by awakening every day to the sounds of nature or beautiful music.

2 다음 글의 밑줄 친 부분 중, 어법상 틀린 것을 찾아 바르게 고치시오.

These days, almost every book or article about success ① contains tons of advice about how to be more productive, so it isn't any wonder that so many of us feel ② anxiously all the time. We're always thinking that we should be doing something, even when we are already ③ busy doing something. There's always that nagging voice in your head saying "Don't be so lazy!" Well, I want to advise everybody to be less productive. That's right — make an effort to do less, and ④ occasionally do nothing at all! Stop running around and around like a hamster on a wheel in a cage. Be more human. Slow down. Relax. Then, when you are being productive, you will produce ⑤ much lovelier things.

3 다음 글의 밑줄 친 부분 중, 어법상 틀린 것을 2개 찾아 기호를 쓰고 바르게 고치시오.

내신맛보기

Some teenagers think it's cooler to be rude than ① being well-mannered. Even some older people think that acting politely ② is what weak people do. But being polite isn't a sign of weakness; it's actually a sign of power. Furthermore, it's a great skill: it can win you respect and even make grown-ups do what you want ③ them to do! In fact, good manners can make so many situations work ④ more in your favor. So then why are so many people so ill-mannered? Perhaps it's because being polite requires thoughtfulness, empathy, and awareness, and these qualities are, unfortunately, a little ⑤ scarce than we'd like.

기호	고쳐야 할 표현	고친 표현

4 다음 글의 밑줄 친 부분 중, 어법상 틀린 것을 모두 찾아 바르게 고치시오.

Disabled people want reassurance that they still fill a ① useful and meaningful role, so help make this a reality. The ② more inspiring stories in life come from the experiences we have with disabled people who have overcome their challenges. When you are visiting a disabled person, be as ③ natural as you would be with anyone else. Do not abandon your sense of humor. When a patient is in a coma, assume that he or she hears and feels your presence. I encourage visitors to have long conversations with and ④ reading to these people — and, of course, touch them a lot. I have ⑤ known to put red rubber noses on patients who are in a coma to try to lighten up the atmosphere around them.

UNIT 05

v-ing/p.p. 밑줄

유닛 구성

Points to Remember

1 능동·수동 구분
2 동사 자리 vs. 준동사 자리
3 병렬구조
4 문장의 주요소로 쓰이는 v-ing
5 빈출 표현

포인트 감 잡기!

● 선택지 보기

knowing, known, etc.

"반드시 출제되는 v-ing 그리고 p.p."

→ v-ing와 p.p.는 밑줄 어법 문제에서 매우 자주 출제된다. 특히 v-ing는 동명사, 현재분사 모두 가능한 형태이기 때문에 한 지문 내에서도 각기 다른 역할의 v-ing가 출제될 수 있다.
문제에서 자주 활용되는 v-ing와 p.p.!
이들의 쓰임을 완전히 정복해 보자.

Points to Remember

v-ing 또는 p.p. 형태에 밑줄이 있다면 다음의 포인트를 떠올려보면 된다.
출제 빈도가 가장 높은 포인트는 능동·수동의 구분이다.

1 능동·수동 구분 ▶ 네모 어법 UNIT 05, 06

v-ing 또는 p.p. 형태에 밑줄이 있다면 가장 먼저 떠올려야 하는 것은 능동과 수동의 개념이다. 문맥을 파악하여 의미상 주어와 준동사의 의미 관계에 따라 능동(v-ing), 수동(p.p.)이 올바로 쓰였는지 확인해야 한다.

- 수식받는 명사(의미상 주어)와 수식하는 준동사의 관계
- 목적어(의미상 주어)와 목적격보어(준동사)의 관계
- 의미상 주어와 분사구문을 이끄는 분사의 관계
- 「with + 목적어 + 분사」 구문에서 목적어(의미상 주어)와 분사의 관계

감정동사의 경우, 의미상 주어가 다른 누군가에게 '~한 감정을 느끼게 하다'의 의미이면 v-ing, 의미상 주어가 '~한 감정을 느끼다'의 의미이면 p.p.이다.
밑줄이 문장의 동사라면 앞에서 학습한 대로 주어와의 의미 관계에 따라 v-ing 또는 p.p.를 판단하면 된다.

2 동사 자리 vs. 준동사 자리 ▶ 네모 어법 Point 16

❶ 특히 v-ing에 밑줄이 있을 경우 문장 내 동사 유무부터 확인하고, 만약에 없을 경우 동사 자리가 아닌지 판단해야 한다. 동사가 이미 있고 접속사나 관계사로 연결되지 않았다면 준동사 자리인지 확인하고 해당 준동사의 역할이 적절한지를 확인한다.

주어	**Wearing** a helmet is safe. [동명사] **To enter** the museum is free. [to부정사]
주격보어	My goal is **to lose** 5 kilograms this month. [to부정사] My hobby is **chatting** with people from all over the world. [동명사]
목적어	I don't *want* **to wear** a uniform. [to부정사] I *like* **eating** snacks on the street. [동명사] *목적어로 to부정사를 취하거나 동명사를 취하는 동사를 구분하여 알아둔다.
명사 수식	There's *no time* **to lose**. [to부정사] *The boy* **wearing** a baseball cap is my brother. [현재분사: 능동의 의미] *The boy* **called** Link is the hero in the Zelda series. [과거분사: 수동의 의미]
목적격보어	They don't *allow* people **to smoke** here. [want/enable/wish 등 + 목적어 + to부정사] Why won't you *let* me **explain**? [사역동사 + 목적어 + 원형부정사] I *watched* a spider **climbing** up her leg. [지각동사 + 목적어 + 현재분사] I *had* my phone **repaired** at a service center. [사역동사 + 목적어 + 과거분사]
부사 역할	Sam took apart a table **to move** it. [to부정사 '~하기 위해서']
분사구문	**Walking** down the street, I saw a movie star. [분사구문 '~하다가']

❷ 반복을 피하기 위해, 앞에 나온 일반동사(구)를 대신할 때는 대동사 do, does, did를 사용하며, 앞이 be동사일 때는 be동사를 써야 한다. 이때 주어의 수와 인칭, 시제에 주의하여야 한다.

정답 및 해설 p. 69

↓ 다음 밑줄 친 부분이 어법상 올바르면 ○표, 어색하면 ×표하고 바르게 고치시오.

❶ 능동·수동 구분

01 Fifty kilograms of recycling paper saves one tree. <모의>

02 The official census, taking in 2000, was conducted by telephone and through interviews. <모의>

*census: 인구 조사

03 Science is unique. Instead of making guesses, scientists follow a system designing to prove if their ideas are true or false. <모의응용>

04 Most plastics break down into smaller and smaller pieces when exposed to ultraviolet (UV) light, forming microplastics. <모의>

*microplastic: 미세 플라스틱 조각

05 Impressionism is "comfortable" to look at, with its summer scenes and bright colors appealed to the eye. <모의응용>

*Impressionism: 인상주의, 인상파(19세기 후반 프랑스에서 발달한 화풍)

❷ 동사 자리 vs. 준동사 자리

06 Foraging is a means of searching for wild food resources. People in today's fast-paced society engaging in this either for necessity or for entertainment. <모의>

*forage: 식량을 찾아다니다

07 When you read the comics section of the newspaper, cutting out a cartoon that makes you laugh. Post it wherever you need it most, such as on your refrigerator or at work. <모의>

08 Household appliances, by vastly reducing the amount of work needed for household chores, allowing women to enter the labor market and virtually got rid of professions like domestic service. <모의응용>

09 Galileo Galilei had heard about the spyglass and began making his own, realizing right away how useful the device could be to armies and sailors. <모의응용>

*spyglass: 소형 망원경

10 도전 For the first time since World War II, Europeans are faced with the likelihood that their children will have a lower standard of living than they do.

3 병렬구조 ▶ 네모 어법 Point 19

밑줄이 그어진 v-ing나 p.p. 앞뒤에 등위접속사가 있다면 연결 대상과 문법적으로 대등한 형태의 어구를 연결하여 병렬구조를 이루는지 확인한다.

4 문장의 주요소로 쓰이는 v-ing ▶ 네모 어법 Point 17, 18

• 문장의 주어, 보어

- **Washing** your hands is a good habit for your health. <주어>
- One of my wishes is **going** for a ride with him. <주격보어>

• 동사의 목적어: enjoy, keep, consider, deny, suggest, give up, finish, mind, imagine, avoid, discuss, put off 등

avoid v-ing	v하기를 피하다	enjoy v-ing	v하기를 즐기다	keep v-ing	계속해서 v하다
consider v-ing	v하기를 고려하다	finish v-ing	v하기를 마치다	mind v-ing	v하기를 꺼리다
deny v-ing	v한 것을 부인하다	give up v-ing	v하기를 포기하다	put off v-ing	v하기를 미루다
discuss v-ing	v하기를 토론하다	imagine v-ing	v하기를 상상하다	suggest v-ing	v하기를 제안하다

remember to-v	(미래에) v할 것을 기억하다	remember v-ing	(과거에) v했던 것을 기억하다
forget to-v	(미래에) v할 것을 잊다	forget v-ing	(과거에) v했던 것을 잊다
regret to-v	v하게 되어 유감이다	regret v-ing	(과거에) v한 것을 후회하다
try to-v	v하려고 노력하다, 애쓰다	try v-ing	시험 삼아 v해보다
stop to-v	v하기 위해 멈추다	stop v-ing	v하는 것을 멈추다

*stop to-v의 to-v는 stop의 목적어가 아니라 '~하기 위하여((목적))'를 뜻하는 부사적 쓰임.

• 전치사의 목적어 (☞ 어법 학습에 꼭 필요한 용어와 문법 기초 p.9)

• 목적격보어

능동

동사 + 목적어 + v-ing

└→ keep, get, leave, find, have, 지각동사 등

5 빈출 표현

v-ing	p.p.
upon **v-ing** : v하자마자	be **born** : 태어나다
be busy **v-ing** : v하느라 바쁘다	be **told** : ~을 듣다
have trouble **v-ing** : v하는 데 어려움을 겪다	be **seated** : 앉다
(= have difficulty v-ing)	be **dressed** in : ~을 입다
keep **v-ing** : 계속해서 v하다	be **located** in[on] : ~에 위치하다
keep A from **v-ing** : A가 v하는 것을 막다	be **used** to-v : v하는 데 사용되다
object to **v-ing** : v하는 것에 반대하다	be **exposed** to : ~에 노출되다
be used to **v-ing** : v하는 데 익숙하다	be **compared** to : ~와 비교되다
(= be accustomed to v-ing)	be **referred** to as : ~로 불리다
spend 시간[돈] **v-ing** : v하는 데 시간[돈]을 쓰다	be **equipped** with : ~을 갖추고 있다
look forward to **v-ing** : v하는 것을 고대하다	be **allowed** to-v : v하는 것을 허락받다
be devoted to **v-ing** : v하는 데 바치다	be **filled** with : ~로 가득하다

↓ 다음 밑줄 친 부분이 어법상 올바르면 ○표, 어색하면 ×표하고 바르게 고치시오.

❸ 병렬구조

11 Right after finishing his program and received his degree, Martin moved to Boston. <모의>

12 Try experimenting with working by a window or using full spectrum bulbs in your desk lamp. You will probably find that this improves the quality of your working environment. <모의>

❹ 문장의 주요소로 쓰이는 v-ing

13 She enjoys frightening people, although she knows doing so can upset them.

14 Sharing your experiences, whether accomplishments or disappointments, is wonderful. <모의응용>

15 Grandma criticizes my father for been weak and going to the hospital frequently. <모의>

16 If you consistently reward a child for her accomplishments, she starts to focus more on getting the reward. The focus of her excitement shifts from enjoying learning itself to pleasing you. <모의>

17 In 5th grade a local orchestra came to my school to perform movie music, and I'll never forget to hear the orchestral sound for the first time.

❺ 빈출 표현

18 I kept heard someone shouting, "Way to go, Mr. Green!" and "You can do it, Mr. Green!" <모의>

19 A study shows the 25-34 age group watches the most online videos, and men spend more time watch videos online than women.

20 People depicted him as a completely selfless man whose life was devoted to helping others.

정답 및 해설 p. 70

다음 밑줄 친 부분이 어법상 올바르면 ○표, 어색하면 ×표하고 바르게 고치시오.

01 According to a new study, girls in the modern-day UK feel boys are treated better than they are.

02 In the future, we may actually have microchips in our bodies examined our blood pressure, temperature, and heart rate on a daily basis. <모의>

03 Globalization has weakened the role and authority of the nation and strengthening individualism.

04 Today, this UNESCO World Heritage Site is one of Italy's most popular tourist attractions, with about 2,500,000 people visit every year. <모의>

05 Scientists constantly reexamine and test their theories and conclusions. Once somebody makes a discovery, others review it carefully before using the information in their own research. <모의응용>

06 Young children develop math skills by counting, matching, sorting, grouping, and added blocks while they play. <모의>

07 I have trouble understood what they say because they speak so fast that my brain can't keep up. <모의>

08 Maria Mitchell loved watching the skies through her father's telescope, and one night she saw something very special — a comet. <모의응용>

09 More and more young athletes are taking part in risky activities calling "extreme sports" or "X-sports," such as mountain biking, snowboarding over cliffs, and bungee jumping. <모의>

10 He discovered that slaves would not always welcome their deliverers. They had become accustomed to being slaves. <모의응용>

*deliverer: 구원자; 인도자

11 When Tom comes home, he wants to relax by quietly reading the news. He is stressed by the unsolved problems of his day and finds relief through forgotten about them. <모의>

12 A stream in a park near my house has always been my favorite spot. I am fascinated when I see the water bubbled over and down the rocks. <모의응용>

13 This morning I tried recalling the name of a character I had read of the night before in one of his novels and failed.

14 Though he probably was not the first to do it, Dutch eyeglass maker Hans Lippershey got credit for putting two lenses on either end of a tube and creating a "spyglass" in 1608. <모의>

*spyglass: 소형 망원경

15 Non-verbal communication is not a substitute for verbal communication. Rather, it should function as a supplement, served to enhance the richness of the content of the message that is being conveyed. <모의응용>

*supplement: 보충

16 Although many of the singer's fans were very disappointed that she canceled her concert, many understood her need to prioritize her health.

17 When someone is criticizing you, you can try to handle the criticism in a positive and productive way to improve yourself rather than letting it lower your self-esteem.

18 When companies donate huge sums of money to universities, they are usually rewarded with a plaque or with a building naming after the donor.

*plaque: 명패

19 It is essential that anyone closely worked with children should have children's safety and welfare at heart.

20 History classes sometimes require students to analyze charts and graphs containing historical data or information.

21 Everybody was worried about her, but she wasn't <u>shocking</u> at all to see her appearance in the mirror. <모의>

22 The rapid advancement of technology has changed the way we perceive the world, <u>allowed</u> people on opposite sides of the world to communicate.

23 Setting unobtainable goals makes <u>accomplishing</u> your ultimate goals much more difficult.

24 Miranda stood there for an hour, remaining completely silent with tears <u>falling</u> down her face.

25 The two fishermen found their nets <u>covered</u> with mud, which was difficult to remove.

26 Drug repositioning, also known as researching old drugs for new uses, is an effective strategy to find new applications for approved drugs, <u>reducing</u> drug development costs and time.

27 When ignored by someone we love, we feel depressed and <u>started</u> to doubt ourselves and our sense of self-worth.

28 A journalist covering conflict areas around the world, including the Middle East, <u>won</u> the Pulitzer Prize.

우리말에 맞도록 다음 어구들을 바르게 배열하시오. (어형 변화 가능, 주어진 어구로만 배열할 것)

29 언어를 배우는 것은 단지 일련의 규칙을 습득하는 것과 어휘력을 많이 키우는 것만의 문제가 아니다. <모의응용>
(build up, acquire, not just, a set of, a large vocabulary, rules, a matter of, and)

Learning a language is ______________________________.

30 그의 이야기는 곤경에서 벗어나기 위해 우리가 우리의 두뇌를 사용하도록 돕는 것을 항상 목표로 했다.
(get, our brains, help, use, aim at, always, us, out of trouble, to)

His stories were ______________________________.

UNIT 06
부정사 밑줄

유닛 구성

Points to Remember

1 목적격보어로 쓰이는 부정사
2 동사의 목적어: to부정사
3 진주어 / 진목적어
4 to부정사의 역할 / to부정사 관련 표현

포인트 감 잡기!

● 선택지 보기

to ignore,
to come, etc.

"부정사의 형태와 역할에 유의하자!"

→ 부정사는 'to부정사(to-v)'와 '원형부정사(v)'의 형태로 나뉜다. 부정사는 매우 다양한 역할을 할 수 있으므로, 주로 어떤 사항들이 어법 문제로 등장하는지가 관건이다.

Points to Remember

to부정사(to-v) 또는 원형부정사(v)에 밑줄이 있다면 다음의 포인트를 떠올려보면 된다.
아래 포인트들이 골고루 출제된다.

1 목적격보어로 쓰이는 부정사 ▶ 네모 어법 Point 18

목적어와 목적격보어의 관계가 능동일 때, 목적격보어로 원형부정사(v)를 취하는 동사와 to부정사(to-v)를 취하는 동사를 잘 구분하여 알아두자.

목적격보어(원형부정사)	목적격보어(to부정사)	
• make[have, let] + O + v: O가 v하게 하다 • see[watch, hear, feel] + O + v: O가 v하는 것을 보다[지켜보다, 듣다, 느끼다] • help + O + (to +) v: O가 v하도록 돕다 (help는 목적격보어로 to-v도 취할 수 있다.)	**ask** + 목적어 + to-v **cause** + 목적어 + to-v **get** + 목적어 + to-v **want** + 목적어 + to-v **allow** + 목적어 + to-v **lead** + 목적어 + to-v	**enable** + 목적어 + to-v **expect** + 목적어 + to-v **encourage** + 목적어 + to-v **persuade** + 목적어 + to-v

2 동사의 목적어: to부정사 ▶ 네모 어법 Point 17

to부정사를 목적어로 취하는 타동사를 따로 외워두자.

• afford to-v	v할 여유가 되다	• learn to-v	v하는 법을 배우다	• plan to-v	v할 것을 계획하다
• agree to-v	v할 것에 동의하다	• manage to-v	용케 v해내다	• refuse to-v	v할 것을 거부하다
• decide to-v	v할 것을 결정하다	• need to-v	v할 것이 필요하다	• want to-v	v할 것을 원하다
• hope to-v	v할 것을 희망하다	• offer to-v	v할 것을 제안하다	• wish to-v	v할 것을 바라다

3 진주어 / 진목적어 ▶ 네모 어법 Point 17

진주어 또는 진목적어 자리인지 판단해보자.

「It + V + C + to부정사 ~」 / 「S + V + it + C + to부정사 ~」
(It: 가주어, to부정사 ~: 진주어 / it: 가목적어, to부정사 ~: 진목적어)

4 to부정사의 역할 / to부정사 관련 표현

• to부정사의 명사적, 형용사적, 부사적 역할

He hopes **to sell** his car. <명사적 (~하는 것)>
She needs *something* **to eat**. <앞의 명사 수식 (~할, ~해야 할)>
I visited Jamie **to help** him with his homework. <부사적 (((목적)) ~하기 위해서, ~하여)>
I am *sorry* **to say** I can't come. <부사적 (((감정의 원인)) ~해서)>
This water is *safe* **to drink**. <부사적 (((형용사 수식)) ~하기에, ~하는 데)>

• to부정사 관련 표현

• too ~ to-v: 너무 ~해서 v할 수 없다 • seem[appear] to-v: v하는 것처럼 보이다, v하는 것 같다 • ~ enough to-v: v하기에 충분히 ~한	• so ~ as to-v: 매우 ~하여 v하다; v할 만큼 ~한 • be about to-v: 막 v하려고 하다 • 의문사 + to-v: 명사적으로 쓰여 문장에서 주어, 보어, 목적어 역할을 한다.

↓ 다음 밑줄 친 부분이 어법상 올바르면 ○표, 어색하면 ×표하고 바르게 고치시오.

❶ 목적격보어로 쓰이는 부정사

01 The teacher made me to tell the truth about everything I knew.

02 My husband expects me do all the housework. It's not fair; I also have a full-time job.

03 Some teachers will ask you call them by their first names, especially if they're relatively young. <모의>

04 The comics *Charlie Brown* and *Blondie* are part of my morning routine and help me to start the day with a smile. <모의응용>

❷ 동사의 목적어: to부정사

05 My brother refused helping me with my math homework and went out to play baseball.

06 One time my dad told me to cut the grass, and I decided to do just the front yard and postpone doing the back. <모의응용>

❸ 진주어 / 진목적어

07 It is a better idea try to understand others who are different from you.

08 I thought it necessary tell you a few things about the house before you move in.

❹ to부정사의 역할 / to부정사 관련 표현

09 We are saving money purchase a house. Our dream is to have our own home.

10 He thought of himself as a singer, but he seemed have no talent. <모의응용>

UNIT Exercise

정답 및 해설 p. 73

다음 밑줄 친 부분이 어법상 올바르면 ○표, 어색하면 ×표하고 바르게 고치시오.

01 We wish express our sincere appreciation to everyone who was involved in our project.

02 If Wills had allowed himself become frustrated by his failures in baseball, he would have never set any records. <모의응용>

03 After reading many bad reviews on the resort we had selected, we agreed cancel our reservation.

04 The deadly volcanic eruption affected the climate and caused temperatures to drop all over the world.

05 A good leader can encourage workers participate in decision-making regardless of their status within a company. <모의응용>

06 I finally got my kids help with chores by implementing a point system: the amount of money they get depends on how many jobs they do in a week.

07 Luckily for us, my camping-crazy brother has no plans to go camping this weekend, so we can borrow his tent.

08 Scientists finally concluded that, for the seeds of the tree sprout, they needed to first be digested by the Dodo bird. <모의>

09 I enjoyed the ride home and watched my fellow passengers get off at their stops. <모의응용>

10 함정 In fact, dogs love you and will do anything that they can please you. <모의>

11 I asked why he was calling me Mr. Green, and he replied, "I didn't want anyone know that I'm your son." <모의>

12 The growing use of smartphones has made it easier for people download copyrighted content from the Internet without paying.

13 Future developments would enable more crops be produced on the same land each year.

14 The belief that humans have morality and animals don't could well be called a habit of mind, and bad habits are extremely hard to break. <모의응용>

15 The more you let others to make important decisions for you, the more indecisive you are going to become.

16 China's growing economic power has led it to become increasingly involved in global economic policies and projects.

17 The ability communicate clearly is an essential skill and something that can be acquired by learning and practicing.

18 The number of parking spaces is at the maximum now, and it is almost impossible create more, for both economic and environmental reasons. The only possible course of action appears to be in the area of public transportation. <모의응용>

19 By hunting as a team, dolphins catch a lot more fish than they would alone. Sometimes they spread out in wide groups to catch as many fish as possible. Dolphins make the fish to move into shallow waters or onto beaches, where they can't escape. <모의응용>

20 Explain that you will have a family someday, and you need to know how to manage your money. <모의>

21 Single-income households earning average salaries find it almost impossible <u>buy</u> a house in metropolitan cities.

22 If your kids are too impatient <u>wait</u> in line for a few minutes, discuss something fun you're going to do with them once the wait is over.

23 Improved consumer water consciousness may be the cheapest way <u>to save</u> the most water, but it is not the only way consumers can contribute to water conservation. <모의>

24 The experts insisted that the wages should be increased <u>motivate</u> employees, which can lead to increased productivity.

25 Prosecutors asked him <u>to appear</u> as a witness in the criminal case.

26 The resort has a washer and dryer that you can use, or you can have the staff <u>do</u> your laundry.

27 On camping trips like this, my Uncle Arthur would always have a good story <u>to tell</u>. <모의응용>

28 Her generosity consistently made her the first <u>offer</u> to help a friend, care for a family member, or assist a neighbor.

우리말에 맞도록 다음 어구들을 바르게 배열하시오. (어형 변화 가능, 필요한 어구 추가 가능)

29 우리는 그가 사직하지 않도록 설득하기 위해 온갖 노력을 다했지만, 그는 자신의 결정에 대해 단호했다.
(make, resign, persuade, not, every effort)
____, but he was firm in his decision.

30 우리는 공기를 숨쉬기에 충분히 깨끗하게 유지하는 효과적인 방법을 찾아야 한다.
(keep, breathe, enough, an effective method, clean, the air)
We should find ____.

갈무리 ❸ UNIT 01-06

정답 및 해설 p. 75

1 다음 글의 밑줄 친 부분 중, 어법상 틀린 것을 찾아 바르게 고치시오.

If you are like most people, your days are probably packed with people and noise and busyness. If so, it may be a good idea to start ① spending a day or even a weekend per month all by yourself. Your day of sweet solitude could be anything from a hike in the mountains ② to lie on a picnic rug and reading a good book in a pleasant park. It could be visiting a museum, or riding a bicycle and stopping ③ to explore anything that catches your eye. Escaping from the constant pressure and noise of our everyday lives ④ helps get us back in touch with nature, and can make us feel happier and more ⑤ relaxed.

2 다음 글의 밑줄 친 부분 중, 어법상 틀린 것을 찾아 바르게 고치시오.

Do you often return to the kitchen ① searching for something tasty after eating a large meal? Are you so accustomed to ② eating mindlessly that you cannot stop even when you're full? Some people will continue ③ eating until they are extremely bloated or feel like their stomach will burst. Your eating habits suffer even more when your attention is elsewhere while busy doing other things, such as working, watching TV shows or surfing the Internet. If this sounds familiar, you might be ④ confused actual hunger with fake hunger. Changing poor eating habits and learning ⑤ to recognize true hunger are necessary for effective weight loss.

3 다음 글의 밑줄 친 부분 중, 어법상 틀린 것을 2개 찾아 기호를 쓰고 바르게 고치시오.

There is a report showing that in our country, individuals donate to charities about one tenth of the money ① donating in other OECD countries. This is because many people have no interest in giving even ② a small amount of money to charity. In many OECD countries, children are taught to raise money for the needy by doing things like selling cakes and cookies at street stands. But our children have grown up without learning good ways ③ to raise money for others. We need to take steps to spread the message of giving throughout our society, and educating people at an early age should be the first step in ④ doing this. If practices like this ⑤ becomes a way of life, we will be able to change our country gradually. <모의응용>

기호	고쳐야 할 표현	고친 표현

4 다음 글의 밑줄 친 부분 중, 어법상 틀린 것을 모두 찾아 바르게 고치시오.

Geese flying in a V formation ① knows a great deal about teamwork. When the head goose gets tired, it rotates back and ② the other goose takes the lead. It is sensible ③ to take turns doing demanding jobs, whether we're talking about people working in an organization or geese flying south. Geese honk from behind ④ encouraged those up front to keep up their speed. We should give encouragement to our leaders as well with shows of encouragement. Finally, when a goose gets sick or is wounded by a gunshot and falls out of formation, two other geese fall out with that goose and ⑤ follow it down to lend help and protection. Likewise, we should help others keep up with their work by helping them out.

*honk: 끼룩끼룩 울다

UNIT 07
전치사/접속사 밑줄

유닛 구성

Points to Remember

1 전치사, 접속사 구분

2 주의해야 할 전치사와 접속사

포인트 감 잡기!

● 선택지 보기

during, while, because, because of, etc.

"전치사와 접속사를 구분하자!"

→ 전치사와 접속사는 무언가를 이끄는 역할을 한다는 점에서 비슷하다. 그렇기 때문에 의미나 형태도 서로 비슷한 짝들이 많다. 하지만, 전치사는 명사 어구를, 접속사는 절을 이끈다는 점에서 분명한 차이가 있다. 바로 이 점을 정확히 구분할 줄 알아야 한다.

Points to Remember

전치사 또는 접속사에 밑줄이 있다면 다음의 포인트를 떠올려보면 된다.

1 전치사, 접속사 구분 ▶ 네모 어법 UNIT 22

뒤에 '명사(구)'가 온다면 전치사, 「주어 + 동사」를 갖춘 '절'이 온다면 접속사 자리이다.

전치사 + 명사(구)		접속사 + 주어 + 동사	
during / for	~ 동안	while	~ 동안; 반면에
because of / due to	~ 때문에	because	~ 때문에
despite / in spite of	~에도 불구하고	(al)though	비록 ~이지만

*before, after는 전치사와 접속사로 모두 쓰일 수 있다.

2 주의해야 할 전치사와 접속사 ▶ 네모 어법 Point 22

❶ 전치사, 접속사가 문맥과 어법에 맞는 적절한 의미로 쓰였는지 확인한다.

	전치사	접속사
as	~로서; ~처럼[같이] I respect him **as** a doctor. 나는 그를 의사**로서** 존경한다. They were all dressed **as** clowns. 그들은 모두 광대**같이** 옷을 입고 있었다.	~하면서; ~ 때문에 She sang **as** she walked. 그녀는 걸으**면서** 노래를 불렀다. **As** you were out, I left a message. 네가 외출하고 없**어서** 내가 메시지를 남겼어.
since	~ 이래로 I haven't eaten **since** breakfast. 나는 아침 식**후로** 아무것도 안 먹었다.	~ 이래로; ~ 때문에 It has been twenty years **since** I saw her. 내가 그녀를 본 **이래로** 20년이 되었다. I'm forever on a diet, **since** I put on weight easily. 나는 쉽게 살이 **쪄서** 영원히 다이어트 중이다.
like	~처럼, ~와 같은 The gossip spread **like** wildfire. 그 소문은 산불**처럼** 퍼졌다(→ 순식간에 퍼졌다).	~인 것처럼 It looks **like** he told a lie. 그가 거짓말을 한 **것처럼** 보인다.

cf. We are **alike** in many ways. 우리는 많은 점에서 **비슷하다**. (형 비슷한, 닮은, 유사한)
Not everyone thinks **alike**. 모두가 **똑같이** 생각하는 것은 아니다. (부 비슷하게, 같게, 마찬가지로)

❷ if[whether] 명사절: ~인지 아닌지
Dogs can tell ***if*[*whether*]** you like them or not. 개들은 당신이 자신을 좋아하**는지 아닌지**를 구분할 수 있다.
cf. if 부사절: ~라면 / whether 부사절: ~이든 (아니든)

❸ 「both A and B (A와 B 둘 다)」, 「either A or B (A 또는 B 어느 한 쪽)」,
「neither A nor B (A도 B도 아닌)」, 「not only A but (also) B (A뿐만 아니라 B도)」

정답 및 해설 p. 76

↓ 다음 밑줄 친 부분이 어법상 올바르면 ○표, 어색하면 ×표하고 바르게 고치시오.

❶ 전치사, 접속사 구분

01 I feel good about myself because of I can do something for others. <모의응용>

02 Despite it's illegal to clone humans in the United States, it is legal to clone animals.

03 If you were a baseball fan while the early 1960s, you probably remember a baseball player named Maury Wills.

04 Populations of white-tailed deer have increased though the loss of much of their natural habitat: forests and woodlands. <모의응용>

❷ 주의해야 할 전치사와 접속사

05 He was sleeping like a baby, so soundly; I didn't want to wake him up.

06 When he was young, he served abroad for many years in a doctor in the army.

07 I mostly resembled my mother when I was a child, but now I think I look alike my father.

08 Since the Earth is rotating at a constant speed, we do not feel as if we're moving.

09 Whether the lunch hour was ending, he told us that he would resign and go to another company.

10 She published her first book, but it earned both much criticism nor much popularity. <모의응용>

정답 및 해설 p. 77

다음 밑줄 친 부분이 어법상 올바르면 ○표, 어색하면 ×표하고 바르게 고치시오.

01 Scientists conducted research to see like naps during the middle of the day could play a part in reducing the risk of a heart attack. <모의응용>

02 *Flower* and *flour* are homonyms, which means they are pronounced the same, although their different spellings. <모의응용>

*homonym: 동음이의어

03 The study shows that brighter lamps keep workers more alert while the night shift by playing tricks on their internal clocks. <모의응용>

04 The island of Puerto Rico is rather small. Yet in spite its size, it attracts huge numbers of tourists. <모의응용>

*Puerto Rico: 푸에르토리코 (서인도 제도의 섬)

05 Some educators say that children do not use their imaginations enough because of the computer screen shows them everything. <모의>

06 Despite it rained every day, we enjoyed our trip to Hong Kong and hope to go back soon.

07 Yesterday during I was cleaning out the basement, I found a picture of my great-grandmother. I was surprised; I look so much like her.

08 Serious TV programs are called dramas. Funny ones are called comedies. Some programs are not only funny and serious. We call this kind of show a "dramedy." <모의응용>

09 A group of scientists decided to find out as people in cities really do walk faster than those in small towns. They found out that city people walk at almost twice the speed of people in small towns. <모의응용>

10 As Isaac Newton grew older, he was both absorbed in his own thoughts or some books about natural science. At night, he used to look up at the stars, wondering whether they were worlds like his own. <모의>

UNIT 08

wh-/that 밑줄

유닛 구성

Points to Remember

1 wh-

2 that

포인트 감 잡기!

● 선택지 보기

what, that, etc.

접속사로도 쓰이고 관계사로도 쓰일 수 있는 것들에 밑줄이 그어져 있는 경우이다. 기본적으로 네모 어법에서와 같은 방식으로 해결하면 된다. 구조에 대한 지식을 동원하고 문맥이 자연스러운지도 점검해보자.

Points to Remember

절과 절을 잇는 wh-, that에 밑줄이 있다면 다음의 포인트들을 떠올려보자. 관계사절은 앞의 선행사를 수식하거나 보충 설명하고, 관계대명사 what은 선행사를 포함하므로 명사절을 이끈다. 접속사는 명사절이나 부사절을 이끈다.

1 wh- ▶ 네모 어법 UNIT 10

❶ 관계대명사 + 불완전한 구조 / 관계부사[전치사 + 관계대명사] + 완전한 구조
이끄는 절이 앞의 선행사를 수식하거나 보충 설명하면 관계사이다. 선행사의 종류에 맞게 쓰였는지 확인하고, 콤마 뒤에 쓰인 which는 앞에 나온 어구나 절도 선행사로 할 수 있음을 잊지 말자. 관계대명사라면 관계사절 내에서 하고 있는 역할에 따라 주격, 소유격, 목적격도 맞게 쓰였는지 확인한다. (*that과 what은 콤마(,) 뒤에서 쓰이지 않는다.)

	선행사		주격	소유격	목적격
관계대명사	사람	*e.g.* the teacher 등	who / that	whose	who(m) / that
	사물	*e.g.* the desk 등	which / that	whose / of which	which / that
		-	what		what
관계부사	시간	*e.g.* the time, the day 등	when		
	장소	*e.g.* the place, the house 등	where		
	이유	*e.g.* the reason	why		
	방법	*e.g.* the way	how		

*관계부사 how는 선행사 the way와 같이 쓰일 수 없으므로 선행사 the way만 쓰든지 how만 써야 한다.
how 대신 the way in which, the way that과 같은 표현은 가능하다.

❷ 의문대명사 who(m), which, what + 불완전한 구조 / 의문부사 when, where, why, how + 완전한 구조
문장에서 주어, 타동사나 전치사의 목적어, 보어가 되는 명사절을 이끈다.

대상	주격	소유격	목적격
사람	who	whose	who(m)
사람, 사물	which	-	which
사람, 사물	what	-	what

*whose, which, what은 뒤에 명사가 와서 형용사적으로도 쓰인다.
*when, where, why, how는 '부사'에 해당하므로 뒤에 완전한 구조가 온다.
*「의문사 + ○ + △」에 밑줄이 있다면, 간접의문문과 감탄문의 어순인 「의문사 + S + V」가 맞는지 확인하자.
I don't know **when** practice started. I don't know **who** painted this picture.
I don't understand **why** you did that. Tell me **where** I can meet him.
She asked **what** time the bank closed. Everyone is curious about **how** fast their car is.

2 that ▶ 네모 어법 UNIT 10

- 문장에서 주어, 목적어, 보어가 되는 **명사절**을 이끈다. (진주어절을 이끌기도 한다.)
  that절을 목적어로 자주 취하는 동사는 다음과 같다. know, think, say, agree, order, suggest, report, notice, observe, etc.
- 명사 fact, notion, news, thought, idea 등의 뒤에서 **동격절**을 이끈다.
- so ... that 등의 형태로 **부사절**을 이끈다.

↓ 다음 밑줄 친 부분이 어법상 올바르면 ○표, 어색하면 ×표하고 바르게 고치시오.

❶ wh-

01 The results showed much higher levels of the stress hormone in children which parents hated their jobs. <모의응용>

02 Tell me about a time when you were faced with a stressful situation.

03 A long downward road without cross streets could be the perfect area which you practice basic skateboarding skills. <모의>

04 Some insects don't hide at all. Instead, their wings have bright colors what can be seen from far away. <모의응용>

05 I remember how excited was I on the day my dad brought home my very first bike. <모의응용>

06 Do not hesitate to ask people to speak slowly or to repeat which they have said. <모의>

❷ that

07 Researchers say that reality TV programs offer several benefits to consumers, including satisfying their curiosity. <모의>

08 She has told many stories, that she claims are her own adventures. <모의>

09 Alvin makes models for the leading architectural firms in town. He does that he loves, and he earns a good living. <모의>

10 Recent research has shown that the leaves are simply so low in nutrients that koalas have almost no energy. <모의응용>

다음 밑줄 친 부분이 어법상 올바르면 ○표, 어색하면 ×표하고 바르게 고치시오.

01 Confucius gathered a group of intelligent followers what he trained in several subjects including ethics. <모의>

*Confucius: 공자

02 Old ideas are replaced when scientists find new information that they cannot explain. <모의>

03 Schubert just produced which was inside his head and shared with us this rich musical treasure. <수능응용>

04 Plastic bags that take a long time to decay should be replaced with green alternatives.

05 I was pushed into a crowded elevator, that made me very upset, and I didn't realize that I was in the wrong building.

06 The story about the naupaka flower is a good example of a legend what native people invented to make sense of the world around them. <모의>

*naupaka: 나우파카 (인도 태평양 열대 지역에서 주로 서식하는 꽃)

07 Be sure to describe your qualifications and tell a human resources manager what kind of job would you like. <모의응용>

08 A long time ago, there was a writer from Denmark who stories were filled with tragedy. <모의응용>

09 도전 The new way of painting was challenging to its public not only in the way that it was made but also in that was shown. <모의응용>

10 "We all like to watch people in situations which we ourselves might be pressured. We can feel what they are feeling but at a safe distance," says Professor Kip Williams of Macquarie University. <모의>

11 Although scientists do not know for certain why do we dream, some believe that our dreams are associated with thoughts and feelings that we experience while we are awake. <모의>

12 Another benefit of aerobic training is that it enables your muscles to better use oxygen to perform work over extended periods of time. <모의>

13 If you have a weakness in a certain area, get educated and do what you have to do to improve things for yourself. <모의>

14 Compliments can take away from the love of learning. If you consistently reward a child for her accomplishments, she starts to focus more on getting the reward than on which she did to earn it. <모의응용>

15 Mary Decker surprised the sports world in the 1970s when she reported that she ate a plate of spaghetti the night before a race. <모의응용>

16 My dad constantly nagged me to take care of chores like mowing the lawn and cutting the hedges, which I hated. <모의응용>

17 She usually buys organic food which price is much more expensive than non-organic food for her children.

18 Non-verbal communication can be useful in situations which speaking may be impossible or inappropriate. <모의>

19 If the manufacturer cuts costs so deeply that doing so harms the product's quality, then the increased profitability will be short-lived. <모의>

20 Most observers did not even notice what the students had changed sweatshirts when they reentered the room after a few minutes. <모의응용>

21 Your car mechanic doesn't just observe that your car is not working. He figures out why it is not working. <모의응용>

22 It is easier to deny morality to animals than to deal with the complex effects of the possibility what animals have moral behavior. <모의응용>

23 His children discovered that double lenses made nearby things look bigger. <모의응용>

24 Most people are happiest in bright sunshine—the light may cause a release of chemicals in the body that bring a feeling of emotional well-being. <모의>

25 Searching for wild food resources is a method that has been used for a long time. <모의응용>

26 The work took so long that by the time I was finished, the sun had already set. <모의응용>

27 One cool thing about my Uncle Arthur was what he could always pick the best places to camp. <모의>

28 Recent progress in telecommunications technologies is not more revolutionary than what happened in the late nineteenth century in relative terms. <모의>

29 Plastic is extremely slow to degrade and tends to float, which allows it to travel in ocean currents for thousands of miles. <모의>

*degrade: 분해되다

30 It is better what you make your mistakes early on rather than later in life. <모의>

갈무리 ④ UNIT 01-08

정답 및 해설 p. 80

1 다음 글의 밑줄 친 부분 중, 어법상 틀린 것을 찾아 바르게 고치시오.

Heather Whitestone overcame many obstacles on her path to the crown. When she was eighteen months old, the H. influenzae virus almost killed her. ① Although she survived, the illness left her almost totally deaf. As a result, ② while her childhood she spent countless hours in speech therapy. It took her six years to learn ③ to say her last name. She pushed ④ herself to attend a regular school instead of one for deaf students. Meanwhile, she endured her parents' heartbreaking divorce. When she began entering beauty contests, she won first place in the Miss Alabama competition, and in 1995, she became the first person with a disability ⑤ to win the Miss America title. <모의응용>

2 다음 글의 밑줄 친 부분 중, 어법상 틀린 것을 찾아 바르게 고치시오.

When my two daughters were growing up, we had a maid. But I gave the maid clear instructions ① which the girls had to dress themselves and clean up their rooms themselves. My colleagues and relatives ② used to accuse me of being too harsh with the children and asked ③ why I had a maid. By asking my children ④ to do their own chores, I wanted them to become self-sufficient and not weakened by dependence on others. We must treat children as children, ⑤ nurturing them with love and care. But we should also discipline them to become helpful and responsible individuals. <모의응용>

3 다음 글의 밑줄 친 부분 중, 어법상 틀린 것을 찾아 바르게 고치시오.

If you want to cut grocery costs, one good trick is to avoid ① buying items you find at eye level on supermarket shelves. Usually, the most expensive options are placed at eye level and the cheaper options on the highest and lowest shelves. ② Another trick is to avoid those special displays at the ends of the aisles, ③ which things are arranged to look as if they are on sale. Sure, the cans may be stacked in attractive pyramids and the pyramids may be decorated with signs ④ saying "Special!" or "Best Price!" but that doesn't mean they're a good deal. Read the signs carefully, and if you're still not sure whether something is on sale, ⑤ ask someone who works there.

4 다음 글의 밑줄 친 부분 중, 어법상 틀린 것을 찾아 바르게 고치시오.

Gratitude is important for many reasons. It keeps your heart ① open to the gifts of life and to your relationship. It serves as a constant reminder of how fortunate you are to be alive and keeps you ② from taking your relationship for granted. Gratitude keeps you feeling satisfied, reminding you that ③ which you have is good enough. When you are focused on gratitude, small problems do not bother you. It immunizes you from ④ being bothered by your partner's bad habits and the imperfections in your relationship. Gratitude allows you ⑤ to see beyond the "small stuff" and keeps you from overreacting to the problems of being in a relationship.

5 다음 글의 밑줄 친 부분 중, 어법상 틀린 것을 2개 찾아 바르게 고치시오.

All animal species are hosts for unique viruses ① that have adapted to infect them. As our populations grow, we expand into wilder areas, ② where positions us near animals we don't usually have contact with. Viruses can spread from animals to humans in the same way ③ that they can pass between humans: through close contact with body fluids. At first, the virus cannot spread easily since it has not adapted to the new host. Over time, though, it can evolve in the new host, generating variants ④ what are better adapted. When viruses jump to a new host, they frequently cause more severe disease. This is because viruses and their initial hosts have evolved together, allowing the species to become resistant. However, a new host species might lack the ability ⑤ to tackle the virus. For example, when we come into contact with bats and their viruses, we may develop Ebola virus disease, whereas the bats themselves remain less affected.

기호	고쳐야 할 표현	고친 표현

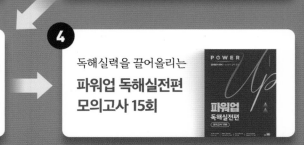

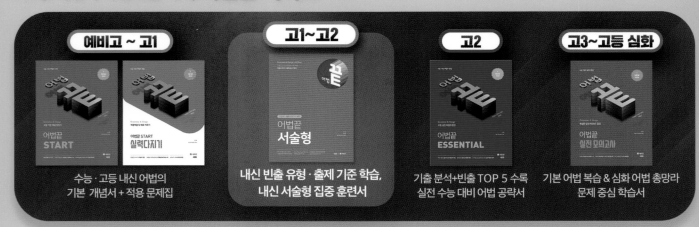

Grammar & Usage

고등 기본 개념 익히기

어법끝 START

정답 및 해설

어법끝

START

Grammar & Usage

정답 및 해설

PART I 네모 어법

UNIT 01 주어와 동사의 수일치

✦ **포인트 감 잡기!** 정답 ①, ③, ④, ⑥

WARM UP! 주어 - 동사의 수일치란?

본문 p. 25

1 정답 **have** | 해설 teeth는 tooth의 복수형이므로 복수 취급.
| 해석 그는 유치(젖니)가 다 빠졌다.

2 정답 **is** | 해설 honesty는 셀 수 없는 명사이므로 단수 취급.
| 해석 정직함은 내 강점이자 약점이다.

3 정답 **are** | 해설 「a number of + 복수명사」는 '여러 ~ (several)'이란 뜻이므로 복수 취급. | 해석 여러 학교 행사가 봄에 열린다.

4 정답 **was** | 해설 wood는 셀 수 없는 명사로서 단수 취급.
| 해석 그 집의 뼈대를 만드는 데는 나무가 사용되었다.

5 정답 **deals** | 해설 economics는 학문명인 '경제학'이므로 단수 취급.
| 해석 경제학은 노동, 임금, 자본의 문제를 다룬다.

Point 01 주어와 수식어를 구분하라!

CASE 1

본문 p. 26

주어 + (전치사 + 명사) + 동사

정답 **have**

해설 His **studies** (of big business) / **have** / has been carried out / with grants from a number of sources.
(S 복수주어: studies / 단수명사: business / V 복수동사: have)

해석 그의 연구는 (대기업에 대한) / 수행되어 왔다 / 여러 공급원으로부터의 보조금으로.

• **carry out** 수행하다 **source** 공급원, 출처, 원천

❶ 정답 **The old buildings, were**
해설 주어는 The old buildings이므로 복수동사 were가 적절.
해석 산비탈 농장의 오래된 건물들이 우리를 빙 둘러싸고 있었다.
• **mountainside** 산비탈의

❷ 정답 **Farmers' knowledge, makes**
해설 knowledge는 셀 수 없는 명사이므로 단수 취급. Farmers'는 knowledge를 수식하는 소유격으로서, 동사의 수와는 관계가 없다.
해석 농기구에 대한 농부들의 지식은 그들의 일을 더 쉽게 해준다.
• **farming tool** 농기구

❸ 정답 **The analysis, was**
해설 analysis는 단수명사이고 복수형은 analyses.
해석 연구원들의 분석은 1,000명의 응답자로부터 받은 답변에 근거했다.
• **analysis** ((복수형 -ses)) 분석 **researcher** 연구원 **respondent** 응답자

❹ 정답 ✕ / **is**
해설 The main purpose (of food labels) (on food products) / is to inform you ~.
(S: The main purpose / V: is)
주어는 단수명사인 The main purpose이므로 동사는 is가 되어야 한다. of food labels는 주어를 수식하고, on food products는 바로 앞의 food labels를 수식한다.
해석 식료품에 붙어 있는 식품 성분표의 주된 목적은 구입하려는 음식의 안에 무엇이 들었는지를 알려주려는 것이다. • **food label** 식품 성분표

❺ 정답 ○
해설 Ideas (about how much disclosure is appropriate) / vary among cultures.
(S: Ideas / V: vary)
주어는 복수명사인 Ideas이므로 동사 vary는 적절히 쓰였다. 전치사 뒤에 오는 명사로는 명사절도 가능하다는 점을 알아두자.
해석 얼마만큼의 정보의 공개가 적절한지에 대한 생각은 문화 간에 다양하다.
• **vary** 다양하다, 가지각색이다

CASE 2

본문 p. 27

주어 + (v-ing ~) + 동사 / 주어 + (to-v ~) + 동사

1 정답 **is**
해설 **The museum** (showing many priceless paintings) / **is** / are a major tourist attraction.
(S 단수주어: The museum / 복수명사: paintings / V 단수동사: is)
해석 그 박물관은 (값비싼 그림들을 많이 보여주는) / 주요 관광 명소이다.
• **priceless** 값비싼 **tourist attraction** 관광 명소

2 정답 **was**
해설 **The first man** / (to go over Niagara Falls) / **was** / were 63 years old.
(S 단수주어: The first man / 복수명사: Niagara Falls / V 단수동사: was)
해석 최초의 사람은 / (나이아가라 폭포 위로 건넌) / 63세였다.

❶ 정답 **Ocean waves, make**
해설 주어는 Ocean waves이므로 복수 취급.
해석 해변에 부딪히는 파도는 수많은 작은 거품을 만든다.
• **crash** 부딪히다 **numerous** 수많은 **bubble** 거품

❷ 정답 **One way, is**
해설 주어는 One way이므로 단수 취급.
해석 다른 사람에 대한 존중을 보여주는 한 방법은 귀 기울여 듣는 것이다.
• **attentive** 주의[귀]를 기울이는

❸ 정답 ○

해설 주어는 The competition이고 to sell manuscripts to publishers는 주어를 수식하는 to부정사구이므로 단수 취급.

해석 출판사에 원고를 팔기 위한 경쟁은 치열하다.

• **competition** 경쟁 **manuscript** 원고, 필사본 **fierce** 치열한; 사나운

CASE 3

본문 p. 27

주어 + (p.p. ~) + 동사

정답 **are**

해설 **Some pipes** (S 복수주어) (used to transport oil (단수명사) / in deep water (단수명사)) / is / **are** (V 복수동사) in danger of bursting.

해석 일부 배관은 (기름 수송에 사용되는 / 심해에서) / 터질 위험에 처해 있다.

• **transport** 수송하다, 운반하다 **burst** 터지다, 파열하다

❶ 정답 **That girl, is**

해설 주어는 That girl이므로 단수 취급.

해석 흰색 재킷과 치마를 입은 저 여자애가 내 동생이야.

❷ 정답 **Products, are**

해설 주어는 Products이므로 복수 취급.

해석 우유로 만든 제품에는 단백질과 칼슘이 풍부하다.

• **be full of** ~이 풍부하다 **protein** 단백질 **calcium** 칼슘

❸ 정답 **Gold coins, belong**

해설 주어는 Gold coins이므로 복수 취급.

해석 이 지역에서 발견된 금화는 정부 소유이다.

❹ 정답 **× / are**

해설 주어는 Trees이고 surrounded by concrete는 주어를 수식하는 과거분사구이므로 복수동사 are로 고쳐야 한다.

해석 콘크리트로 둘러싸인 나무들은 수명이 길지 않을 것으로 예상된다.

• **surround** 둘러싸다

CASE 4

본문 p. 28

주어 + [관계사절 ~] + 동사 / 주어 + (형용사(구) ~) + 동사

1 정답 **are**

해설 In warm environments, / **clothes** (S 복수주어) [that have a special capacity] / is / **are** (V 복수동사) helpful / in dissipating heat from the body.

해석 따뜻한 환경에서는, / 옷이 [특별한 능력이 있는] / 도움이 된다 / 몸에서 나오는 열을 발산하는 데. • **capacity** 능력

2 정답 **is**

해설 **A film** (S 단수주어) / (full of violent scenes) / are / **is** (V 단수동사) inappropriate for children.

해석 영화는 / (폭력적인 장면들로 가득한) / 아이들에게 적절하지 않다.

• **violent** 격렬한; 폭력적인 **inappropriate** 적절하지 않은

❶ 정답 **All the vessels, hit**

해석 그 암초를 넘어 항해하려는 모든 선박들이 그것(암초)에 부딪힌다.

• **vessel** 선박, 배 **sail** 항해하다

❷ 정답 **The files, are**

해석 이 웹사이트에서 다운로드할 수 있는 파일들은 무료이다.

• **available** 이용할 수 있는 **free of charge** 무료인; 무료로

❸ 정답 ○

해설 주어는 Children이고 younger than 12는 주어를 수식하는 형용사구이므로 복수동사 require는 적절.

해석 12세 미만의 어린이는 이러한 웹사이트를 이용하는 데 부모의 관심과 감독이 필요하다. • **monitoring** 감독, 감시

❹ 정답 **× / is**

해설 주어는 The company이고, which ~ services는 주어를 수식하는 관계사절이므로 단수동사 is로 고쳐야 한다.

해석 IT 서비스 제공을 전문으로 하는 그 회사는 샌프란시스코에 위치하고 있다. • **specialize in** ~을 전문으로 하다

CASE 5

본문 p. 28

주어 + 삽입어 + 동사

정답 **has**

해설 **A cell**, (S 단수주어) / the smallest unit [that is capable of performing life functions], / **has** / have (V 단수동사) several small structures inside it.

해석 세포는 / 가장 작은 단위인데 [생명 기능을 수행할 수 있는] / 그 안에 여러 작은 구조들을 가지고 있다.

• **be capable of** ~을 할 수 있다 **function** 기능 **structure** 구조

❶ 정답 **A key witness, is**

해석 핵심 증인 한 명은 피해자와 함께 10년 넘게 일해 왔는데, 법정에 출두할 예정이다. • **witness** 증인 **victim** 피해자 **court** 법정

❷ 정답 **This special relationship, has**

해석 이 특별한 관계는 양국 간 전략적 동반자 관계인데, 여러 해 동안 지속되어 왔다. • **strategic** 전략적인 **partnership** 동반자 관계

❸ 정답 **My colleague, is**

해석 내 동료는 아내가 쌍둥이를 낳을 것이라는 것을 알고 아기 돌보기 강좌를 들을 작정이다. • **take a course** 강좌를 듣다

Point Exercise

본문 p. 29

01 정답 **have**

해설 **Their team *members*** (S) (led by a newly appointed team leader) (수식어(p.p.구)) ***have published*** (V) ~.

해석 새로 임명된 팀 리더가 이끄는 그들의 팀 구성원들이 과학 잡지에 중요한 연구 결과를 실었다.

• **appoint** 임명하다 **publish** 싣다[게재하다]; 발행하다

02 정답 **are**

해설 **College *students*** (anxious about obtaining a job) ***are*** **hoping** to get ~.
S / 수식어(형용사구) / V

해석 취업을 걱정하는 대학생들은 인턴십 프로그램에서 자리를 얻기를 바라고 있다. • **obtain** 얻다, 획득하다 **internship** 인턴사원 근무; 인턴직

03 정답 **suffer**

해설 ***Children*** [who start studying certain subjects too early] often ***suffer*** from much stress.
S / 수식어(관계사절) / V

해석 어떤 과목을 너무 어린 시기에 공부하기 시작하는 아이들은 종종 많은 스트레스로 고통받는다. • **suffer from** ~로 고통을 겪다

04 정답 **receive**

해설 ***Soldiers*** (serving in a dangerous war zone) ***receive*** bonus pay for their sacrifice.
S / 수식어(v-ing구) / V

해석 위험한 교전 지역에서 복무하는 병사들은 희생의 대가로 상여금을 받는다. • **soldier** 병사 **sacrifice** 희생

05 정답 **is**

해설 ***The reason*** [why people start ~ current events] ***is*** that they are harmless topics ~.
S / 수식어(관계사절) / V

해석 사람들이 날씨나 최근 사건들에 관해 얘기를 시작하는 이유는 그것들이 무해한 주제들이며 모두의 관심이기 때문이다.
• **harmless** 무해한 **A be of interest to B** B가 A에게 관심[흥미]이 있다

06 정답 **are**

해설 ~, ***many rivers*** (in the region) ***are*** nearly dry.
S / 수식어(전명구) / V

해석 길고 가문 여름이 지나자 그 지역의 많은 강들이 거의 말라가고 있다.
• **region** 지역

07 정답 × / **tend**

해설 ~ while ***crashes*** (due to aircraft malfunction) ***tend*** to occur during long-haul flight.
S / 수식어(전명구) / V

해석 비행기 간의 충돌은 대개 공항 주변 지역에서 일어나는 반면, 비행기 고장으로 인한 추락 사고는 장거리 비행 중에 일어나는 경향이 있다.
• **collision** 충돌 **crash** 추락 사고 **due to** ~ 때문에 **malfunction** 고장

08 정답 ○

해설 ***A common problem*** [which affects ~ survivors] ***is*** aphasia.
S / 수식어(관계사절) / V

해석 뇌졸중 생존자들의 약 3분의 1에 영향을 주는 일반적인 문제는 실어증이다.

09 정답 ○

해설 have의 주어는 children이지 A recent study가 아니다.
A study found that ***children*** (living in city areas) ***have*** higher rates ~.
S / 수식어(v-ing구) / V

해석 한 연구에 의하면 도시 지역에서 자란 어린이들이 시골 지역에서 자란 어린이들보다 더 높은 비율의 음식 알레르기를 가지고 있다. • **rural** 시골

10 정답 **The most common reason to give flowers is to express romantic love**

해설 **The most common *reason*** (to give flowers) ***is*** to express romantic love.
S / 수식어(to부정사구) / V

Point 02 관계사절 내 동사의 수는 선행사를 찾아라!

CASE 1 선행사 + 관계대명사 + 동사

본문 p. 30

정답 **were**

해설 The program was designed / to recover (**photos**) // that [was / **were**] deleted by mistake.
(S 복수선행사: photos / V 복수동사: were)

해석 그 프로그램은 고안되었다 / 사진들을 복구하기 위해 // 실수로 인해 지워진.

❶ 정답 **a little dog, has**
해석 나에게는 아무나 무는 나쁜 버릇이 있는 작은 강아지가 있다.
• **bite** 물다, 깨물다

❷ 정답 **all the animals, live**
해석 나는 열대 우림과 그곳에 사는 모든 동물을 사랑한다.
• **rainforest** 열대 우림

❸ 정답 × / **becomes**
해설 who가 이끄는 관계사절의 선행사는 a co-worker이므로 관계사절의 동사를 단수형인 becomes로 고쳐야 한다.
해석 내게 있어 행복이란 친한 친구가 되는 동료를 가지는 것이다.

CASE 2 선행사 + 수식어구 + 관계대명사 + 동사

본문 p. 30

정답 **has**

해설 Throw away any food (on those shelves) // which [have / **has**] an unusual odor.
(선행사: any food / 수식어구: on those shelves)

해석 음식은 버려라 (저 선반의) // 이상한 악취가 나는.
• **throw away** 버리다, 없애다 **odor** 악취

❶ 정답 **diners, don't**
해설 who가 이끄는 관계사절의 선행사는 diners이므로 복수 취급.
해석 새로 생긴 메뉴가 고기를 먹지 않는 그 지역의 식사 손님들을 만족시키고 있다. • **diner** 식사 손님

❷ 정답 **children, don't**
해설 who가 이끄는 관계사절의 선행사는 children이므로 복수 취급.
해석 읽기를 배우기 싫어하는 7세 미만의 아이들이 있다.

Point Exercise

본문 p. 31

01 정답 **remain**

해설 who가 이끄는 관계사절의 선행사는 people이므로 복수 취급.

해석 최근 30대에도 독신으로 남아 있는 사람들의 수가 엄청나게 증가했다.

• **increase** 증가; 증가하다; 증가시키다 **single** 독신인; 단 하나의

02 정답 **are**

해설 that이 이끄는 관계사절의 선행사는 the nets이므로 복수 취급.

해석 호주와 남아프리카에서 상어들이 수영하는 사람들을 보호하기로 되어 있는 그물에 걸려 죽는다. • **be supposed to-v** v하기로 되어 있다

03 정답 **postpone**

해설 who가 이끄는 관계사절의 선행사는 young adults이므로 복수 취급.

해석 혼자 사는 사람 대부분은 결혼을 20대 후반 혹은 30대로 미루는 젊은 사람들이다. • **postpone** ~을 미루다, 연기하다

04 정답 **were**

해설 that이 이끄는 관계사절의 선행사는 all the modern conveniences이므로 복수 취급.

해석 그 아파트는 그 가격대의 대부분의 아파트에서는 이례적이라 할 수 있는 현대적인 편의 시설을 모두 갖추고 있었다. • **convenience** 편의 시설 **range** 범위

05 정답 **are**

해설 that이 이끄는 관계사절의 선행사는 other options이므로 복수 취급.

해석 그냥 펜과 종이를 가지고 돌아다니면서 사는 것을 메모해라. 덜 비싼 다른 선택 사항들이 있는지 알아봐라. • **option** 선택, 선택권

06 정답 **are**

해설 which가 이끄는 관계사절의 선행사는 animals이므로 복수 취급. like the orangutan은 animals를 수식하는 전명구이다.

해석 사람들은 열대 우림 파괴 때문에 오랑우탄과 같이 서식지를 잃어버리는 동물들에게 안타까움을 느낀다. • **destruction** 파괴

07 정답 **interests**

해설 that이 이끄는 관계사절의 선행사는 anything이므로 단수 취급. to read는 anything을 수식하는 to부정사이다. interest는 명사로 흔히 쓰이지만 동사로도 쓰인다는 것을 잊지 말자. 복수명사 interests로 쓰이면 '관심사, 취미; 이익' 등을 의미한다.

해석 아이들의 가장 큰 불만은 자신들에게 흥미 있는 읽을거리를 찾을 수 없다는 것이다.

08 정답 ○

해설 that이 이끄는 관계사절의 선행사는 the rescue가 아니라 wild animals이므로 복수동사 have는 적절.

해석 부상당한 야생 동물의 구조에는 전문가들이 포함되어야 한다.

• **professional** 전문가 **rescue** 구조 **injure** 부상을 입다[입히다]

09 정답 × / **are**

해설 that이 이끄는 관계사절의 내용으로 보아 선행사는 plastic이 아닌 tiny bits이므로 복수동사인 are로 고쳐야 한다.

해석 미세플라스틱 조각은 일부 바디 워시와 얼굴용 스크럽 제품에서 발견되는데, 대개 1밀리미터나 더 작은 미세한 플라스틱 조각이다.

10 정답 **Plans to preserve the forest which is located in the middle of the city are**

해설 Plans(S) (to preserve the forest(선행사) [which is located ~]) / are(V) ongoing.

to preserve ~ of the city는 주어 Plans를, which is ~ of the city는 단수명사 the forest를 선행사로 하여 수식한다. which가 이끄는 관계사절의 선행사는 the forest이므로 단수 취급.

Point 03 주어가 동사 뒤에 나오는 구문에 주의하라!

CASE 1

본문 p. 32

부사(구) + 동사 + 주어

정답 **were**

해설 *In the back seat of the car / next to mine /* [was / **were**](V 복수동사) / (two sweet little boys)(S 복수주어).

해석 차의 뒷좌석에는 / 내 차 옆에 있는 / (~이) 있었다 / 두 명의 귀여운 남자아이들이.

❶ 정답 **some great Korean restaurants, are**

해설 *Near that hospital* **are**(V) **some great Korean restaurants**(S).

해석 저 병원 근처에 정말 좋은 한식당들이 좀 있다.

❷ 정답 ○

해설 Behind the two women stands(V) a man(S) (wearing sunglasses and a hat).

주어는 a man이므로 단수동사인 stands가 적절하다. wearing ~ a hat은 a man을 수식하는 현재분사구.

해석 두 여자 뒤에는 선글라스와 모자를 쓴 남자가 있다.

CASE 2

본문 p. 32

부정어(구) + (조)동사 + 주어

정답 **are**

해설 *No longer* / [is / **are**](V 복수동사) / (self-driving cars)(S 복수주어) considered science fiction.

해석 더 이상 ~않는다 / 자율 주행 자동차가 공상 과학으로 여겨지지.

• **science fiction** 공상 과학

❶ 정답 **the PC, was**

해설 *Not until* the 1980s **was**(V) **the PC**(S) **introduced to the public.**

해석 1980년대가 될 때까지 PC는 대중에게 소개되지 않았다.
(→ 1980년대가 되어서야 PC는 대중에게 소개되었다.)

❷ 정답 someone's appearance, does

해설 *Little* does someone's appearance tell us about his or her character.
(조동사 / S / V)

부정어가 문장 앞에 올 경우, 일반동사의 도치는 「조동사(do, does, did) + S + V」의 어순이다. 주어가 3인칭 단수이므로 does가 적절.

해석 누군가의 외모가 그의 성격에 대해 말해주는 것은 거의 없다.

❸ 정답 × / are

해설 부정어구에 해당하는 only가 이끄는 부사구가 문장 앞에 있고 주어가 the messages이므로 동사를 are로 고쳐야 한다.

해석 그제야 메시지가 데이터베이스에서 영원히 없어진다.

CASE 3

There + 동사 + 주어

본문 p. 33

정답 are

해설 *There* is / are / two emergency exits / on every floor of this hotel.
(V 복수동사 / S 복수주어)

해석 (~이 있다) / 두 개의 비상구가 / 이 호텔의 층마다.

• emergency exit 비상구

❶ 정답 some increases, have

해설 *There* have been some increases (in healthcare spending) this year.
(V / S)

해석 올해 의료비 지출이 다소 증가했다.

❷ 정답 mice or rats, are

해설 (In any old building in that area) *there* are mice or rats.
(V / S)

해석 그 지역의 어느 건물에나 생쥐들이나 쥐들이 있다.

• mice 생쥐(mouse)의 복수 rat 쥐

Point Exercise

본문 p. 33

01 정답 were

해설 *On the back of the birthday card* were some funny words (written by my son).
(V / S)

해석 생일 카드 뒷면에는 아들이 쓴 재미있는 단어가 몇 개 적혀 있었다.

02 정답 does

해설 *Not only* does lack of sleep cause headaches, but also it interferes with learning.
(조동사 / S / V)

부정어가 앞에 올 때, 일반동사의 도치는 「조동사(do, does, did) + S + V」의 어순이다.

해석 수면 부족은 두통을 유발할 뿐만 아니라, 학습을 방해하기도 한다.

• not only A but also B A뿐만 아니라 B도 또한 lack 부족 interfere 방해하다

03 정답 have

해설 *Only recently* have researchers attempted to predict ~.
(조동사 / S / V)

해석 최근에 비로소 연구자들은 기후 변화가 질병의 분포에 어떤 영향을 주는지에 대한 예측을 시도하고 있다.

• affect 영향을 주다 distribution 배분, 분포

04 정답 was

해설 *Nowhere* was any sign or suggestion (of life) except the barking of a distant dog.
(V / S)

A, B가 단수일 때 'A or B'는 단수 취급한다.

해석 멀리서 개 짖는 소리를 제외하고는 어느 곳에도 생명체의 흔적이나 기미는 없었다. • suggestion 기미, 기색; 암시; 제안

05 정답 were

해설 *On the platform* were a tired-looking old man and a little girl.
(V / S)

'A and B'는 복수 취급한다. a tired-looking old man만 보고 was로 답하지 않도록 한다.

해석 플랫폼에는 지친 얼굴을 한 노인과 어린 소녀가 있었다.

06 정답 ○

해설 주어는 devices이므로 복수동사 are는 적절하다. plenty of는 '많은'을 뜻한다.

해석 소비자들이 더 많은 돈을 절약하기 위해 집에 설치할 수 있는 많은 장치들이 있다.

• plenty of 많은 device 장치; 기구 install 설치하다, 설비하다

07 정답 Not until the 17th century were glass windows inexpensive

해설 Not until과 같은 부정어구를 앞에 내세울 때는 주어와 동사가 도치된다. '과거'의 사실이고 주어인 glass windows가 복수명사이므로 동사는 were를 사용해야 한다.

Point 04 주어 형태에 주목하라!

CASE 1

v-ing구, to-v구, 명사절 주어 + 단수동사

본문 p. 34

1 정답 transforms

해설 동명사구가 주어이므로 단수동사가 와야 한다.

Getting in the habit of asking questions / transform / transforms you / into an active listener.
(S / V 단수동사)

해석 질문하는 습관을 들이는 것은 / 당신을 변화시킨다 / 적극적인 청자로.

2 정답 is

해설 접속사 whether가 문장의 주어인 명사절을 이끄는 것이므로 단수동사가 와야 한다.

Whether alien life actually exists / is / are still an unanswered question.
(S / V 단수동사)

해석 외계 생명체가 실제로 존재하는지 여부는 / 아직 답을 찾지 못한 문제이다. • **alien** 외계의; 외계인

❶ 정답 **To take pictures** (in this gallery)**, is**
해설 to부정사구(to-v구)가 주어이므로 단수 취급.
해석 이 미술관에서 사진을 촬영하는 것은 허용되지 않습니다.

❷ 정답 **Whether the new medicine is safe, has**
해설 접속사 whether가 이끄는 명사절이 주어이므로 단수 취급.
해석 그 신약의 안정성 여부는 입증되지 않았다.
• **medicine** 약 **prove** 증명하다

❸ 정답 × / **helps**
해설 동명사구(Reducing ~ eat)가 주어이므로 단수동사인 helps로 고쳐야 한다.
해석 먹는 간식의 양을 줄이는 것은 치아 건강을 크게 개선하는 데 도움이 된다. • **improve** 개선하다, 향상시키다 **significantly** 상당히

❹ 정답 ○
해설 관계대명사 What이 이끄는 명사절이 주어이므로 단수동사 is는 적절.
해석 인생을 흥미롭게 만드는 것은 많은 새로운 것을 배우고 경험하는 것이다.

❺ 정답 × / **tell**
해설 Smiling은 뒤의 faces를 수식하는 것으로서 Smiling faces가 주어이므로 복수동사 tell이 되어야 한다.
해석 웃는 얼굴은 때로 거짓을 말한다. 어떤 사람들은 행복해 보이지만 그들은 매일 우울한 생각과 싸운다. • **struggle** 싸우다, 몸부림치다 **depressive** 우울한 **on a daily basis** 매일

CASE 2

본문 p. 35

each, every + 단수동사 / both ~ + 복수동사

1 정답 **was**
해설 (S 단수주어) **Everybody** (V 단수동사) **was** /were as quiet as a mouse / until the end of the examination.
해석 모두가 쥐처럼 조용했다 / 시험이 끝날 때까지. • **examination** 시험

2 정답 **were**
해설 (S 복수주어) **Both** of my shoes / (V 복수동사) was / **were** missing // when I came back from swimming.
해석 내 양쪽 신발 모두 / 사라졌다 // 내가 수영하고 돌아왔을 때.

❶ 정답 **has**
해설 each는 항상 단수 취급하므로 단수동사 has가 적절.
해석 이 브랜드들은 각각 목표 고객이 있다.
• **target** 목표 **customer** 손님, 고객

❷ 정답 **is**
해설 every는 항상 단수 취급하므로 단수동사 is가 적절.
해석 이 안내서들은 모두 주의 깊게 쓰였다.

❸ 정답 **are**
해설 both는 항상 복수 취급하므로 복수동사 are가 적절.

해석 계란의 흰자와 노른자는 모두 영양가가 풍부하여 단백질, 비타민, 미네랄을 포함한다. • **nutrient** 영양가 **protein** 단백질

CASE 3

본문 p. 35

the 형용사 + 복수동사

정답 **have**
해설 (S 복수주어) **The poor** often (V 복수동사) has / **have** to do / without essential health care.
해석 가난한 사람들은 종종 지내야만 한다 / 필수적인 의료 서비스 없이.
• **do without** ~없이 지내다 **essential** 필수적인 **health care** 의료 서비스

❶ 정답 **are**
해설 The homeless가 '집이 없는 사람들 = 노숙자들'을 뜻하므로 복수 취급.
해석 노숙자들은 보호소와 담요가 시급히 필요하다.
• **urgent** 긴급한, 시급한 **shelter** 보호소; 대피처

❷ 정답 **hear**
해설 The blind가 '시각장애인들'을 뜻하므로 복수 취급.
해석 시각장애인들은 꿈속에서 무언가를 보기보다는 소리를 더 많이 듣는다.

CASE 4

본문 p. 36

부분 표현 + of + 명사(N)

정답 **is**
해설 About 95 percent of the (S 단수주어) **water** (on earth) / (V 단수동사) **is** / are not drinkable.
해석 약 95퍼센트의 물은 (지구상의) / 마실 수 없다. • **drinkable** 마실 수 있는

❶ 정답 **is**
해설 부분 표현 all of 다음에 나오는 명사 my work experience가 단수이므로 단수동사 is가 적절.
해석 나는 내 모든 업무 경험이 값지다고 생각한다. • **valuable** 가치 있는

❷ 정답 **are**
해설 부분 표현 The majority of 다음에 나오는 명사 our clients가 복수이므로 복수동사 are가 적절.
해석 주(州) 전역에 걸쳐 우리 고객 대다수가 우리 서비스에 만족하고 있다.
• **majority** 대다수 **client** 의뢰인, 고객

❸ 정답 **want**
해설 부분 표현 one third 다음에 나오는 명사 the people over 20 years old가 복수이므로 복수동사 want가 적절.
해석 최근 연구에 따르면, 20세 이상의 사람들 중 3분의 1이 부모와 떨어져 살고 싶어 한다. • **according to** ~에 따르면

❹ 정답 × / **are**
해설 부분 표현 most of 다음에 나오는 명사 the plastic particles가 복수이므로 복수동사 are로 고쳐야 한다.
해석 바다에 있는 대부분의 플라스틱 입자들은 매우 작기 때문에 바다를 청소하는 실질적인 방법은 없다.
• **particle** 극히 작은 조각, 입자 **practical** 실제의, 실용적인

5 정답 ○

해설 From at least 50,000 years ago, / some of the energy (stored in air and water flows) / was used for navigation.
부분 표현 some of 다음에 나오는 명사 the energy가 단수이므로 단수동사 was는 적절.
해석 적어도 5만 년 전부터 공기와 물의 흐름에 저장된 에너지의 일부가 항해에 사용되었다. • **flow** 흐름

Point Exercise

본문 p. 37

01 정답 **is**
해설 접속사 whether가 이끄는 명사절(Whether ~ or not)이 주어이므로 단수 취급.
해석 바이러스가 유기체인가 아닌가는 과학자들에 의해 합의되지 않았다.
• **living organism** 유기체

02 정답 **have**
해설 부분 표현 Most of 다음에 나오는 명사 the professional sports teams가 복수이므로 복수동사 have가 적절.
해석 그 지역의 대부분의 프로 스포츠 팀들은 대기업이 후원하거나 운영해 왔다. • **sponsor** 후원하다

03 정답 **is**
해설 의문사 when이 이끄는 명사절(When ~ built)이 주어이므로 단수 취급.
해석 그 성들이 언제 지어졌는지는 알려지지 않았다. 하지만 그 석조 부분은 그것들이 11세기에 로마인들에 의해 지어졌음을 시사하고 있다.
• **castle** 성 **stonework** 석조 부분

04 정답 **is**
해설 동명사구(Taking ~ days)가 주어이므로 단수 취급.
해석 덥고 화창한 날 사진을 찍는 것은 카메라에 위험한 것만큼이나 당신에게도 위험하다.

05 정답 **causes**
해설 동명사구(Not having ~ food)가 주어이므로 단수 취급.
해석 충분한 양의 건강한 음식을 접할 기회가 없다는 것은 가난한 사람들로 하여금 설탕과 지방이 많이 들어간 값싼 간식을 먹게 함으로써 비만을 유발시키게 된다. • **access to** ~에의 접근 **obesity** 비만 **sugary** 설탕이 든 **fatty** 지방이 많은

06 정답 **is**
해설 to부정사구(To be ~ ourselves)가 주어이므로 단수 취급.
해석 우리 자신에 대해 좋은 느낌이 들도록 해주는 사람들과 함께 있는 것은 매우 즐거운 경험이다. • **delightful** 정말 기분 좋은

07 정답 **is**
해설 주어로 쓰인 「one of the + 명사」는 단수 취급하므로 단수동사 is가 적절.
해석 인생에서 성공하기 위해 개발할 수 있는 가장 중요한 기술 중 하나는 두려움을 주는 것을 극복하는 것이다.
• **overcome** 극복하다 **scare** 두렵게 하다

08 정답 **is**
해설 관계대명사 what이 이끄는 명사절(What matters)이 주어이므로 단수 취급.
해석 중요한 것은 얼마나 많이 말하느냐가 아니라, 얼마나 좋은 말을 하느냐이다. • **matter** 중요하다 **stuff** 것, 일; 물건

09 정답 ✕ / **are**
해설 the unemployed는 unemployed people을 뜻하므로 동사를 are로 고쳐야 한다.
해석 실업자들이 건강 문제와 정서적 지원 결핍에 직면하면 우울증을 겪을 수 있다. • **unemployed** 실직한 **emotional** 정서적인 **support** 지지 **depression** 우울증

10 정답 **Who is responsible for the car accident is not certain**
해설 의문사 who가 이끄는 명사절이 주어이므로 단수 취급.

UNIT Exercise

본문 p. 38

01 정답 **was** ▶ S + 관계사절 + V
해설 **The car accident**(S) [that killed four people] **was**(V) **caused** by drunk driving and speeding.
관계사절(that ~ people)은 주어 The car accident의 수식어. 주어가 단수이므로 was가 적절.
해석 경찰이 사고 원인을 조사했다. 네 명의 목숨을 앗아간 그 자동차 사고는 음주 운전과 과속으로 인한 것이었다.
• **investigate** 조사하다 **drunk driving** 음주 운전 **speeding** 과속

02 정답 **are** ▶ There + V + S
해설 *There* **are**(V) **a number of issues**(S) [that can come up ~ parental involvement and guidance].
「There + V + S」 구문에서 주어는 동사 뒤에 오는 a number of issues이므로 복수동사 are가 적절.
해석 아이들이 부모의 관여와 지도를 거의 받지 못할 때 생길 수 있는 수많은 문제들이 있다. • **involvement** 관여, 개입

03 정답 **is** ▶ S + 전명구 + V
해설 **Everyday *life***(S) (in war-torn countries such as Sudan, Ethiopia, and Somalia) **is**(V) ~.
단수명사 life가 주어이므로 단수동사 is가 적절.
해석 수단, 에티오피아, 소말리아와 같은, 전쟁으로 피폐해진 나라에서의 일상생활은 매우 힘겹다. • **war-torn** 전쟁으로 피폐해진

04 정답 **is** ▶ 부사구 + V + S
해설 *On the left side* **is**(V) **a recreation area**(S) (with many attractions where children and ~).
장소 부사구(On the left side)가 문장 앞으로 오면서 주어와 동사의 순서가 바뀌었다. 주어는 동사 뒤에 있는 a recreation area이므로 단수 취급.
해석 왼편에는 아이들과 어른들이 즐길 수 있는 볼거리가 많은 오락 공간이 있다. • **recreation** 오락 **attraction** 명소; 매력

05 정답 **have** ▶ 부분 표현 + 복수명사 + 복수동사
해설 부분 표현 the majority of 다음에 나오는 명사 the applicants가 복수이므로 복수동사 have가 적절.

해석 조사에 따르면 지원자의 대다수는 학사 학위를 가지고 있다.
• survey 조사 majority 대다수 applicant 지원자 university degree 학사 학위

06 정답 **have** ▶ both + 복수명사 + 복수동사
해설 「both + 복수명사」는 항상 복수 취급하므로 복수동사 have가 적절. species는 단수와 복수의 형태가 같다.
해석 두 종(種) 모두 나무에서 잎과 싹을 따는 데 사용하는 매우 길고 유연한 혀를 가지고 있다. • species ((생물)) 종(種) flexible 유연한 strip 다 뜯어내다; 옷을 벗다[벗기다] bud 싹, 눈

07 정답 **is** ▶ v-ing구 주어 + 단수동사
해설 동명사구(squeezing ~ 3D printers)가 주어이므로 단수 취급.
해석 3D 프린터에서 음식을 짜내는 일이 그리 효율적이진 않으나, 기업들은 그 기술이 우리의 먹는 방식을 어떻게 바꿀 수 있을지 이미 테스트하고 있다.
• squeeze (out) 짜내다 transform 변형시키다

08 정답 **are** ▶ 부분 표현 + 복수명사 + 복수동사
해설 부분 표현 All of 다음에 나오는 명사 the educational materials가 복수이므로 복수동사 are가 적절.
해석 이곳에서 만들어진 모든 교육 자료는 요청하는 사람 누구에게나 무료로 배포된다. • material 자료 distribute 배포하다

09 정답 **is** ▶ each + 단수명사 + 단수동사
해설 「each + 단수명사」는 항상 단수 취급하므로 단수동사 is가 적절.
해석 각각의 직원은 어느 병이든 한 달에 3일까지 병가를 낼 수 있게 허용된다. • up to ~까지 sick leave (직장 등에서) 병으로 얻는 휴가 per ~마다

10 정답 **pollutes** ▶ v-ing구 주어 + 단수동사
해설 동명사구(transporting ~ world)가 주어이므로 단수 취급. millions of tourists는 동명사 transporting의 목적어이며 pollute의 주어가 아니다.
해석 관광 산업은 환경에는 좋은 소식이 아니다. 우선, 전 세계에서 수백만 명의 관광객들을 수송하는 것은 대기와 바다를 오염시킨다.
• tourism 관광업 transport 수송하다

11 정답 **are** ▶ S + p.p.구 + V
해설 The allergy symptoms(S) (caused by pollen) are(V) much the same as those of the flu, ~.
해석 꽃가루로 인한 알레르기 증상은 감기 증상과 아주 흡사한데, 귀, 코, 눈, 목구멍, 심지어 폐에까지 영향을 미친다.
• symptom 증상 pollen 꽃가루 throat 목구멍 lung 폐

12 정답 **needs** ▶ every + 단수명사 + 단수동사
해설 「every + 단수명사」는 항상 단수 취급하므로 단수동사 needs가 적절.
해석 놀라운 소프트웨어 제품을 개발하는 모든 회사들은 사람들이 그 제품을 구입하는 데 관심을 갖게 할 스토리를 이야기해 줄 수 있는 사람들이 필요하다.
• incredible 믿을 수 없이 좋은

13 정답 **is** ▶ S + v-ing구 + V
해설 Fast food(S) (containing trans fats) is(V) likely to cause heart disease.
해석 트랜스 지방이 들어 있는 패스트푸드는 심장병을 유발할 가능성이 있다. 지방은 혈관을 막는다. 결과적으로, 정상적으로 흘러가고 있던 피가 멈춘다.
• contain ~이 함유되어 있다 be likely to-v v할 가능성이 있다 heart disease 심장병 block up 막다 blood vessel 혈관

14 정답 **have** ▶ S + 관계사절 + V
해설 Families(S) [who eat together around a table] have(V) better conversations and relationships.
해석 식사는 항상, 사람들이 다른 사람들과 유대감을 형성할 수 있는 가장 좋은 방법 중 하나가 되어 왔다. 식탁에서 함께 식사를 하는 가족 구성원들은 더 좋은 대화와 관계를 갖는다.
• bond with ~와 유대감을 형성하다 relationship 관계

15 정답 **consists** ▶ each + 단수명사 + 단수동사
해설 「each + 단수명사」는 항상 단수 취급하므로 단수동사 consists가 적절.
해석 휠체어 농구는 10분씩 4쿼터로 대립하는 두 팀에 의해 경기가 이루어진다. 각 팀은 장애 정도가 다양한 다섯 명의 선수로 구성된다. • opposing 대립하는, 상대의 quarter 쿼터 (한 경기를 네 등분한 것의 한 부분); 4분의 1 consist of ~로 구성되다 degree 정도 disability (신체적, 정신적) 장애

16 정답 ○ ▶ S + to-v구 + V
해설 주어 뒤의 to부정사 수식어구가 길게 나온 형태이다. 수식어구 내에 복수명사가 많이 있지만 주어는 단수명사인 The pressure이므로 동사는 is가 맞다.
해석 친구들과 다른 사회적 그룹의 기준과 기대에 따르려는 압력은 강할 것이다. • conform to ~에 따르다 expectation 기대 intense 강한, 강렬한

17 정답 × / **has** ▶ 의문사 명사절 주어 + 단수동사
해설 의문사 When이 이끄는 명사절이 주어이므로 단수동사 has로 고쳐야 한다.
해석 로마가 실제로 언제 건국됐는지는 역사가들 사이에서 오랫동안 주요 쟁점이 되어 왔다. • historian 역사학자

18 정답 × / **has** ▶ S + 전명구 + V
해설 주어는 the lack이므로 단수동사 has로 고쳐야 한다. the lack of는 부분 표현에 해당하지 않으므로 them에 수일치 시키면 안 된다.
해석 과학 기술 관련 스킬은 우리에게 그 어느 때보다 더 필수적이며, 그것(그 기술)이 없으면 수익성과 생산성에 중대한 영향을 미친다.
• profitability 수익성 productivity 생산성

19 정답 × / **is** ▶ S + to-v구 + V
해설 Experts say that the most effective way(S) (to prevent infections) is(V) social distancing and self-isolation.
that절의 주어는 the most effective way로 단수이므로 단수동사 is로 고쳐야 한다.
해석 전문가들은 감염을 예방하는 가장 효과적인 방법은 사회적 거리 두기와 자가 격리라고 말한다.
• infection 감염, 전염병 self-isolation 자가 격리

20 정답 **Not only does lemon juice give extra flavor to food** ▶ 부정어 + does + 단수주어
해설 *Not only* does(조동사) lemon juice(S) give(V) extra flavor to food, ~.
부정어가 문장 앞에 올 경우, 일반동사의 도치는 「조동사(do, does, did) + S + V」의 어순이다. 주어가 lemon juice이므로 단수형 does가 적절.

UNIT 02 명사/대명사의 일치

✦ 포인트 감 잡기! 정답 ①, ③, ④

Point 05 대명사의 형태에 주의하라!

CASE 1 명사 - 대명사의 수일치

본문 p. 42

1 정답 **them**

해설 '아이들'을 자극시키는 장르라는 문맥이 되어야 자연스럽다.

We parents / need to do a better job / of helping our kids identify ~ [that excite it / **them**].
(복수대명사)

해석 우리 부모들은 / 일을 더 잘할 필요가 있다 / 우리 아이들이 장르를 구별하도록 돕는 [그들을 자극시키는]. • **identify** 구별하다, 식별하다

2 정답 **those**

해설 복수명사인 professions를 받는 자리이므로 those가 적절.

We can see // that professions (of the younger generation) / will be totally different / from that / **those** of their parents.

해석 우리는 알 수 있다 // 직업은 (젊은 세대의) / 완전히 다를 것이라고 / 부모의 직업과. • **profession** 직업

❶ 정답 **their**

해설 문맥상 복수명사인 Town officials를 받으므로 their가 적절.

해석 마을 공무원들은 자신들의 지역 사회 인구에 관한 정보를 모은다.

• **official** 공무원; 공식적인 **gather** 모으다 **population** 인구

❷ 정답 **them**

해설 문맥상 use의 목적어는 computers이므로 them이 적절.

해석 그녀는 컴퓨터에 관심이 있어서, 공공도서관에서 그것들(= 컴퓨터)을 사용하는 방법을 배우는 중이다.

❸ 정답 **it**

해설 문맥상 beauty를 받으므로 it이 적절.

해석 아름다움이란 무엇인가? 문화마다 그것을 상당히 다르게 정의한다.

❹ 정답 ○

해설 문맥상 consumers를 받으므로 them이 적절히 쓰였다.

해석 광고가 없다면 소비자들은 어떤 특정한 제품이 그들에게 이득을 주거나 도움을 주기 위해 무엇을 할 수 있는지에 대한 지식이 없을 것이다.

• **advertising** 광고 **benefit** 이득을 주다

❺ 정답 × / **those**

해설 복수명사인 the buttons를 가리키므로 those로 고쳐야 한다.

해석 당신은 그 시계의 버튼이 기존 시계들의 버튼에 비해 더 누르기 힘들다고 느낄지 모른다. • **conventional** 종래의, 전통적인; 극히 평범한

CASE 2 인칭대명사 vs. 소유대명사

본문 p. 42

정답 **yours**

해설 The robotic muscles (made from fishing wire) / are 100 times stronger / than you / **yours**.
(= your muscles)

해석 그 로봇식 근육들은 (낚싯줄로 만든) / 100배 더 강하다 / 당신의 것(= 당신의 근육)보다. • **muscle** 근육

❶ 정답 **hers**

해설 문맥상 '그녀의 진술(her statement)'을 의미하므로 이를 받는 소유대명사 hers가 적절.

해석 그 사건에 대한 그의 진술은 그녀의 것(= 그녀의 진술)과 일치하지 않았다. • **statement** 진술 **incident** 사건 **match** ~와 일치하다; ~에 필적 하다; 경기; 성냥

❷ 정답 **their / ours**

해설 뒤의 명사를 수식하므로 소유격 their, '우리의 질병 문제(our disease problems)'를 의미하므로 소유대명사 ours가 적절.

해석 새들은 때로는 우리의 것(= 우리의 질병)이 되는 그것들의 질병 문제를 가지고 있다. • **disease** 질병, 병

CASE 3 인칭대명사 vs. 재귀대명사

본문 p. 43

정답 **himself**

해설 He looked at him / **himself** / in the mirror / and found something / under his nose.

해석 그는 자신을 보았다 / 거울에 비친 / 그리고 무언가를 발견했다 / 코 밑에서.

❶ 정답 **himself**

해설 주어 he(= a king)와 동사 hid의 목적어가 동일한 대상을 가리키므로 재귀대명사 himself가 적절.

해석 옛날에, 한 왕이 길 위에 바위 하나를 놓아두었다. 그러고 나서 그는 숨어서 누가 그걸 치우는지 보려고 지켜보았다.

❷ 정답 **herself**

해설 to disguise의 의미상 주어인 she와 목적어가 동일한 대상을 가리키므로 재귀대명사 herself가 적절.

해석 그녀는 자신을 변장하고 싶어서 남자 옷을 입었다.

• **disguise** 변장[가장]하다

❸ 정답 **them**

해설 주어는 they(= people)이고 동사 take의 목적어는 beautiful flowers이므로 목적격 대명사 them이 적절.

해석 사람들은 산에서 아름다운 꽃을 발견하면, 때때로 그것들을 집으로 가지고 온다.

❹ 정답 ○

해설 명령문의 생략된 주어(you)와 목적어가 일치하므로 재귀대명사 yourself가 적절.

해석 당신의 강점과 약점에 대해 스스로에게 솔직한가? 자기 자신을 확실히 알고 자신의 약점이 무엇인지를 파악하라. • **strength** 강점; 힘, 기운 **weakness** 약점; (힘·세력·각오 등이) 약함, 힘이 없음, 나약함

Further Study

본문 p. 43

❶ 정답 **the others**

해설 책 세 권 중 나머지 두 권을 의미하므로 the others가 적절.

해석 내 탁자 위에 책 세 권이 있었는데, 한 권은 여기 있어. 나머지 것들은 어디 있지?

❷ 정답 **another**

해설 '또 다른 하나'를 의미하므로 another가 적절.

해석 이것은 마음에 들지 않아요. 또 다른 것을 제게 보여주세요.

❸ 정답 **Others**

해설 여러 명 중 일부는 some, 또 다른 일부는 others로 받는다. 이때 others는 불특정 다수의 사람을 나타낸다.

해석 어떤 사람들은 여가 시간에 쉬는 것을 좋아한다. 또 다른 사람들은 여행하기를 좋아한다. • **free time** 여가 시간

❹ 정답 **the other**

해설 두 명의 아들 중에 나머지 한 명을 지칭하므로 the other가 적절.

해석 나는 아들이 둘 있다. 한 명은 일곱 살이고, 나머지 한 명은 다섯 살이다.

Point Exercise

본문 p.44

01 정답 **it**

해설 문맥상 put의 목적어는 a note이므로 단수형 it이 적절.

해석 나는 내 걱정거리들에 대해 빠르게 메모를 해서, 그것을 그의 우편함에 넣어두었다. • **concern** 걱정; 관심사

02 정답 **its**

해설 문맥상 the new word's를 가리키므로 단수형 its가 적절.

해석 당신이 문맥에서 새로운 단어를 읽으면, 그 단어의 의미를 추측할 수 있을 가능성이 매우 크다. • **context** 문맥 **chance** 가능성; 기회

03 정답 **that**

해설 앞에 나온 명사구 heart tissue의 반복을 피하기 위한 것이므로 단수형 that이 적절.

해석 과학자들은 돼지와 암소가 인간의 것과 유사한 심장 조직을 가지고 있다는 것을 알아냈다. • **tissue** 조직

04 정답 **their**

해설 문맥상 Animal parents를 가리키므로 복수형 their가 적절.

해석 부모 동물은 자기 새끼에게 줄 수 있는 자원이 한정되어 있고 새끼가 아프거나 병약하면 그것은 버림받는다.

• **limited** 한정된 **resource** 자원, 자산 **dedicate** 바치다, 전념하다 **offspring** 자식, 새끼 **abandon** 버리다, 떠나다

05 정답 **mine**

해설 문맥상 '내 타이어(my tire)'를 의미하므로 「소유격 + 명사」를 받는 소유대명사 mine이 적절.

해석 그곳에 사는 농부가 자신의 차에서 타이어를 떼어내고 나서 말했다. "마을로 차를 몰고 가서 타이어를 고치시고, 제 것(= 제 타이어)은 주유소에 두고 가세요. 그건 나중에 제가 찾아올게요." • **gas station** 주유소

06 정답 **himself**

해설 주어 Paul과 동사 found의 목적어가 동일한 대상을 가리키므로 재귀대명사 himself가 적절.

해석 Paul은 그 가족의 어려움을 무시하려고 노력했지만, 곧 자신이 그들을 돌보며 다리 아래 있는 자신의 집에서 그들과 함께 살고 있음을 알게 되었다.

• **ignore** 무시하다 **care for** ~을 돌보다 **share A with B** A를 B와 함께 쓰다

07 정답 **them**

해설 문맥상 복수형 Geckos를 받으므로 them이 적절.

해석 도마뱀붙이는 납작한 발을 덮는, 아주 작고 머리카락 같은 막들이 있는데, 이것들이 도마뱀붙이를 아주 잘 기어오를 수 있게 한다. • **covering** ~을 덮는 막 • **flattened** 납작한 **extraordinary** 대단한; 기이한

08 정답 **others**

해설 여러 명 중 일부는 some, 다른 일부는 others로 받는다.

해석 같은 처지에 있을 때도 우울증을 겪는 사람이 있는가 하면 그렇지 않은 사람도 있다. • **circumstance** 환경, 상황 **depression** 우울증

09 정답 ✕ / **its**

해설 문맥상 Brazil을 뜻하므로 단수형 its로 고쳐야 한다.

해석 브라질의 실업률은 재정과 정치적 문제로 인해 상대적으로 높다.

• **unemployment** 실업 **relatively** 상대적으로 **financial** 금융[재정]의 **political** 정치적인

10 정답 ✕ / **themselves**

해설 주어 Some people과 전치사 in의 목적어가 동일한 대상을 가리키므로 재귀대명사 themselves로 고쳐야 한다.

해석 어떤 사람들은 인생에서 자랑스러운 일을 한 적이 없다고 생각하기 때문에 스스로에 대해 자신감이 거의 없다. • **confidence** 자신감

Point 06 명사의 종류에 따라 수식어를 구별하라!

CASE 1

본문 p. 45

셀 수 있는 명사의 수식어 vs. 셀 수 없는 명사의 수식어

정답 **many**

해설 Scientists developed / [**many** / much] different (**theories**), // but they could not prove / that their ideas were correct.
(셀 수 있는 명사의 수식어 → many / 셀 수 있는 명사 → theories)

해석 과학자들은 개발했다 / 많은 다른 이론들을, // 그러나 그들은 증명하지 못했다 / 그들의 생각이 맞다는 것을. • **theory** 이론

❶ 정답 **little**

해설 셀 수 없는 명사 furniture를 수식할 수 있는 것은 little.

해석 그들의 집들은 작고 습하고 추웠으며 가구가 거의 없었다.

• **furniture** 가구

❷ 정답 **countries**

해설 '몇몇의(= several)'라는 의미의 a number of는 셀 수 있는 명사의 복수형을 수식하므로, 뒤에는 복수명사가 와야 한다. 따라서 countries가 적절.

해석 채식주의는 여러 나라에서 인기를 끌고 있다.

• **gain** 얻다 **popularity** 인기

❸ 정답 ○

해설 chance(가능성)는 셀 수 있는 명사와 셀 수 없는 명사 모두로 쓰이는데, 이 문장에서는 부정관사 없이 단독으로 쓰였으므로 셀 수 없는 명사에 해당한다. 그러므로 little은 적절하다. 참고로 chance가 '기회'를 의미하면 셀 수 있는 명사이다.

Any manuscript [that contains errors] / stands little chance / at being accepted for publication.

해석 어떤 원고라도 [오류가 있는] / 가능성이 거의 없다 / 출판을 수락받을.

• **manuscript** 원고 **publication** 출판, 발행; 출판물

CASE 2

본문 p. 45

셀 수 있는[없는] 명사의 공통 수식어(구)

정답 **some**

해설 One of my friends / found [some / a few](공통 수식어) (money)(셀 수 없는 명사) / in a library book.

해석 내 친구 하나는 / 약간의 돈을 발견했다 / 도서관 책에서.

❶ 정답 **a lot of**

해설 셀 수 있는 명사의 복수형 experiences를 수식할 수 있는 것은 a lot of.

해석 나는 학창 시절에 겪었던 많은 유쾌한 경험들을 기억한다.

• **pleasant** 쾌적한, 즐거운, 기분 좋은

❷ 정답 **any**

해설 셀 수 있는 명사의 복수형 questions를 수식할 수 있는 것은 any.

해석 질문이 더 있으시면 저희에게 연락 주십시오. • **further** 더, 추가의

Point Exercise

본문 p. 46

01 정답 **a lot of**

해설 셀 수 있는 명사의 복수형 reports를 수식할 수 있는 것은 a lot of.

해석 지난 몇 년간 학교 폭력에 관한 많은 뉴스 보도가 있었다.

• **violence** 폭력

02 정답 **little**

해설 chance는 셀 수 있는 명사와 셀 수 없는 명사로 모두 쓰일 수 있다. 여기서는 chance가 단수형으로 쓰였으므로 셀 수 없는 명사임을 알 수 있다. 따라서 little이 적절.

해석 의사들은 그녀가 생존할 가능성이 거의 없다고 여겼지만, 그녀의 어머니는 포기하지 않았다. • **chance** 가능성; 기회 **give up** 포기하다

03 정답 **much**

해설 셀 수 없는 명사 information을 수식할 수 있는 것은 much.

해석 노인들의 두뇌는 마치 (용량이) 꽉 찬 하드 드라이브처럼 처리할 정보가 많기 때문에 속도가 느린 것처럼 보일 뿐이다.

04 정답 **lots of**

해설 셀 수 없는 명사 evidence를 수식할 수 있는 것은 lots of.

해석 대륙들이 한때 서로 붙어 있었다는 것을 입증할 많은 증거들이 화석들로부터 나왔다. • **evidence** 증거 **fossil** 화석 **continent** 대륙

05 정답 **minutes**

해설 a few는 셀 수 있는 명사의 복수형을 수식하므로 뒤에는 복수명사가 와야 한다. 따라서 minutes가 적절.

해석 John은 겨우 몇 분 동안 줄 서 있었지만, 그 사은품이 기다릴 만한 가치가 있는 것인지 궁금해지기 시작했다.

• **free prize** 사은품 **worth** ~의 가치가 있는

06 정답 **a great deal of**

해설 셀 수 없는 명사 energy를 수식할 수 있는 것은 a great deal of.

해석 많은 사람이 "나는 그것을 할 수 없어.", "나는 어쩔 수 없어."와 같은 말들로 자신의 한계를 변명하는 데 많은 에너지를 소비한다.

• **make excuses for** ~에 대해 변명하다 **limitation** 한계; 제한 **can't help it** 어쩔 수 없다(= It cannot be helped.)

07 정답 **few**

해설 셀 수 있는 명사의 복수형 opportunities를 수식할 수 있는 것은 few.

해석 그녀는 어렸을 때, 시골 생활을 하면 사람들을 만날 기회가 거의 없다는 것과 교육을 받을 가능성이 거의 없다는 것을 불평하곤 했다.

• **used to-v** (과거에) v하곤 했다 **opportunity** 기회

08 정답 **plenty of**

해설 셀 수 없는 명사 water를 수식할 수 있는 것은 plenty of.

해석 더운 나라를 여행할 때는 물을 많이 마시되 탄산수나 콜라 같은 탄산음료는 피하라. • **sparkling** 탄산이 든

09 정답 × / **little**

해설 patience는 셀 수 없는 명사이므로 little로 고쳐야 한다.

해석 그들은 경험과 능력을 중요시하며, 대개 비효율성에 대한 인내심이 거의 없다. • **competence** 능력 **patience** 인내심 **inefficiency** 비효율

10 정답 × / **advances**

해설 A great number of는 셀 수 있는 명사의 복수형을 수식하므로 뒤에는 복수명사가 와야 한다. 따라서 복수형인 advances로 고쳐야 한다.

해석 자율 주행 자동차 개발에 많은 진전이 있었다. • **advance** 진전

UNIT Exercise

본문 p. 47

01 정답 **its** ▶ 대명사의 수일치

해설 문맥상 단수명사인 The company를 받으므로 its가 적절.

해석 이 회사는 중국 내 매출을 전년 대비 50% 늘리기 위해 노력할 것을 계획하고 있다. • **compared to** ~와 비교하여 **previous** 이전의

02 정답 **a few** ▶ a few + 셀 수 있는 명사의 복수형

해설 셀 수 있는 명사의 복수형 minutes를 수식할 수 있는 것은 a few.

해석 익숙지 않은 가슴 통증이 몇 분 이상 지속된다면, 주저하지 말고 구급차를 부르세요. • **unfamiliar** 익숙지 않은 **hesitate to-v** v하기를 주저하다[망설이다] **ambulance** 구급차

03 정답 **yourself** ▶ 인칭대명사 vs. 재귀대명사

해설 picture의 의미상 주어(you)와 목적어는 동일한 대상이므로 재귀대명사 yourself가 적절. spend 이하는 명령문으로 주어 you가 생략되었다.

해석 스키 타기의 첫 시도를 준비하기 위해서는 자신이 경사면 아래로 가뿐히 내려가는 모습을 상상하며 시간을 보내라.

• **attempt** 시도 **picture** 상상하다; 그림 **slope** 경사면

04 정답 **it** ▶ 대명사의 수일치

해설 문맥상 단수명사 stone을 받으므로 it이 적절.

해석 나는 하릴없이 내 손가락들을 모래 사이로 집어넣으며 해변에 앉아 있었다. 나는 특이한 돌 하나를 발견해 잠시 그 돌을 바라보았다.

• **idly** 하릴없이, 한가하게 **unusual** 특이한

05 정답 **much** ▶ much + 셀 수 없는 명사

해설 셀 수 없는 명사 attention을 수식할 수 있는 것은 much.

해석 운전자들은 모든 기찻길 건널목에서 속도를 줄이거나 멈춰서야 한다. 기차들은 사고를 막기 위해 제시간에 멈출 수가 없다. 그러나 사람들은 신경을 잘 쓰고 있지 않다.

• **crossing** 건널목 **in time** 제시간에 **pay attention** 주의를 기울이다

06 정답 **A great deal of** ▶ a great deal of + 셀 수 없는 명사

해설 셀 수 없는 명사 research를 수식할 수 있는 것은 A great deal of.

해석 우리가 어떻게 기억하는지에 대한 많은 연구가 감정과 기억력 간의 관계에 초점을 맞추고 있다. • **focus on** ~에 초점을 맞추다 **emotion** 감정

07 정답 **those** ▶ 대명사의 수일치

해설 the growth patterns의 반복을 피하기 위한 것이므로 복수형 those가 적절.

해석 한 가지 사실은 공룡의 성장 패턴인데, 이는 오히려 온혈 포유류의 성장 패턴에 가깝다. • **growth** 성장 **pattern** 양식, 패턴 **dinosaur** 공룡 **more like** 오히려 ~에 가까운 **warm-blooded** 온혈의 **mammal** 포유동물

08 정답 **theirs** ▶ 「소유격 + 명사」를 대신하는 소유대명사

해설 문맥상 their dreams를 의미하므로 「소유격 + 명사」를 받는 소유대명사 theirs가 적절.

해석 만약 당신이 자신의 꿈을 이루지 않는다면 누군가가 자신의 꿈을 이루기 위해 당신을 고용할 것이다. • **hire** 고용하다; 빌리다

09 정답 × / **their** ▶ 대명사의 수일치

해설 문맥상 the performers를 가리키므로 their로 고쳐야 한다.

해석 공연에 참석한 관객들과 비평가들은 연주자들의 열정에 찬사를 보냈다.

• **critic** 평론가, 비평가 **enthusiasm** 열정

10 정답 ○ ▶ much + 셀 수 없는 명사

해설 셀 수 없는 명사 equipment를 수식하는 것으로서 much는 적절.

해석 너무 많은 장비를 가지고 여행하는 것은 특히 그 여행이 많은 신체적 노력을 필요로 한다면 심각한 문제가 될 수 있다.

• **equipment** 장비, 용품 **drawback** 문제점, 결점

갈무리 ❶

본문 p. 48

1 정답 ①

해설 (A) 주어는 현재분사구 swimming in the water의 수식을 받는 fish이다. fish는 단수, 복수가 동일한 형태이지만 앞에 부정관사 a가 없고 문맥상으로도 복수의 의미이므로 복수동사 get이 적절.

(B) 주어는 전명구 of these scales의 수식을 받는 The toughness이므로 단수동사 is가 적절. 동사 바로 앞의 scales를 주어로 착각하지 않도록 주의한다.

(C) Some people이 사용하는 것은 the scales of fish이므로 주어와 목적어는 동일한 대상이 아니다. 따라서 대명사 them이 적절.

해석 수영하러 갈 때, 당신은 바위에 부딪혀 멍들지 않게 조심하라는 말을 항상 듣는다. 하지만, 물속에서 헤엄치는 물고기들은 바위틈과 가시 돋친 수초의 줄기들 사이를 헤엄치면서도 멍이 드는 일이 좀처럼 없다. 그 이유는 물고기들이 보호막 역할을 하는 비늘을 몸에 지니고 있기 때문이다. 이 비늘의 단단함은 얼마나 환경이 거친지에 따라 결정된다. 예를 들어, 우둘투둘한 표면으로부터 자신의 몸을 보호해야 하는 물에 사는 물고기의 비늘은 단단하다. 심지어 어떤 사람들은 그것을 사포 대용으로 사용하기도 한다. 반면에 거친 표면을 많이 접하지 않는 물고기들의 비늘은 매우 부드럽다.

• **bruise** 멍들게 하다 **crack** 틈 **thorny** 가시가 돋친 **serve as** ~의 역할을 하다 **protective** 보호하는 **layer** 막, 층 **toughness** 단단함 **determine** ~을 결정하다 **harsh** 척박한; 가혹한 **substitute** 대체물, 대용품; 대체하다 **sandpaper** 사포 **encounter** 접하다

구문 [3-4행] It's because they have *scales* on their bodies **[which serve as a protective layer]**.

which가 이끄는 관계대명사절이 선행사 scales를 수식.

2 정답 ④

해설 (A) 장소를 나타내는 부사구 In water and microbes가 문장 앞으로 나오면서 주어와 동사가 도치되었다. 문장의 주어인 the answer가 단수이므로 단수동사 lies가 적절.

In water and microbes **lies** **the answer**.
(lies: V, the answer: S)

(B) Food-spoiling은 동명사가 아니라 복수명사 주어인 microbes를 수식한다. 그러므로 복수동사 love가 적절.

(C) 셀 수 있는 명사의 복수형 hours를 수식하므로 a few가 적절. a little은 셀 수 없는 명사를 수식한다.

해석 버터는 우유로 만들어지는데, 우유는 매우 빨리 상하지만 버터는 그렇지 않다. 왜 그럴까? 해답은 물과 미생물에 있다. 음식을 상하게 하는 미생물(박테리아, 효모균, 곰팡이)은 물을 좋아하는데, 물이 많을수록 더욱 좋아한다. 우유는 약 94% 정도가 물이어서 박테리아, 효모균, 곰팡이에게 (번식하기가) 아주 좋다. 만약 당신이 우유 한 통을 따뜻한 방안에 놓아둔다면 우유가 상하기까지 단지 몇 시간밖에 걸리지 않는다. 반면에 버터는 며칠 동안 때로는 몇 주 동안까지 두어도 여전히 먹을 수 있을 것이다. 그 이유는 버터에 물이 30% 정도만 있어서이다. 또한, 대부분의 버터에는 소금이 첨가되는데, 염분이 미생물을 많이 죽인다.

• **spoil** (음식이) 상하다 **lie in** ~에 있다 **food-spoiling** 음식을 상하게 하는 **bacteria** 박테리아, 세균 **yeast** 이스트, 효모균 **container** 그릇, 용기 **on the other hand** 반면에 **edible** 먹을 수 있는 **up to** ~까지 **salt** 소금을 넣다; 소금

3 정답 ③

해설 (A) when이 이끄는 관계부사절의 주어는 discrimination이므로 단수동사 was가 적절. 전명구 against African Americans는 수식어구이다.

(B) 문맥상 『Green Book』의 (내용)범위'를 뜻하므로 단수형 대명사 its가 적절.

(C) 문맥상 African Americans를 받으므로 복수형 their가 적절.

해석 「The Negro Motorist Green Book」 또는 간단히 「Green Book」은 미국 전역의 호텔, 술집, 식당, 주유소 및 기타 시설의 목록을 제공하는 아프리카계 미국인 여행객들을 위한 안내서였다. Victor H. Green은 아프리카계 미국인들에 대한 차별이 만연했던 1936년부터 1966년까지 매년 이 책을 출판했다. 이 기간 동안 아프리카계 미국인들은 미국을 여행하면서 인종적 편견, 음식 및 숙박 거부, 신체적 폭력에 직면했다. 「Green Book」은 아프리카계 미국인들에게 친절한 서비스와 장소들을 특징으로 했으며, 그것의 (내용)범위는 뉴욕 지역뿐만 아니라 북미의 많은 지역을 포함하는 것으로 확대되었다. 「Green Book」에 포함된 정보는 그들의 안전과 대우를 증가시키는 데 도움을 줄 수 있었다.

• **establishment** 기관, 시설 **publish** 출판[발행]하다 **annually** 일 년에 한 번 **discrimination** 차별 **widespread** 만연한, 널리 퍼진 **face** 직면하다 **racial** 인종의 **prejudice** 편견 **refusal** 거부, 거절 **lodging** 숙소 **violence** 폭력 **feature** 특징으로 하다 **coverage** 범위 **treatment** 대우

구문 [1-3행] ... was a guidebook (for African American travelers) [that provided a list of hotels, ~ throughout the country].
(a guidebook: 선행사 / (for African American travelers): 수식어구 / that: 관계대명사)

4 정답 ④

해설 ⓑ 이 문장의 주어 species는 복수의 '종들'을 뜻하므로 복수동사 are로 고쳐야 한다. living ~ Asia는 주어를 수식하는 현재분사구.

ⓒ 주어가 Walter Jetz이므로 단수동사 cautions로 고쳐야 한다. the ~ Yale은 삽입어구.

해석 인간들이 전 세계로 퍼져나가고 점점 더 많은 땅을 사용함에 따라, 우리는 다른 종들이 살아갈 공간을 거의 남겨두지 않는다. 예일대 생태학자들의 연구에 따르면 2070년까지 인간에 의해 증가된 토지 이용은 1,700여 종의 양서류, 조류, 포유류를 큰 멸종 위기에 처하게 할 것으로 예상된다. 특히 남아메리카, 중앙아프리카, 동아프리카, 동남아시아에 서식하는 종들은 가장 큰 서식지 감소와 멸종 위험 증가를 겪을 것이다. 예일대의 생태학과 진화생물학 교수인 Walter Jetz는 이 문제가 이런 종들이 살고 있는 나라들뿐만 아니라 전 세계에 영향을 미친다고 경고한다. "이런 종들의 개체 수 손실은 생태계의 기능과 인간의 삶의 질을 영구적으로 손상시킬 수 있습니다"라고 Jetz는 말했다. "지구의 멀리 떨어진 곳의 생물 다양성 파괴가 우리에게 직접적인 영향을 미치지 않는 것 같지만, 인간의 생계에 미치는 영향은 전 세계적으로 확산될 수 있습니다."

• **ecologist** 생태학자 **mammal** 포유류 **extinction** 멸종 **habitat** 서식지 **evolutionary biology** 진화생물학 **permanently** 영구적으로 **ecosystem** 생태계 **biodiversity** 생물의 다양성 **destruction** 파괴 **consequence** 결과 **livelihood** 생계

구문 [1-2행] As humans spread out across the world and use more and more land, we leave other species little space (to live on).
(leave: V / other species: IO / little space: DO / (to live on): 수식어(to부정사))

5 정답 ⓑ **suggest / suggests** ⓒ **cause / causes**

해설 ⓑ 주어가 research이므로 단수동사 suggests로 고쳐야 한다.

ⓒ 동명사구 (Praising ~ ability)가 주어이므로 단수동사 causes로 고쳐야 한다.

해석 사람의 능력을 칭찬하고 타고난 재능처럼 보이는 것 때문에 누군가에게 찬사를 보내는 것은 우리 모두에게 유혹적이다. 만약 당신의 아이가 시험을 잘 본다면, 당신은 "넌 정말 똑똑하구나!"라고 말할지도 모른다. 만약 당신의 친구가 훌륭한 축구 경기를 펼친다면, 당신은 "넌 정말 운동선수 같아!"라고 말할지도 모른다. 그러나 Carol Dweck의 성공 심리에 대한 연구는 더 나은 전략을 제안한다. 사람들의 타고난 능력을 칭찬하는 것은 종종 해로운 영향을 끼친다. 일단 사람들이 기술과 재능을 그들이 가지고 있거나 가지고 있지 않은 것이라고 생각하기 시작하면, 그들이 무언가에 실패했을 때 어떤 일이 일어날까? 그들은 좌절하고 결국 자신들이 그렇게 대단하지 않다고 생각할 것이다. 하지만 대신, 만약 당신이 사람들의 노력을 칭찬한다면? 예를 들어, 만약 당신이 당신의 아이에게 "넌 시험을 위해 정말 열심히 노력했구나."라고 하거나 당신의 친구에게 "넌 오늘 경기에 노력을 쏟아부었어."라고 말한다면? 연구들은 사람들이 쏟는 노력과 투지에 초점을 맞추면 그들이 미래의 어려움을 극복하는 데 더 잘 해낸다는 것을 보여준다.

• **admire** 칭찬하다 **innate** 타고난 **tempting** 유혹적인 **athletic** 운동선수다운 **psychology** 심리 **strategy** 전략 **frustrated** 낙담한, 좌절감을 느끼는 **determination** 투지 **overcome** 극복하다

구문 [5-7행] Once people start to think that skills and talents are things [they either have or don't have], what happens when they fail at something?
(that: 접속사 / things: 선행사 / [they either have or don't have]: 관계사절)

접속사 that이 이끄는 명사절(that skills ~ have)이 think의 목적어로 쓰였고, 선행사 뒤의 목적격 관계대명사가 생략됨.

6 정답 (1) ⓐ **contain** ⓑ **does** ⓒ **yourself**

(2) **Using food to satisfy your emotional needs is called emotional eating**

해설 (1) ⓐ 관계사절의 선행사가 unhealthy foods이고 많은 양의 포화 지방과 정제 설탕을 포함하고 있다는 뜻이 되어야 하므로 관계사절의 동사는 복수형인 contain을 써야 한다.

ⓑ 부정어가 문장 앞에 있어 「조동사(do, does, did) + S + 동사원형」의 어순으로 도치되어야 하는 형태인데 주어가 단수명사이고 현재시제이므로 does를 써야 한다.

ⓒ 주어 you와 동사 distract의 목적어가 동일한 대상을 가리키므로 재귀대명사 yourself를 써야 한다.

(2) 동명사가 이끄는 어구가 주어이고 현재를 나타내므로 동사는 현재시제 단수형인 is가 와야 한다.

해석 우리는 음식을 단지 신체적인 배고픔을 만족시키는 수단으로뿐만 아니라 위로나 스트레스 완화, 우리 자신에게 보상을 주기 위해서도 자주 이용한다. 그리고 우리가 그럴 때, 우리는 부엌에 있는 많은 양의 포화 지방과 정제 설탕을 함유한 건강에 좋지 않은 음식에 손을 뻗는 경향이 있다. 우울할 때 초콜릿케이크 한 조각에 손을 뻗거나 스트레스를 받거나 외로울 때 피자를 주문할 수도 있다. 당신의 감정적 욕구를 충족시키기 위해 음식을 이용하는 것을 감정적 식사라고 한다. 불행히도, 감정적 식사는 감정적 문제를 해결하지 못한다. 사실, 그것은 보통 기분을 더 나쁘게 한다. 그 후에도 원래의 감정적 문제가 남아 있을 뿐만 아니라 과식에 대한 죄책감을 느끼게 된다. 감정은 보통 오래 가지 못하므로 감정이 지나갈 때까지 단시간 동안만 스스로를 먹는 데에서 주의를 돌리게 하면 된다. 짧은 산책을 가거나 당신이 즐기는 활동으로 눈을 돌려보라.

• means 수단 comfort 위로, 위안 relief 완화, 경감 reward 보상하다 refined 정제된 depressed 우울한 afterward 그 후에 guilty 죄책감이 드는 distract (주의를) 딴 데로 돌리다

구문 [5-6행] Using food to satisfy your emotional needs (S(동명사구)) is called (V) emotional eating.

UNIT 03 동사의 시제

✦ 포인트 감 잡기! 정답 ①, ②, ⑤

Point 07 단순과거와 현재완료의 구별은 부사를 찾아라!

CASE 1

본문 p. 54

단순과거 vs. 현재완료(계속)

1 정답 **left**

해설 After traveling for 36 years, / the Voyager 1 space probe / left / has left our solar system / in 2013.

해석 36년간의 비행 후 / 보이저 1호 우주 탐사기는 / 태양계를 벗어났다 / 2013년에. • space probe 우주 탐사기 solar system 태양계

2 정답 **have dropped**

해설 Populations of large fish, / such as tuna and shark, / dropped / have dropped by 90% / since 1950.

해석 대어의 개체 수가, / 참치와 상어 같은, / 90%까지 감소해왔다 / 1950년 이후로. • population 개체 수; 인구

❶ 정답 **Four years ago, immigrated**

해설 과거를 나타내는 부사구 Four years ago가 있으므로 과거시제가 적절.

해석 4년 전, 그녀의 가족은 캐나다로 이민 왔다.

• immigrate (다른 나라로) 이민 오다

❷ 정답 **since it was first climbed, have reached**

해설 「since + 특정 과거 시점」의 부사절이 있으므로 현재완료가 적절. 과거 첫 등정부터 지금까지의 기간을 나타낸다.

해석 첫 등정 이후 5,000명 이상이 에베레스트산 정상에 올랐다.

• summit 정상

❸ 정답 **When Sally was about eight years old, climbed**

해설 When Sally ~ old는 과거의 특정 시점을 나타내므로 과거시제가 적절.

해석 Sally가 8살쯤이었을 때, 그녀는 매일 나무에 올라갔다.

❹ 정답 **for several years now, have played**

해설 과거부터 현재까지의 기간을 나타내는 부사구(for several years now)와 같이 쓰여 계속된 동작을 나타내므로 현재완료가 적절.

해석 나는 이제 여러 해 동안 바이올린을 연주해왔는데, 연주하는 것을 더욱 더 즐기고 있다.

❺ 정답 **Last Saturday afternoon, went**

해설 과거를 나타내는 부사구 Last Saturday afternoon이 있으므로 과거시제가 적절.

해석 지난 토요일 오후, 나는 런던에서 열린 축구 경기를 보러 갔다.

• match 경기; 성냥; ~에 필적하다

Point Exercise

본문 p. 55

01 정답 **wanted**

해설 When he was eleven은 과거의 특정한 시점을 나타내므로 과거시제가 적절.

해석 그가 11살이었을 때, 그는 일본어책을 읽을 수 있도록 일본어 수업을 듣고 싶어 했다.

02 정답 **was**

해설 in 1971은 명백한 과거 시점을 나타내므로 과거시제가 적절.

해석 최초의 IMAX 시스템은 1971년 토론토에 설치되어 일반적인 영화의 영상보다 훨씬 더 큰 크기의 영상을 보여주었다. • set up 설치하다 display 보이다; 진열하다 typical 일반적인; 전형적인

03 정답 **advanced**

해설 last night는 명백한 과거 시점을 나타내므로 과거시제가 적절.

해석 아무도 우리 팀이 그 경기를 이길 거라 예상하지 않았지만, 우리는 어젯밤에 결승에 진출했다. • advance to ~에 진출하다

04 정답 **took**

해설 명백한 과거 시점을 나타내는 부사구 the other week이 있고, 문맥상 비행기를 탔던 당시 일어난 일이므로 과거시제가 적절.

해석 지난주에 나는 사업차 런던에 가야 했다. 나는 대개 비행기에서 잠을 자는 데 어려움을 겪어서, 이륙하기 직전에 수면제 한 알을 먹었다.

• on business 사업차 have a hard time v-ing v하는 데 어려움을 겪다 sleeping pill 수면제 takeoff 이륙, 출발

05 정답 **has collected**

해설 과거부터 현재까지의 기간을 나타내는 부사구(For ten years now)와 함께 쓰여 계속된 동작을 나타내므로 현재완료가 적절.

해석 일단 해가 지고 나면, Louise는 자신을 뱀파이어로 변신시킨다. 그녀는 심지어 뱀파이어 이빨도 가지고 있다. 이제 10년째 그녀는 공포 영화 비디오와 해골, 박쥐를 집안 가득 수집해 왔다. • once 일단 ~하면; 한 번 transform A into B A를 B로 변신시키다 vampire 뱀파이어, 흡혈귀 a houseful of 집안 가득한 horror movie 공포 영화 skull 해골, 두개골

06 정답 **has been**

해설 과거부터 현재까지의 기간을 나타내는 부사구(since last year)와 함께 쓰여 계속된 동작을 나타내므로 현재완료가 적절.

해석 작년부터 교통사고 건수가 급격히 감소해 왔다. 음주 운전에 대한 단속의 효과임이 틀림없다. • dramatic 극적인 decrease 감소; 감소하다

07 정답 **× / originated**

해설 명백한 과거 시점을 나타내는 부사구 around 200,000 years ago가 있으므로 과거시제가 적절.

해석 이제 대부분의 과학자들은 우리의 조상, 즉 가장 초기의 호모 사피엔스가 약 20만 년 전에 아프리카에서 기원했다고 생각한다.

• ancestor 조상 originate 비롯되다, 유래하다

08 정답 ○

해설 과거부터 현재까지의 기간을 나타내는 부사구(since early this year)와 함께 쓰여 계속된 동작을 나타내므로 현재완료가 적절.

해석 GDP가 작년 동기간에 비해 올해 초 이후로 0.12퍼센트 감소해왔다.

• **decrease** 감소하다 **compare** 비교하다

09 정답 **have remained**

해설 과거부터 현재까지의 기간을 나타내는 부사구(since then)와 함께 쓰여 계속된 상태를 나타내므로 현재완료가 적절.

해석 중국의 빈번한 통일은 오랜 역사를 가지고 있다. 현대 중국의 가장 생산성이 높은 지역들은 기원전 221년에 처음으로 정치적으로 통합이 되었고, 그때 이후로 대부분의 시간 동안 그 상태를 유지해왔다. 중국은 처음부터 오직 단 하나의 문자 체계, 오랜 기간 단 하나의 주요 언어, 그리고 이천 년 동안 견고한 문화적 통합을 이루어왔다. • **frequent** 빈번한, 잦은 **unity** 통합, 통일 **productive** 생산성이 있는 **politically** 정치적으로 **principal** 주요한, 주된 **solid** 견고한; 단단한

Point 08 현재시제가 미래를 나타내는 부사절에 주의하라!

CASE 1

본문 p. 56

시간을 나타내는 부사절

정답 **erupts**

해설 What **will** happen // when the world's largest volcano [현재시제] **erupts** / will erupt again? (시간 접속사가 이끄는 부사절)

해석 어떤 일이 일어날까 // 세계에서 가장 큰 화산이 또 폭발할 때?

• **volcano** 화산 **erupt** (화산이) 분출하다, 폭발하다

❶ 정답 **is**

해설 as soon as(~하자마자)가 이끄는 시간의 부사절이므로 현재시제가 미래시제를 대신한다.

해석 일정이 확정되는 대로 전화 드리겠습니다.

• **fix** (날짜, 시간 등을) 정하다; 고정시키다

❷ 정답 **will come**

해설 여기서 when은 시간의 부사절이 아니라 동사 wonder의 목적어 역할을 하는 명사절을 이끈다. 따라서 미래를 나타내는 문맥에 맞게 미래시제를 쓴다. when이 명사절을 이끌 때 주절의 동사로 know, wonder, ask 등이 자주 쓰인다.

해석 나는 그 교수님이 언제 여행에서 돌아오실지 궁금하다.

❸ 정답 **× / arrive**

해설 by the time이 이끄는 시간의 부사절에서는 현재시제가 미래시제를 대신하므로 arrive로 고쳐야 한다.

해석 내가 집에 도착할 때쯤이면 우리 가족은 식사를 마쳤을 것이다.

CASE 2

본문 p. 57

조건을 나타내는 부사절

정답 **is**

해설 **If** the weather [현재시제] **is** / will be good, // he will arrive in Yeouido on August 15. (조건의 부사절)

해석 날씨가 좋다면, // 그는 8월 15일에 여의도에 도착할 것이다.

❶ 정답 **leave**

해설 if가 이끄는 조건의 부사절이므로 현재시제가 미래시제를 대신한다.

해석 금요일 저녁에 출발하면 일요일 저녁에는 돌아올 수 있을 것이다.

❷ 정답 **seal**

해설 unless(만약 ~하지 않는다면)가 이끄는 조건의 부사절이므로 현재시제가 미래시제를 대신한다.

해석 소포를 적절한 상자에 넣고 단단히 밀봉하지 않으면 우체국에서 받아주지 않을 것이다.

• **package** 소포 **seal** 밀봉하다 **securely** 단단히; 안전하게

❸ 정답 ○

해설 if는 '~인지 (아닌지)'의 의미로서, 명사절을 이끈다. 따라서 미래를 나타내는 문맥에 맞게 미래시제를 쓴 것은 적절.

해석 나는 내가 그 일에 적임자라고 생각하지만, 그들이 내게 그것을 제안할지는 잘 모르겠다.

Point Exercise

본문 p. 58

01 정답 **see**

해설 if가 이끄는 조건의 부사절이므로 현재시제가 미래시제 대신 쓰인다.

해석 나이프와 포크가 있는 표지판을 보면 식사를 할 수 있는 장소를 찾게 될 것이다. • **sign** 표지판, 간판; 징후

02 정답 **will win**

해설 if는 '~인지 (아닌지)'의 의미로서, 동사 wonder의 목적어 역할을 하는 명사절을 이끈다. 따라서 미래를 나타내는 문맥에 맞게 미래시제를 쓴다.

해석 작년의 탁월한 성과 때문에 축구 팬들은 스페인이 올해에도 월드컵에서 우승을 거둘지 궁금해하고 있다.

• **dominating** 우세한, 압도적인 **performance** 성과

03 정답 **begins**

해설 after가 이끄는 시간의 부사절이므로 현재시제가 미래시제 대신 쓰인다.

해석 콘서트가 시작된 후에 도착하는 청중들은 자리를 안내받을 때까지 기다려야 할 것이다. • **audience** 관객, 청중 **seat** 앉히다; 좌석

04 정답 **have**

해설 Once가 이끄는 조건의 부사절이므로 현재완료시제가 미래완료시제 대신 쓰인다.

해석 일단 마늘의 맛있는 향을 맡게 된다면, 당신은 그것을 절대 잊지 못할 것이다. • **aroma** 향기 **garlic** 마늘

05 정답 **comes**
해설 until이 이끄는 시간의 부사절이므로 현재시제가 미래시제 대신 쓰인다.
해석 만약 내가 집에서 쓰러져서 일어나지 못한다면, 나의 개는 누군가 도우러 올 때까지 짖을 것이다. • **fall down** 쓰러지다, 넘어지다

06 정답 **make**
해설 unless가 이끄는 조건의 부사절이므로 현재시제가 미래시제 대신 쓰인다.
해석 인류가 화성에 가지 못한다면 그리 오래 생존하지 못할 것임을 NASA가 언급해 왔다. 그들은 인류가 특정 재해를 피하기 위해서는 몇 세기 안에 '다행성 종족'이 되어야 한다고 밝혔다.
• **state** 진술하다; 상태; 국가 **humanity** 인류 **make it** (바라던 일을) 해내다; (시간에) 대다 **Mars** 화성 **multi-planet** 다행성 **species** ((생물)) 종(種) **disaster** 재해

07 정답 **will provide**
해설 if는 '~인지 아닌지'의 의미로서 동사 ask의 목적어 역할을 하는 명사절을 이끈다. 따라서 미래를 나타내는 문맥에 맞게 미래시제를 쓴다.
해석 당신이 회의에 도착하기 전에 초청 기관이나 회사가 당신에게 숙소를 제공할 것인지 물어보는 것이 바람직하다.
• **advisable** 바람직한 **conference** 회의 **institution** 기관 **provide** 제공하다 **accommodation** 숙소, 숙박 시설

08 정답 **× / continue**
해설 as long as가 이끄는 조건의 부사절에서는 현재시제가 미래시제 대신 쓰이므로 continue로 고쳐야 한다.
해석 사람들이 쓰레기를 계속 만들어 내는 한, 쓰레기를 처리하기 위한 첨단 장비와 기술이 항상 필요할 것이다. • **generate** 만들어 내다 **equipment** 장비 **dispose of** ~을 처리하다[없애다]

09 정답 **○**
해설 when이 시간의 부사절이 아니라 동사 know의 목적어 역할을 하는 명사절을 이끌고 있으므로, 미래를 나타내는 문맥에 맞게 미래시제를 쓴 것은 적절.
해석 하와이의 킬라우에아 화산이 언제 다시 폭발할지 아무도 확실히 모른다.
• **for certain** 확실히 **volcano** 화산 **erupt** (화산이) 폭발하다, 분출하다

10 정답 **as soon as the item arrives in our warehouse**
해설 as soon as가 이끄는 시간의 부사절이므로 현재시제가 미래시제 대신 쓰인다. • **warehouse** 창고

UNIT Exercise

본문 p. 59

01 정답 **is** ▶ 조건의 부사절
해설 as long as(~하는 한)가 이끄는 조건의 부사절이므로 현재시제가 미래시제 대신 쓰인다.
해석 그 문제의 뿌리가 내부에서 자라고 있는 한, 그것은 지속되어 계속해서 튀어나올 것이다.
• **persist** 계속[지속]되다 **pop up** 튀어나오다, 불쑥 나타나다

02 정답 **has been** ▶ 과거 vs. 현재완료
해설 since가 이끄는 시간의 부사절(since ~ in 1996)과 함께 쓰여 과거부터 현재까지 계속되는 동작을 나타내므로 현재완료가 적절.
해석 잊을 수 없는 뮤지컬인 《렌트》는 1996년 초연된 이래로 5천 회 이상 공연되어 왔다. • **unforgettable** 잊을 수 없는

03 정답 **was** ▶ 과거 vs. 현재완료
해설 when이 이끄는 부사절(when he took it)이 명백한 과거를 나타내므로 과거시제가 적절.
해석 그는 그 시험을 볼 때 아팠기 때문에 시험에 합격할 만큼 충분히 잘 봤다고 생각하지 않았다.

04 정답 **exploded** ▶ 과거 vs. 현재완료
해설 last month는 명백한 과거 시점을 나타내므로 과거시제가 적절.
해석 지난달 유성 하나가 러시아 상공에서 폭발했다. 사람들은 그 섬광이 태양보다도 더 밝았다고 말했다.
• **meteor** 유성 **explode** 폭발하다 **flash** 섬광; 번쩍이다

05 정답 **disappears** ▶ 조건의 부사절
해설 if가 이끄는 조건의 부사절이므로 현재시제가 미래시제 대신 쓰인다.
해석 식물의 한 종(種)이 사라지면, 그것에 의존하는 나비 종(種) 또한 없어질 것이다. • **species** ((생물)) 종(種) **depend on** ~에 의존하다 **eliminate** 없애다, 제거하다

06 정답 **has increased** ▶ 과거 vs. 현재완료
해설 Since가 이끄는 시간의 부사구(Since May 2005)와 함께 쓰여 과거부터 현재까지 지속되고 있는 상태를 나타내므로 현재완료가 적절.
해석 2005년 5월 이후로, 온라인 쇼핑객이 웹사이트를 처음 방문해서 그 쇼핑객이 구매하기까지의 평균 시간은 19시간에서 34시간으로 증가했다.
• **average** 평균의 **purchase** 구입; 구매하다

07 정답 **is** ▶ 시간의 부사절
해설 until이 이끄는 시간의 부사절이므로 현재시제가 미래시제 대신 쓰인다.
해석 모든 것이 딱 좋을 때까지 기다리지 마라. 절대 완벽해지지 않을 것이다. 언제나 도전과 장애물, 그리고 불완전한 조건이 있을 것이다. 지금 시작하라.
• **obstacle** 장애물 **condition** 조건; 상태

08 정답 **is** ▶ 조건의 부사절
해설 unless가 이끄는 조건의 부사절이므로 현재시제가 미래시제 대신 쓰인다.
해석 환자나 보호자가 동의서에 서명하지 않는다면 수술은 진행되지 않을 것이다. • **surgery** 수술 **proceed** 진행하다 **consent** 동의 **guardian** 보호자

09 정답 **fell** ▶ 과거 vs. 현재완료
해설 last month는 명백한 과거 시점을 나타내므로 과거시제가 적절.
해석 지난달 영국의 집값이 3년 만에 처음으로 전국적으로 1.5퍼센트 하락했다.

10 정답 **comes** ▶ 시간의 부사절
해설 By the time이 이끄는 시간의 부사절이므로 현재시제가 미래시제 대신 쓰인다.
해석 상사가 미국에서 돌아올 때쯤이면 그 일은 다 끝나 있을 것이다.

UNIT 04 조동사와 법

✦ 포인트 감 잡기! 정답 ①, ③

Point 09 조동사 + have p.p.는 가리키는 때와 의미에 주의하라!

CASE 1 본문 p. 62

「조동사 + 동사원형」 vs. 「조동사 + have p.p.」

정답 **have taken**

해설 Canada **shouldn't** [take / **have taken**] humpback whales / off the endangered species list / last year.

해석 캐나다는 혹등고래를 ~하지 말았어야 했다 / 멸종 위기종의 명단에서 빼지 / 작년에. • **endangered** 멸종 위기에 처한

❶ 정답 **have used**

해설 '플래시를 사용했어야 했는데 (하지 않았다)'란 뜻이므로, 과거 사실에 대한 후회를 나타내는 「should have p.p.」의 형태가 적절. when I took the photos라는 부사절이 과거 사실임을 보여준다.

해석 사진을 찍을 때 플래시를 사용했어야 했다.

❷ 정답 **have been**

해설 '(어머니가 ~을 의논했을 때) ~했을지도 모른다'란 뜻으로, 과거 사실에 대한 추측을 나타내는 문맥이므로 「may have p.p.」의 형태가 적절. When your mom discussed your career with others라는 절이 과거 사실임을 보여준다.

해석 네 어머니께서 너의 진로에 대해 다른 사람들과 의논하셨을 때, 어머니는 의견들을 구하고 계셨던 것일지도 모른다. • **discuss** 의논하다 **career** 진로; 직업 **suggestion** 의견, 제안

❸ 정답 **come**

해설 '~해야 한다'란 뜻으로, 미래의 의무를 나타내는 문맥이므로 「should + 동사원형」의 형태가 적절.

해석 나는 너의 도움이 필요할 거야. 너는 9시까지 집에 와야 해.

❹ 정답 **× / have given**

해설 earlier this afternoon이라는 부사구가 과거 사실임을 보여준다. '확답을 줬을 리가 없다'란 뜻으로 과거의 일에 대한 부정을 나타내는 문맥이므로 give를 have given으로 고쳐야 한다.

해석 그 문제는 현재 논의 중이기 때문에 그들이 오늘 오후 일찍 확답을 줬을 리가 없다. • **definite** 확실한 **currently** 현재, 지금 **discuss** 논의하다, 의논하다

❺ 정답 **× / have felt**

해설 '안도감을 느꼈음이 틀림없다'란 뜻으로 과거 사실에 대한 강한 추측을 나타내는 문맥이므로 feel은 have felt로 고쳐야 한다. when her husband suddenly appeared in front of her라는 절이 과거 사실임을 보여준다.

해석 Ellison은 남편이 갑자기 앞에 나타났을 때 틀림없이 안도감을 느꼈을 것이다. • **relieved** 안도한

CASE 2 본문 p. 62

「조동사 + have p.p.」에서 조동사 간의 의미 차이

정답 **might**

해설 New evidence shows // volcanoes [should / **might**] **have helped** / many species survive the last Ice Age.

해석 새로운 증거는 보여준다 // 화산이 도와줬을지도 모른다는 것을 / 많은 종들이 마지막 빙하기에 살아남는 것을.

• **evidence** 증거 **volcano** 화산 **species** 종(種)

❶ 정답 **shouldn't**

해설 문맥상 '~하지 말았어야 했는데 (해서 유감이다)'라는 의미이므로 「shouldn't have p.p.」가 적절. 「couldn't have p.p.」는 「cannot have p.p.」와 유사하게 '~했을 리가 없다'라는 의미로 과거 사실에 대한 추측, 가능성을 나타내므로 적절치 않다. 「must have p.p.」는 '~했음이 틀림없다'라는 의미로서 어색하다.

해석 우리는 이 길로 오지 말았어야 하는 건데. 교통 체증 때문에 꼼짝 못 하잖아.

• **route** 길 **stuck** 꼼짝 못 하는, 움직일 수 없는 **traffic jam** 교통 체증

❷ 정답 **may**

해설 '내가 초래했을지도 모르는'이라는 의미로 과거 사실에 대한 추측의 의미를 전달해야 하므로 「may have p.p.」가 적절. 「cannot have p.p.」는 '~했을 리가 없다'라는 의미이고 「should have p.p.」는 '~했어야 했는데 (하지 않았다)'를 의미하므로 문맥에 적절치 않다.

해석 제가 일전에 당신에게 초래했을지도 모르는 불편함에 대해 사과드립니다. • **apologize for** ~에 대해 사과하다 **inconvenience** 불편 **cause** 초래[야기]하다 **the other day** 일전에

❸ 정답 **must**

해설 '당황했음이 틀림없다'란 뜻으로 과거 사실에 대한 강한 추측을 나타내는 표현이 자연스러우므로 「must have p.p.」의 형태가 적절.

해석 Sandra는 자신의 세 살짜리 아이가 없어진 것을 발견하고 당황했음이 틀림없다. • **panic** 공황 상태에 빠지다; 극심한 공포

❹ 정답 **cannot**

해설 '주의를 기울였을 리가 없다'라는 의미로 과거의 일에 대한 부정적 추측을 나타내야 하므로 「cannot have p.p.」가 적절.

해석 참석자들이 교장 선생님의 연설에 주의를 기울였을 리가 없다. 그것은 정말 너무 지루했다. • **participant** 참석자, 참가자 **pay attention to ~** 에 주의를 기울이다 **principal** 교장, 학장

Point Exercise 본문 p. 63

01 정답 **have thought**

해설 '(과거에) ~했어야 했는데 (하지 않아서 유감이다)'라는 의미이므로, 과거 사실에 대한 후회를 나타내는 「should have p.p.」의 형태가 적절. before가 이끄는 절이 과거이므로 주절도 과거가 되어야 한다.

해석 일본에 있는 너를 방문하기 전에 내 재정 상태에 대해 더 고려해 봤어야 했는데 (하지 않아서 유감이다). • **finance** 재정; 자금

02 정답 **shouldn't**

해설 문맥상 '(과거에) ~하지 말았어야 했는데 (해서 유감이다)'라는 의미이므로 「shouldn't have p.p.」가 적절. 「couldn't have p.p.」는 '~하지 못할

수도 있었다'라는 의미로 과거 사실에 대한 추측, 가능성을 나타내므로 문맥에 적절치 않다.

해석 그들은 겨울에 그 깊은 협곡을 탐험하지 말았어야 했다. 많은 대원들이 그 여정에서 살아남지 못했다. • **explore** 탐험하다 **canyon** 협곡

03 정답 **have said**

해설 '~했을 리가 없다'라는 과거 사실에 대한 추측이 되어야 문맥상 자연스러우므로, 「cannot have p.p.」의 형태가 적절. 앞선 문장(Richard was ~ kind.)에 쓰인 과거시제가 이 문맥이 과거 사실임을 보여준다.

해석 Richard는 너무나도 예의 바르고 친절했다. 그가 그렇게 무례한 이야기를 했을 리가 없다. • **well-mannered** 예의 바른

04 정답 **have spent**

해설 '~했을지도 모른다'라는 과거 사실에 대한 추측의 의미이므로 「might have p.p.」의 형태가 적절. that절의 시제가 과거이므로, 이 문맥이 과거 사실임을 보여준다.

해석 대부분의 부모처럼, 당신의 부모님도 당신이 별로 많이 가지고 놀지 않았던 장난감에 많은 돈을 썼을지도 모른다.

05 정답 **might**

해설 문맥상 '(과거에) ~했을지도 모른다'라는 과거 사실에 대한 추측의 의미이므로 「might have p.p.」의 형태가 적절. 「should have p.p.」는 '~했어야 했는데 (하지 않아서 유감이다)'라는 의미로 과거 사실에 대한 후회를 담고 있으므로 문맥에 적절치 않다.

해석 의사들은 Norman에게 자신들은 그를 치료할 방법을 알지 못하며 아마도 그가 결코 그 질병에서 회복되지 못할지도 모른다고 말했다. Norman은 자신의 좋지 않은 생각들이 그 병을 일으켰을지도 모른다고 느꼈다.

• **cure** 낫게 하다, 치유하다 **get over** (병, 충격 등)에서 회복하다

06 정답 **shouldn't**

해설 문맥상 '(과거에) ~하지 말았어야 했는데 (해서 유감이다)'라는 의미이므로 「shouldn't have p.p.」가 적절.

해석 나는 약 2주 전에 그 공포 영화를 보지 말았어야 했다. 그때는 그렇게 무섭지 않다고 생각했지만, 지금도 매일 밤 악몽을 꾸고 있다.

• **nightmare** 악몽

07 정답 **the two must have been one**

해설 문맥상 '(과거에) ~했음이 틀림없다'라는 의미의 과거 사실에 대한 강한 추측이므로 「must have p.p.」가 적절.

해석 과학자들은 지구와 달 간의 눈에 띄는 유사점들을 발견했다. 많은 과학자들이 그 둘은 먼 과거에 하나였던 게 틀림없다고 믿는다.

• **striking** 눈에 띄는 **similarity** 유사점; 유사성

Point 10 가정법의 핵심은 시제이다!

CASE 1 본문 p. 64

가정법 과거 vs. 가정법 과거완료

1 정답 **receive**

해설 If global wealth **were** distributed evenly, // each adult **would** [**receive** / have received] about $50,000, / according to a study.

해석 만일 전 세계의 부가 균등하게 분배된다면 // 성인 한 명당 5만 달러 정도를 받을 것이다 / 한 연구에 의하면.

• **distribute** 분배하다 **evenly** 균등하게, 고르게

2 정답 **have played**

해설 If it **had** not **rained**, // we could [play / **have played**] baseball yesterday.

해석 비가 오지 않았더라면, // 우리는 어제 야구를 할 수 있었을 텐데.

❶ 정답 **have been**

해설 if절의 동사가 「had p.p.(had done)」이고 문맥상 과거 사실을 반대로 가정하며, 주절도 과거 사실을 반대로 가정하는 가정법 과거완료 구문이다.

해석 그가 자기 일을 제대로 했더라면, 해고되지 않았을 텐데.

• **properly** 제대로, 적절히 **fire** 해고하다

❷ 정답 **had**

해설 주절의 동사가 「조동사 과거형 + 동사원형(would taste)」이고 문맥상 현재 사실을 반대로 가정하고 있다. 또한, if절도 '(현재 사실과 반대되어) ~라면'이라는 의미이므로 가정법 과거 구문이다. 따라서 if절에는 「동사의 과거형」이 적절.

해석 소금이 좀 더 들어 있다면, 수프 맛이 더 좋을 텐데.

❸ 정답 **be**

해설 if절의 동사가 「동사의 과거형(stopped)」이고 문맥상 현재 사실을 반대로 가정하며, 주절도 현재 사실을 반대로 가정하는 가정법 과거 구문이다. 따라서 주절은 「조동사 과거형 + 동사원형」이 적절.

해석 만약 태양이 빛나지 않게 되면, 지구상의 생명체는 완전히 파괴될 것이다.

• **wipe out** 완전히 파괴하다, 없애버리다

❹ 정답 **hadn't asked**

해설 주절의 동사가 「조동사 과거형 + have p.p.(might have forgotten)」이고 문맥상 과거 사실을 반대로 가정하고 있다. 또한, if절도 '(과거 사실과 반대되어) ~하지 않았다면'이라는 의미이므로 가정법 과거완료 구문이다. 따라서 if절에는 「had p.p.」가 적절.

해석 네가 안 물어봤으면, 잊어버릴 뻔했어.

❺ 정답 **would have taken**

해설 if절의 동사가 「had p.p.」이고 문맥상 과거 사실을 반대로 가정하는 가정법 과거완료 구문이므로, 주절의 동사는 「조동사 과거형 + have p.p.」의 형태인 would have taken이 되어야 한다.

해석 그들의 도움이 없었더라면, 불을 끄는 데 며칠이 더 걸렸을 것이다.

• **put out** (불을) 끄다 (= extinguish)

❻ 정답 **could travel**

해설 주절의 동사가 「조동사 과거형 + 동사원형」이고 문맥상 현재 사실을 반대로 가정하는 가정법 과거 구문이므로, if절에는 동사의 과거형인 could travel을 써야 한다.

해석 만약 당신이 시간을 거슬러 여행할 수 있다면, 누구를 만나고 싶으세요?

CASE 2 본문 p. 65

that절에 should를 쓰는 특수 가정법

정답 **cut**

해설 The WHO may formally (**recommend**) // that everyone (should) [cuts / **cut**] their sugar intake / by half.

해석 WHO는 공식적으로 권고할지도 모른다 // 사람들이 당분 섭취량을 줄여야 한다고 / 절반으로. • **formally** 공식적으로 **by half** 절반으로

❶ 정답 **be**

해설 주절에 요구를 나타내는 동사 demand가 있고 that절의 내용이 '~해야 한다'라는 당위성을 내포하고 있으므로 「(should +)동사원형」이 와야 한다.

해석 사람들은 음주 운전을 막기 위해서 뭐라도 해야 한다고 요구하고 있다.

• **demand** 요구하다

❷ 정답 **join**

해설 주절에 제안을 나타내는 동사 recommend가 있고 that절의 내용이 '~해야 한다'라는 당위성을 내포하고 있으므로 「(should +)동사원형」이 와야 한다.

해석 그녀는 내가 졸업하기 전에 연극부에 가입할 것을 강하게 권했다.

• **graduate** 졸업하다

❸ 정답 **had been**

해설 주절에 주장을 나타내는 동사 insist가 있지만, that절의 내용이 당위성을 뜻하지 않고 과거에 일어난 일을 나타내는 것이므로 대과거 시제인 had been이 오는 게 적절하다.

해석 용의자는 피해자로부터 단지 자신을 방어했을 뿐이라고 주장했다.

• **suspect** 용의자 **insist** 주장하다 **defend** 방어하다 **victim** 피해자

❹ 정답 **restrict**

해설 주절에 제안을 나타내는 동사 suggest가 있고 that절의 내용이 '~해야 한다'라는 당위성을 내포하고 있으므로 「(should +)동사원형」이 와야 한다.

해석 그들은 정부가 도심을 통과하는 운행이 허가된 차량의 수를 제한할 것을 제안한다.

• **suggest** 제안하다 **restrict** 제한하다 **downtown** 시내에[로]

❺ 정답 **× / (should) be**

해설 주절에 요청을 나타내는 동사 request가 있고 that절의 내용이 '~해야 한다'라는 당위성을 내포하고 있으므로 are를 (should) be로 고쳐야 한다.

해석 그는 시사회에 지인 몇 명이 초대되어야 한다고 요청했다.

• **acquaintance** 지인, 아는 사람 **premiere** 시사회

❻ 정답 **× / was**

해설 주절에 조언을 나타내는 동사 advise가 있지만 that절이 '~해야 한다'라는 당위성을 담고 있는 게 아니라 사실적 정보를 전달하는 내용이므로 시제에 맞도록 be동사의 과거형으로 고쳐야 하는데 주어가 an alternative food이므로 was가 적절하다.

해석 의사는 내게 고기와 거의 비슷한 채식주의자들을 위한 대체 음식이 있다고 조언했다. • **alternative** 대체 가능한 **vegetarian** 채식주의자 **identical** 동일한

Point Exercise

본문 p. 66

01 정답 **be**

해설 주절에 제안을 나타내는 동사 advise가 있고 that절의 내용이 '~해야 한다'라는 당위성을 내포하고 있으므로 「(should +)동사원형」이 와야 한다.

해석 국립기상대는 여행자들이 (예상보다) 길어진 연착과 눈보라 상황에 대비해야 한다고 권고했다. • **extended** (예상보다) 길어진 **delay** 지연

02 정답 **has**

해설 주절에 쓰인 suggest는 '시사[암시]하다'라는 뜻이며 that절의 내용은 당위성을 뜻하지 않는다. 문맥상 현재의 사실을 나타내는 현재시제의 동사를 써야 하며, 동명사구 주어이므로 단수동사 has가 적절하다.

해석 그 조사는 반려동물을 기르는 것이 사람들의 삶에 큰 영향을 미친다는 것을 시사한다. • **survey** (설문) 조사 **suggest** 시사[암시]하다 **significant** 중요한, 커다란 **impact** 영향

03 정답 **saw**

해설 주절의 동사가 「조동사 과거형 + 동사원형(might find out)」이고 문맥상 현재 사실을 반대로 가정하고 있다. if절도 '(현재 사실과 반대되어) ~라면'이라는 의미이므로 가정법 과거 구문이다. 따라서 if절에는 「동사의 과거형」이 적절.

해석 만일 그 형사가 바퀴 자국을 보면 어떤 차가 그것(바퀴 자국)을 만들었는지 알아낼 텐데.

• **detective** 형사 **wheel track** 바퀴 자국 **vehicle** 차량

04 정답 **allows**

해설 주절에 주장을 나타내는 동사 insist가 있지만 뒤의 that절이 '~해야 한다'라는 당위성을 담고 있는 게 아니라 사실적인 정보를 전달하는 내용이므로 시제에 맞는 allows가 적절.

해석 사람들은 나이 들어 당신이 할 수 있는 활동의 범위를 제한하기 전에 일찍 은퇴하는 것이 당신이 활기찬 삶을 즐기도록 해준다고 주장한다.

• **insist** 주장하다 **retirement** 은퇴 **range** 범위; 열, 줄

05 정답 **have been**

해설 if절에서 「had p.p.」가 쓰여 과거 사실을 반대로 가정하고 있으며, 주절도 문맥상 과거 사실을 반대로 가정하고 있는 가정법 과거완료 구문. 따라서 주절의 시제는 「조동사 과거형 + have p.p.」가 적절.

해석 대부분의 행인이 아마도 서둘러 직장에 가고 있었겠지만, 만일 그들이 그 젊은 음악가가 세계적으로 유명한 바이올린 연주자인 Tony Adamson이라는 것을 알았더라면 그 광경은 꽤 달랐을지도 모른다.

• **passer-by** 행인 **rush** (급히) 서두르다

06 정답 **have hurt**

해설 if절에서 「had p.p.」가 쓰여 과거 사실을 반대로 가정하고 있으며, 주절도 문맥상 과거 사실을 반대로 가정하고 있는 가정법 과거완료 구문이 되어야 한다. 따라서 주절의 시제는 「조동사 과거형 + have p.p.」가 적절.

해석 당신이 화학 용기에 적힌 지시를 읽고 따랐다면, 다치지 않았을 것이다.

• **instruction** 지시, 설명 **chemical** 화학의 **container** 용기, 그릇

07 정답 **withdrew**

해설 주절의 동사가 「조동사 과거형 + 동사원형」이고 문맥상 현재 사실을 반대로 가정하고 있는 가정법 과거 구문이다. 따라서 if절에는 「동사의 과거형」이 적절.

해석 그 자동차 회사가 고국으로 철수한다면, 많은 사람들이 실직할 것이다.

• **automobile** 자동차 **withdraw** 철수하다 **out of work** 실직한

08 정답 **× / (should) be**

해설 주절에 제안을 나타내는 동사 propose가 있고 that절의 내용이 '~해야 한다'라는 당위성을 내포하고 있으므로 is를 「(should +)동사원형」인 (should) be로 고쳐야 한다.

해석 나는 담배 광고 전면 금지가 다음 회의 때 논의할 주제가 되어야 한다고 제안한다.

• **propose** 제안하다 **ban** 금지 **cigarette** 담배 **advertising** 광고

09 정답 × / hadn't fastened

해설 주절의 동사가 「조동사 과거형 + have p.p.」이고 문맥상 과거 사실을 반대로 가정하고 있는 가정법 과거완료 구문이다. 따라서 if절에는 「had p.p.」가 적절하므로 hadn't fastened로 고쳐야 한다.

해석 만약 버스의 승객들이 안전벨트를 매지 않았더라면, 그들은 그 사고로 중상을 입었을 것이다. ● passenger 승객 fasten (두 부분을 연결하여) 매다, 채우다 injure 부상을 입다

10 정답 **He suggested that she make an effort to follow the local customs**

해설 주절에 제안을 나타내는 동사 suggest가 있고 that절의 내용이 '~해야 한다'라는 당위성을 내포하고 있으므로 「(should +)동사원형」이 와야 한다. ● make an effort 노력하다, 애쓰다 custom 관습, 풍습 accept A as B A를 B로 받아들이다

UNIT Exercise

본문 p. 67

01 정답 be ▶ that절에 should를 쓰는 특수 가정법

해설 주절에 제안을 나타내는 동사 recommend가 있고 that절의 내용이 '~해야 한다'라는 당위성을 내포하고 있으므로 「(should +)동사원형」이 와야 한다.

해석 나는 당신이 시간제 근무 대신에 전일 시간 근무를 시작하고, 여분의 돈은 모두 예금 계좌에 저축해야 한다고 강력하게 권한다.

● bank account (예금) 계좌

02 정답 have encouraged ▶ 조동사 시제 일치

해설 '장려했어야 했는데 (하지 않았다)'라는 뜻이므로, 과거 사실에 대한 후회를 나타내는 「should have p.p.」의 형태가 적절. 시간을 나타내는 when이 이끄는 부사절이 과거 사실임을 보여준다.

해석 화석 연료가 유해한 것으로 입증되었을 때 국가들은 대체 에너지 개발을 장려했어야 했다. ● encourage 장려하다, 격려하다 development 개발; 발달 alternative 대체의 energy source 에너지원 fossil fuel 화석 연료

03 정답 have taught ▶ 가정법 과거완료

해설 if절에 「had p.p.」가 쓰여 과거 사실을 반대로 가정하고, 주절도 과거 사실을 반대로 가정하는 가정법 과거완료 구문. 따라서 주절의 시제는 「조동사 과거형 + have p.p.」가 적절.

해석 Billy가 말을 타지 못한다는 사실을 우리가 알았더라면, 우리가 떠나기 전에 그에게 말을 타는 법을 가르쳐 주었을 텐데.

04 정답 be ▶ 가정법 과거

해설 문맥상 how much ~ would be가 현재 사실을 반대로 가정하고 있으며 if절도 역시 현재 사실을 반대로 가정하며 「동사의 과거형(could make)」이 쓰였으므로 가정법 과거 구문. 따라서 how much가 이끄는 절의 시제는 「조동사 과거형 + 동사원형」이 적절하다.

It is easy for us / to fantasize about how much easier life would be // if we could only make more money.

해석 우리가 돈을 더 벌 수만 있다면 삶이 얼마나 더 안락해질 것인지에 대한 환상을 갖기 쉽다. ● fantasize 환상을 갖다, 공상하다

05 정답 follow ▶ that절에 should를 쓰는 특수 가정법

해설 주절에 요청을 나타내는 동사 request가 있고 that절의 내용이 '~해야 한다'라는 당위성을 내포하고 있으므로 「(should +)동사원형」이 와야 한다.

해석 우리는 그녀가 게시판에 게시될 발표물을 준비할 때 이 샘플에 있는 구성 방식을 따를 것을 요청한다. ● request 요청하다 format 구성 방식 presentation 발표; 제시 display 전시하다 bulletin board 게시판

06 정답 might ▶ 「조동사 + have p.p.」의 의미상 차이

해설 문맥상 과거 사실에 대한 추측을 나타내므로 「might have p.p.(~했을지도 모른다)」가 적절. 「should have p.p.」는 '~했어야 했는데 (안 해서 유감이다)'라는 과거 사실에 대한 후회의 의미이므로 문맥에 적절치 않다.

해석 《고고학》이라는 제목의 그 책은 고대의 암각화가 외계인에 의해 만들어졌을지도 모른다는 점을 시사하고 있다. ● title 제목을 붙이다; 제목 archaeology 고고학 rock art 암각화, 암석화 alien 외계인

07 정답 must ▶ 「조동사 + have p.p.」의 의미상 차이

해설 '설득력이 있었던 것이 틀림없다'라는 뜻으로 과거 사실에 대한 강한 추측을 나타내야 하므로 「must have p.p.」의 형태가 적절. 「shouldn't have p.p.」는 '(과거에) ~하지 말았어야 했는데 (해서 유감이다)'라는 의미이므로 문맥에 적절치 않다. decide는 '당위'를 뜻하는 that절을 목적어로 취할 경우 that절 동사에 should를 쓰는데 이 should는 생략 가능하다. decide 외에 demand, insist, suggest, recommend, order, propose 등의 동사들도 마찬가지이다.

해석 법원이 그 회사가 끼친 손해에 대해 고객들에게 돈을 지급해야 한다고 판결했기 때문에 그들의 증언은 설득력이 있었던 것이 틀림없다.

● testimony 증언 convincing 설득력 있는 court 법원

08 정답 was ▶ that절이 당위성을 뜻하지 않는 경우

해설 주절에 주장을 나타내는 동사 insist가 있지만 뒤의 that절이 '~해야 한다'라는 당위성을 담고 있는 게 아니라 사실적인 정보를 전달하는 내용이므로 시제에 맞는 was가 적절.

해석 그 학생은 온라인 시험 도중에 부정행위를 했다고 고발당했을 때 자신은 결백하다고 주장했다. ● innocent 결백한, 무죄인 be accused of ~로 고발당하다 cheat 부정행위를 하다

09 정답 × / (should) obtain ▶ that절에 should를 쓰는 특수 가정법

해설 주절에 요구를 나타내는 동사 demand가 있고 that절의 내용이 '~해야 한다'라는 당위성을 내포하고 있으므로 「(should +)동사원형」인 (should) obtain으로 고쳐야 한다.

해석 내 꿈은 화가로 출세하는 것이었으나 그 학교의 교칙은 학생들이 미술 공부뿐만 아니라 일반 과목에서도 가장 좋은 성적을 받을 것을 요구했다.

● make a career 출세하다 obtain 획득하다, 얻다 general education (전문[기술] 교육에 대하여) 일반 교육, 보통 교육

10 정답 ○ ▶ 「조동사 + have p.p.」의 의미상 차이

해설 '낭비하지 말았어야 했는데 (해서 유감이다)'라는 의미로 「shouldn't + have p.p.」는 자연스럽다.

해석 그것은 실망스러운 책이었고 나는 그것을 읽느라 내 시간을 낭비하지 말았어야 했다. 나는 정말로 나에게 흥미가 있는 다른 것을 사서 읽었어야 했다. ● genuinely 정말로, 진정으로

갈무리 ❷

본문 p. 68

1 정답 ②

해설 (A) 동명사구(Sewing ~ thread)가 주어이므로 단수동사 was가 적절.

(B) 과거를 나타내는 부사구 in 1879가 있으므로 과거시제가 적절.

(C) 과거부터 현재까지의 기간을 나타내는 since then이 있으므로 현재완료시제가 적절.

해석 19세기 말엽에, 사람들은 몇 장의 종이를 함께 묶는 더 빠르고 효율적인 방법을 찾고 있었다. 예를 들어, 종이 더미를 바늘과 실로 꿰매는 것은 어렵고 시간이 오래 걸렸다. 그런데 1879년에, 미국의 한 회사가 '맥길 싱글 스트로크 스테이플 프레스'라는 것을 제조하기 시작했다. 이 도구는 너무 간편하고 효과적이어서 사람들은 그때 이후로 그것과 같은 도구들을 사용해왔다. 이것은 당신이 종이를 기계의 팔 부분에 끼워 넣고 꼭 누르면 작동한다. 이는 철사 침을 나오게 하고, 철사 침의 날카로운 끝부분들이 종이를 통과하도록 밀어 넣고, 그 끝을 종이의 밑면 쪽으로 구부린다. 오늘날 그것은 회사, 학교, 가정 등에서 전 세계적으로 쓰인다. 그것은 '스테이플러'라고 불린다.

• **toward** ~무렵에; ~을 향하여 **efficient** 효율적인 **fasten** 묶다; 고정하다 **stack** 더미 **time-consuming** 시간이 걸리는 **manufacture** 제조[생산]하다 **stroke** 치기, 때리기 **staple** (스테이플러의 'ㄷ'자 모양의) 철사 침 **effective** 효과적인 **firmly** 단단하게, 견고하게 **release** 놓아 주다 **underside** 밑면

구문 [5-6행] This tool was ***so*** simple and effective ***that*** people have used tools like it since then.

「so ~ that ...」: 너무 ~해서 …하다

[6-8행] It works when ~; this ┌ **releases** a staple,
│ **drives** the staple's sharp ends through the paper,
│ and
└ **bends** the ends together against ~.

2 정답 ②

해설 (A) '어떻게 온도를 인지하는지 묘사하기 위해 우리가 사용하는 단어'라는 일반적인 사실을 말하고 있으므로 현재시제가 적절. 「used to-v」는 '(과거에) 하곤 했다'의 의미이다.

(B) 주어가 단수명사 the difference이므로 단수동사 isn't가 적절.

(C) if절의 동사가 '동사의 과거형(were blindfolded, touched)'이고 문맥상 현재나 미래에 실현 가능성이 희박한 일을 가정하는 가정법 과거 구문이다. 따라서 주절은 「조동사 과거형 + 동사원형」이 적절.

해석 '뜨겁다'와 '차갑다'는 우리가 어떻게 온도를 인지하는지를 묘사하기 위해 사용하는 두 개의 주요한 단어들이다. 그 단어들은 매우 어린 나이에 우리의 의식에 각인된다. 그리고 대체로 우리는 그 두 가지 사이의 차이점을 구별하는 데 문제가 없다. 그러나 때로 그것들 간의 차이가 모두 명백한 것은 아니다. 예를 들어보자. 만약 당신의 눈이 가려져 있고, 누군가가 먼저 뜨거운 쇠로, 그다음에 한 조각의 드라이아이스로 당신을 건드린다면, 당신은 아마도 뜨거운 것과 차가운 것을 구별하지 못할 것이다. 이것은 한 가지 핵심 사실에 대한 간단한 입증이다. 생리적, 즉 신체적 감각은 온도를 측정하는 믿을 만한 방법이 아니다.

• **describe** 묘사하다 **perceive** 감지[인지]하다 **imprint** 각인시키다 **consciousness** 인식; 의식 **for the most part** 대체로 **tell the difference** 차이를 구분하다 **blindfold** 눈을 가리다 **tell A from B** A와 B를 구별하다 **demonstration** 증명; 설명; 시위 **dependable** 믿을 수 있는

구문 [1-2행] "Hot" and "cold" (S) are (V) *the two main words* (C) [***that*** we use ● to describe how we perceive temperature].

목적격 관계대명사 that이 이끄는 관계사절이 the two main words를 수식한다.

3 정답 ④

해설 (A) 셀 수 없는 명사 noise pollution을 수식하는 것으로 a little이 적절.

(B) who가 이끄는 관계사절의 선행사는 the blind이므로 복수동사 rely가 적절. the blind는 '시각 장애인'의 의미로 복수 취급한다.

(C) 앞에 주장을 나타내는 동사 insist가 있고 that절의 내용이 '~해야 한다'라는 당위성을 내포하고 있으므로 「(should +) 동사원형」이 와야 한다.

해석 전기 자동차는 기존의 자동차들에 비해서 많은 이점을 가지고 있다. 전기 자동차는 이산화탄소 배출로 인한 대기 오염과 지구 온난화를 일으키지 않는다. 또한, 배터리를 동력원으로 하여 소음 없이 운행되기 때문에 소음 공해도 아주 조금만 발생시킨다. 그러나 이러한 이점에도 불구하고 이 환경친화적인 차량에 대해 안전상의 문제가 제기되어 왔다. 예를 들어, 전기 자동차가 다가오는 소리를 듣기 어렵다. 그래서 전기 자동차는 일부 보행자들, 특히 시각 장애인들에게 위험할 수 있는데, 이들은 길을 건널 때 청각에 의존하기 때문이다. 이러한 우려에 대응하여 학자들, 시각 장애인들, 그리고 경찰들은 이 친환경적인 차량에 소리를 내는 기능이 도입되어야 한다고 주장한다.

• **electric** 전기의 **advantage** 이점 **compared to** ~에 비해 **emit** 방출하다 **green** 환경친화적인; 녹색의 **vehicle** 차량, 탈것 **pedestrian** 보행자 **rely on** ~에 의존하다 **in response to** ~에 응하여 **concern** 우려; 영향을 미치다 **insist** 주장하다 **function** 기능; 기능하다 **eco-friendly** 친환경적인

4 정답 ①

해설 (A) 문맥상 '(편지를) 쓰거나 전화를 하곤 했다'라는 의미이므로 과거의 습관을 나타내는 would가 적절.

(B) 과거를 나타내는 부사구 Several years ago가 있으므로 과거시제가 적절.

(C) 소비자들의 항의로 옛 로고로 돌아갔으므로, 로고 변경을 하지 말았어야 했는데 했다는 내용을 뜻하는 shouldn't have tried가 적절.

해석 오늘날 브랜드들은 종종 소비자들이 그들과 소통하는 방식에 영향을 끼치는 변화들을 마주하게 된다. 과거에는 소비자들이 피드백을 주고 싶을 때 편지를 쓰거나 전화를 하곤 했다. 오늘날 소비자들은 소셜 네트워크를 통해 훨씬 더 즉각적인 방식으로 브랜드들과 소통할 수 있다. 몇 년 전 미국의 의류 체인인 GAP은 그들의 로고를 바꾸려고 노력했다. 수십 년 동안 그 로고는 고전적인 느낌의 파란색 정사각형에 흰색 글씨가 쓰인 것이었다. 하지만 그들이 좀 더 현대적인 모습의 로고를 제공하자마자, 그들은 그것을 시도하지 말았어야 했다는 것을 깨달았다. 소비자들은 오래된 버전(의 로고)을 그리워했다. 그들은 페이스북과 트위터를 사용하여 자신들의 실망감과 심지어는 분노를 표현했다. 일주일 후에, GAP은 고전적인 로고로 돌아갈 것이라는 성명서를 발표했다.

• **frequently** 흔히 **encounter** 맞닥뜨리다 **affect** 영향을 미치다 **interact** 소통하다 **via** ~을 통하여 **immediate** 즉각적인 **decade** 10[십]년 **miss** 그리워하다; 놓치다 **express** 표현하다 **disappointment** 실망 **anger** 화, 분노 **release** 발표하다 **statement** 성명서 **revert** 되돌아가다

구문 [1-2행] Brands today frequently encounter changes [that affect the way that consumers interact with them].
주격 관계대명사 that이 이끄는 절이 선행사 changes를 수식한다.

5 정답 ⓐ **thought** ⓑ **should have taken** ⓒ **have been**

해설 ⓐ 과거(When I got ~)에 일어난 일을 나타내므로 과거시제 thought를 써야 한다.
ⓑ '그 일을 더 심각하게 여겼어야 했다'라는 과거의 일에 대한 후회를 나타내므로 should have taken을 써야 한다.
ⓒ '~ 이후에'라는 의미의 since는 현재완료시제와 함께 쓰이며, 문맥상 '돈을 계속 빌려오고 있다'라는 의미가 되어야 하므로 have been이 적절하다.

해석 지난 3월에 한 레스토랑 앱에서 내 주문이 내 위치로부터 3,000마일 떨어진 곳으로 가고 있다고 알리는 이메일을 받았을 때, 나는 그것이 그렇게 큰 일이 아니라고 생각했다. 나는 은행에 잘못된 요금을 통보했고, 환불을 받았다. 하지만 그것은 단지 시작에 불과했다. 나는 그 일을 좀 더 심각하게 여겼어야 했다. 닷새 전에, 나는 내 계좌에서 내가 알지도 못하는 사이에 그 이틀 전에 9,000달러가 송금되었다는 것을 알았다. 나는 은행에 즉시 전화를 걸었다. 그들은 조사를 위해 내 계좌로의 나를 포함한 모든 접근을 차단했다. 그 이후로 나는 내 비용을 충당하기 위해 친구들에게서 돈을 빌리고 있다. 내 계좌가 두 번이나 해킹을 당하니, 이 은행이 보안 시스템이 허술한 게 틀림없는 것 같아 걱정이다.

• **notify** 통지하다, 알리다 **on one's way** ~하는 중에 **location** 장소, 위치 **charge** 요금 **refund** 환불(금) **transfer** 옮기다; 전송하다 **account** 계좌 **previously** 이전에 **knowledge** 지식; 인식 **immediately** 즉시 **block** 차단하다 **access** 입장, 접근 **investigation** 수사, 조사 **cover** (돈을) 대다; 덮다 **expense** 돈, 비용 **hack** 해킹하다 **security** 보안

구문 [1-3행] When I got an email last March from a restaurant app (notifying me that my order was on its way to an address 3,000 miles away from my location), ...
현재분사구 notifying 이하가 명사인 an email을 수식하고 있다. 현재분사구 안에서 「notify + 간접목적어 + 직접목적어」의 구조가 쓰였으며, me는 간접목적어, that이 이끄는 명사절이 직접목적어이다.

6 정답 (1) **Scientists say that it must have frozen quickly**
(2) **Others insist that it could have happened much earlier**

해설 (1) '~했음에 틀림없다'는 「must have p.p.」를 써서 표현한다.
(2) that절 이하가 '당위성'을 말하는 것이 아니고 과거 사실을 전달하는 것이므로 직설법을 써야 한다. '~했을 수도 있다'의 의미로 조동사 can을 사용하여 「could have p.p.」를 써서 표현할 수 있다.

해석 몇 세기 동안 얼어붙은 진흙 속에 묻혀 있던 18,000년 된 강아지가 시베리아 극동 지역의 영구 동토층에서 발견되었다. 강아지의 털, 뼈대, 이빨, 머리, 속눈썹과 수염은 여전히 남아 있다. 과학자들은 다른 동물들이 접근하기 전에 그것이 빠르게 얼어붙었음에 틀림없다고 말한다. 하지만 과학자들은 그것이 개인지 늑대인지 알 수 없으며, 추가적인 DNA 검사가 몇 달 동안 이루어질 것이라고 알려졌다. 여러 과학자들은 개가 약 15,000년 전에 멸종된 늑대의 한 종으로부터 진화했다고 말한다. 다른 이들은 그것이 훨씬 더 이전에 일어났을 수도 있다고 주장한다. 인간에 의해 수천 년 동안 길들여진 후에, 이 늑대들은 오늘날의 동반자로 진화했다. 과학자들은 이 강아지가 개와 늑대 간의 연결 고리를 보여주는 데 도움이 될 것이라고 생각한다.

• **bury** (땅에) 묻다 **frozen** 언, 꽁꽁 얼어붙은 **discover** 발견하다 **reaches** 구역, 유역 **fur** 털 **skeleton** 뼈대 **eyelash** 속눈썹 **whisker** (동물의) 수염 **present** 존재하는; 현재의 **conduct** 수행하다 **evolve** 진화하다 **species** 종(種) **extinct** 멸종된 **domesticate** 길들이다, 사육하다 **company** 동반자, 친구 **illustrate** 설명하다 **connection** 관련성, 연결성

구문 [1-2행] An 18,000-year-old puppy (S) (buried for centuries in frozen mud) (수식어(과거분사구)) was discovered (V) in a layer of permafrost in Siberia's Far Eastern reaches.
[4-6행] But scientists (S1) don't know (V1) whether it is a dog or wolf (O), and it (S2) was said (V2) (that) more DNA research would be conducted in the coming months (S′(진주어)).
접속사 whether는 '~인지 아닌지'의 의미로, 동사 don't know의 목적어가 되는 절을 이끈다. and 뒤의 it은 가주어, more DNA ~ months가 진주어 역할을 한다. 진주어를 이끄는 접속사 that은 생략되었다.

UNIT 05 능동태 vs. 수동태

✦ 포인트 감 잡기! 정답 ①, ②, ③, ④, ⑥

WARM UP! 태란?

본문 p. 73

1 정답 **was written** | 해설 편지가 무언가를 쓸 수는 없다.

2 정답 **elected, was elected** | 해설 John은 누군가를 선출할 수도 있고 다른 누군가에 의해 선출될 수도 있다.

3 정답 **was shot** | 해설 사슴이 다른 무엇을 쏠 수는 없다.

4 정답 **saw, was seen** | 해설 그는 무언가를 볼 수도 있고 누군가가 그를 볼 수도 있다.

5 정답 **taught, were taught** | 해설 그들은 누군가에게 무언가를 가르칠 수도 있고 누군가가 그들을 가르칠 수도 있다.

Point 11 동사의 태는 주어와의 의미 관계를 파악하라!

CASE 1 능동태 vs. 수동태

본문 p. 74

정답 **recognized**

해설 His work (수동관계) / has been internationally recognizing / recognized, / his book *The Visible Hand* being awarded / the Pulitzer Prize for History and the Bancroft Prize.
해석 그의 작품은 / 국제적으로 인정받아왔다 / 그의 저서 「The Visible Hand」가 수상하면서 / 퓰리처 역사상과 뱅크로프트 상을. • **award** 수여하다

❶ 정답 **are picked**
해설 커피 열매는 '수확되는' 것이므로 주어(Coffee beans)와 동사(pick)는 수동관계.

해석 커피 열매는 손으로 하나씩 수확된다.
• coffee bean 커피 열매 by hand 사람 손으로 one by one 하나씩

❷ 정답 made
해설 바늘이 '만들어진' 것이므로 주어(Steel needles)와 동사(make)는 수동관계.
해석 철제 바늘은 영국에서 처음 만들어졌다. • needle 바늘

❸ 정답 being made
해설 그녀의 인생 이야기가 영화로 '제작되어지고 있는' 것이므로 주어(her life story)와 동사(make)는 수동관계.
해석 나는 그녀의 인생 이야기가 영화로 제작되어지고 있다고 들었다.

❹ 정답 been produced
해설 영화가 '만들어져 온' 것이므로 주어(All the films)와 동사(produce)는 수동관계.
해석 모든 영화는 전문 영화 제작자들에 의해 만들어져 왔다.
• professional 전문적인 filmmaker 영화 제작자

❺ 정답 are included
해설 아침 식사와 주차가 '포함되는' 것이므로 주어(Breakfast and parking)와 동사(include)는 수동관계.
해석 아침 식사와 주차는 객실 요금에 포함된다. • room rate 객실 요금

❻ 정답 ○
해설 문제가 '정의되는' 것이므로 주어(a problem)와 동사(define)는 수동관계.
해석 해결책의 본질은 문제가 정의되는 방법과 관련이 있다.
• solution 해결책 define 정의하다, 규정하다

❼ 정답 × / looking
해설 회사가 '찾는' 것이므로 주어(The company)와 동사(look for)는 능동관계.
해석 그 회사는 새 공장의 부지를 찾아오고 있는 중이다. • site 부지, 현장

❽ 정답 × / used
해설 코코넛 오일은 '사용되는' 것이므로 주어(Coconut oil)와 동사(use)는 수동관계.
해석 코코넛 오일은 수 세기 동안 아시아 음식의 요리에 사용되어 왔다.
• cuisine 요리, 요리법

CASE 2 「수동태 + 명사」 구조

본문 p. 75

1 정답 was given
해설 Two years ago, / I [gave / **was given**] / a precious surprise gift / by Tom.
명사(4문형 능동태에서의 직접목적어)
(← Tom gave me a precious surprise gift.)
해석 2년 전, / 나는 받았다 / 귀중한 깜짝 선물을 / 톰으로부터.

2 정답 been called
해설 Cabbage is so rich nutritionally / that it has [called / **been called**] / man's best friend (in the vegetable kingdom). (← We have called cabbage man's best friend.)
명사(5문형 능동태에서의 명사 보어)
해석 양배추는 영양이 매우 풍부해서 / ~라 불려왔다 / 인간의 가장 친한 친구로 (식물계의). • cabbage 양배추 nutritionally 영양상으로 vegetable kingdom 식물계

❶ 정답 were sent
해설 4형식 문장의 수동태로 초대장이 우리에게 '보내진' 것이므로 주어(We)와 동사(send)는 수동관계.
해석 우리는 그 조각가로부터 전시회 개막식에 초대를 받았다.
• sculptor 조각가

❷ 정답 consider
해설 5형식 문장으로서 사람들이 '코끼리를 행운의 상징으로 여기는' 것이므로 주어(People)와 동사(consider)는 능동관계.
해석 많은 아시아 국가의 사람들은 코끼리를 행운의 상징으로 여긴다.

❸ 정답 was elected
해설 5형식 문장의 수동태로 후보가 '선출된' 것이므로 주어(The Republican candidate)와 동사(elect)는 수동관계. 능동태는 They elected the Republican candidate (O) governor of Florida (C) in 2018.
해석 공화당 후보가 2018년 플로리다 주지사로 선출됐다.
• Republican 공화당의 candidate 후보 governor 주지사

❹ 정답 × / was bought
해설 4형식 문장의 수동태로 샴페인은 '구입된' 것이므로 주어(An ~ champagne)와 동사(buy)는 수동관계.
해석 Jake가 지난주에 승진되었기 때문에 그를 위해 비싼 샴페인 한 병이 구입되었다. • promote 승진시키다

Further Study

본문 p. 75

❶ 정답 exists
해설 exist는 자동사로서 수동태가 불가능하다.
해석 생명은 지구의 가장 극심한 환경에 존재한다.

❷ 정답 occur
해설 occur은 자동사로서 수동태가 불가능하다.
해석 많은 차 사고가 철도 교차 지점에서 발생한다.
• railroad 철도 crossing 교차 지점

❸ 정답 consists
해설 consist of는 자동사로서 수동태가 불가능하다.
해석 인도네시아는 18,000개 이상의 섬들로 구성된다.

CASE 3 관계대명사절의 능동태 vs. 수동태

본문 p. 76

1 정답 were delivered
해설 food parcels and water(선행사)가 그들(families in need)에게 '배달되었다'라는 문맥이 되어야 자연스러우므로 관계대명사절의 동사(deliver)는 수동태가 적절.
We provided / families in need / with *food parcels and water*, // which [delivered / **were delivered**] to them / last night.
선행사 / 수동관계

해석 우리는 제공했다 / 어려움에 처한 가정에 / 음식 꾸러미와 물을 // 그것들은 그들에게 배달되었다 / 어젯밤에.

• in need 어려움에 처한 parcel 꾸러미, 소포

2 정답 **been seen**

해설 a mysterious deep-sea world(선행사)가 '보이지 않았다'라는 문맥이 되어야 자연스러우므로 관계대명사절의 동사(see)는 수동태가 적절.

At great depths, / photography is the principal way / of exploring *a mysterious deep-sea world*, // 95 percent of **which** / has never [seen / **been seen**] before.
(선행사) (수동관계)

해석 아주 깊은 곳에서 / 사진은 주된 방법이다 / 신비로운 심해 세계를 탐험하는 // 그것의 95퍼센트는 / 이전에는 결코 보이지 않았다. • depth 깊이 principal 주요한, 주된 explore 탐사하다 mysterious 신비한

❶ 정답 **was kept**

해설 the treaty(선행사)의 내용이 비밀로 '유지되었다'라는 문맥이 되어야 자연스러우므로 관계대명사절의 동사(keep)는 수동태가 적절.

해석 양국은 조약에 서명하기로 합의했는데, 그 조약의 내용은 비밀로 유지되었다. • treaty 조약 content 내용

❷ 정답 **were recommended**

해설 the candidates(선행사)가 '추천되었다'라는 문맥이 되어야 자연스러우므로 관계대명사절의 동사(recommend)는 수동태가 적절.

해석 그 선거에서 임용에 추천된 후보자 가운데 여성은 15%에 불과했다.

• candidate 입후보자 election 선거 appointment 임명, 지명

❸ 정답 **changed**

해설 a great invention(선행사)이 우리의 소통 방식을 '바꾸었다'라는 문맥이 되어야 자연스러우므로 관계대명사절의 동사(change)는 능동태가 적절.

해석 인터넷은 우리가 의사소통하는 방식을 바꾼 20세기의 위대한 발명품이다.

❹ 정답 **× / are paid**

해설 teachers(선행사)가 수당을 '지급받는' 대상이므로 관계대명사절의 동사(pay)는 수동태가 적절.

해석 고등학교에서, 축구 감독은 일반적으로 방과 후 수업으로 약간의 추가 수당을 받는 교사들이다. • typically 일반적으로, 보통

CASE 4

본문 p. 76

be used to-v vs. be used to v-ing

정답 **attract**

해설 (Feathers)[S] of the bird / may (**be used**)[V] / to [**attract** / attracting] mates.

해석 새의 깃털은 / 사용될 수 있다 / 짝을 유인하는 데.

• feather 깃털 mate 배우자, 짝

❶ 정답 **living**

해설 문맥상 '~하는 데 익숙하다'라는 의미가 되어야 하므로 「be used to v-ing」가 적절.

해석 셰르파들은 높은 고도에서 사는 데 익숙하다.

• Sherpa 셰르파 (히말라야에 사는 부족. 등반가들을 위해 안내나 짐 운반 등의 일을 주로 함.) altitude 고도

❷ 정답 **make**

해설 포도가 '사용되는' 것이므로 「be used to-v」가 적절.

해석 붉은 포도는 백포도주를 만드는 데 사용될 수 있다.

❸ 정답 **show**

해설 표지판이 '사용되는' 것이므로 「be used to-v」가 적절.

해석 표지판은 도로의 상황이나 교통 규정을 보여주는 데 사용된다.

• conditions ((복수형)) 상황, 환경 regulation 규정; 규제, 단속

❹ 정답 ○

해설 토론이 '사용되는' 것이므로 「be used to-v」가 적절.

해석 인도에서, 토론은 종교적인 논란을 해결하는 데 사용되었고 매우 인기 있는 오락의 한 형태였다.

• debate 토론, 논쟁 controversy 논란 entertainment 오락

Point Exercise

본문 p. 77

01 정답 **being polluted**

해설 바다가 기름에 의해 '오염되고' 있는 것이므로 주어(The oceans)와 동사(pollute)는 수동관계.

해석 바다는 기름에 의해 오염되고 있다. 우리는 바다를 살리기 위해 조치를 취해야 한다. • take action 조치를 취하다

02 정답 **clean**

해설 해바라기는 '사용되는' 것이므로 주어(Sunflowers)와 동사(use)는 수동관계. '~하는 데[~하기 위해] 사용되다'란 의미이므로 「be used to-v」가 적절.

해석 해바라기는 방사능 폐기물을 제거하는 데 사용된다. 그것들은(해바라기들은) 뿌리로 오염 물질을 추출하여 줄기와 잎에 저장할 수 있다.

• sunflower 해바라기 radioactive 방사능의 waste 폐기물 extract 추출하다 pollutant 오염 물질 store 저장[보관]하다; 가게 stem 줄기

03 정답 **processed**

해설 정보가 '처리되는' 것이므로 주어(information)와 동사(process)는 수동관계.

해석 수화에서는 귀보다는 눈을 통해 정보가 처리된다.

• process 처리하다; 과정 A rather than B B보다는 A

04 정답 **unified**

해설 진시황제의 군대가 중국을 '통일한' 것이므로 주어(the ~ army)와 동사(unify)는 능동관계.

해석 기원전 200년경, 진시황제의 군대는 전 중국 땅을 처음으로 통일했다.

• emperor 황제 unify 통일[통합]하다

05 정답 **been loved**

해설 고양이가 '사랑받아 온' 것이므로 주어(cats)와 동사(love)는 수동관계.

For ages, **cats**[S] **have been loved**[V] as companion animals by **people** [who see them as ~].

해석 고양이가 독립적이며 청결하다고 여기는 사람들에 의해 오랫동안 고양이는 반려동물로 사랑받아 왔다. • for ages 오랫동안 companion 동반자, 동행 independent 독립적인

06 정답 **eating**

해설 저녁을 더 가볍게 먹는 것에 '익숙하지 않을 것이다'란 문맥이 되어야 하므로 「be used to v-ing」가 적절.

해석 여러분은 아마도 점심보다 저녁을 더 가볍게 먹는 것에 익숙하지 않겠지만 변화를 위해 그것을 시도해보라.

07 정답 **cause**

해설 스트레스가 몸을 긴장하게 만든다는 것이므로 주어(Stress)와 동사(cause)는 능동관계.

해석 스트레스는 몸을 긴장하게 만들 수 있고, 이것은 잠을 자기 더 어렵게 만든다. • **tense up** 긴장하다

08 정답 **was known**

해설 예술가가 '알려진' 것이므로 주어(The ~ artist)와 동사(know)는 수동관계.

해석 그 떠오르는 젊은 예술가는 12월에 프랑스에서 또 다른 전시회를 준비하고 있었던 것으로 알려졌다.

09 정답 **was called**

해설 엘리자베스 시대가 '~라고 불린' 것이므로 주어(The Elizabethan Age)와 동사(call)는 수동관계.

해석 엘리자베스 시대는 셰익스피어를 포함하여 그 시기에 활동했던 위대한 작가들 때문에 영국 문학의 황금기라고 불렸다. • **literature** 문학

10 정답 **been designated**

해설 라무 고대 도시가 '지정된' 것이므로 선행사(Lamu Old Town)와 관계대명사절의 동사(designate)는 수동관계.

해석 유네스코 세계 문화유산으로 지정된 케냐의 라무 고대 도시는 아프리카와 아랍 문화의 혼합체로 유명하다.

• **designate** 지정하다 **heritage** 유산 **mixture** 혼합체, 혼합물

11 정답 **are asked**

해설 지원자들이 '요청을 받는' 것이므로 주어(Applicants)와 동사(ask)는 수동관계. 주어가 복수형이므로 are asked라고 써야 한다.

해석 지원자들은 경험이나 학력에 대한 세부 사항을 포함한 지원서를 제출하도록 요청받는다.

• **applicant** 지원자 **submit** 제출하다 **application** 지원

12 정답 **are thought**

해설 정책들이 '~라고 생각되는' 것이므로 주어(The ~ site)와 동사(think)는 수동관계. 주어가 복수형인 The policies이므로 are thought라고 써야 한다.

해석 그 새로운 웹 사이트의 정책들은 더 개방적이고 융통성 있다고 생각된다. • **policy** 정책 **flexible** 융통성 있는; 유연한

13 정답 **contains**

해설 다크 초콜릿이 '함유하는' 것이므로 선행사(dark chocolate)와 관계대명사절의 동사(contain)는 능동관계. 선행사가 단수형이므로 contains라고 써야 한다.

해석 연구는 적어도 70퍼센트의 카카오를 함유하는 다크 초콜릿을 먹는 것이 건강에 이로운 영향을 미친다는 사실을 발견했다.

• **beneficial** 이로운, 유익한

14 정답 **causes**

해설 건강 문제를 '일으키는' 것이므로 주어(cooking)와 동사(cause)는 능동관계.

해석 연구들은 너무 고온으로 음식을 익히는 것은 우리에게 건강 문제를 일으킨다는 것을 보여주고 있다.

15 정답 **Children should be educated from an early age** 또는 **From an early age children should be educated**

해설 주어인 '어린이들'이 누군가를 교육해야 한다는 것이 아니라 '교육받아야' 한다는 것이므로 수동태로 작성해야 한다.

Point 12 to부정사/동명사의 태는 의미상 주어부터 찾아라!

CASE 1

본문 p. 79

to부정사의 태

정답 **to be bothered**

해설 Some people don't want / to bother / **to be bothered** (수동관계) / by the inconvenience of recycling.

해석 어떤 사람들은 원하지 않는다 / 귀찮아지는 것을 / 재활용의 불편함으로.

• **bother** 신경 쓰이게 하다, 괴롭히다

❶ 정답 **him, to be chosen**

해설 의미상 주어인 him이 '선발되는' 것이므로 choose와는 수동관계.

해석 우리는 그가 국가 대표로 선발될 것으로 예상한다.

❷ 정답 **The extra chairs, to be placed**

해설 의미상 주어인 The extra chairs가 '놓이는' 것이므로 to place와는 수동관계.

해석 여분의 의자는 지하실에 놓여야 한다.

• **extra** 여분의 **basement** 지하실

❸ 정답 **you, to check**

해설 의미상 주어인 you가 '확인하는' 것이므로 check와는 능동관계.

해석 네가 선생님께 네 에세이를 제출하기 전에 확인하지 않은 것은 부주의했다. • **hand in** (과제물 등을) 제출하다

❹ 정답 ○

해설 의미상 주어인 them(= young people)이 '따르는' 능동관계이므로 to follow는 적절.

해석 때로 젊은이들은 우리가 그들이 따르기를 원하지 않을지도 모르는 결정을 할 수 있다. • **occasionally** 때로, 가끔

❺ 정답 × / **to have been mentioned**

해설 의미상 주어인 I가 '언급된' 것이므로 mention과는 수동관계. to부정사의 수동태인 to have been mentioned로 고쳐야 한다.

해석 나는 그렇게 훌륭한 작가에게 언급되어 영광이었다.

CASE 2

본문 p. 80

동명사의 태

정답 **taking**

해설 Some athletes cheat / by **taking** / being taken (능동관계) performance enhancing drugs.

해석 어떤 운동선수들은 부정행위를 한다 / 경기력 향상 약물을 복용함으로써.

• **athlete** 운동선수 **cheat** 부정행위를 하다, 속이다

❶ 정답 **my brother, being praised**
해설 의미상 주어인 my brother가 '칭찬을 받는' 것이므로 praise와는 수동관계.
해석 나는 형이 선생님으로부터 칭찬을 받는 것은 상상할 수 없다.
• **praise** 칭찬하다; 칭찬

❷ 정답 **The baby, holding**
해설 의미상 주어인 The baby가 인형을 '안는' 것이므로 hold와는 능동관계.
해석 그 아기는 테디 베어 인형을 안지 않고서는 잠들려 하지 않는다.

❸ 정답 **The book, been read**
해설 의미상 주어인 The book이 '읽힌' 흔적이 없는 것이므로 read와는 수동관계.
해석 그 책은 전혀 손상된 흔적이 없다. 사실 그것은 읽힌 흔적이 없어 보인다.

❹ 정답 **× / been treated**
해설 의미상 주어인 Some workers가 '대우를 받는' 것이므로 treat와는 수동관계. 동명사의 수동태인 having been treated로 고쳐야 한다.
해석 일부 근로자들은 부당하게 대우를 받았다고 불평했다.
• **unfairly** 부당하게, 불공평하게

❺ 정답 **× / being accepted**
해설 동명사 앞의 소유격 your로 보아 의미상 주어는 you이다. you가 대학들에 의해 '받아들여진' 것이므로 accept와는 수동관계. 동명사의 수동태인 being accepted로 고쳐야 한다.
해석 우리는 네가 지원한 모든 대학에 받아들여졌다는 소식을 듣고 매우 흥분했다. • **apply** 지원하다; 신청하다

Point Exercise

본문 p. 81

01 정답 **invite**
해설 그녀가 나를 '초대한' 것이므로 her(의미상 주어)와 invite는 능동관계. invite의 의미상 주어는 I가 아니라 her임에 유의.
해석 사실 나는 그녀가 나를 결혼식에 초대할 거라고 예상하지 않았는데, 왜냐하면 우리는 꽤 오랫동안 서로 연락하고 지내지 않았기 때문이다.
• **expect A to-v** A가 v하기를 예상하다 **be in touch** 연락하고 지내다

02 정답 **being bored**
해설 개가 '지루함을 느끼는(지루해지는)' 것이므로 them(dogs, 의미상 주어)과 bore는 수동관계. bore의 의미상 주어는 You가 아니라 dogs임에 유의.
해석 개가 지루함을 느끼는 것을 막기 위해서는 운동을 많이 시켜야 한다. 지루해진 개는 신발, 가구와 같은 물건들을 물어뜯기 시작한다.
• **prevent A from v-ing** A가 v하는 것을 막다 **bore** 지루하게 하다 **chew on** ~을 물어뜯다 **furniture** 가구

03 정답 **to be written**
해설 개인 정보가 종이에 '적히는' 것이므로 their personal information(의미상 주어)과 write는 수동관계.
해석 이 새로운 시스템은 그들의 개인 정보가 종이에 적힐 것을 요구한다.
• **call for** ~을 요구하다 **personal** 개인의

04 정답 **testify**
해설 증인들이 '증언하는' 것이므로 witnesses(의미상 주어)와 testify는 능동관계.
해석 대법원은 증인 보호 프로그램의 일환으로 증인들이 그들의 신분을 밝히지 않고 증언하는 것을 허용한다.
• **Supreme Court** 대법원 **witness** 증인, 목격자; 목격하다 **testify** 증언하다 **reveal** 드러내다 **identity** 신분

05 정답 **recognizing**
해설 인간이 얼굴을 '인식하는' 것이므로 Humans(의미상 주어)와 recognize는 능동관계.
해석 인간은 자신이 예전에 본 얼굴을 인식해내는 데 유난히 뛰어나다. 당신이 특정한 얼굴을 보았는지 아닌지 정확하게 기억해 내는 데 많은 노력이 들어가지는 않는다. • **exceptionally** 유난히, 특별히 **recognize** 인식하다 **effort** 노력, 수고 **accurately** 정확하게 **recall** 기억해 내다

06 정답 **holding**
해설 그가 라켓을 '잡은' 것이므로 he(의미상 주어)와 hold는 능동관계.
해석 Ibrahim Hamato는 끔찍한 사고 후에 양손을 모두 잃었다. 그러나 그것은 그의 탁구에 대한 열정을 없애지 못했다. 수년의 연습 끝에 그는 입으로 라켓을 잡고 경기에 통달하게 되었다. • **accident** 사고 **extinguish** 없애다, (불을) 끄다 **passion** 열정 **master** ~에 통달[숙달]하다; 달인, 대가

07 정답 **× / being interviewed**
해설 환경 운동가들이 영화 제작자에 의해 '인터뷰를 하게 되는' 것이므로 The environmental activists(의미상 주어)와 interview는 수동관계.
해석 환경 운동가들은 다큐멘터리 영화 제작자에 의해 인터뷰를 하게 되기를 고대해 왔다. • **environmental** 환경의 **activist** 운동가, 활동가 **look forward to** ~을 고대하다

08 정답 **× / to leave**
해설 150가구 이상이 '떠나는' 것이므로 more than 150 families(의미상 주어)와 leave는 능동관계.
해석 밤사이에 내린 폭우로 인해 150 가구 이상이 그 지역의 자신들의 집을 떠나야 했다. • **overnight** 밤사이에, 하룻밤 동안 **district** 지역, 지구

UNIT Exercise

본문 p. 82

01 정답 **was elected** ▸ 능동태 vs. 수동태
해설 그녀가 '선출된' 것이므로 주어(She)와 동사(elect)는 수동관계.
People(S) **elected**(V) her(O) mayor(C) by popular vote.
→ She(S) **was elected**(be p.p.) *mayor*(C) by popular vote (by people).
해석 그녀는 일반 투표로 85퍼센트 이상의 표를 얻으며 시장으로 선출되었다.

02 정답 **occurred** ▸ 수동태로 만들 수 없는 자동사
해설 occur는 자동사이므로 수동태로 쓸 수 없다.
해석 역사를 통틀어 홍수는 발생해 왔고 부분적으로만 예방할 수 있다.
• **occur** 발생하다, 일어나다 **throughout** ~ 동안 내내 **partly** 부분적으로 **preventable** 예방할 수 있는

03 정답 **being monitored** ▶ 능동태 vs. 수동태

해설 개인용 컴퓨터가 '감시당하는' 것이므로 주어(personal computers)와 동사(monitor)는 수동관계.

해석 그들은 전 세계적으로 85퍼센트가 넘는 개인용 컴퓨터가 정부 기관, 은행, 기업, 그리고 사설 기관들로부터 감시당하고 있다고 주장하고 있다.

• **insist** 주장하다 **monitor** 감시하다 **corporation** 기업 **institution** 기관, 단체

04 정답 **being read** ▶ 준동사의 태

해설 그것(여행용 서적)이 '읽히는' 것이므로 it(의미상 주어)과 read는 수동관계.

해석 좋은 여행용 서적의 필수적인 특성들은 다음과 같다. 어떤 장소에서도 그것을 펼쳐서 흥미로운 어떤 것을 찾을 수 있고, 그것은 짧은 시간 안에 읽힐 수 있다는 것이다. • **essential** 필수적인 **be capable of** ~을 할 수 있는

05 정답 **been replaced** ▶ 능동태 vs. 수동태

해설 pet이 다른 단어로 '대체되는' 것이므로 주어(the word "pet")와 동사(replace)는 수동관계.

해석 우리가 동물을 대우하는 방식의 개선은 우리가 사용하는 언어에서 분명하다. 예를 들어, 미국의 법률과 규정에서는 'pet(애완동물)'이란 단어가 'animal companion(반려동물)'으로 대체되었다.

• **improvement** 개선 **evident** 분명한 **animal companion** 반려동물 (벗으로서의 동물) **regulation** 규정

06 정답 **be told** ▶ 준동사의 태

해설 이야기와 설화가 '말해지는' 것이므로 Their stories and tales(의미상 주어)와 tell은 수동관계.

해석 대부분의 아프리카 문화들은 전통적으로 구술 문화였다. 즉 그들의 이야기와 설화는 큰 소리로 말해지도록 의도되어 있다. • **oral** 구술의 (입으로 전해지는) **be meant to-v** v하도록 의도되다 **aloud** 큰 소리로

07 정답 **being conducted** ▶ 능동태 vs. 수동태

해설 내부 조사가 '진행되고 있는' 것이므로 주어(an internal investigation)와 동사(conduct)는 수동관계.

해석 그녀는 내부 조사가 진행되고 있다는 이유로 더 이상의 정보를 제공하는 것을 거부했다. • **on the grounds that** ~라는 이유[근거]로 **internal** 내부의 **investigation** 조사 **conduct** 진행하다

08 정답 **is called, be found** ▶ 능동태 vs. 수동태

해설 프로젝트가 '~라고 불리는' 것이므로 주어(The project)와 동사(call)는 수동관계. 또한, which의 선행사는 the garbage로서 '발견되는' 것이므로 역시 수동관계이다.

해석 이 프로젝트는 매일 해변에서 발견될 수 있는 쓰레기를 줍는 것을 포함하기 때문에 '오늘의 캐치'라고 불린다.

09 정답 **was stolen** ▶ 능동태 vs. 수동태

해설 그림이 '도난당한' 것이므로 선행사(A famous painting)와 관계대명사절의 동사(steal)는 수동관계.

해석 1996년 한 갤러리에서 도난당해 그 후 19년 만에 발견된 마르크 샤갈의 명화 한 점이 조만간 경매에서 팔릴 것이다. • **auction** 경매

10 정답 **is influenced** ▶ 능동태 vs. 수동태

해설 관점이나 태도가 '영향을 받는' 것이므로 주어(A person's ~ life)와 동사(influence)는 수동관계.

해석 사람의 삶에 대한 관점이나 태도는 시간이 지남에 따라 발전하며 그 사람의 양육과 환경에 영향을 받는다. • **point of view** 관점 **attitude** 태도 **upbringing** 양육

11 정답 **helped** ▶ 능동태 vs. 수동태

해설 자선 단체가 '돕는' 것이므로 선행사(a charity)와 관계사절의 동사(help)는 능동관계.

해석 그녀는 거리의 개 한 마리를 구하기 위해 필사적인 노력을 했고, 수백 마리의 죽어가는 주인 없는 개들을 돕는 자선 단체를 시작했다. • **desperate** 필사적인 **charity** 자선[구호] 단체 **stray** 주인이 없는

12 정답 **attending** ▶ 능동태 vs. 수동태

해설 학생들이 '참여하는' 것이므로 주어(Some students)와 동사(attend)는 능동관계.

해석 일부 학생들은 졸업 전에 직장을 구했기 때문에 수업에 정기적으로 참여하지 않고 있다. • **regularly** 정기적으로

13 정답 **being recognized** ▶ 준동사의 태

해설 문맥상 '~하는 데 익숙하다'라는 의미가 되어야 하므로 「be used to v-ing」가 적절한데, 의미상 주어인 she가 젊은 사람들에 의해 '알아봐지는' 것이므로 수동형이 되어야 한다.

해석 유명 TV 프로그램에 출연한 이후, 그녀는 젊은 사람들이 길에서 자신을 알아보는 것에 익숙해졌다.

• **appear** 출연하다; ~인 것 같다 **recognize** 알아보다

14 정답 **was given** ▶ 능동태 vs. 수동태

해설 4형식 문장을 수동태로 변환한 것이다. 그가 기립 박수를 '받은' 것이므로 주어(He)와 동사(give)는 수동관계.

해석 그는 경기 막판에 골을 터뜨려 팬들의 기립 박수를 받았다.

15 정답 **being bullied** ▶ 능동태 vs. 수동태

해설 문맥상 무력감을 느끼는 아이들은 '괴롭힘을 당하는' 것이므로 선행사(Children)와 관계사절의 동사(bully)는 수동관계.

해석 괴롭힘을 당하고 있는 아이들은 일반적으로 무력감을 느낀다. 가장 중요하게 해야 할 일은 자신이 신뢰하는 어른에게 그 일을 얘기하는 것이라고 누군가가 그들에게 말해줘야 한다. • **bully** 괴롭히다 **helpless** 무력한

16 정답 ○ ▶ 능동태 vs. 수동태

해설 왕족들이 '사진에 찍히는' 것이므로 to부정사의 의미상 주어(Some of ~ family)와 photograph는 수동관계.

해석 지난 토요일 열린 결혼식에서 일부 왕족들은 언론에 의해 사진 찍히는 것을 거부했다.

17 정답 × / **were asked** ▶ 능동태 vs. 수동태

해설 학생들이 '요청을 받는' 것이므로 선행사(the hundred students)와 관계사절의 동사(ask)는 수동관계. 수와 시제에 맞춰 were asked로 고쳐야 한다.

해석 설문지에 응답해 달라는 요청을 받은 100명의 학생들 중 96명의 학생들이 답안을 돌려주었다. • **questionnaire** 설문지

18 정답 ○ ▶ 능동태 vs. 수동태

해설 인문학이 '도외시되는' 것이므로 주어(the humanities)와 동사(neglect)는 수동관계.

해석 수학, 과학과 다른 관련된 과목들이 강화됨에 따라, 모든 학문의 근본인 인문학은 도외시되어 왔다. • **intensify** 강화하다 **humanities** 인문학 **fundamental** 근본 **neglect** 도외시하다, 등한하다

19 정답 × / **criticized** ▶ 능동태 vs. 수동태

해설 의사들이 '비판받는' 것이므로 주어(Doctors)와 동사(criticize)는 수동관계. 앞의 have been과 함께 완료형 수동태를 이루는 criticized로 고쳐야 한다.

해석 의사들은 환자들이 이해하지 못하는 기술적인 전문 용어를 사용한다는 이유로 비판을 받아왔다.

• **criticize A for B** B를 이유로 A가 비판받다 **technical** 기술적인

20 정답 **were offered the opportunity to be listed as authors**

▶ 능동태 vs. 수동태

해설 기회를 '제공받는' 것이고 명단에 '포함되는' 것이므로 모두 수동태가 되어야 한다.

UNIT 06 분사의 능동 vs. 수동

✦ 포인트 감 잡기! 정답 ①, ②, ③

Point 13 수식받는 명사와의 의미 관계를 파악하라!

CASE 1 본문 p. 86

능동(v-ing) vs. 수동(p.p.)

1 정답 **speaking**

해설 Eighty percent of the population / is from various ethnic groups(수식받는 명사) / speaking(v-ing) / spoken different languages. (능동관계)

해석 인구의 80퍼센트는 / 다양한 종족에서 왔다 / 다른 언어를 사용하는.

• **ethnic** 종족의

2 정답 **made**

해설 There have always been / recommendations(수식받는 명사) making / made(p.p.) / to athletes / about foods / [that could enhance athletic performance]. (수동관계)

해석 항상 있었다 / 제시되는 권고가 / 운동선수들에게 / 음식에 대해 / [운동 기량을 향상시킬 수 있는]. • **athlete** 운동선수 **enhance** 향상시키다 **athletic** 운동선수의 **performance** 실적, 성과

❶ 정답 **needing**

해설 '사람들이' '필요로 하는' 것이므로 those와 need는 능동관계.

해석 그들은 허리케인 이후 지원을 필요로 하는 사람들을 도와줬다.

• **assistance** 지원

❷ 정답 **leading**

해설 '팀이' 프로젝트를 '이끄는' 것이므로 The team과 lead는 능동관계.

해석 그 프로젝트를 이끄는 팀에는 우수한 학생들이 있다.

❸ 정답 **traveling**

해설 '모든 사람이' '가는' 것이므로 everyone과 travel은 능동관계.

해석 눈보라는 휴일을 맞아 집으로 가는 모든 사람들에게 영향을 주었다.

❹ 정답 **using**

해설 '운전자들이' 휴대 전화를 '사용하는' 것이므로 drivers와 use는 능동관계.

해석 휴대 전화를 사용하는 운전자들이 여전히 많이 있다.

❺ 정답 **produced**

해설 '화장지가' '생산되는' 것이므로 Most of the toilet paper와 produce는 수동관계.

해석 한국에서 생산되는 화장지 대부분은 재활용되지 않은 목재로 만들어진다. • **toilet paper** 화장지 **non-recycled** 재활용되지 않는

❻ 정답 **taught**

해설 '학생들이' '가르침을 받는' 것이므로 the students와 teach는 수동관계.

해석 플라톤은 고대 그리스의 소크라테스에 의해 가르침을 받은 학생들 중 하나였다. • **ancient** 고대의

❼ 정답 ○

해설 '자료가' '보내지는' 것이므로 the material과 send는 수동관계.

해석 나는 출판사들에 지금껏 보내진 자료의 1퍼센트 미만이 출판되는 것으로 추정한다. • **estimate** 추정하다 **material** 자료; 직물 **publisher** 출판사 **publish** 출판하다

Point Exercise

본문 p. 87

01 정답 **wearing**

해설 '남자가' 가면을 '쓰고 있는' 것이므로 a man과 wear는 능동관계.

해석 오후 2시경에 노인 가면을 쓴 한 남자가 은행에 들어와서는 창구 직원에게 다가갔다.

• **elderly** 연세가 있는 **approach** 다가가다 **teller** 금전 출납(창구) 직원

02 정답 **surrounded**

해설 '집이' 야자수로 '둘러싸인' 것이므로 The house와 surround는 수동관계.

해석 야자수로 둘러싸인 그 집은 마치 발리에서 옮겨 놓인 것 같다.

• **surround** ~을 둘러싸다 **palm tree** 야자수 **as if** 마치 ~인 듯이 **transplant** 옮겨 놓다

03 정답 **struck**

해설 '사람들이' 번개에 '맞은' 것이므로 people과 strike은 수동관계.

해석 데이터에 의하면, 번개에 맞은 사람들의 90퍼센트가 생존하지만 그들은 영구적인 후유증과 장애를 겪을지도 모른다. • **lightning** 번개 **permanent** 영구적인 **after-effect** 후유증 **disability** 장애

04 정답 **providing**

해설 '글로벌 기업이' 전자 통신 서비스를 '제공하는' 것이므로 a global corporation과 provide는 능동관계.

해석 레인보우 텔레콤은 작은 회사에서 수백만 명에게 전자 통신 서비스를 제공하는 글로벌 기업으로 성장했다. • **corporation** 회사, 기업 **provide** 제공하다 **telecommunications** 전자 통신

05 정답 **restricting**

해설 '법안이' 임기 횟수를 '제한하는' 것이므로 a law와 restrict는 능동관계.

해석 루스벨트 대통령은 네 번의 임기를 지냈다. 마지막 임기 중에 그가 사망한 후, 대통령이 근무할 수 있는 임기의 횟수를 제한하는 법안이 통과되었다.

• **serve** (개인, 조직을 위해) 근무[복무]하다 **term (in office)** (정치인, 공무원의) 임기 **restrict** 제한하다 **pass** (법안을) 통과시키다

06 정답 **playing**

해설 '젊은 남자가' 바이올린을 '연주하는' 것이므로 a young man과 play는 능동관계.

해석 워싱턴 D.C.에 있는 분주한 지하철역에서의 어느 추운 겨울날 아침이었다. 청바지와 티셔츠 차림으로 열정을 다해 바이올린을 연주하는 한 젊은 남자가 있었다. • **clothe in** ~을 입히다 **passion** 열정

07 정답 **found**

해설 '동물들이' '발견되는' 것이므로 Animals와 find는 수동관계.

해석 추운 서식지에서 발견되는 동물들은 따뜻한 서식지에 살고 있는 관련 종들보다 흔히 더 크다. • **habitat** 서식지

08 정답 ○

해설 '사람들이' '찾는' 것이므로 People과 look for는 능동관계.

해석 더 건강하게 먹는 방법을 찾는 사람들은 종종 탄수화물 식품을 먹는 것을 그만두기로 결심한다.

09 정답 × / **left**

해설 '무언가가' '남겨진' 것이므로 Anything과 leave는 수동관계. 따라서 과거분사인 left로 고쳐야 한다.

해석 4월 30일 이후 사물함에 남아 있는 것은 모두 버려진 것으로 간주되어 폐기될 것이다. • **abandoned** 버려진 **discard** 폐기하다

10 정답 × / **produced**

해설 '에너지가' '생산되는' 것이므로 energy와 produce는 수동관계. 따라서 과거분사인 produced로 고쳐야 한다.

해석 최근에 화석 연료로 생산되는 에너지에서 태양열 에너지와 같은 재생 가능한 에너지로 이동하려는 움직임이 활발해지고 있다. • **fossil fuel** 화석 연료 **renewable** 재생 가능한 **solar power** 태양열 에너지

Point 14 분사구문의 의미상 주어를 찾아라!

CASE 1

본문 p. 88

능동(v-ing) vs. 수동(p.p.)

1 정답 **filling**

해설 (A cat)[의미상 주어] (in a small box) / will behave like a fluid, / [filling / filled] up all the space. — 능동관계, v-ing

해석 고양이는 (작은 상자 안의) / 유체처럼 행동할 것이다 / 모든 공간을 가득 채우며. • **fluid** 유동체, 유체

2 정답 **Known**

해설 [Knowing / Known][p.p.] as "the cow of China," // (tofu's protein)[의미상 주어] is similar in quality / to that of meat. — 수동관계

해석 '중국의 소'로 알려진, // 두부의 단백질은 질적으로 비슷하다 / 고기의 그것(= 단백질)과. • **protein** 단백질

❶ 정답 **My goldfish, looking**

해설 '금붕어가' 먹이를 '찾는' 것이므로 My goldfish(의미상 주어)와 look for는 능동관계.

해석 내 금붕어는 먹이를 찾으며 수면으로 헤엄친다.

• **goldfish** 금붕어 **surface** 수면

❷ 정답 **people, using**

해설 '사람들이' 도구를 '사용하는' 것이므로 people(의미상 주어)과 use는 능동관계.

해석 여러 국가에서는 사람들이 여전히 간단한 손 도구를 사용하여 작물을 수확한다. • **harvest** 수확하다; 수확 **crop** (농)작물

❸ 정답 **he, Left**

해설 '그가' 방에 '남겨진' 것이므로 he(의미상 주어)와 leave는 수동관계.

해석 그는 방에 홀로 남겨져 자신이 잘못한 일에 대해 생각해 보려 애썼다.

❹ 정답 **they, Impressed**

해설 '그들이' 목소리에 '감명받은' 것이므로 they(의미상 주어)와 impress는 수동관계.

해석 그들은 그녀의 목소리에 감명받아서 그녀에게 오디션을 받으라고 권했다. • **impress** 감명[감동]을 주다 **have an audition** 오디션을 받다

❺ 정답 ○

해설 '고무 타이어 회사가' '생각한' 것이므로 A rubber tire company(의미상 주어)와 think는 능동관계.

해석 한 고무 타이어 회사는 그것들이 오물을 보이지 않을 수도 있다고 생각해서 검은색 타이어를 시도해 보기로 결정했다.

• **rubber** 고무 **dirt** 오물, 먼지

❻ 정답 × / **offering**

해설 '인도의 왕들이' '수여한' 것이므로 Indian kings(의미상 주어)와 offer는 능동관계로서 현재분사형이 되어야 한다.

해석 인도의 왕들은 대규모의 토론 대회를 후원했고, 우승자들에게 상을 수여했다. • **sponsor** 후원하다 **debating** 토론

CASE 2

본문 p. 89

with + (대)명사 + 분사

정답 **facing**

해설 He put the card in / with (the magnetic strip) [facing / faced] up. — 능동관계

해석 그는 카드를 집어넣었다 / 자기를 띤 선이 위쪽을 향하도록 해서.

• **magnetic** 자기를 띤, 자석의

❶ 정답 **barking**

해설 '개가' '짖는' 것이므로 the dog과 bark는 능동관계.

해석 나는 그 개가 온종일 짖는 채로 어느 것에도 집중할 수가 없다.

❷ 정답 **turned**

해설 '에어컨이' '켜 놓인' 것이므로 the air conditioner와 turn on은 수동관계.

해석 에어컨이 켜 놓인 채 창문을 열지 마세요.

❸ 정답 × / **left**

해설 '문이' '열려진' 것이므로 the door와 leave는 수동관계. 따라서 과거분사인 left로 고쳐야 한다.

해석 그들은 아기가 다른 방에서 문이 열려진 채로 자게 했다.

❹ 정답 ○

해설 '그의 눈'이 '고정된' 것이므로 his eyes와 fix는 수동관계.
해석 그는 화면에 시선이 고정된 채 신제품에 대한 발표를 했다.
• **presentation** 발표

Further Study

본문 p. 89

❶ 정답 **made**

해설 '종이가' '만들어지는' 것이므로 the paper(의미상 주어)와 make는 수동관계.
해석 종이가 재활용 목재로 만들어진다면 그것은 친환경적이다.
• **environmentally friendly** 친환경적인

❷ 정답 **filling**

해설 '내가' 서류를 '작성하는' 것이므로 I(의미상 주어)와 fill out은 능동관계.
해석 나는 서류를 작성하고 나서 의사를 만나기 위해 두 시간 동안 기다려야 했다. • **fill out** ~을 작성[기입]하다

Point Exercise

본문 p. 90

01 정답 **mixed**

해설 '수액이' '혼합되는' 것이므로 the sap(의미상 주어)과 mix는 수동관계.
해석 자작나무에서 추출한 수액은 레몬 껍질, 꿀, 향신료와 혼합되어 맛 좋은 와인을 만들어 낸다. • **peel** (과일, 채소의) 껍질 **spice** 향신료, 양념

02 정답 **purchasing**

해설 '그가' 부동산을 '매입하는' 것이므로 He(의미상 주어)와 purchase는 능동관계.
해석 그는 싼값에 부동산을 매입하여 수백만 달러에 되파는 식으로 부동산으로 재산을 모았다.
• **fortune** 재산 **real estate** 부동산 **property** 부동산, 건물

03 정답 **falling**

해설 '눈물이' '흐르는' 것이므로 tears와 fall은 능동관계.
해석 그녀는 눈물을 흘리면서 시상대 위에 서 있었다. • **podium** 연단

04 정답 **Known**

해설 '우사인 볼트가' 세상에서 가장 빠른 사람으로 '알려진' 것이므로 Usain Bolt(의미상 주어)와 know는 수동관계.
해석 우사인 볼트는 '세상에서 가장 빠른 사람'으로 알려졌으며 그의 종목인 100m와 200m 경기 종목에서 세계 기록 보유자이다.
• **record holder** 기록 보유자 **event** 경기 종목; 사건

05 정답 **Established**

해설 '회사가' '설립된' 것이므로 the company(의미상 주어)와 establish는 수동관계.
해석 그 회사는 간단한 통신 수단의 필요성을 충족시키기 위해 설립되었으며 후에 미국의 주요 도시로 확장된 후 다국적 기업으로 성장하였다.
• **establish** 설립하다 **meet** 충족시키다 **means** 수단, 방법 **communication** 통신 **expand** 확장되다 **multinational** 다국적의

06 정답 **motioning**

해설 '다른 아이가' 나에게 '손짓하는' 것이므로 The other boy(의미상 주어)와 motion은 능동관계.
해석 내가 새내기 엄마였을 때 나는 두 명의 십 대 소년과 엘리베이터를 탄 적이 있었다. 문이 열리자 한 아이가 먼저 내리려 했다. 다른 아이는 그 친구의 앞을 팔로 가로막으며 내게 먼저 나가도록 손짓했다.
• **brand-new** 새로운 **be about to-v** 막 v하려는 참이다 **get off** (버스, 엘리베이터 등에서) 내리다 **motion** (동작, 손짓을) 해 보이다

07 정답 **thinking**

해설 '내가' '생각하는' 것이므로 I(의미상 주어)와 think는 능동관계.
해석 나는 그들이 그것을 흥미롭게 여길지도 모른다고 생각하면서 그 상징이 무엇을 의미하는지 설명했다. • **symbol** 상징

08 정답 ○

해설 '신용 카드가' 시간을 '주는' 것이므로 These credit cards(의미상 주어)와 give는 능동관계.
해석 이 신용 카드는 이자를 낼 필요가 없이 빚을 다 갚을 시간을 주므로 빚을 관리하는 좋은 방법이 될 수 있다. • **credit card** 신용 카드 **debt** 빚 **pay off** ~을 다 갚다 **interest** 이자; 관심

09 정답 × / **crossing**

해설 '보행자'가 '건너는' 것이므로 pedestrians와 cross는 능동관계. 따라서 현재분사인 crossing으로 고쳐야 한다.
해석 길을 건너는 모든 보행자는 다가오는 차가 있는지 보기 위해 좌우를 살펴야 한다. • **pedestrian** 보행자 **oncoming** 다가오는, 접근하는 **traffic** 차; 교통

10 정답 × / **Realizing**

해설 '우리가' '깨달은' 것이므로 we(의미상 주어)와 realize는 능동관계. 따라서 현재분사인 Realizing으로 고쳐야 한다.
해석 인터넷을 통해 소통하는 것이 훨씬 더 편하다는 것을 깨달았기 때문에, 우리는 전화 통화는 거의 하지 않는다.
• **realize** 깨닫다 **seldom** 거의 ~않는

Point 15 감정동사의 의미상 주어를 찾아라!

CASE 1

본문 p. 91

능동(v-ing) vs. 수동(p.p.)

1 정답 **exciting**

해설 The soccer teams / performed an **exciting** / excited match yesterday / with many goals. (능동관계)
해석 그 축구팀들은 / 어제 흥미진진한 시합을 했다 / 많은 골을 넣는.

2 정답 **pleased**

해설 He tried the card / and was **pleased** / pleasing to discover // that it worked. (수동관계)
해석 그는 카드를 사용해 보았다 / 그리고 발견해서 기뻤다 // 그것이 (작동)되는 것을.

❶ 정답 **surprised**

해설 무언가에 의해 놀란 감정을 느낀 '표정'이므로 p.p.
해석 그녀는 놀란 표정으로 전화를 듣고 있었다.

❷ 정답 **confusing**
해설 주어(Some information)가 우리에게 혼란스러운 감정을 유발하는 것이므로 v-ing.
해석 일부 정보는 혼란스럽고 부정확하다.

❸ 정답 **embarrassed**
해설 주어(Her friend)가 알게 된 사실에 의해 당황스러운 감정을 느낀 것이므로 p.p.
해석 그 회사에 일하는 그녀의 친구는 그녀가 그 일을 제안받았다는 것을 알자 당황스러웠다.

❹ 정답 **frustrated**
해설 주어(Students)가 좌절감을 느끼는 것이므로 p.p.
해석 학생들은 잘 수행하라는 압박을 받으면 교실에서 빨리 좌절감을 느끼게 될지도 모른다.

❺ 정답 **disappointing**
해설 '결과'가 실망스러운 감정을 유발하는 것이므로 v-ing.
해석 그 팀이 결승에 오르지 못한 것은 실망스러운 결과였다.

Point Exercise

본문 p. 92

01 정답 **interesting**
해설 주어(Some of the expressive actions of monkeys)가 흥미로운 감정을 유발하는 것이므로 v-ing.
해석 원숭이의 몇 가지 표현 방식은 흥미롭다. 그것들은 인간의 방식들과 아주 흡사하다. • **expressive** 표현적인

02 정답 **amazed**
해설 주어(You)가 놀라운 감정을 느끼는 것이므로 p.p.
해석 이 제품들 중 하나를 산다면 품질과 구할 수 있는 색상 범위에 놀라움을 느낄 것이다. • **obtain** 구하다, 얻다

03 정답 **interested**
해설 수식을 받는 crowds가 흥미를 가진 것이므로 p.p.
해석 그 전시회는 아시아에 따뜻한 관심을 가지고 있는 흥미 있어 하는 사람들이 참석했다.

04 정답 **frustrating**
해설 주어(Voice mail)가 성가신 감정을 유발하는 것이므로 v-ing.
해석 음성 메시지는 누군가와 바로 통화하고자 하는 사람에게는 매우 성가실 수 있다. • **voice mail** (전화기의) 음성 메시지 **immediately** 바로, 즉시

05 정답 **surprised**
해설 주어(The students)가 놀라운 감정을 느낀 것이므로 p.p.
해석 학생들은 그가 돌덩어리들을 주워서 그것들을 벽에 마구잡이로 던지는 것을 보고 놀랐다. • **pick up** ~을 줍다 **randomly** 마구잡이로, 무작위로

06 정답 **shocking**
해설 주어(The results of the experiment)가 충격적인 감정을 유발하는 것이므로 v-ing.
해석 실험 결과는 정말 충격적이어서 나는 이 다큐멘터리로 인해 사람들이 비만의 문제점을 좀 더 인식하기를 바란다.
• **experiment** 실험 **documentary** 기록물, 다큐멘터리 **aware of** ~을 인식하는, ~을 알고 있는 **obesity** 비만

07 정답 **boring**
해설 주어(The instructor)가 지루한 감정을 유발하는 것이므로 v-ing.
해석 성취도가 낮은 사람들이 하는 흔한 변명 중 하나는 "선생님이 지루해."라는 것이다. 이러한 학생들은 모든 과정이 쉽고 재밌어야 한다고 생각한다.
• **low achiever** 성취도가 낮은 사람 **instructor** 강사, 교사 **entertaining** 재미있는

08 정답 **confused**
해설 주어(Students)가 혼란스러운 감정을 느끼는 것이므로 p.p.
해석 학생들은 자신을 또래들과 비교할 때 혼란스럽거나 강한 압박감을 느낄 수 있다. • **pressure** 압박 **compare** 비교하다 **peer** 또래

09 정답 **embarrassing**
해설 수식받는 명사인 '상황'이 나에게 난처한 감정을 유발하는 것이므로 v-ing.
해석 동료의 예상치 못한 무례한 말은 나를 몹시 난처한 상황에 처하게 했다.
• **remark** 말, 발언

10 정답 **excited**
해설 주어(The spectators)가 흥분된 감정을 느끼는 것이므로 p.p.
해석 관중들은 축구 경기 동안 극도로 흥분했고, 그들 중 일부가 경기장에 난입하기 시작했다. • **spectator** 관중 **invade** 난입하다

UNIT Exercise

본문 p. 93

01 정답 **called** ▶ v-ing vs. p.p.
해설 '구급차가' '호출된' 것이므로 An ambulance와 call은 수동관계.
해석 한 할머니를 도와주기 위해 호출된 구급차가 교통 체증 때문에 지체되었다. • **heavy traffic** 교통 체증

02 정답 **scared** ▶ 감정동사: 능동 vs. 수동
해설 주어(Dogs)가 겁이 나는 감정을 느낀 것이므로 p.p.
해석 개들은 진공청소기가 거실 카펫을 가로질러 움직이는 것을 무서워한다.
• **vacuum cleaner** 진공청소기

03 정답 **looking** ▶ 분사구문: 능동 vs. 수동
해설 '그녀가' 해변을 '내다보는' 것이므로 She(의미상 주어)와 look은 능동관계.
해석 그녀는 창틀에 기대어 집 앞의 해변을 내다보았다.
• **lean against** ~에 기대다 **frame** (액자, 창문 등의) 틀

04 정답 **describing** ▶ v-ing vs. p.p.
해설 '뉴스 기사가' 추락 장면을 '묘사하는' 것이므로 many news stories와 describe는 능동관계.
해석 나는 비행기 여행이 무서웠다. 나는 추락 장면을 묘사하는 많은 뉴스 기사를 읽었고 똑같은 일이 나에게 일어나는 것을 상상했다.
• **crash** (항공기 추락) 사고

05 정답 **dyed** ▶ v-ing vs. p.p.
해설 '음식이' 파랗게 '염색된' 것이므로 food와 dye는 수동관계.
해석 연구원들은 파랗게 염색된 음식을 제공받으면 대부분의 사람들이 식욕을 잃는다는 것을 발견했는데, 자연의 많은 파란색 식물과 과일이 독성을 지녔기 때문이다. • **researcher** 연구원 **appetite** 식욕 **dye** ~을 염색하다 **poisonous** 독성의

06 정답 **surprising** ▶ 감정동사: 능동 vs. 수동
해설 That은 앞 문장의 내용을 가리킨다. 이러한 사실이 놀라운 감정을 유발하는 것이므로 v-ing.
해석 음악을 잘하는 사람들은 언어에도 또한 능숙하다. 음악 공부와 언어 공부가 공통점을 많이 가지고 있기 때문에 이러한 사실은 놀랄 만한 일은 아닐 것이다. • **as well** (~뿐만 아니라) …도 **have in common** 공통점을 지니다

07 정답 **praised** ▶ 분사구문: 능동 vs. 수동
해설 '신제품이' 고객들에 의해 '좋은 반응을 얻은(칭찬받은)' 것이므로 these new products(의미상 주어)와 praise는 수동관계.
해석 이번 신제품은 우리 고객들에게 호평을 받아서 다음 달까지 대량으로 생산되어 공급될 예정입니다. • **highly** 상당히, 꽤 **customer** 고객 **in large quantities** 대량으로

08 정답 **equipped** ▶ v-ing vs. p.p.
해설 '드론에' 카메라 등이 '장착된' 것이므로 Drones와 equip은 수동관계.
해석 카메라나 녹음 장치를 장착한 드론은 사유지 상공에서 비행할 수 없다.
• **equip** 장비를 갖추다 **device** 장치 **property** 소유지, 토지

09 정답 **considering** ▶ 분사구문: 능동 vs. 수동
해설 의미상 주어인 consumers와 consider는 능동관계.
해석 의류나 카펫과 같이 물리적 속성이 있는 제품들을 고려할 때, 소비자들은 온라인이나 카탈로그에서 보고 읽을 뿐인 제품들보다 가게에서 만져볼 수 있는 상품들을 더 좋아한다.

10 정답 **designed** ▶ v-ing vs. p.p.
해설 '제품이' '고안된' 것이므로 a product와 design은 수동관계.
해석 이 기름은 야외용 가구와 배에 많이 사용되는 열대성 견목인 티크우드를 처리하고 복원하기 위해 고안된 제품이다.
• **restore** 복원[복구]하다 **tropical** 열대의 **hardwood** 견목

11 정답 **terrifying** ▶ 감정동사: 능동 vs. 수동
해설 이야기가 무서운 감정을 유발하는 것이므로 v-ing.
해석 지난 토요일 오후 남부 캘리포니아 해상에서 상어가 서퍼를 물었다는 무서운 이야기를 들었다. • **surfer** 서퍼, 파도타기 하는 사람

12 정답 **listening** ▶ 분사구문: 능동 vs. 수동
해설 We(의미상 주어)와 listen은 능동관계.
해석 우리는 앉아서 바다에서 불어오는 시원한 바람을 즐기면서 파도가 해안에 부딪치는 소리를 듣고 있었다.
• **breeze** 산들바람 **lap** (물이) 찰랑거리다; 무릎 **shore** 해안

13 정답 **dealing** ▶ 분사구문: 능동 vs. 수동
해설 others(의미상 주어)와 deal with는 능동관계.
해석 어떤 사람들은 한 번에 많은 일을 해내는 반면, 다른 이들은 다음 문제로 넘어가기 전에 한 가지 문제만을 다루면서 한 번에 한 가지 일을 해낸다.

14 정답 **connecting** ▶ v-ing vs. p.p.
해설 '모든 다리가' 도심과 외곽을 '연결하는' 것이므로 all the bridges와 connect는 능동관계.
해석 경찰은 범인을 잡기 위해 도심과 외곽을 연결하는 모든 다리를 봉쇄하는 극단적인 조치를 취했다. • **extreme** 극단적인 **measure** 조치 **block** 차단[봉쇄]하다 **outskirts** 교외

15 정답 **containing, calming** ▶ v-ing vs. p.p.
해설 '크림이' '함유한' 것이므로 this cream과 contain은 능동관계이며, 피부를 '진정시키는' '효과'이므로 calm과 effect도 능동관계이다.
해석 당신의 얼굴은 피부에 진정 효과를 주는 천연 식물 추출물이 함유된 이 크림으로 쉴 만하다.
• **deserve** ~을 누릴 자격이 있다 **extract** 추출물 **calm** 진정시키다

16 정답 **announced, affecting** ▶ v-ing vs. p.p.
해설 '연구'는 '발표되는' 것이므로 study와 announce는 수동관계이다. 또한 '가장 중요한 요인이' '영향을 미치는' 것이므로 the most important factors와 affect는 능동관계이다.
해석 최근 발표된 한 연구는 행복에 영향을 미치는 가장 중요한 요인은 건강, 가족의 화합, 여가 시간 이용, 그리고 사회적 관계라고 시사한다.
• **factor** 요인 **harmony** 조화, 화합 **leisure** 여가

17 정답 **astonished, standing, covered**
▶ 감정동사: 능동 vs. 수동 / v-ing vs. p.p. / 분사구문: 능동 vs. 수동
해설 주어인 Andrew가 '놀라움을 느낀' 것이므로 astonished가 되어야 하며, 수식받는 명사 two men과 stand는 능동관계이므로 standing이 적절하다. '그들의 신발이' 먼지로 '뒤덮인' 것이므로 their shoes와 cover는 수동관계이다.
해석 Andrew는 자신의 마당에 신발이 먼지투성이인 채 서 있는 두 남자를 보고 깜짝 놀랐다. • **astonish** 깜짝 놀라게 하다

18 정답 **Some of the violent scenes in the movie are frightening** ▶ 감정동사: 능동 vs. 수동
해설 주어(Some of the violent scenes in the movie)가 무서운 감정을 유발하는 것이므로 v-ing가 적절하다. 수일치 또한 주의해야 하는데, 부분 표현인 Some of 뒤에 복수명사(the violent scenes)가 나왔으므로 are가 되어야 한다.

19 정답 **with his head buried in his hands**
▶ 분사구문: 능동 vs. 수동
해설 '그의 머리가' '파묻힌' 것이므로 his head와 bury는 수동관계.

20 정답 **Attending the ceremony, the participants were excited** ▶ 분사구문: 능동 vs. 수동 / 감정동사: 능동 vs. 수동
해설 the participants(의미상 주어)와 attend는 능동관계이므로 분사구문을 이끄는 attend는 v-ing가 적절하다. 또한 the participants가 '흥분을 느끼는' 것이므로 excite는 p.p.가 적절.

갈무리 ③

본문 p. 95

1 정답 ③
해설 (A) 주어가 One of the worst things about growing old이므로 단수동사 is가 적절. 「one of + 복수명사(~중 하나)」는 단수 취급.
(B) 문맥상 노인들이 하는 말이 '귀 기울여지지 않는'을 나타내는 표현이 되어야 자연스러우므로 수동형 being listened가 적절.
(C) '소수의 사람들이' 그들에게 주의를 '기울이는' 것이므로 so few people과 take는 능동관계.
해석 나이를 먹는 것에 대한 가장 나쁜 점 중 하나는 점점 보이지 않는 존재가 되어간다는 느낌이다. 점원, 웨이터, 다른 고객 서비스 직종의 직원들은 나이 든 사람들을 못 보고 넘어가는 경향이 있으며, 매우 나이가 많은 등장인물들이 나오는 영화나 TV 프로그램은 많지 않다. 아마도 나이 듦에 있어 최악인

점은 귀 기울여주지 않는다는 것이다. 사람들은 노인들이 언급할 만한 흥밋거리나 가치 있는 것들을 갖고 있지 않은 것처럼 대하는 경향이 있다. 노인들을 주목하는 사람들은 거의 없기 때문에, 일부 노인들이 아이들에게 말할 기회가 생길 때마다 그들을 거의 죽을 만큼 지루하게 만드는 것은 별로 놀랄 일이 아니다. 젊은 층 위주의 사회에서 노화의 부정적인 면을 견디기 위해서는 많은 힘과 풍부한 유머가 필요하다.

• **invisible** 보이지 않는 **assistant** 점원; 조수 **tend to-v** v하는 경향이 있다 **overlook** 간과하다 **the aged** 노인들 **take notice of** ~을 주목하다, 알아차리다 **it's no wonder that** ~하는 것도 당연하다, ~은 별로 놀랄 만한 일이 아니다 **bore A to death** A를 죽을 만큼 지루하게 하다[진절머리 나게 하다] **youth-obsessed** 젊은 층 위주의 **humor** 유머 **endure** 견디다 **negative** 부정적인 **aspect** 면; 양상

2 정답 ③

해설 (A) 기간을 나타내는 부사구(for the past six years)가 쓰였고 전체 지문 문맥으로 보아 과거부터 '현재'까지 만족해오고 있음을 나타내므로 현재완료가 적절.

(B) 주어(the condition of your waiting room)가 실망스러운 감정을 유발하는 것이므로 disappointing(v-ing)이 적절.

(C) it이 가리키는 것은 this letter이다. '이 편지는' '쓰인' 것이므로 it과 write는 수동관계.

해석 아시다시피, 저는 지난 6년 동안 당신의 의료 서비스에 만족해 왔습니다. 당신은 늘 저에게 매우 친절하며, 정말 전문가답습니다. 그렇지만, 당신은 병원 대기실의 상태가 매우 실망스럽다는 사실을 알고 있습니까? 카펫은 진공청소기로 거의 청소되지 않으며, 플라스틱 모형 식물에는 먼지가 두껍게 쌓여 있고, 잡지와 아이들의 장난감은 흐트러져 있습니다. 진료소에서 깨끗한 환경은 특히 중요한 것 같고, 비록 당신이 얼마나 훌륭한 의사인지 알고 있기는 하지만, 저는 다른 모든 것들이 얼마나 깨끗할지에 대해 걱정을 하지 않을 수 없습니다. 저는 당신이 이 편지를 불쾌하다기보다는 도움이 되는 것으로 생각하시기를 바랍니다. 이는 선의로 쓰인 것입니다.

• **be satisfied with** ~에 만족하다 **professional** 전문(가)적인 **aware** ~을 알고 있는 **vacuum** 진공청소기로 청소하다 **disorganized** 흐트러져 있는 **particularly** 특히 **clinic** 진료소 **physician** 의사; 내과 의사 **can't help v-ing** v할 수밖에 없다 **unpleasant** 불쾌한 **with the best of intentions** 선의로

3 정답 ③

해설 (A) 문맥상 it이 가리키는 것은 a souvenir이다. '기념품은' '만들어지는' 것이므로 it과 make는 수동관계.

(B) 문맥상 주어(animal products)가 '~하는 데 사용되다'라는 의미가 되어야 하므로, 「be used to-v (v하는 데 사용되다)」의 표현이 적합하다. 따라서 make가 적절.

(C) '그림 또는 공예품들이' '만들어지는' 것이므로 paintings or crafts와 produce는 수동관계. 따라서 produced가 적절.

해석 집으로 가져갈 기념품을 고르기 전에 그것이 어떻게 만들어졌는지 그리고 그것의 출처가 어디인지 고려해라. 만일 뼈나 가죽과 같은 동물의 산물이 그것을 만드는 데 사용되었다면 그것을 판매대 위에 그대로 남겨두어라. 예를 들어, 열대 섬의 기념품 가게는 보석과 같이 아름다운 거북의 등딱지로 만든 제품들을 판매할 것이다. 그러나 거북의 등딱지 제품을 사고파는 사람들은 희귀하고 멸종 위기에 직면한 거북이의 개체 수에 심각한 악영향을 초래하고 있다. 자연에서 바로 기념품을 집어 오는 것도 좋지 않은 생각이다. 이는 많은 나라가 조개껍데기를 포함해서, 심지어 몇몇 종류의 돌까지 자연의 것들을 보호하기 때문이다. 대신, 그 지역에서 만들어진 그림이나 공예품처럼 당신이 방문하는 지역에 유익한 것을 (기념품으로) 선택하라.

• **souvenir** 기념품 **product** 산물, 산출물 **shelf** 판매대; 선반 **tropical** 열대의 **threaten** 위태롭게 하다 **seashell** 조개껍데기 **craft** 공예품 **locally** 생산지에서, 근방에서

4 정답 ⑤

해설 (A) perceive의 주어는 관계대명사 that이 이끄는 절의 선행사 things이다. '사물들은' '인지되는' 것이므로 things와 perceive는 수동관계.

(B) happen은 자동사이므로 수동형이 될 수 없다. 따라서 happen이 적절.

(C) 분사구문으로, '놀이 기구가' 사람들을 '다치게 하는' 것이므로 the ride(의미상 주어)와 injure는 능동관계로 현재분사가 적절.

해석 육감이라는 것이 정말 존재할까? 아니면 오직 과학적으로 입증된 시각, 청각, 후각, 촉각, 미각이라는 오감만이 존재할까? 상상의 소산인 육감은 알려진 인간의 감각을 이용해서는 인지될 수 없는 것들을 인지하는, 마법에 가까운 능력이다. 예를 들어, 당신이 갑자기 어떤 나쁜 일이 일어날 것 같은 갑작스러운 느낌이 들어서 놀이공원의 놀이 기구를 타지 않기로 했다고 상상해보자. 그런데 그 놀이 기구가 추락해서 많은 사람을 심각하게 다치게 했다고 상상해보자. 당신은 아마도 '육감'이 당신이 그 놀이 기구를 타는 것을 막았다고 믿고 싶어질지 모르지만, 당신의 나쁜 느낌과 그 사고는 그저 우연의 일치일 가능성이 더 높다.

• **sixth sense** 육감 **scientifically** 과학적으로 **proven** 입증[증명]된 **imagine** 상상하다 **perceive** 인지[감지]하다 **amusement park** 놀이공원 **ride** 놀이 기구 **sudden** 갑작스러운 **crash** 추락하다, ~와 충돌하다; 사고 **injure** ~에게 부상을 입히다 **be tempted to-v** v하고 싶어지다 **stop A from v-ing** A가 v하는 것을 막다 **likely** ~일[할] 것 같은 **coincidence** 우연의 일치

5 정답 **ⓑ surrounded → surrounding ⓓ raising → (being) raised ⓔ destroyed → were destroyed**

해설 ⓑ '둘러싼 지역'이라는 뜻이 되어야 하므로 area와 surround는 능동관계. 현재분사인 surrounding으로 고쳐야 한다.

ⓓ '물고기들이' '길러지는' 것이므로 the fish와 raise는 수동관계. 과거분사인 raised로 고쳐야 한다.

ⓔ '물고기 우리들 중 30퍼센트'가 '파괴된' 것이므로 수동관계이며, 「부분표현 + 복수명사」의 구조이므로 복수동사인 were로 일치시켜야 한다.

해석 2020년 1월 12일 필리핀의 탈 화산은 43년간의 고요에서 깨어나 가스, 화산재, 용암을 공기 중으로 배출하기 시작했다. 그 후 몇 주 동안 폭발로 인해 유난히 습하고 무거운 화산재 한 층이 주변 지역에 떨어져, 대부분의 초목이 시들어 죽게 만들었다. 그 피해는 단지 식물들에만 영향을 미친 것이 아니었다. 화산이 폭발하는 동안 많은 사람들이 죽었다. 지역 주민들이 대피하면서 많은 가축과 반려동물들을 두고 갔다. 화산재는 심지어 탈 호수에서 길러지는 물고기에게도 영향을 주었다. 호수에 있는 물고기 우리 중 약 30퍼센트가 화산 폭발 중에 파괴되었다. 지역의 풍경은 화산재로 인해 훼손되었고, 두 달이 지나도 여전히 열대 지방이라기보다는 달처럼 보인다.

• **volcano** 화산 **quiet** 고요 **emit** 내뿜다, 방출하다 **ash** 화산재 **lava** 용암 **eruption** 폭발 **surround** 둘러싸다 **vegetation** 초목 **wither** 말라 죽다 **erupt** 폭발하다 **livestock** 가축 **companion animal** 반려동물 **evacuate** 떠나다, 피난하다 **tropical** 열대의 **region** 지방, 지역

구문 [7-8행] About 30 percent of the fish cages (S) (in the lake) (수식어구(전명구)) were destroyed (V) during the eruption.

UNIT 07 동사와 준동사

✦ 포인트 감 잡기! 정답 ①, ③

Point 16 동사부터 찾아라!

CASE 1 문장의 동사 vs. 준동사

본문 p. 100

정답 **Keeping**

해설 Keep / **Keeping** (준동사) the lens covered / when not in use / is recommended (V(문장의 동사)).

해석 렌즈를 덮어두는 것이 / 사용하고 있지 않을 때 / 권장된다.

• **recommend** 추천하다, 권장하다

❶ 정답 **have**

해설 문장의 동사가 없으므로 주어(Baked potatoes)와 호응하는 동사 have가 적절.

해석 버터 바른 구운 감자는 칼로리가 높다. • **baked** 구운

❷ 정답 **made**

해설 문장의 동사 invented가 있으므로 준동사 형태인 made가 적절하다. 과거분사로서 바로 앞의 명사 a ball을 뒤에서 수식한다. wrapped 역시 과거분사로서 바로 앞의 seeds를 뒤에서 수식한다.

해석 이집트인들은 리넨으로 싸인 씨앗으로 만든 공을 개발했다.

• **seed** 씨앗 **linen** 리넨

❸ 정답 **Getting**

해설 문장의 동사는 is이므로 준동사 형태인 Getting이 적절하다. Getting a good sleep은 동명사구로서 문장의 주어이다.

해석 잠을 푹 자는 것은 당신의 건강에 중요하다.

❹ 정답 **× / to keep**

해설 문장의 동사 exercises와 eats가 있으므로 keep은 준동사 형태가 되어야 하는데, 문맥상 '목적(~하기 위하여)'을 뜻하는 to keep으로 고치는 것이 적절하다.

해석 Mike는 건강을 유지하기 위해 매일 운동하고 적절히 먹는다.

• **adequately** 적절히 **keep in shape** 건강을 유지하다

❺ 정답 ○

해설 attending은 People을 수식하는 현재분사이고, 과거형인 expressed가 문장의 동사로 적절히 쓰였다.

해석 회의에 참석한 사람들은 어린이들의 등교 안전에 대해 우려를 표했다.

• **attend** 참석하다 **express** 표하다 **concern** 우려, 걱정 **trip** 이동, 오고감

❻ 정답 **× / argues 또는 argued**

해설 문장의 동사가 없으므로 주어(Judith Rich Harris)와 호응하는 동사 argues가 적절.

해석 Judith Rich Harris는 발달심리학자인데 세 가지 주요한 힘이 우리의 발달을 형성한다고 주장한다[주장했다].

• **developmental** 발달의 **psychologist** 심리학자

CASE 2 do vs. be

본문 p. 101

정답 **do**

해설 Many users probably spend more time (V) / on the Internet // than they **do** (V´=spend time) / are in their cars.

해석 많은 사용자들은 아마 더 많은 시간을 보낼 것이다 / 인터넷을 하는 데 // 그들이 그들의 차에서 시간을 보내는 것보다.

❶ 정답 **did**

해설 앞에 나온 동사구 fall asleep을 대신하는 did가 적절.

해석 그들은 그녀가 금방 잠이 들 거라고 했는데 정말 그랬다.

• **fall asleep** 잠들다

❷ 정답 **are**

해설 앞에 나온 동사구 are in favor of ~ online을 대신하는 are가 적절.

해석 어떤 사람들은 온라인에서 실명을 사용하는 것에 찬성하는 반면, 다른 사람들은 그렇지 않다. • **in favor of** ~에 찬성하여

❸ 정답 **× / do**

해설 앞에 나온 동사구 drank coffee를 대신하는 do가 적절. now가 있어 did가 아니라 do가 되어야 하는 것에 주의.

해석 우리 조부모들은 커피를 우리가 지금 마시는 것보다 2배 더 많이 마셨다.

• **grandparent** 조부모

❹ 정답 **× / does**

해설 앞에 나온 동사구 likes the film을 대신하면서, 3인칭 단수형인 주어 Emily에 맞춰야 하므로 does가 되어야 적절.

해석 Emily만큼 그 영화를 좋아하는 사람은 없는 것 같다.

❺ 정답 ○

해설 앞에 나온 동사구 require overwhelming intelligence를 대신하면서 3인칭 단수형인 동명사 주어 creating ~ to prosper에 맞춰야 하므로 does가 적절히 쓰였다.

해석 씨를 심는 것은 반드시 엄청난 지능을 요구하는 것은 아니지만 씨가 번성하게 하는 환경을 만드는 것은 그러하다.

• **necessarily** 반드시 **overwhelming** 엄청난, 압도적인 **intelligence** 지능 **environment** 환경 **prosper** 번성하다, 번창하다

Point Exercise

본문 p. 102

01 정답 **Keeping**

해설 문장의 동사 is가 있으므로 준동사 형태인 Keeping이 들어가는 것이 적절. Keeping your ~ cold weather는 동명사구 주어.

해석 추운 날씨에 몸을 따뜻하게 유지하는 것이 당신의 건강을 위해 중요한 한 가지이다.

02 정답 **demanded**

해설 주어(The customer)와 호응하는 문장의 동사가 없으므로 demanded가 들어가는 것이 적절. 주어와 동사 사이에 관계대명사절이 위치하였다.

The customer (S) [who bought the jeans on Tuesday] **demanded** (V) a refund.

해석 화요일에 청바지를 구입한 그 손님은 환불을 요구했다.

• **demand** 요구하다 **refund** 환불; 환불하다

03 정답 **getting**

해설 문장의 동사인 can slow가 있으므로 준동사 형태인 getting이 들어가는 것이 적절. Not getting ~ long time은 동명사구 주어.

해석 오랫동안 충분히 음식을 섭취하지 않는 것은 아이들의 성장과 두뇌 발달을 더디게 할 수 있다.

• **for a long time** 오랫동안 **development** 발달, 성장

04 정답 **to bring**

해설 주어(The purpose of the United Nations)와 호응하는 문장의 동사는 is이므로 준동사 형태인 to bring이 들어가는 것이 적절. 이때 to bring은 동사 is의 보어 역할.

해석 UN의 목적은 세계 모든 나라들을 한데 모아 평화와 발전을 위해 일하는 것입니다. • **purpose** 목적

05 정답 **to create**

해설 접속사 so가 이끄는 절의 동사는 don't need이다. 또 다른 동사가 들어갈 수 없으므로 준동사가 들어가야 하는데 문맥상 to create(만들기 위해서)가 적절.

해석 대부분의 블로그는 블로그 사용자를 특별히 대상으로 하는 특수 소프트웨어나 웹 사이트를 사용하므로 자신의 블로그를 만들기 위해 컴퓨터 전문가가 될 필요는 없다.

• **specifically** 특별히 **be aimed at** ~을 대상으로 하다 **expert** 전문가

06 정답 **live**

해설 that이 이끄는 절(that people ~ are inactive)에서 주어 people과 호응하는 동사가 없으므로 live가 들어가는 것이 적절.

Studies show that **people** (S′) [who regularly exercise ~ days a week] **live** (V′) longer than people [who are inactive].

해석 연구에 의하면 일주일에 최소 3일을 30분 동안 규칙적으로 운동하는 사람이 움직이지 않는 사람보다 더 오래 산다.

• **regularly** 규칙적으로 **at least** 최소한 **inactive** 활동하지 않는

07 정답 **did**

해설 앞 문장에 나온 동사구 has had so much meaning을 대신하면서 과거의 사실을 나타내는 대동사 did가 적절하다. it은 앞에 나온 Puccini's famous aria를 나타낸다.

~ as it did = ~ as Puccini's famous aria had so much meaning on a stage in Great Britain, ~.

해석 당신은 루치아노 파바로티가 푸치니의 유명한 아리아를 노래하는 것을 한두 번은 들어본 적이 있을 것이다. 그러나 그것은 영국 무대에서 폴 포츠라는 이름의 한 휴대폰 세일즈맨에 의해 불리고 있을 때만큼 많은 의미를 지닌 적은 없었다.

08 정답 O

해설 that절의 동사는 cannot handle로서 밑줄 친 곳은 준동사 자리. put은 바로 앞의 the demands를 수식하는 과거분사로서 적절히 쓰였다.

해석 스트레스는 당신에게 가해진 요구들을 처리할 수 없을 것이라고 인지할 때 일어난다. • **perceive** 인지하다

09 정답 O

해설 앞에 나온 동사 does를 대신하면서 3인칭 단수형인 주어 he에 맞춘 does가 적절히 쓰였다.

The man [who does more than he is paid for] / will soon be paid for / more than he does.

해석 보상받는 것보다 더 많이 하는 사람은 / 곧 보상받게 될 것이다 / 자신이 하는 것보다 더 많이.

10 정답 **than he does when writing**

해설 앞에 나온 동사구 uses the phrase를 대신 받는 대동사이면서, 3인칭 단수형인 주어 he에 맞춰야 하므로 does를 써야 적절.

Point 17 동사별로 취하는 목적어 형태를 알아두라!

CASE 1

본문 p. 103

동사의 목적어: to부정사 또는 동명사

1 정답 **to apologize**

해설 Some people (refuse) [apologizing / **to apologize**] // even when they're clearly in the wrong. (refuse to-v)

해석 어떤 사람들은 사과할 것을 거부한다 // 그들이 명백하게 잘못했을 때조차도. • **apologize** 사과하다

2 정답 **traveling**

해설 These caravans can be moved / and many families (enjoy) [to travel / **traveling**] / from place to place / on holidays. (enjoy v-ing)

해석 이 이동식 주택들은 이동이 가능하다 / 그리고 많은 가족들은 여행하는 것을 즐긴다 / 이곳저곳으로 / 휴일에.

❶ 정답 **to use**

해설 learn to-v: v하는 법을 배우다

해석 아이는 몇 살에 컴퓨터를 사용하는 법을 배워야 할까?

❷ 정답 **to be**

해설 need to-v: v할 것이 필요하다

해석 18세 이하라면 부모님을 동반해야 합니다.

• **accompany** 동반[동행]하다

❸ 정답 **being**

해설 avoid v-ing: v하기를 피하다

해석 자동차 사고로 인한 부상을 피하는 가장 좋은 방법은 안전벨트를 매는 것이다. • **injured** 부상을 입은, 다친 **seatbelt** 안전벨트

❹ 정답 O

해설 decide to-v: v할 것을 결정[결심]하다

해석 나중에 망원경이라 불리게 된, 더욱더 좋은 소형 망원경을 만들게 됨에 따라, 갈릴레오는 망원경을 달로 향하게 하기로 결정했다.

• **spyglass** 작은 망원경 **telescope** 망원경

CASE 2 본문 p. 104

동사의 목적어: to부정사와 동명사 모두 가능

정답 **to brush**

해설 You should brush your teeth / for 2 minutes / twice a day. (Remember) [brushing / **to brush**] your tongue, too.
remember to-v v할 것을 잊지 않고 하다

해석 이를 닦아야 한다 / 2분 동안 / 하루에 두 번. 혀도 닦는 것을 기억해라.

• **tongue** 혀

❶ 정답 **to check**

해설 문맥상 가스 밸브를 '확인할' 것이므로 to부정사가 적절.

해석 외출하기 전에 잊지 말고 가스 밸브를 확인하세요.

• **go out** 외출하다, 나가다

❷ 정답 **to say**

해설 문맥상 '~을 말하게 되어' 유감인 것이므로 to부정사가 적절.

해석 당신을 지원해 드릴 수 없다고 말하게 되어 유감입니다.

• **regret** 후회하다, 유감이다 **support** 지원하다

❸ 정답 **tasting**

해설 문맥상 '시험 삼아 맛보기를 해본' 것이므로 v-ing가 적절.

해석 나는 이 와인들 중 많은 것을 시험 삼아 맛보아왔고 어떤 것들은 맛이 아주 좋다. • **taste** 맛보다

❹ 정답 ○

해설 문맥상 '거짓말을 멈추는' 것이므로 v-ing가 적절.

해석 당신은 삶에 어떻게 반응할지 선택할 능력이 있다. 오늘 모든 변명을 끝내기로 결정하고, 무슨 일이 일어나고 있는지에 대해 자신에게 거짓말하는 것을 멈춰라. • **respond to** ~에 대응[반응]하다 **excuse** 변명

CASE 3 본문 p. 104

가목적어와 진목적어

정답 **to live**

해설 There are many factors // that (make) it impossible / [live / **to live**] on Venus.
(it: 가목적어)

해석 많은 요인들이 있다 // ~을 불가능하게 만드는 / 금성에서 사는 것을.

• **factor** 요인 **Venus** 금성

❶ 정답 **to refund**

해설 동사 make가 가목적어 it을 취하므로 뒤에 진목적어 역할을 하는 to-v가 와야 한다. 「make + it + 목적격보어(a rule) + 진목적어(to-v)」의 형태.

해석 그들은 구매자들이 비닐봉지나 종이봉투를 반납하면 그 봉툿값을 환불해 주는 것을 원칙으로 하고 있다.

• **purchaser** 구매자 **plastic bag** 비닐봉지

❷ 정답 × / **find it**

해설 「find + it + 목적격보어(very irritating) + 진목적어(to-v)」의 형태가 되어야 적절.

해석 나는 영화에서 배우들이 담배를 피우는 장면을 보는 것에 매우 짜증이 난다. • **irritating** 짜증이 나는

❸ 정답 × / **it important**

해설 「consider + it + 목적격보어(important) + 진목적어(that S + V)」의 형태가 되어야 적절.

해석 그녀는 모든 상품 정보가 최신 데이터를 반영해야 하는 것이 중요하다고 생각했다. • **consider** 생각하다, 여기다 **reflect** 반영하다

Point Exercise 본문 p. 105

01 정답 **eating**

해설 give up v-ing: v하기를 포기하다

해석 나는 살을 빼길 원하지만, 내가 가장 좋아하는 음식을 먹는 것은 포기하고 싶지 않다. • **lose weight** 살을 빼다 **give up** 포기하다

02 정답 **doing**

해설 문맥상 올바른 일을 '한 것을' 후회하는 것이므로 v-ing가 적절.

해석 비록 그것이 어려운 일일지라도 옳은 일을 한 것을 후회할 일은 없을 것이다. 후회할 일은 그것을 하지 않은 것이다.

03 정답 **to take**

해설 plan to-v: v할 것을 계획하다

해석 코치는 그녀가 세계 선수권 대회 준비를 시작하기 전에 한 주간 휴식을 취할 계획이라고 말했다.

• **take + 시간 + off** (얼마 동안) 휴식을 갖다 **preparation** 준비 **championship** 선수권 대회

04 정답 **to waste**

해설 afford to-v: v할 여유가 있다

해석 내 프레젠테이션은 10분으로 제한되어서 나는 말을 허비할 여유가 없다고 느꼈다. • **presentation** 프레젠테이션, 발표 **limited** 제한된, 한정된 **afford** ~할 여유가 있다

05 정답 **donating**

해설 suggest v-ing: v하기를 제안하다

해석 우리는 오래된 책이나 잡지를 지역 주민을 위한 도서관에 기부하는 것을 제안했지만, 아직까지 아무도 내지 않았다. • **suggest** 제안하다 **donate** 기부하다 **community** 지역 주민을 위한; 지역 사회

06 정답 **to help**

해설 문맥상 오토바이 운전자를 '도우려고' 멈춘 것이므로 '목적'을 나타내는 부사적 용법의 to부정사가 적절.

해석 한 운전자가 추돌 사고로 부상을 입은 오토바이 운전자를 도우려고 차를 멈췄지만, 그는 그 자리에서 '불법' 주차로 벌금을 물었다.

• **motorcyclist** 오토바이 운전자 **crash** (자동차) 충돌 사고 **fine** 벌금을 부과하다 **illegally** 불법적으로

07 정답 **telling**

해설 delay v-ing: v하기를 미루다[지연시키다]

해석 관리들은 선거 때문에 주민들에게 오염된 물에 대해 알리는 것을 지연시킨 것으로 알려졌다. • **official** 관리, 공무원 **resident** 주민 **polluted** 오염된 **election** 선거

08 정답 × / **to stop**

해설 manage to-v: 용케 v해내다

해석 어떻게 하면 우리가 매일 정크 푸드와 음료를 섭취하는 것을 용케 그만둘 수 있을까? • **consume** 먹다, 마시다 **on a daily basis** 매일

09 정답 ○

해설 문맥상 '(앞으로) 격려하는 것을' 기억하는 것이므로 to부정사가 적절.

해석 위원회의 일원으로서, 당신은 모든 구성원들이 안전 문제에 대한 논의에 참여하도록 격려하는 것을 기억해야 한다.

• **committee** 위원회 **involvement** 참여, 관여

10 정답 **consider it appropriate to undertake a study of the matter**

해설 「consider + it + 목적격보어(appropriate) + 진목적어(to-v)」의 형태가 되어야 한다. consider는 목적어로 동명사를 취하는 동사지만 가목적어 구문에서는 진목적어로 to부정사를 사용하는 것에 주의한다.

• **authorities** 당국 **undertake** 착수하다 **appropriate** 적절한

Point 18 목적격보어는 동사와 목적어를 동시에 고려하라!

CASE 1 본문 p. 106

목적어와 목적격보어가 능동관계 vs. 수동관계

1 정답 **to crash**

해설 The rock is covered / with water. // That (causes [cause]) / (many ships [O]) [crash / to crash [C]] into it. (능동관계)

해석 이 바위는 가려져 있다 / 물에. // 그것이 (~을) 초래한다 / 많은 배들이 그것(바위)에 충돌하는 것을.

• **cause** ~을 야기하다, 초래하다; 원인, 이유 **crash into** ~와 충돌하다

2 정답 **stuck**

해설 I finally (found [find]) / (my sock [O]) / [stick / stuck [C]] to the inside of the dryer. (수동관계)

해석 나는 마침내 발견했다 / 내 양말 한 짝이 / 건조기 안쪽에 걸려 있는 것을.

• **dryer** 건조기, 드라이어

❶ 정답 **know**

해설 let + 목적어 + v: 목적어가 v하게 하다

해석 제가 인터뷰 결과를 당신이 알게 해드릴게요.

❷ 정답 **look**

해설 make + 목적어 + v: 목적어가 v하게 하다

해석 그녀의 검은색 드레스와 예쁜 모자가 그녀를 아주 여성스럽게 보이게 했다.

❸ 정답 **dyed**

해설 have + 목적어 + p.p.: 목적어가 v되게 하다

해석 나는 새로 생긴 미용실에서 머리를 염색했다.

• **dye** 염색하다 **hair salon** 미용실

❹ 정답 **recovered**

해설 have + 목적어 + p.p.: 목적어가 v되게 하다

해석 삭제된 파일을 복구시키려면 그 프로그램이 필요하다.

• **recover** 회복하다, 복구하다

❺ 정답 ○

해설 lead + 목적어 + to-v: 목적어가 v하게 이끌다

해석 우리는 옛것을 과소평가하고 새로운 것을 과대평가해서는 안 된다. 이것은 우리가 모든 종류의 잘못된 결정을 하도록 이끈다.

• **underestimate** 과소평가하다 **overestimate** 과대평가하다 **decision** 결정

Point Exercise

본문 p. 107

01 정답 **running, run**

해설 '아이가' '달리고 있는' 것이므로 a kid와 run은 능동관계이다. 이때 지각동사 watch가 앞에 있으므로 목적격보어로 원형부정사(v)나 v-ing가 올 수 있다.

해석 그는 한 아이가 주차된 차들 사이에서 달려 나오는 것을 보았다.

• **parked** 주차된

02 정답 **to purchase**

해설 '미래의 고객들이' '구입하는' 것이므로 future customers와 purchase는 능동관계이다. 「persuade + 목적어 + to-v」: 목적어가 v하도록 설득하다

해석 많은 기업들은 우편으로 사은품이나 샘플을 보내주거나, 미래 고객들이 신제품을 구입하도록 설득하기 위해 제품을 시험적으로 써보거나 테스트해 보게 해준다.

• **customer** 고객 **in order to-v** v하기 위해 **persuade** 설득하다 **purchase** 구매하다

03 정답 **repaired**

해설 '자동차가' '수리되는' 것이므로 our car와 repair는 수동관계이다. 목적격보어로 p.p.가 적절.

해석 우리 차는 지난 3년 넘게 이 자동차 수리점에서 여러 번 수리를 받아왔다. • **repair** 수리[수선]하다; 수리

04 정답 **come, coming**

해설 '당신이' '들어오는' 것이므로 you와 come은 능동관계이다. 이때 지각동사 hear가 앞에 있으므로 목적격보어로 원형부정사(v)나 v-ing가 올 수 있다.

해석 당신의 귀가가 늦으면, 부모님은 당신이 현관문 안으로 들어오는 소리를 들을 때까지 당신을 기다리며 잠들지 못하신다.

• **wait up for** ~을 자지 않고 기다리다 **front door** 현관문

05 정답 **remain, to remain**

해설 '포유동물이' 따뜻하게 '지내는' 것이므로 underwater mammals와 remain은 능동관계이다. 이때 동사 help가 앞에 있으므로 목적격보어로 원형부정사(v)나 to-v가 올 수 있다.

해석 얼음이 물보다 더 가볍기 때문에 표면에 떠 있으며 이러한 점은 사실상 수중의 포유동물이 따뜻한 채로 지낼 수 있도록 돕는다.

• **surface** 표면 **underwater** 수중의 **mammal** 포유동물 **remain** (~인 채로) 남아 있다

06 정답 **spend**

해설 '고객들이' 돈을 '지출하는' 것이므로 customers와 spend는 능동관계이다. 이때 사역동사 make가 앞에 있으므로 목적격보어로 원형부정사(v)가 적절.

해석 아이들은 햇빛이 많이 비치는 학교에서 키가 더 자라는 것 같다. 햇빛은 사업에도 이롭다. 자연광 사용이 고객들로 하여금 상점에서 더 많은 돈을 지출하게 한다. • **daylight** 햇빛

07 정답 ○

해설 '사과가' 나무에서 '떨어지는' 것이므로 an apple과 fall은 능동관계이다. 지각동사 see가 앞에 있으므로 목적격보어로 원형부정사(v)는 적절.

해석 아이작 뉴턴은 사과가 나무에서 떨어지는 것만 보지 않았다. 그는 왜 그것이 떨어졌는지 이해하기 위해 그 관찰을 이용했다.

• **observation** 관찰 **figure out** 이해하다

08 정답 **× / dozing**

해설 '당신 자신이' '조는' 것이므로 yourself와 doze는 능동관계이다. 앞에 동사 find가 있으므로 v-ing 형태인 dozing으로 고쳐야 한다.

해석 잠을 충분히 자라, 그렇지 않으면 당신은 일에 집중하는 데 어려움을 겪을 것이고 자신이 지하철이나 버스에서 졸고 있는 것을 발견하게 될 것이다.

• **doze off** 졸다, 깜빡 잠이 들다

09 정답 **× / to direct**

해설 '정부가' '지시하는' 것이므로 the government와 direct는 능동관계이다. 앞에 동사 allow가 있으므로 to-v 형태인 to direct로 고쳐야 한다.

해석 그 법은 정부가 기업들이 공공재 생산을 우선적으로 처리하도록 지시할 수 있게 할 것이다. • **direct** 지시[명령]하다 **prioritize** 우선적으로 처리하다 **production** 생산

10 정답 **wanted the library built in the center of town.**

해설 '도서관이' '건설되는' 것이므로 the library와 build는 수동관계이다. 목적격보어로 p.p.를 써야 한다.

UNIT Exercise

본문 p. 108

01 정답 **know** ▶ let + 목적어 + v

해설 '당신이' 언제 배고픈지를 '아는' 것이므로 you와 know는 능동관계이다. 이때 사역동사 let이 앞에 있으므로 목적격보어로 원형부정사(v)가 적절.

해석 뇌는 소화 기능을 통제하여 당신이 언제 배가 고픈지 알게 해준다.

• **digestion** 소화

02 정답 **rolled** ▶ get + 목적어 + p.p.

해설 '소매가' '걷어 올려지는' 것이므로 their sleeves와 roll은 수동관계이다. 목적격보어로 p.p.가 적절.

해석 내 친구들은 소매를 걷어 올리고 우리 집 벽을 페인트칠하기 시작했다.

• **roll up** (소매 등을) 걷어 올리다

03 정답 **to perform** ▶ 동사의 목적어: to부정사

해설 agree to-v: v하기로 동의하다

해석 우리는 벌로 지역 봉사 활동을 하기로 동의했다.

• **community service** 지역 봉사 활동 **punishment** (처)벌

04 정답 **constructing** ▶ 동사의 목적어: 동명사

해설 finish v-ing: v하는 것을 마치다

해석 인부들이 그 아파트 빌딩 건설하는 것을 마칠 때쯤이면 개별 집들은 모두 팔릴 것이다. • **construct** 건설하다 **unit** (공동 주택의) 가구

05 정답 **to feel** ▶ enable + 목적어 + to-v

해설 '마비된 사람들'이 지면을 '느끼는' 것이므로 some paralyzed individuals와 feel은 능동관계이며 enable은 목적격보어로 to-v를 취한다.

해석 특수한 의족이 마비가 생긴 사람들로 하여금 그들이 걷고 있는 지면을 느낄 수 있게 해줄 것이다. • **artificial** 인공의 **paralyzed** 마비된 **individual** 개인 **surface** 표면, 지면

06 정답 **to apply** ▶ 동사의 목적어: to부정사

해설 wish to-v: v하기를 바라다

해석 교환 학생 프로그램을 지원하길 원하는 학생은 관련 서식을 작성해야 한다. • **apply for** ~을 신청하다, 지원하다 **exchange student** 교환 학생 **relevant** 관련 있는 **form** 서식; 형태

07 정답 **spending** ▶ 동사의 목적어: 동명사

해설 mind v-ing: v하는 것을 꺼리다

해석 아버지는 우리 교육에 돈을 쓰는 것을 절대로 꺼리지 않으셨지만, 그 돈을 다른 곳에 쓰는 것은 반대하셨다.

• **object to v-ing** v하는 것을 반대하다

08 정답 **resulted** ▶ 문장의 동사 vs. 준동사

해설 문장의 동사가 없으므로 주어 The tsunami와 호응하는 동사 resulted가 들어가는 것이 적절. produced를 문장의 동사로 착각하지 않도록 주의한다.

The tsunami(S) (*produced* by the earthquake) **resulted**(V) in the deaths ~.

해석 그 지진으로 발생된 쓰나미는 10만 명이 넘는 사람들을 죽음에 이르게 하였다. • **tsunami** 쓰나미, 해일 **earthquake** 지진

09 정답 **is** ▶ 문장의 동사 vs. 준동사

해설 not having a gym이 동명사구 주어이므로 문장의 동사가 필요하다. 동명사의 부정은 동명사 앞에 부정어(not[never])를 둔다.

해석 만약 당신이 체육 교사가 되도록 훈련을 받았다면 체육관이 없는 것은 그리 큰 문제가 되지 않는다. 예를 들어, 당신은 학교 주차장에서 학생들에게 테니스공을 치는 기술을 가르쳐 줄 수 있다. • **physical education** 체육 **strike** 치다, 부딪치다 **parking lot** 주차장

10 정답 **to stop** ▶ 동사의 목적어: to부정사 vs. 동명사

해설 장갑을 끼는 이유에 관해 설명하는 문장으로 '멈추려고 하는' 것이므로 목적어로 to부정사가 적절.

try to-v: v하려고 노력하다 try v-ing: 시험 삼아 v해보다

해석 경륜 선수들이 장갑을 끼는 것은 당연한 일이다. 그러지 않으면, 매번 멈추려고 할 때마다 그들의 손은 심하게 상처를 입을 것이다.

• **track bicycle racer** 경륜 선수 **terribly** 심각하게

11 정답 **To avoid** ▶ 문장의 동사 vs. 준동사

해설 주어(exercisers)와 호응하는 문장의 동사 should not drink가 있으므로 준동사 형태가 되어야 하는데 문맥상 목적을 뜻하는 To avoid가 들어가는 것이 적절. To avoid the problems는 '그런 문제를 피하기 위해서'란 뜻으로 문장에서 부사구 역할을 한다.

해석 연구자들은 운동하면서 물을 마시는 것은 현기증과 같은 건강 문제를 일으킬 수 있다고 말한다. 그런 문제를 피하기 위해서 운동하는 사람들은 자신이 땀을 흘리는 것보다 더 많이 마셔서는 안 된다.

• **researcher** 연구자 **such as** ~와 같은 **dizziness** 현기증 **sweat** 땀을 흘리다

12 정답 **looking, look** ▶ see + 목적어 + v / v-ing

해설 '여성들이' 신제품을 '보고 있는' 것이므로 some ~ women과 look은 능동관계이다. 이때 지각동사 see가 앞에 있으므로 목적격보어로 원형부정사(v)나 v-ing가 올 수 있다.

해석 나는 백화점에서 몇몇 젊고 멋진 여성들이 우리 회사의 신제품을 살펴보고 있는 것을 봤다. • **attractive** 멋진, 매력적인

13 정답 **Picking, To pick** ▶ 문장의 동사 vs. 준동사

해설 문장의 동사 is가 있으므로 준동사가 들어가야 한다. 문장의 주어로는 동명사나 to부정사가 가능하다.

해석 당신의 기념품을 자연에서 직접 채취하는 것은 좋지 않은 생각이다. 왜냐하면, 조개껍데기는 당신의 책상 위보다 해변에 있을 때 더 아름답기 때문이다. ● **souvenir** 기념품 **sea shell** 조개껍데기

14 정답 **examined** ▶ have + 목적어 + p.p.

해설 '치아'가 '검진되는' 것이므로 your teeth와 examine은 수동관계. 목적격보어로 p.p.가 적절.

해석 1년에 한두 번 치과의사에게 치아 검진을 받을 것이 권고된다.

● **recommend** 권고하다 **examine** 검사[진찰]하다

15 정답 **being** ▶ 동사의 목적어: 동명사

해설 imagine v-ing: v하는 것을 상상하다

해석 할아버지는 그렇게 먼 나라들을 방문할 수 있으리라고는 결코 상상한 적이 없었다고 하셨다. ● **remote** 먼

16 정답 **to negotiate** ▶ 동사의 목적어: to부정사

해설 refuse to-v: v하는 것을 거부하다

해석 그 나라의 공식 정책은 어떠한 상황에도 테러리스트와의 협상을 거부하는 것이다. ● **official** 공식적인 **policy** 정책, 방침 **negotiate** 협상하다 **circumstance** 상황

17 정답 **did** ▶ 대동사

해설 앞에 나온 동사구 sue the vet을 대신하면서 과거의 사실을 나타내는 대동사 did로 써야 한다.

해석 그는 결국 자신의 개의 죽음을 초래한 오진 때문에 수의사를 고소할 것이라고 말했고, 어제 실제로 그렇게 했다. ● **sue** 고소하다, 소송을 제기하다 **vet** 수의사 **misdiagnosis** 오진 **eventually** 결국

18 정답 **left** ▶ see + 목적어 + p.p.

해설 '쓰레기가' '버려진' 것이므로 garbage와 leave는 수동관계이다. 목적격보어를 p.p. 형태인 left로 써야 한다.

해석 그들은 쓰레기가 길가에 버려진 것을 봤고 그것을 줍기 위해 멈췄다.

● **pick up** 줍다

19 정답 **to receive** ▶ make + 가목적어 it + to-v

해설 「make + it + 목적격보어(easier) + 진목적어(to-v)」의 형태.
for the unemployed는 to부정사의 의미상의 주어.

해석 그 나라는 실업자들이 실업 수당을 받는 것을 더 쉽게 만들었다.

● **unemployment benefit** 실업 수당

20 정답 **to spend** ▶ encourage + 목적어 + to-v

해설 '사람들이' 시간을 '보내는' 것이므로 people과 spend는 능동관계이다. 앞에 동사 encourage가 있으므로 to-v 형태인 to spend로 써야 한다.

해석 공원은 매우 다양한 지역 사회 활동에 참여할 기회를 제공하며, 이는 사람들이 더 많은 시간을 야외에서 보내도록 장려할지도 모른다.

● **present** 제공하다 **opportunity** 기회 **participate in** ~에 참가[참여]하다 **a wide variety of** 매우 다양한 **community** 공동체, 지역 사회 **outdoors** 야외에서

UNIT 08 병렬구조와 비교구문

✦ 포인트 감 잡기! 정답 ①, ②, ③, ⑤

Point 19 등위접속사 + 네모는 병렬구조를 묻는다!

CASE 1 본문 p. 112

등위접속사 and, or, but으로 연결된 병렬구조

1 정답 **rescues**

해설 In the play, / the hero (**defeats**)V1 a monster, / ***and*** then [rescuing / (**rescues**)]V2 the princess.

해석 그 연극에서, / 남자 주인공은 괴물을 물리친다, / 그러고는 공주를 구해 낸다. ● **defeat** 패배시키다, 물리치다; 패배 **rescue** 구하다, 구출하다

2 정답 **reduces**

해설 Red chili pepper / ***not only*** (**improves**)V1 the taste of kimchi / ***but also*** [(**reduces**)V2 / reducing] the need for salt.

해석 붉은 고추는 / 김치의 맛을 개선할 뿐 아니라 / 또한 소금의 필요성도 줄여준다. ● **improve** 개선하다

❶ 정답 **found**

해설 동사의 과거형인 looked와 and로 연결되는 병렬구조.

The traveler ┌ **looked** around
[*and*]
└ **found** the maple trees.

해석 그 여행객은 주변을 둘러보고 단풍나무를 발견했다.

● **maple tree** 단풍나무

❷ 정답 **sailing**

해설 전치사 about에 연결되는 동명사 buying과 and로 연결된 병렬구조.

I've dreamed about ┌ **buying** an old sailboat
[*and*]
└ **sailing** around the world.

해석 나는 낡은 돛단배 한 척을 사서 세상을 두루 항해하는 것을 꿈꿔 왔다.

● **sailboat** 돛단배

❸ 정답 **build**

해설 「need to-v (v할 필요가 있다)」에서 to train과 or로 연결되는 병렬구조. 등위접속사 뒤에 연결되는 to부정사의 to는 생략될 수 있다.

The city needs ┌ **to train** more ~ officers ┐
[*or*] to ~.
└ (to) **build** safer housing ┘

해석 시(市)는 그 문제를 해결하기 위해 더 많은 경찰관을 교육시키거나 더 안전한 주택을 공급할 필요가 있다.

● **train** 교육시키다; 훈련시키다 **housing** 주택, 주택 공급

❹ 정답 **costly**

해설 「both A and B」 구문으로, 형용사 confusing과 병렬구조를 이룸. costly는 -ly로 끝나지만 형용사이다.

해석 그 재활용 절차는 헷갈리기도 하고 비용도 많이 들었다.

• **confusing** 혼란스러운 **costly** 비용이 많이 드는

❺ 정답 X / **ignoring**

해설 「either A or B」 구문으로, were에 연결되는 sitting과 병렬구조를 이뤄야 한다.

해석 사람들은 소극적으로 앉아 있거나 발표자를 무시하고 있었다.

• **passively** 소극적으로, 수동적으로 **ignore** 무시하다

❻ 정답 O

해설 「not A but B」 구문으로, to win과 병렬구조가 잘 이루어졌다. to participate로 표현할 수도 있다.

해석 경쟁 스포츠 경기에서 가장 중요한 것은 이기는 것이 아니라 참여하는 것이다. • **competitive** 경쟁을 하는 **participate** 참가[참여]하다

Point Exercise

본문 p. 113

01 정답 **running**

해설 전치사 by에 연결되는 bending과 and로 연결된 병렬구조.

~ my father's comments by [**bending** my knees more / *and* / **running** faster] when ~.

해석 나는 야구 경기를 할 때, 무릎을 좀 더 굽히고 더 빨리 뛰는 것으로 아버지의 지적에 반응했다.

• **respond** 반응하다 **comment** 지적; 논평, 언급

02 정답 **carry**

해설 「not only A but also B」 구문으로, 동사 taste와 병렬구조를 이룸.

해석 블루베리는 맛이 좋을 뿐 아니라 그 안에 유용한 영양소도 지니고 있다.

• **nutrient** 영양소

03 정답 **be**

해설 「want A to-v (A가 v하기를 원하다)」의 구조에서 to relax와 and로 연결된 병렬구조.

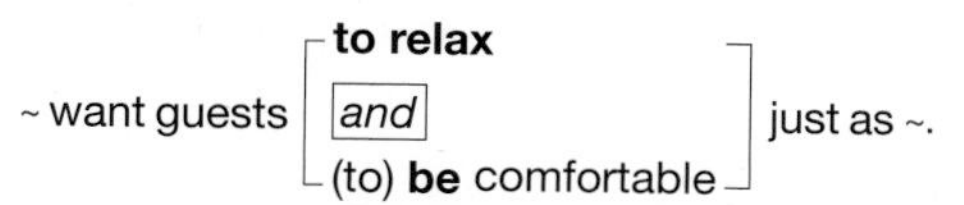
~ want guests
to relax
and
(to) be comfortable
just as ~.

해석 호텔 관리자들은 투숙객들이 마치 자신들의 집에 있는 것처럼 휴식을 취하고 편안해하기를 원한다. • **just as** 꼭 ~처럼

04 정답 **remembered**

해설 조동사 Have에 연결되는 동사 taken과 and로 연결되는 병렬구조.

Have you ever [**taken** a long trip / *and* / not **remembered** a town you ~?]

해석 긴 여행을 하면서 차를 타고 지나온 마을이 기억나지 않을 때가 있었는가?

• **drive through** 차를 타고 지나가다

05 정답 **find**

해설 동사원형으로 시작되는 명령문으로, Stop과 and로 연결된 병렬구조이므로 find가 적절.

[**Stop** thinking about what you don't have / *and* / **find** a solution yourself!]

해석 당신이 갖고 있지 않은 것에 대한 생각을 멈추고, 직접 해결책을 찾아라!

• **solution** 해결책

06 정답 **assist**

해설 조동사 would에 연결되는 동사 leave와 and로 연결된 병렬구조이므로 assist가 적절.

~, his mother wished that he would [**leave** school / *and* / **assist** her in managing the farm.]

해석 Isaac이 열네 살이 되자, 그의 어머니는 그가 학교를 그만두고 자신의 농장 경영을 돕기를 바랐다. • **assist** 돕다

07 정답 **go**

해설 동사 work, attend, stay와 or로 연결된 병렬구조이므로 go가 적절.

They [**work** longer hours, / **attend** company meetings, / **stay** up watching TV, / *or* / **go** out after work with colleagues.]

해석 사람들은 다른 것들을 하기 위해 잠을 희생한다. 그들은 더 오랜 시간 일하거나, 회사의 회의에 참석하거나, 텔레비전을 보면서 늦게까지 자지 않거나, 퇴근 후 동료들과 밖에서 어울린다.

• **sacrifice** 희생하다 **stay up** 깨어 있다 **go out** (사교 모임에 가기 위해) 나가다 **colleague** (직업상의) 동료

08 정답 **collect**

해설 조동사 must에 연결되는 동사 document와 and로 연결된 병렬구조이므로 collect가 적절.

~ must [first **document** the existing conditions of a problem / *and* / **collect** relevant data to be analyzed.]

해석 설계자는 먼저 문제의 기존 조건을 문서화하고 분석될 관련 데이터를 수집해야 한다. • **document** 기록하다 **existing** 기존의 **condition** 상황, 조건 **relevant** 관련 있는 **analyze** 분석하다

09 정답 **(to) experience**

해설 「allow A to-v (A가 v하는 것을 허락하다)」의 구조에서 to increase와 and로 연결된 병렬구조이므로 to experience 또는 experience가 적절.

~ allows many people [**to increase** their sense of well-being / *and* / **(to) experience** a better quality of life.]

해석 명상은 많은 사람들이 행복감을 높이고 더 나은 삶의 질을 경험할 수 있게 해 준다. • **meditation** 명상

10 정답 **be**

해설 「not only A but (also) B」 구문으로, 동사 have와 병렬구조를 이루는데 have 앞에 조동사 must가 있으므로 동사원형인 be가 적절.

해석 그들이 출판하기로 선택한 자료는 상업적 가치가 있어야 할 뿐만 아니라, 매우 능숙하게 쓰이고 수정과 사실적 오류가 없어야 한다.

• **publish** 출판하다 **commercial** 상업적인 **competently** 능숙하게 **editing** 수정, 편집 **factual** 사실에 기반을 둔

Point 20 비교구문의 종류별 의미와 표현에 주목하라!

CASE 1 본문 p. 114

원급 vs. 비교급 vs. 최상급

정답 **greater**

해설 In order to succeed, / your desire for success / should be greater / great (비교급) / than (than) your fear of failure.

해석 성공하기 위해서는 / 성공에 대한 바람이 / 더 커야 한다 / 실패에 대한 두려움보다. • **desire** 욕구, 바람

❶ 정답 **fastest**

해설 「the + 최상급 + in ~」는 최상급 표현으로, fastest가 적절.

해석 경주에서 누가 가장 빨리 달릴 것이라 생각하니?

❷ 정답 **older**

해설 「비교급 + than」은 '(둘 중) ~보다 더 …한' 의미의 비교급 표현으로서, older가 적절. 비교급이 사용되었지만 전체 문맥으로는 최상급의 의미인 것에 주의한다.

해석 다이아몬드는 이 세상의 거의 다른 모든 것들보다 더 오래되었다.

❸ 정답 **better**

해설 「비교급 + than」은 비교급 표현으로, better가 적절.

해석 구운 음식이 튀긴 음식보다 더 좋다. 감자튀김 말고 구운 감자를 먹어라.

• **French fries** 감자튀김

❹ 정답 **as**

해설 「as + 원급 + as」는 원급 표현으로 as가 적절.

해석 어떤 사람들은 영어를 배우는 것이 중국어를 배우는 것만큼 어렵지는 않다고 생각한다.

❺ 정답 **most**

해설 「the + 최상급 + that ~」은 최상급 표현으로서, most amazing이 적절. that 이하가 '범위'를 나타낸다.

해석 포틀랜드는 내가 가 본 가장 멋진 도시이다.

CASE 2 본문 p. 114

as 형용사 / 부사 as

정답 **freely**

해설 I love my dogs / and think // they should be able to live (to live freely) as free / **freely** as possible.

해석 나는 내 개들을 사랑한다 / 그리고 생각한다 // 그것들이 가능한 한 자유롭게 살 수 있어야 한다고.

❶ 정답 **clearly**

해설 「as + 원급 + as」의 원급이 문장에서 부사 역할을 하므로 원급 자리에는 부사가 들어가는 것이 적절.

해석 우리의 목표는 당신의 질문에 가능한 한 명확하게 대답하는 것이다.

• **aim** 목적, 목표

❷ 정답 **heavy**

해설 「as + 원급 + as」의 원급이 문장의 보어 역할을 하므로 원급 자리에는 형용사가 들어가는 것이 적절.

해석 그 냄비는 시장에 나온 많은 다른 철 냄비들보다 확실히 더 무겁지 않다.

• **certainly** 확실히

CASE 3 본문 p. 115

비교 대상의 병렬구조

정답 **reading**

해설 **Speaking** (비교 대상 A) English is a lot harder / ***than*** to read / **reading** (비교 대상 B) it.

해석 영어를 말하는 것이 훨씬 더 어렵다 / 영어를 읽는 것보다.

❶ 정답 **go**

해설 「would rather A than B」에서 stay와 병렬구조를 이루는 비교 대상인 go가 적절.

I *would rather* **stay** home *than* **go** to the movies.

해석 나는 영화를 보러 가기보다는 집에 있고 싶다.

• **would rather A than B** B하느니 (차라리) A하고 싶다

❷ 정답 **learning**

해설 「as + 원급 + as」 형태로, learning ~ culture와 병렬구조를 이루며 같은 형태의 비교 대상이어야 하므로 learning이 적절.

If you want ~, **learning** about its culture is just *as important as* **learning** its language.

해석 당신이 한 나라에 대해 알고 싶다면, 그 나라의 문화에 대해 배우는 것이 그 나라의 언어를 배우는 것만큼이나 중요하다.

❸ 정답 **× / that of mine**

해설 비교 대상은 The processor of your laptop이므로 that of mine이 되어야 한다.

해석 네 노트북의 프로세서는 내 노트북의 프로세서보다 더 강력하다.

Further Study

본문 p. 115

정답 **much**

해설 비교급 larger를 수식하는 much가 적절.

해석 뜨거운 사막에 사는 토끼는 더 서늘한 기후에서 사는 토끼보다 훨씬 더 큰 귀를 갖고 있다.

Point Exercise

본문 p. 116

01 정답 **most**

해설 두 개의 대상을 서로 비교하는 것이 아니라 범위 안(of all time)에서 가장 우위에 있는 것을 나타내므로 최상급 표현이 적절.

해석 최근 한국 개봉 이후 그것은 이제 역대 가장 성공적인 애니메이션 영화이다. • **release** 출시, 개봉

02 정답 **better**

해설 축구 경기를 하는 네덜란드와 영국, 두 대상을 비교한 것이므로 비교급 better가 적절.

해석 네덜란드는 축구 경기가 시작되고 십 분 후에 한 골을 득점했고, 경기를 매우 잘하고 있었다. 그러나 중간 휴식 시간 이후(후반전)에는 영국이 경기를 더 잘했다. • **score** 득점을 올리다; 득점 **halftime** 중간 휴식, 하프 타임

03 정답 **more**

해설 두 대상을 비교하는 「비교급 + than」의 구조가 되어야 하므로 more가 적절.

해석 부모들은 자신의 아기들이 상자 안의 장난감들보다 상자를 가지고 더 많이 노는 것을 발견했다.

04 정답 **closer**

해설 「the + 비교급 ~, the + 비교급 ... (~할수록 더 …한)」의 형태이므로, 비교급 closer가 적절.

해석 새로운 관계를 시작한다는 것이 두려울 수 있는데 왜냐하면 누군가와 더 가까워질수록 상처를 주기 더 쉬워지기 때문이다.

● **scary** 두려운 **relationship** 관계

05 정답 **brushing**

해설 「as + 원급 + as」의 형태로 Riding ~ work, taking ~ elevator와 동일한 형태의 비교 대상이어야 하므로 brushing이 적절.

Riding ~ and **taking** ~ are *as natural as* **brushing** your teeth ~.

해석 학교나 직장에 자전거를 타고 가는 것과 엘리베이터 대신에 계단을 이용하는 것은 식후에 이를 닦는 것만큼이나 자연스러워!

06 정답 **much**

해설 비교급(better)을 수식하는 부사로 much가 적절.

해석 가벼운 대화를 나누는 것은 인간의 자연스러운 기술이다. 걷기, 달리기 또는 쓰기처럼 우리는 모두 그것(가벼운 대화)을 어느 수준까지는 할 수 있다. 그러나 훨씬 더 잘하는 방법은 연습하는 것이다.

● **small talk** 가벼운 대화를 나누는 것

07 정답 **serious**

해설 「as + 원급 + as」의 원급이 that절의 보어 역할을 하므로 원급 자리에는 형용사가 들어가는 것이 적절.

해석 정신 질환은 신체적 질병만큼이나 심각하며 과소평가되어서는 안 된다는 것을 인식하는 것이 중요하다. ● **recognize** 인식하다 **mental** 정신의 **physical** 신체의 **underestimate** 과소평가하다

08 정답 ○

해설 두 개의 대상을 서로 비교하는 것이 아니라 범위 안(during the last century)에서 가장 우위에 있는 것을 나타내므로 최상급 표현이 적절.

해석 지난 세기 동안 가장 혁신적인 기술이 무엇이었는지에 대해서는 의견이 분분하다.

● **diversity** 다양성 **innovative** 혁신적인 **century** 세기

09 정답 × / **definitely**

해설 「as + 원급 + as」의 원급이 that절에서 부사 역할을 하므로 원급 자리에는 부사가 들어가는 것이 적절.

해석 그는 다른 누구만큼이나 확실하게 뉴욕에서 성공할 수 있다는 것을 증명했다. ● **definite** 확실한, 확고한

10 정답 **consider having a successful career more important than getting married**

해설 두 대상을 비교하는 「비교급 + than」의 구조가 되어야 하므로 비교급 표현(more important than)을 적절히 사용해야 한다. 비교 대상끼리 형태를 v-ing로 통일하는 것에 주의하고 「consider + 목적어(A) + 보어(B)」(A를 B라고 생각하다) 구조도 기억해두자.

UNIT Exercise

본문 p. 117

01 정답 **succeeded** ▶ 병렬구조

해설

The state of Louisiana ┌ **voted** to outlaw cockfighting
and
└ **succeeded** in banishing the cruel sport.

해석 루이지애나주는 닭싸움을 금지시키는 투표를 했고 이 잔인한 경기를 없애는 데 성공했다.

● **vote** 투표하다 **outlaw** 불법화하다, 금지시키다 **cockfighting** 닭싸움 **banish** 없애다; 추방하다 **cruel** 잔인한

02 정답 **that of male teachers** ▶ 비교 대상의 병렬구조

해설 as large as 이하는 the number of female teachers의 비교 대상으로, 이것과 병렬구조를 이루어야 하므로 that of male teachers가 적절. that은 the number를 대신한다. 「three times + as + 원급 + as ~ (~보다 세 배 더 …한)」의 구조.

해석 초등학교에서는 2004년에 여교사의 수가 남교사의 수보다 세 배 더 많았다. ● **primary school** 초등학교

03 정답 **adding** ▶ 병렬구조

해설

By ┌ **getting** some ideas from friends
and
└ **adding** your own ideas to theirs, ┘ you can create ~.

해석 친구들로부터 아이디어를 얻고 당신만의 아이디어를 그들의 것에 더함으로써, 당신만의 스타일을 만들어낼 수 있다.

04 정답 **more** ▶ 비교구문 - 비교급

해설 soccer가 얻고 있는 인기와 any other sport가 얻고 있는 인기의 정도를 서로 비교하는 비교구문이므로 「비교급 + than」의 구조가 되어야 한다. 최상급의 의미로 「비교급 + than + any other ~」 구문을 썼다. 따라서 more가 적절.

해석 세계에서 가장 규모가 큰 스포츠 행사는 월드컵 축구 대회이다. 많은 나라에서 축구는 다른 어떤 스포츠 경기보다 더 많은 인기를 얻고 있다.

● **event** 행사, (스포츠) 경기 **gain** 얻다 **popularity** 인기

05 정답 **use** ▶ 병렬구조

해설

~, we need ┌ **to set** thermostats lower in winter
and
└ **(to) use** air conditioners less in summer.

해석 에너지를 절약하기 위해서, 우리는 겨울에 온도 조절 장치를 낮게 설정하고 여름에는 에어컨을 덜 사용할 필요가 있다. ● **air conditioner** 에어컨

06 정답 **less** ▶ 비교구문 - 「the + 비교급 ~, the + 비교급 ...」

해설 문맥상 '~할수록 더 …한'이란 의미인 「the + 비교급 ~, the + 비교급 ...」의 구조이다. 따라서 비교급 less가 적절.

해석 만일 책을 쓰고 싶다면, 글솜씨가 적을수록 그 과정이 더 쉬울 것이다. 당신이 지금 전문 작가라면 이미 완벽한 것을 완벽하게 만들려고 하기 때문에 힘겨운 투쟁이 된다. ● **professional** 전문적인, 본업의 **uphill** 오르막의; 힘든 **struggle** 투쟁

07 정답 **interact** ▶ 병렬구조

해설 「encourage A to-v (A가 v하도록 권장하다)」의 구조에서 to accept, (to) avoid와 and로 연결된 병렬구조. to avoid, to interact의 to는 생략 가능.

~ encourages men and women
- **to accept** their differences,
- (to) **avoid** misunderstandings,
- *and*
- (to) **interact** better with each other.

해석 그 책은 남자와 여자가 서로의 차이점을 받아들이고 오해를 피하여 서로 간에 더 잘 소통하도록 권장한다. ● **encourage A to-v** A가 v하도록 권장하다; 격려하다 **misunderstanding** 오해, 착오 **interact with** ~와 소통하다

08 정답 **lowered** ▶ 병렬구조

해설

In 1856, he
- **waterproofed** a simple box camera,
- **attached** it to a pole,
- *and*
- **lowered** it beneath the waves off the coast of southern England.

해석 최초의 수중 사진은 한 영국인에 의해 찍혔다. 1856년 그는 간단한 상자 카메라를 방수 처리하여 막대에 부착한 후 영국 남부의 해안에서 파도 밑으로 카메라를 내렸다. ● **underwater** 수중의 **waterproof** 방수 처리하다 **attach** 붙이다, 부착하다 **pole** 막대기 **beneath** 아래로

09 정답 × / **understanding** ▶ 비교 대상의 병렬구조

해설 「as + 원급 + as」의 형태로 expressing our ~ feelings와 병렬구조를 이루어야 하므로 understanding으로 고쳐야 한다.

~ **expressing** our ~ feelings is not *as important as* **understanding** ~.

해석 우리가 다른 사람들과 의사소통을 할 때, 우리의 생각, 지식, 감정을 표현하는 것은 다른 사람들이 표현하는 것을 이해하는 것만큼 중요하지 않다.
● **communicate** 의사소통하다 **express** 표현하다 **knowledge** 지식

10 정답 × / **rent** ▶ 병렬구조

해설 「either A or B」 구문으로, 동사 bring과 병렬구조를 이루므로 동사원형인 rent로 고쳐야 한다.

Visitors can either
- **bring** their own tents and camping equipment
- *or*
- **rent** them for free at the festival site.

해석 방문객들은 텐트와 캠핑 장비를 직접 가져오거나 축제 현장에서 무료로 대여할 수 있다. ● **equipment** 장비 **rent** 빌리다 **site** 현장, 장소

갈무리 ❹

본문 p. 118

1 정답 ④

해설 (A) 목적어와 목적격보어의 관계가 능동일 때 지각동사 hear는 목적격보어로 원형부정사 혹은 v-ing를 취하므로 talking이 적절. 「동사(hear) + 목적어(attractive young women) + 목적격보어(talking)」의 구조. 현재 진행되고 있는 동작을 좀 더 강조하고자 할 때는 목적격보어로 현재분사를 쓴다.

(B) 동사 decide는 to부정사를 목적어로 취하므로 to buy가 적절.

(C) 해당 문장(They are ~ loud voices.)에서 술어동사는 are paid이므로 접속사나 관계사 없이 또 다른 동사가 들어갈 수 없다. 문맥상 '~하면서'란 의미로, 분사구문이 연결되는 것이 자연스럽다. 현재분사 saying이 적절.

해석 백화점에서 매력적인 젊은 여성들이 스웨터에 관해 이야기하는 것이 들린다. 그들의 대화에 귀를 기울인다. "믿을 수가 없어! 베르톨라야! 찾기가 거의 불가능한 건데! 게다가 사라가 로마에서 산 것보다 훨씬 더 저렴해." 당신은 베르톨라를 들어본 적도 없지만, 그 멋쟁이 여자들은 알고 있음에 틀림없다. 당신은 그것을 사기로 결정한다. 당신은 그 젊은 여성들이 광고 대행사의 직원이라는 사실을 깨닫지 못한다. 사실 그들은 돈을 받고 베르톨라 옷에 대한 훌륭한 점들을 큰 소리로 말하면서 상점마다 돌아다닌다. 이것이 언더커버 마케팅의 비밀이다. 어떤 사람이 멋져 보이면, 그가 좋아하는 상품도 멋져 보이게 된다. 이 마케팅의 강점은 (당신이 우연히 듣게 된) 대화가 단지 연기임을 당신이 알지 못한다는 것이다.

● **attractive** 매력적인 **conversation** 대화 **stylish** 멋진 **employee** 직원 **advertising agency** 광고 대행사 **undercover marketing** 언더커버 마케팅 (소비자가 상술이란 것을 알지 못하게 전개하는 마케팅 전략) **cool** (구어) 멋진 **strong point** 강점 **performance** 연기; 공연; 실행

2 정답 ②

해설 (A) 목적어와 목적격보어의 관계가 능동일 때 지각동사 see는 목적격보어로 원형부정사 또는 v-ing를 취하므로 approaching이 적절.

(B) 네모 안의 동사에 호응하는 주어는 the person이므로 단수동사인 runs가 적절.

Usually **the person**(S) [***who*** has been waiting the least amount of time](수식어(관계사절)) **runs**(V) ~.

(C) 사역동사 make는 목적어와 목적격보어의 관계가 능동일 때 목적격보어로 원형부정사를 취하므로 act가 적절.

해석 저는 최근 빠른 계산대 앞에 줄을 서 있었습니다. 한 금전 등록기에 문제가 약간 생겨 줄이 점점 길어지고 있었습니다. 귀사의 직원인 캐런이 뛰어오더니 또 다른 계산대를 열었습니다. 그녀가 새로운 계산대 쪽으로 가는 것을 보면서, 저는 늘 벌어지는 무질서한 상황을 예상했습니다. 보통은 가장 짧게 기다린 사람이 새 줄로 제일 먼저 뛰어가기 마련이고, (그 사람을 제외한) 모두가 매우 좌절감을 느끼게 됩니다. 하지만, 캐런은 가장 오래 기다린 사람을 바로 바라보더니, "손님이 다음 차례인 것 같습니다."라고 말했습니다. 그녀의 행동은 모두를 어른스럽게 행동하게 했습니다. 저는 깊은 인상을 받았습니다.

● **checkout** (슈퍼마켓) 계산대; (호텔) 체크아웃 **register** 금전 등록기 **approach** ~에 접근하다 **disorder** 무질서 **frustrated** 좌절한, 실망한 **impressed** 감명을 받은

3 정답 ②

해설 (A) '호르몬이' '억제시키는' 것이므로 hormones와 calm은 능동 관계.

That's because **eating** high-carb foods(S), ~, **releases**(V) calming hormones(O) [that provide ~].

(B) 주어(we)가 우울한 감정을 느끼는 것이므로 과거분사(p.p.)가 적절.

(C) 전치사 for에 연결되는 동명사 fighting과 등위접속사 or로 연결되는 병렬구조.

~, who needed energy on stand-by for
- **fighting** other humans ~
- *or*
- **running** away from them.

해석 스트레스는 고지방, 고탄수화물 음식에 대한 당신의 식욕을 증가시킬 수 있다. 그것은 감자나 아이스크림과 같은 고탄수화물 음식을 먹는 것이 스트레스를 경감시켜주는 진정 호르몬이 나오게 하기 때문이다. 연구원들이 몇몇 쥐들의 식단에서 고탄수화물 음식을 제외했을 때, 쥐들은 갑자기 많은 양의 스트레스 관련 호르몬들을 만들어내기 시작했다. 우리도 우울할 때 같은 호르몬이 나오는데, 그 호르몬들은 지방을 급속도로 축적시켜 비만의 원인이 된다. 급속한 지방의 축적은 초기 인류에게는 유용했는데, 그들은 다른 종족이나 야생 동물과 싸우거나 도망치기 위해서 예비 에너지가 필요했다. 그러나 오늘날 우리는 살기 위해 싸우거나 도망칠 일이 거의 없어서 그런 예비 에너지는 그저 우리를 살찌게 할 뿐이다.

• **appetite** 식욕 **fatty** 지방이 많은 **release** 방출하다 **provide** 공급[제공]하다 **relief** 경감, 완화 **suddenly** 갑자기 **stress-related** 스트레스와 관련된 **trigger** 유발하다; 발사하다 **storage** 저장 **cause** 원인; 야기하다 **obesity** 비만 **stand-by** 예비 **run away from** ~로부터 도망치다 **rarely** 거의 ~않는

4 정답 ③

해설 (A) 전치사 like에 연결되는 getting과 접속사 and로 연결된 병렬구조.

~, like
- **getting** the ground ready to support the foundation
- *and*
- **purchasing** the necessary materials.

(B) '절차'가 그것들을 성취하기 위해 '사용되는' 것이므로 the process와 use는 수동관계.

(C) 문맥상 the Kennedy family를 의미하므로 복수형 They가 적절.

해석 기획은 방법이나 전략의 개발이다. 즉 새집이 향하게 될 방향, 방의 개수, 천장의 높이, 기타 등등을 말한다. 준비란 (건물의) 기반을 지지할 수 있게 바닥을 마련해 두는 일이나 필요한 자재들을 구입하는 것과 같이 계획을 실행하기 위해 하는 일이다. 기획은 목표나 목적을 정리하는 일인 반면, 준비란 그것들을 성취하기 위해 이용되는 절차인 것이다. 준비가 없다면 당신의 계획은 달성할 수 없는 아이디어로만 남을 것이다. 로즈 피츠제럴드 케네디는 케네디 일가의 성공을 돈이 아닌 그들의 세심한 기획과 운영 덕분으로 보았다. 그들은 전략을 계획하고 자원을 체계적으로 정리하여 매 일 보 전진을 위한 토대를 마련했다.

• **development** 개발 **strategy** 전략 **face** 직면하다, 향하다 **height** 높이 **ceiling** 천장 **and so forth** 기타 등등 **preparation** 준비 **enact** 실행하다, 수행하다 **foundation** 기반, 기초 토대 **purchase** 구입하다 **necessary** 필요한 **organization** (체계적인) 정리, 구성 **objective** 목표, 목적 **achieve** 성취하다, 달성하다 **attribute A to B** A를 B의 탓으로 돌리다 **groundwork** 기초 작업

5 정답 **ⓑ are → do ⓕ pick up → picking up**

해설 ⓑ 앞에 나온 일반동사구(look outwards)의 반복을 피하기 위해 쓰인 대동사이므로, do로 고쳐야 한다.

ⓕ 동사의 현재진행형인 paying과 or로 연결되는 병렬구조이므로 picking으로 고쳐야 한다.

~ next time you're
- **paying** for your groceries
- *or*
- **picking** up your dry cleaning

오답풀이 ⓐ 부사적 역할을 하는 to부정사(인정하기 위해)가 적절히 쓰였음.

ⓒ 주어인 Every person [with whom we interact]는 단수 취급하므로 becomes가 적절히 쓰였음.

ⓓ「cause + 목적어 + to-v」 목적어가 v하는 것을 야기하다[초래하다]

ⓔ isn't의 보어 자리이므로 형용사인 difficult가 적절히 쓰였다.

해석 우분투는 모든 사람들이 서로 강하게 연결되어 있다고 가르치는 남아프리카의 철학이다. 그것은 우리가 다른 이들의 인간성을 인정하기 위해 외부를 바라보도록 요구한다. 이렇게 할 때, 우리 행동은 변화한다. 우리가 다른 이들의 진정한 가치를 깨닫는다면 그들을 함부로 대하는 것은 불가능하다. 우리가 상호 작용하는 모든 사람들은 존중받을 가치가 있고, 이는 우리가 어렸을 때부터 알아 온 친구이든지 슈퍼마켓에서 만난 종업원이든지 상관이 없다. 우분투는 우리가 생각하는 방식을 바꾸도록 한다. 다른 사람들을 비교의 관점에서 보는 대신에, 그들이 우리 삶에 가지고 오는 것들에 초점을 맞추도록 한다. 주변의 사람들과 관계를 맺는 것은 당신이 생각하는 것만큼 어렵지 않다. 좋은 시작점은 다른 이들과 상호 작용할 때 그들의 눈을 바라보는 것이다. 다음번에 식료품값을 지불하거나 드라이클리닝 한 것을 찾을 때 이를 시도해 보라.

• **philosophy** 철학 **interconnect** 서로 연결하다 **outwards** 외부로 **acknowledge** 인정하다 **humanity** 인간성 **interact** 상호 작용을 하다 **worthy of** 가치가 있는 **cashier** 계산대 종업원 **comparison** 비교 **form** 형성하다 **connection** 관계 **grocery** 식료품(류)

구문 [1-2행] Ubuntu(S) is(V) a South African philosophy(C) [which teaches that all humans are greatly interconnected].

주격 관계대명사 which가 이끄는 절이 문장의 보어인 a South African philosophy를 수식하는 구조.

6 정답 **ⓐ warmer ⓑ cooler ⓒ high ⓓ the lowest ⓔ the highest ⓕ higher**

해설 ⓐ, ⓑ 어린이와 65세 이상의 사람들을 비교하는 것이므로 비교급을 써야 한다.

ⓒ as와 함께 쓰일 수 있는 것은 원급이다.

ⓓ, ⓔ 문맥상 가장 높은 체온이 5시경에 나타나는 데 반해, 가장 낮은 체온은 4시경에 나타난다는 의미가 적절하므로, 최상급 표현「the + 최상급」을 활용해야 한다.

ⓕ 문맥상 '섭씨 40도보다 더 높은 열을 갖는 사람들'이라는 의미가 적절하므로, 비교급을 써야 한다.

해석 1851년 이후부터, Carl Reinhold August Wunderlich에 의해 확립되어, 정상적인 사람의 체온은 섭씨 37도로 여겨져 왔다. 그러나 인간의 몸은 지속적으로 한 온도에 머물러 있지 않으며, 나이, 시간, 그리고 당신이 하는 활동에 따라 달라진다. 정상 체온의 범위를 섭씨 36.1도에서 37.2도 사이라고 설명하는 것이 더 정확하다. 평균적으로 어린이는 어른보다 약간 더 따뜻한 경향이 있으며, 65세 이상은 더 차갑다. 체온은 밤에 잠자는 도중에 떨어지고, 낮 시간대에 올라간다. 정상적인 체온은 늦은 오후 시간대에는 섭씨 37.7도만큼 오른다. 보통, 가장 낮은 체온은 새벽 4시경에 나타나고 가장 높은 체온은 오후 5시경에 나타난다. 체온은 개인마다 차이가 있는데, 가족 중 어떤 이들은 지속적으로 다른 이들보다 높은 체온을 가지기도 한다. 그러나 전문가들은 섭씨 40도 이상의 열을 가지는 사람들은 의사에게 연락해야 한다고 조언한다.

• **temperature** 체온; 온도, 기온 **establish** 확립하다 **consistently** 지속적으로 **depend on** ~에 따라 다르다, ~에 달려 있다 **accurate** 정확한 **range** 범위 **slightly** 약간, 조금 **peak** 절정, 최고조 **contact** 연락하다

UNIT 09 쓰임상의 구분 I

✦ 포인트 감 잡기! 정답 ①, ②, ④

Point 21 형용사와 부사 역할을 구분하라!

CASE 1 본문 p. 124

형용사 vs. 부사

정답 **officially**

해설 In this country, / eleven languages are [official / **officially**(부사)] recognized.

해석 이 나라에서는, / 11개의 언어가 공식적으로 인정된다.

• **officially** 공식적으로

❶ 정답 **powerful**

해설 명사 influences를 수식하는 자리이므로 형용사가 적절.

해석 긍정적이든 부정적이든, 우리의 부모와 가족은 우리에게 강력한 영향을 미치는 사람들이다. • **positively** 긍정적으로 **negatively** 부정적으로 **influence** 영향을 미치는 사람[것]; 영향(력)

❷ 정답 **relatively**

해설 형용사 small을 수식하는 자리이므로 부사가 적절.

해석 해양 플라스틱 조각들의 대부분은 너무나 작아서 상대적으로 적은 양의 플라스틱을 모으기 위해 엄청난 양의 물을 여과해야 할 것이다.

• **particle** 입자 **filter** 여과하다, 거르다 **enormous** 막대한 **relatively** 비교적

❸ 정답 ○

해설 형용사 calm을 수식하므로 부사가 적절.

해석 주변 행인들의 소음에도 불구하고 기자의 목소리는 놀라울 정도로 차분했다. • **reporter** 기자 **passerby** 행인

❹ 정답 × / **effective**

해설 명사 long-distance running을 수식하는 자리이므로 형용사가 적절.

해석 인류 조상들은 대대로 털이 줄어들었는데 왜냐하면 더 적은 털은 더 시원하고 더 효과적인 장거리 달리기를 의미했기 때문이었다.

• **ancestral** 조상의 **successive** 연이은, 연속적인 **generation** 세대 **long-distance** 장거리의

CASE 2 본문 p. 125

의미와 쓰임에 주의해야 할 부사

정답 **highly**

해설 I believe // the experiment is [high / **highly**(부사)] (educational(형용사)).

해석 나는 생각한다 // 그 실험이 상당히 교육적이라고. • **experiment** 실험

❶ 정답 **high**

해설 동사 fly를 수식하는 부사 자리로서 문맥상 high(높이)가 적절. highly는 '상당히, 꽤'라는 의미이다.

해석 나는 킹버드 한 마리가 땅에서 날아올라, 머리 위로 높게 날고 있던 흰머리독수리를 쫓는 것을 목격했다. • **witness** 목격하다; 목격자 **chase** 뒤쫓다 **overhead** 머리 위로, 하늘 높이

❷ 정답 **hardly**

해설 동사 remember(기억하다)를 수식하는 부사 자리로서 문맥상 hardly(거의 ~않는)가 적절. hard는 부사일 경우 '열심히'라는 의미이다.

해석 나는 직장 일로 많은 사람들을 만나는데 다시 만날 때 그들의 이름은 거의 기억하지 못하지만 항상 얼굴은 기억한다.

❸ 정답 **lately**

해설 문장 전체를 수식하는 부사 자리로서 문맥상 lately(최근에)가 적절. late는 '늦게'라는 의미이다.

해석 우리 레스토랑에서 무가당 후식을 요청하는 고객들의 수가 최근에 약간 더 잦아졌다. • **frequent** 잦은, 빈번한

CASE 3 본문 p. 126

형용사를 보어로 취하는 동사

정답 **comfortable**

해설 It is best / to face cold environments / with layers of clothing // so you can adjust your body temperature / to avoid sweating and (remain) [**comfortable** / comfortably].
(remain + 형용사 보어)

해석 가장 좋다 / 추운 환경에 직면하는 것이 / 옷을 껴입은 채로 // 당신이 체온을 조절할 수 있도록 / 땀 흘리는 것을 피하고 편안함을 유지하기 위해.

• **face** 직면하다; 얼굴 **layer** 겹, 층 **adjust** 조절[조정]하다 **temperature** 체온, 온도

❶ 정답 **nice**

해설 ~ to make(V´) food(O´) ᵛtaste ᶜnice(C´).

「부정사 + 목적어 + 목적격보어」 구조에서 보어(C)로 쓰인 원형부정사 taste가 다시 보어를 취하고 있다. 여기서 taste는 '~한 맛이 나다'란 뜻으로 형용사 보어가 필요.

해석 설탕은 음식을 맛있게 해주는 데 사용되고 열량의 훌륭한 원천이지만 다른 어떤 영양적 가치가 없다. • **nutritional** 영양상의

❷ 정답 **differently**

해설 여기서 feel은 '~을 느끼다'란 뜻으로 목적어(the cold)를 취한다. 동사 feel을 수식하는 부사가 들어가는 것이 적절.

해석 그 모든 요인들은 왜 어떤 여성들과 남성들이 추위를 다르게 느낀다고 말하는지를 설명해줄지도 모른다.

• **factor** 요인, 인자 **account for** ~을 설명하다; ~을 해명하다

❸ 정답 ○

해설 동사 seem의 보어 자리로서 형용사가 적절.

해석 그러한 치료는 완전히 역설적으로 보인다. 당신은 사람들에게 고통을 더 잘 인식하도록 도와줌으로써 고통을 다루도록 가르친다!

• **treatment** 치료 **paradoxical** 역설의

❹ 정답 × / advantageous

해설 ~ find it advantageous to hire someone else ~.
V 가목적어 C 진목적어

목적격보어 자리이므로 형용사 advantageous로 고쳐야 한다.

해석 의사들은 자신들의 의료를 기록하기 위해 다른 사람을 고용하는 것이 유리하다고 생각할 것이다. • **advantageously** 유리하게

Point Exercise

본문 p. 127

01 정답 **bad**

해설 여기서 smell은 '~한 냄새가 나다'란 뜻으로 형용사 보어가 필요.

해석 우유에서 고약한 냄새가 난다면 그냥 버리세요. 상한 우유를 마시지 마세요.

02 정답 **rapidly**

해설 여기서 grow는 '증가하다'란 뜻의 자동사이다. 동사 grow를 수식하는 부사가 적절.

해석 출산율은 여성 한 명당 아이 1.8명으로 낮고, 노년층의 수는 급격히 증가하고 있다. • **birth rate** 출산율 **elderly** 노인의 **rapidly** 급격히

03 정답 **nearly**

해설 hit(부딪치다)을 수식하는 부사 자리로 문맥상 nearly(거의)가 적절.

해석 그 비디오는 어느 스카이다이버가 지구로 돌진하는 유성에 의해 부딪힐 뻔한 장면을 보여준다. • **rush** 돌진하다

04 정답 **secure**

해설 ~ and can help them [V]feel more [C]secure.
V O C

SVOC 문장에서 보어(C)로 쓰인 원형부정사 feel이 다시 보어를 취하고 있는 구조이다.

여기서 feel은 '~하게 느끼다'란 뜻으로 형용사 보어가 필요.

해석 신생아들에게 신체 접촉은 중요하며 이러한 접촉은 아기들이 더 안정적으로 느끼도록 해준다. • **newborn** 신생아 **secure** 안정적인, 안심하는

05 정답 **high enough**

해설 여기서 high는 부사이므로 enough의 위치는 부사 뒤가 적절.

해석 각각의 공은 충분히 높이 던져져야 하는데, 던지기 곡예사가 다른 공들을 잡을 시간을 얻기 위해서이다. • **allow A B** A에게 B를 허락[허용]하다

06 정답 **increasingly**

해설 become의 보어가 되는 common을 수식하므로 부사가 정답.

해석 수면 문제는 점점 더 흔해지고 있으며 우리의 전반적인 기분과 행복에 엄청난 영향을 미칠 수 있다. • **profound** 엄청난

07 정답 × / **fresh**

해설 Chemicals used as preservatives in food help [V]keep [O]it [C]fresh longer ~.
V O

SVO 문장에서 목적어(O)로 쓰인 원형부정사 keep이 다시 보어를 취하고 있는 구조이므로 형용사 fresh로 고쳐야 한다.

해석 식품에 방부제로 사용되는 화학 물질은 신선함을 더 오래 유지하고 박테리아의 성장을 막는 데 도움을 준다.

• **chemical** 화학 물질 **prevent** 막다

08 정답 × / **interesting**

해설 They found the movie quite interesting ~.
V O C

목적격보어 자리이므로 형용사 interesting으로 고쳐야 한다.

해석 그들은 그 영화가 자신들이 보통 보는 종류의 것은 아니지만 꽤 재미있다고 생각했다.

09 정답 × / **frequently**

해설 ~, and their perception of who they are frequently causes them to form ~.
S V

동사 causes를 수식하는 자리이므로 부사 frequently로 고쳐야 한다.

해석 아이들은 동년배와 자신들을 비교하며, 자신들이 어떤 사람인지에 대한 인식은 흔히 그들로 하여금 시간을 같이 보내기를 즐기는 다른 사람들과 파벌을 형성하게 한다.

• **compare** 비교하다 **peer** 또래, 동년배 **perception** 인식, 지각

10 정답 **they find the flavor of some foods unpleasantly strong**

해설 목적격보어인 형용사 strong을 수식하므로 부사 unpleasantly로 표현해야 한다.

~, they find the flavor of some foods **unpleasantly strong**.

Point 22 전치사와 접속사를 혼동하지 마라!

CASE 1 전치사 자리와 접속사 자리

본문 p. 128

정답 **because of**

해설 Such practices / may be suggested / to athletes / because / **because of** (their benefits) / by individuals [who excelled in their sports].
전치사 명사

해석 그러한 관행은 / 제안될 수 있다 / 운동선수들에게 / 그것들의 이점 때문에 / 그들의 스포츠에 뛰어났던 개인들에 의한.

• **practice** 관행 **athlete** 운동선수 **excel** 뛰어나다, 탁월하다

❶ 정답 **because of**

해설 명사(rain)가 이어지므로 전치사가 필요하다.

해석 우천으로 야구 경기는 연기되었고 월요일에 재개될 예정이다.

• **postpone** 연기하다, 미루다

❷ 정답 **Although**

해설 주어(the sun), 동사(is shining)를 갖춘 절이 이어지므로 접속사 Although가 적절.

해석 햇살이 비추고 있지만, 그리 따뜻하다고 느껴지진 않는다.

❸ 정답 **while**

해설 주어(my mom), 동사(was)를 갖춘 절이 이어지므로 접속사 while이 적절.

해석 엄마가 쇼핑하러 나간 동안 나는 컴퓨터 게임을 했다.

❹ 정답 **In spite of**
해설 명사구(the fact ~ for health)가 이어지므로 전치사가 필요하다. the fact와 that이 이끄는 절은 동격을 이룬다.
해석 다량의 커피 섭취가 건강에 좋지 않다는 사실에도 불구하고 나는 커피 마시는 것을 끊을 수 없다. • **can't stop v-ing** v하는 것을 멈출 수 없다

❺ 정답 **× / during**
해설 명사구(the peak season)가 이어지므로 전치사 during으로 고쳐야 한다.
해석 성수기에는 항공편과 숙박비가 훨씬 더 비싸다.
• **accommodation** 숙박 시설 **peak season** 성수기

CASE 2

본문 p. 129

to v-ing vs. v

정답 **providing**
해설 Our company is committed to(전치사) provide / **providing**(동명사) / innovative high-quality products and services [that meet or exceed the expectations of our customers].
해석 우리 회사는 제공하는 것에 전념한다 / 혁신적인 고품질의 제품 및 서비스를 [고객의 기대를 충족시키거나 넘어서는]. • **commit** 전념하다; (범죄 등을) 저지르다 **innovative** 획기적인, 혁신적인 **exceed** 넘어서다; 넘다 **expectation** 기대

❶ 정답 **read → reading**
해설 look forward to(v하기를 고대하다)의 to는 전치사이므로 read를 reading으로 고쳐야 한다.
해석 나는 우주에 관한 그의 새 소설을 읽기를 고대하고 있다.

❷ 정답 **build → building**
해설 object to(v하는 것을 반대하다)의 to는 전치사이므로 build를 building으로 고쳐야 한다.
해석 많은 환경 운동가들과 주민들은 그 섬에 새로운 공항을 건설하는 것에 반대한다. • **environmentalist** 환경 운동가 **resident** 주민

❸ 정답 **cook → cooking**
해설 when it comes to(v하는 것에 관해)의 to는 전치사이므로 cook을 cooking으로 고쳐야 한다.
해석 고기를 요리하는 데 있어서, 구이는 가장 좋고 쉬운 방법이다.
• **roast** 굽다

CASE 3

본문 p. 129

like vs. alike

정답 **like**
해설 Labels on food are like(전치사) / alike the table of contents(명사구) found in books.
해석 식품의 라벨은 책에서 볼 수 있는 목차와 같다.
• **table of contents** 목차, 목록

❶ 정답 **alike**
해설 be동사의 보어 자리이고, 다음에 전명구가 있으므로 형용사 alike(닮은)가 적절. like는 전치사(~와 같은), 또는 접속사(~인 것처럼)로 쓰인다.
해석 사람들은 일란성 쌍둥이가 모든 면에서 서로 정확하게 닮았다고 생각한다. • **identical** 동일한, 똑같은

❷ 정답 **like**
해설 명사구(folk tales)가 이어지므로 like(~와 같은)가 적절.
해석 그러한 이야기들은 주로 짧고 단순하다는 점에서 민간 설화와 비슷하다. • **tale** 이야기 **folk** 민간의, 민속의; 사람들

Point Exercise

본문 p. 130

01 정답 **While**
해설 주어(we), 동사(were traveling)를 갖춘 절이 이어지므로 접속사 While이 적절.
해석 여행하는 동안 우리는 수백 장의 사진을 찍었다.

02 정답 **like**
해설 명사(minutes)가 이어지므로 전치사 like(~처럼)가 적절. alike는 형용사(비슷한) 또는 부사(비슷하게)로 쓰인다.
해석 영화에 너무 몰입되어서 두 시간이 마치 몇 분처럼 지나가 버린 적이 있는가? • **absorbed in** ~에 몰두하여

03 정답 **because**
해설 주어(it), 동사(lives)를 갖춘 절이 이어지므로 접속사 because가 적절.
해석 독수리는 매우 외지고 야생인 지역에서 살기 때문에 그것의 습성을 연구하기란 쉽지 않다. • **remote** 외진

04 정답 **while**
해설 주어(others), 동사(are)를 갖춘 절이 이어지므로 접속사 while이 정답. 여기서 접속사 while은 '~인 반면에'란 뜻.
해석 사람들의 생활 수준은 크게 달라서 어떤 사람들은 부유한 반면에 다른 어떤 이들은 그렇지 않다. • **standard of living** 생활 수준 **differ** 다르다 **well-off** 부유한

05 정답 **Despite**
해설 명사구(the positive ~ the researcher)가 이어지므로 전치사 Despite가 적절.
Despite the positive effects (suggested by the researcher), ~.
해석 연구자에 의해 제시된 긍정적인 효과에도 불구하고 연구 대상자들은 우울해지고 짜증이 났다.
• **positive** 긍정적인 **researcher** 연구자 **subject** 연구[실험] 대상(자); 주제 **depressed** 우울한 **irritable** 짜증이 난

06 정답 **because of**
해설 명사구(his widespread reputation)가 이어지므로 전치사가 필요하다.
해석 모두가 Frazier 교수의 수업을 듣고 싶어 한다. 널리 알려진 그의 명성 때문에 많은 학생들이 그의 수업을 신청한다.
• **sign up for** ~을 신청하다 **widespread** 널리 퍼진 **reputation** 명성

07 정답 **Despite**

해설 다소 길지만 주어와 동사가 없는 명사구(various state-law bans ~ from behind the wheel)가 이어지므로 전치사 Despite가 적절.

해석 한 새로 나온 연구가 시사하는 바에 의하면, 운전 중에 문자 전송을 금지하는 여러 가지 주(州)법상의 금지령과 전국적인 캠페인에도 불구하고 운전 중 문자 전송은 사실 증가세에 있다. • **ban** 금지법 **nationwide** 전국적인 **behind the wheel** 운전 중 **on the rise** 올라, 오름세에

08 정답 **× / like**

해설 주어(others), 동사(judge)를 갖춘 절이 이어지므로 접속사 like로 고쳐야 한다.

해석 우리는 종종 다른 사람들이 우리가 하는 일, 우리가 성취하는 것, 그리고 우리가 세상에 어떤 영향을 미치는지에 대해 우리를 판단하는 것처럼 느낀다.

• **judge** 평가하다 **accomplish** 성취하다

09 정답 **× / posting**

해설 become accustomed to(v하는 것에 익숙해지다)의 to는 전치사이므로 posting으로 고쳐야 한다.

해석 소셜 미디어 사용자들은 언제 어디서나 자신의 일상을 게시하는 데 익숙해졌다. • **accustom** 익숙케 하다 **post** 게시하다 **routine** 일상

10 정답 **○**

해설 명사구(public opposition)가 이어지므로 전치사 in spite of가 적절.

해석 정부는 국민의 반대에도 불구하고 해외 파병을 결정했다.

• **troop** 병력, 군대 **overseas** 해외로 **opposition** 반대

UNIT Exercise

본문 p. 131

01 정답 **wrong** ▸ 보어로 쓰이는 형용사

해설 주어 something을 보충 설명하는 주격보어 자리이므로 형용사가 적절.

해석 어떤 부모들은 아기의 치아가 늦게 나오면 무언가 잘못되었다고 말한다.

02 정답 **illegal** ▸ 형용사를 보어로 취하는 동사

해설 목적격보어 자리이므로 형용사 illegal이 적절.

~ / to make(V′) cellphone use(O′), (from talking hands-free to texting), illegal(C′) in all states.

해석 사실, 안전위원회는 모든 주(州)에 걸쳐 핸즈프리 통화에서 문자 전송에 이르는 휴대 전화 사용을 불법화시키기 위해 작업하고 있다.

• **hands-free** 손을 쓰지 않고 **texting** 문자 주고받기

03 정답 **regularly** ▸ 동사를 수식하는 부사

해설 동사 is updated를 수식하는 자리이므로 부사가 적절.

해석 블로그는 기존의 웹 사이트와 여러 면에서 다르다. 가장 중요한 점은 블로그는 더 자주 업데이트된다는 것이다.

• **differ from** ~와 다르다 **update** 업데이트하다

04 정답 **During** ▸ 전치사 + 명사(구)

해설 명사구(the past summer)가 이어지므로 전치사가 필요하다.

해석 지난여름, 나는 모든 연령대의 아이들과의 작업을 통해 귀중한 경험을 얻었다. • **invaluable** 귀중한, 값진

05 정답 **like** ▸ like vs. alike

해설 뒤에 명사(people)가 이어지므로 전치사 like가 적절.

alike는 형용사(닮은) 또는 부사(마찬가지로)로 쓰인다.

해석 지구상의 모든 장소는 다르다. 사람들과 마찬가지로, 어떤 두 장소도 정확히 똑같을 수 없다.

06 정답 **though** ▸ 접속사 + 주어 + 동사

해설 주어(you), 동사(will be tempted)를 갖춘 절이 이어지므로 접속사 though가 적절.

해석 만약 당신이 논쟁에 말려들고 싶지 않다면, 당신이 개입하고 싶은 충동이 생길지라도 조용히 아무 말 하지 말고 계세요. • **argument** 언쟁, 논쟁 **tempt** 유혹하다, 부추기다 **interrupt** 방해하다, 간섭하다

07 정답 **Because of** ▸ 전치사 + 명사(구)

해설 명사구(the rapid ~ weather watchers)가 이어지므로 전치사가 필요하다.

해석 주(州)와 지역 기상청 사람들의 신속한 대응으로 그 지역 주민 대부분은 태풍이 강타하기 전에 많은 경고를 받았다.

• **reaction** 대응, 반응 **resident** 주민, 거주자 **typhoon** 태풍

08 정답 **○** ▸ 동사를 수식하는 부사

해설 동사 was able to walk를 수식하는 부사 자리로서 문맥상 hardly(거의 ~않는)가 적절.

해석 나는 무릎 부상으로 거의 걷지 못했을 때 매우 우울했다.

• **depressing** 우울하게 만드는 **due to** ~ 때문에 **injury** 부상

09 정답 **× / anxious** ▸ 형용사를 보어로 취하는 동사

해설 목적격보어 자리이므로 형용사 anxious로 고쳐야 한다.

~ privacy and security threats have often made(V) people(O) anxious(C).

해석 기술이 우리의 삶에 미치는 영향이 증가함에 따라, 사생활과 보안 위협은 종종 사람들을 우려스럽게 했다. • **impact** 영향 **privacy** 사생활 **security** 보안 **threat** 위협 **anxiously** 초조하게, 걱정스럽게

10 정답 **will contribute to reducing traffic congestion on the city's roads** ▸ 전치사 + 명사(구)

해설 contribute to(v하는 것에 기여하다)의 to는 전치사이므로 reducing으로 표현해야 한다.

UNIT 10 쓰임상의 구분 II

✦ **포인트 감 잡기!** 정답 ②, ③, ④, ⑤

Point 23 접속사, 관계대명사, 관계부사의 역할을 구분하라!

CASE 1

본문 p. 134

that vs. what I - 둘 다 명사절을 이끄는 경우

정답 **that**

해설 The truth is / that / what most people(S') have(V') a better chance(O') (완전한 구조) / to be uncommon / by effort than by natural gifts.

해석 사실은 / 대부분의 사람이 더 나은 가능성이 있다는 것이다 / 특별해질 / 천부적 재능보다는 노력으로.

• **natural** 천부적인, 타고난 **gift** 재능, 재주

❶ 정답 **that**

해설 I've(S) noticed(V) ***that*** Mom's hair(S) is turning(V) gray(C). (O)

뒤에 「주어 + 동사 + 보어」의 완전한 구조가 이어지므로 접속사 that이 적절. 여기서 that이 이끄는 절은 전체 문장의 목적어 역할을 하는 명사절이다.

해석 나는 엄마의 머리카락이 희게 세어가고 있다는 것을 알게 됐다.

❷ 정답 **what**

해설 My skin is very sensitive *to*(전) ***what*** I wear ●(O).

I wear ●에서 볼 수 있듯이 ●의 자리에 들어가야 할 목적어가 빠져 있는 불완전한 구조이다. 여기서 what이 이끄는 절은 전치사 to의 목적어가 되는 명사절이다.

해석 내 피부는 내가 착용하는 것에 매우 민감하다.

• **sensitive** 민감한, 예민한

❸ 정답 **What**

해설 ***What*** you are doing ● now(S) will be(V) a precious memory later in your life(C).

you are doing ● now에서 볼 수 있듯이 ●의 자리에 들어가야 할 목적어가 빠져 있는 불완전한 구조이다. 여기서 what이 이끄는 절은 전체 문장의 주어 역할을 하는 명사절이다.

해석 당신이 지금 하고 있는 일은 후에 당신의 인생에서 귀중한 추억이 될 것이다. • **precious** 귀중한 **memory** 추억, 기억

❹ 정답 **what**

해설 Advertising helps people find the best for themselves. They(S) can get(V) ***what*** they desire ● with their money(O).

they desire ●에서 볼 수 있듯이 ●의 자리에 들어가야 할 목적어가 빠져 있는 불완전한 구조이다. 여기서 what이 이끄는 절은 전체 문장의 목적어 역할을 하는 명사절이다.

해석 광고는 사람들이 스스로 최고를 찾도록 돕는다. 그들은 돈으로 원하는 것을 얻을 수 있다. • **advertising** 광고 **desire** 원하다, 바라다

❺ 정답 ╳ / what

해설 The language barrier(S) was(V) ***what*** ● scared my kids the most(C), but ~.

● scared my kids the most에서 볼 수 있듯이 ● 자리에 들어갈 주어가 빠진 불완전한 구조이다. what이 이끄는 절은 전체 문장의 보어 역할을 하는 명사절이다.

해석 내 아이들을 가장 무섭게 한 것은 언어 장벽이었지만, 아이들은 친해지는 데 언어를 필요로 하지 않는다.

• **barrier** 장벽, 장애물 **connect** 친해지다; 연결하다[되다]

CASE 2

본문 p. 135

that vs. what II - that이 관계대명사인 경우

정답 **that**

해설 Hypnosis is an altered state(선행사) / that / what we(S') frequently go into / and out of(V') (불완전한 구조).

해석 최면은 변환된 (의식) 상태이다 / 우리가 자주 들어갔다가 / 나오는.

• **hypnosis** 최면 **altered** 변환된 **frequently** 자주, 빈번하게

❶ 정답 **that**

해설 I found **a table**(선행사) [***that*** ● is made of wood].

● is made of wood에서 볼 수 있듯이 ● 자리에 들어갈 주어가 빠져 있는 불완전한 구조이다. 앞에 있는 선행사 a table을 수식하는 관계대명사 that이 적절하다.

해석 나는 목재로 만들어진 탁자를 발견했다.

❷ 정답 **that**

해설 This is **the book**(선행사) [***that*** you recommended ● yesterday].

you recommended ● yesterday에서 볼 수 있듯이 ● 자리에 들어갈 목적어가 빠진 불완전한 구조이다. 앞의 선행사 the book을 수식하는 관계대명사 that이 적절하다.

해석 이것은 당신이 어제 추천해준 책입니다. • **recommend** 추천하다

❸ 정답 **what**

해설 This car(S) is(V) ***what*** my brother plans to buy ● next month(C).

my brother plans to buy ● next month에서 볼 수 있듯이 ● 자리에 들어갈 목적어가 빠진 불완전한 구조이다. 앞에 선행사 역할을 할 명사가 없으므로 관계대명사 what이 적절. what이 이끄는 절은 전체 문장의 보어 역할을 하는 명사절이다.

해석 이 자동차는 우리 형이 다음 달에 사려고 계획한 것이다.

❹ 정답 **that**

해설 Last night, I watched **the baseball game**(선행사) [***that*** ● was playing on TV].

● was playing on TV에서 볼 수 있듯이 ● 자리에 들어갈 주어가 빠진 불완전한 구조이다. 앞에 있는 선행사 the baseball game을 수식하는 관계대명사 that이 적절하다.

해석 지난밤 나는 TV에서 중계하는 야구 경기를 보았다.

5 정답 ✕ / that

해설 How will we know // whether the different things [that we are doing ●] / are having a beneficial impact?

● 자리에 들어갈 목적어가 빠진 불완전한 구조이다. 앞에 있는 선행사 the different things를 수식하는 관계대명사 that이 적절하다.

해석 우리가 하고 있는 여러 일들이 이로운 영향을 미치고 있는지를 우리가 어떻게 알겠는가? • **beneficial** 이로운, 유익한 **impact** 영향, 충격

CASE 3 본문 p. 136

보충 설명하는 관계사절

정답 **which**

해설 The rest of the bird's body / is covered in short feathers, // which / that keep out the cold.

선행사 + 콤마(,) + which

해석 그 새 몸통의 나머지는 / 짧은 깃털로 덮여 있다, // 그리고 그것은 추위를 막아준다. • **feather** 깃털 **keep out** ~이 들어가지 않게 하다

1 정답 **which**

해설 선행사 Pyeongchang을 보충 설명하는 관계사절이므로 which가 적절하다. 앞에 콤마(,)가 있음에 유의. 관계대명사 that은 콤마 뒤에 쓰여 선행사를 보충 설명하는 역할로는 쓰이지 않는다.

해석 2018년 동계 올림픽은 평창에서 열렸는데, 그곳은 한국에 있는 한 도시이다. • **be held in** ~에서 열리다

2 정답 **who**

해설 사람 선행사인 John을 보충 설명하는 관계사절이고, 앞에 콤마(,)가 있으므로 who가 적절하다.

해석 나는 John을 봤는데, 그는 우리 축구팀의 주장이다.

• **captain** (팀의) 주장

3 정답 **which**

해설 선행사 beautiful trees를 보충 설명하는 관계사절이므로 which가 정답. 앞에 콤마(,)가 있음에 유의한다. 관계대명사 what은 보충 설명하는 역할로는 쓰이지 않는다.

해석 그녀의 정원에는 아름다운 나무들이 있는데, 나는 그것들을 내 정원에 심고 싶다.

4 정답 **where**

해설 선행사 Thailand를 보충 설명하는 관계사절이므로 where가 적절.

해석 나는 태국에 가보고 싶은데, 그곳에는 맛있는 열대 과일이 많이 있다.

• **Thailand** 태국 **tropical** 열대의

CASE 4 본문 p. 136

관계대명사의 격과 선행사 구분

정답 **whose**

해설 He was an economic historian / whose / which work was centered / on the study of business history / and, in particular, administration.

(whose: 소유격 관계대명사, work: S', was centered: V')

해석 그는 경제사학자였다 / 그의 연구는 집중되었다 / 경영사 연구에 / 그리고 특히 경영 관리에.

• **economic** 경제의 **historian** 사학자 **center** 집중시키다, 중심을 두다 **administration** 관리

1 정답 **the person, whom**

해설 Tell me **the person** [***whom*** you want to invite ●].

선행사는 the person(사람)이고, 이것은 관계사절 안에서 부정사인 to invite의 목적어 역할을 하므로 목적격 관계대명사 whom이 적절하다.

해석 네가 초대하고 싶은 사람을 말해줘.

2 정답 **The house, that**

해설 **The house** [***that*** we bought ● last week] is so nice.

선행사는 The house(사물)이고, 이것은 관계사절 안에서 동사 bought의 목적어 역할을 하므로 목적격 관계대명사로 쓰일 수 있는 that이 적절하다.

해석 우리가 지난주에 산 그 집은 매우 멋지다.

3 정답 **the man, who**

해설 The police are still looking for **the man** [***who*** robbed the bank].

선행사는 the man(사람)이고, 이것은 관계사절 안에서 주어 역할을 한다. 사람이 선행사일 때 주격 관계대명사는 who이다.

해석 경찰은 은행을 턴 남자를 아직도 찾고 있다. • **rob** 강도질하다

4 정답 **the copy machine, that**

해설 He is repairing **the copy machine** [***that*** I broke ● yesterday].

선행사는 the copy machine(사물)이고, 이것은 관계사절 안에서 동사 broke의 목적어 역할을 한다. 사물 선행사일 때 목적격 관계대명사로 that이 적절하다.

해석 그는 내가 어제 고장 낸 복사기를 수리하고 있다.

• **repair** 수리하다 **copy machine** 복사기

5 정답 ○

해설 ~ will not want to waste time with writers [***whose*** material contains too many mistakes].

선행사는 writers(사람)이고, '그들의 자료'라는 뜻이므로 소유격 관계대명사가 들어가는 것이 적절하다.

해석 대부분의 출판사는 자료에 너무 많은 실수를 포함하고 있는 작가들과 시간을 낭비하고 싶어 하지 않을 것이다.

• **publisher** 출판사 **material** 자료; 내용 **contain** 포함하다

CASE 5 본문 p. 137

관계대명사 vs. 대명사

정답 **whose**

해설 The koala is the only known animal / its / whose brain only fills / half of its skull.

(The koala: S, is: V, whose: 관계대명사(두 개의 절을 연결하는 접속사 + 대명사), brain: S', fills: V')

해석 코알라는 알려진 유일한 동물이다 / 그것의 뇌가 단지 채운다 / 두개골의 절반만을. • **skull** 두개골

❶ 정답 **who**

해설 I would like to see *the doctor* [***who*** examined me last week].

두 개의 절을 연결할 접속사 역할과 앞에 나온 명사 the doctor를 대신 받을 대명사 역할을 겸할 수 있는 who가 적절하다.

해석 나는 지난주에 나를 진찰해준 의사의 진료를 받고 싶다.

• **examine** 진찰하다, 검사하다

❷ 정답 **which**

해설 We prefer to visit *places* [***which*** have a rich history].

두 개의 절을 연결할 접속사 역할과 앞에 나온 명사 places를 대신 받을 대명사 역할을 겸할 수 있는 관계대명사 which가 적절하다.

해석 우리는 풍부한 역사를 지닌 장소들을 방문하는 걸 더 좋아한다.

• **rich** 풍부한, 풍성한

❸ 정답 **it**

해설 I'm using *the same blender* and **it** works just fine. (it = the same blender)

두 개의 절을 연결할 접속사 and가 있으므로 앞에 나온 명사 the same blender를 대신 받을 대명사 it이 적절하다.

해석 나도 같은 믹서를 쓰는데 잘 돌아간다. • **blender** 믹서, 분쇄기

❹ 정답 × / **whom**

해설 He took on the difficult task of treating chronic-pain patients, many of ***whom*** had not responded well to traditional therapy.

두 개의 절을 연결할 접속사 역할과 앞에 나온 명사구 chronic-pain patients를 대신 받을 대명사 역할을 겸할 수 있는 관계대명사가 필요한 자리로, 전치사 of가 앞에 있으므로 whom으로 고쳐야 한다.

해석 그는 만성 질환자들을 치료해야 하는 어려운 일을 떠맡았는데 그들 중 많은 이들이 전통적인 치료법에 잘 반응하지 않고 있었다.

• **chronic-pain** 만성적인 통증 **respond** 반응을 보이다 **traditional** 전통의 **therapy** 치료, 요법

❺ 정답 × / **which 또는 that**

해설 An artificial reef is *a human-made structure* [***which***[***that***] is usually built for the purpose of increasing marine life].

두 개의 절을 연결할 접속사 역할과 앞에 나온 명사구 a human-made structure를 대신 받을 대명사 역할을 겸할 수 있도록 which나 that으로 고쳐야 한다.

해석 인공 암초는 보통 해양 생물을 늘리기 위한 목적으로 만들어지는 인간이 만든 구조물이다.

• **artificial** 인공적인 **structure** 구조물 **purpose** 목적 **marine** 해양의

CASE 6 본문 p. 138

관계대명사 vs. 관계부사 / 전치사 + 관계대명사

1 정답 **when**

해설 Cats are most active / in the early evenings, // which / **when** they do most of their hunting.

해석 고양이들은 가장 활발하다 / 초저녁에, // 그때 그것들은 사냥의 대부분을 한다. • **evening** 저녁

2 정답 **where**

해설 Near the surface of a lake or river, / **where** / which the water is clear, / it is possible / for a photographer / to take great shots / with an inexpensive underwater camera.

해석 호수나 강의 수면 근처는 / 물이 깨끗한 곳인데, / 가능하다 / 사진작가들이 / 훌륭한 사진을 찍는 것이 / 비싸지 않은 수중 카메라로.

• **surface** 수면, 표면 **photographer** 사진작가 **inexpensive** 비싸지 않은(↔ expensive) **underwater** 수중의

❶ 정답 **the time, when**

해설 Let me know *the time* [***when*** **I can meet you**].

완전한 구조가 이어지므로 관계부사가 적절. 때를 나타내는 선행사(the time)가 있으므로 when이 적절.

해석 제가 당신을 만날 수 있는 때를 알려주세요.

❷ 정답 **the spot, where**

해설 This is *the spot* [***where*** **I found your ring** yesterday].

완전한 구조가 이어지므로 관계부사가 적절. 장소를 나타내는 선행사(the spot)가 있으므로 where가 적절.

해석 이곳이 어제 제가 당신의 반지를 발견한 곳입니다. • **spot** 장소

❸ 정답 **the restaurant, that**

해설 Please directly call *the restaurant* [***that*** you would like to eat at ●] and make a reservation.

관계사절 안은 전치사의 목적어가 빠진 불완전한 구조이므로 목적격 관계대명사 that이 적절하다.

해석 식사하고 싶은 레스토랑에 직접 전화해서 예약하세요.

• **directly** 직접 **reservation** 예약

❹ 정답 **the reason, why**

해설 I don't know *the reason* [***why*** **she is** so **angry** at me].

완전한 구조가 이어지므로 관계부사가 적절. 이유를 나타내는 선행사(the reason)가 있으므로 why가 적절.

해석 나는 그녀가 왜 내게 그렇게 화가 나 있는지 모르겠다.

❺ 정답 **the temperature and environmental conditions, in which**

해설 Select clothing appropriate for *the temperature and environmental conditions* [***in which*** you will be doing exercise].

완전한 구조가 이어지므로 관계부사가 적절. 관계부사는 「전치사 + 관계대명사」로 바꿔 쓸 수 있으므로 in which가 적절.

해석 당신이 운동할 온도 및 환경 조건에 맞는 옷을 선택하라.

• **select** 선택하다, 고르다 **appropriate** 적절한 **temperature** 온도, 기온

❻ 정답 ✕ / **which 또는 that**

해설 *The church* [***which***[***that***] ● was burned down last year] is being rebuilt with the help of volunteers.

주어가 빠진 불완전한 구조이다. 앞의 선행사 The church를 수식하는 관계대명사 which나 that으로 고쳐야 한다.

해석 지난해 화재로 소실된 교회가 자원봉사자들의 도움으로 재건되고 있다.

• **burn down** (화재로) 태워버리다 **rebuild** 재건하다 **volunteer** 자원봉사자

❼ 정답 ○

해설 완전한 구조가 이어지고 방법을 나타내는 문맥이므로 관계부사 how가 적절.

The young writer explains [***how*** she wrote the popular book and had her own book published at just 13 years old].

해석 그 젊은 작가는 어떻게 자신이 그 인기 있는 책을 썼고, 고작 13살에 자신의 책을 출판하게 되었는지를 설명한다. • **publish** 출판하다

UNIT Exercise

본문 p. 139

01 정답 **who** ▶ 사람 선행사 → 관계대명사 who

해설 In the world, there are lots of people [***who*** don't get enough food to eat].

선행사는 lots of people로 사람 선행사를 받는 관계대명사 who가 적절. 이때의 who는 관계사절 안에서 주어 역할을 하는 주격 관계대명사이다.

해석 세상에는 먹을 음식이 충분치 않은 사람들이 많이 있다.

02 정답 **when** ▶ 관계부사 + 완전한 구조

해설 Sometimes there are *situations* [***when*** it is better not to tell the truth].

완전한 구조가 이어지므로 관계부사가 적절. 선행사 situations는 '상황'을 의미하는데 문맥에 따라 관계부사 when 또는 where로 받는다. 여기서는 관계부사 when이 적절.

해석 때로는 진실을 말하지 않는 것이 더 나은 상황들이 있다.

03 정답 **that** ▶ 선행사 + 관계대명사 that + 불완전한 구조

해설 Engineers in China have built a train [***that*** can travel at over 300 mph].

can travel at over 300 mph에서 볼 수 있듯이 주어가 빠진 불완전한 구조이다. 앞의 선행사 a train을 수식하는 관계대명사 that이 적절.

해석 중국 엔지니어들은 시속 300마일 이상으로 달릴 수 있는 기차를 만들었다.

04 정답 **where** ▶ 관계부사 + 완전한 구조

해설 City people are moving to *rural areas* [***where*** they hope to find more leisurely lives].

완전한 구조가 이어지므로 관계부사가 적절. 장소를 나타내는 선행사(rural areas)가 있으므로 where가 적절.

해석 도시 사람들은 좀 더 여유로운 삶을 찾을 수 있을 거라 기대하는 시골로 이동하고 있다. • **rural area** 시골 **leisurely** 여유로운, 한가한

05 정답 **what** ▶ what + 불완전한 구조

해설 If you don't enjoy / ***what*** you are doing ●, don't despair.

선행사가 없으므로 관계대명사 that이 올 수 없고, 뒤에 이어지는 절의 구조가 불완전하므로 접속사 that도 올 수 없다. 따라서 what이 적절. what이 이끄는 절은 if절에서 동사 enjoy의 목적어 역할을 하는 명사절이다.

해석 당신이 하고 있는 것을 즐기지 못하더라도 절망하지 마세요. 당신이 할 수 있는 많은 다른 일들이 있습니다. • **despair** 절망[체념]하다

06 정답 **which** ▶ , which (O) / , what (X)

해설 선행사 willow bark를 보충 설명하는 관계사절이므로 which가 적절. 앞에 콤마(,)가 있음에 유의. 관계대명사 what은 보충 설명하는 역할로 쓰이지 않는다.

해석 약 2,400년 전 히포크라테스는 버드나무 껍질을 처방했는데, 그것은 천연 형태의 아스피린을 함유하고 있다.

• **prescribe** 처방하다 **contain** 함유하다 **natural** 천연의, 자연의 **aspirin** 아스피린

07 정답 **whose** ▶ 관계대명사 whose + 명사 = 선행사's + 명사

해설 문맥상 '사람들의 공포심'이란 뜻이므로 소유격 관계대명사가 들어가는 것이 적절. 관계사절 안에서 주어 fears가 있으므로 주격 관계대명사 who는 적절하지 않다. them은 fears를 가리킨다.

People [***whose*** fears are too intense or last too long] might need support ~.

해석 공포심이 너무 강하거나 너무 오래 지속되는 사람들은 그것(공포심)을 극복하기 위해 도움이 필요할지도 모른다. • **intense** 강렬한 **last** 지속되다 **support** 도움; 지지하다 **overcome** 극복하다

08 정답 **that** ▶ 접속사 that + 완전한 구조

해설 One of the most ~ of a "webinar" is ***that*** it can eliminate large portion of ~.

뒤에 「주어 + 동사 + 목적어」의 완전한 구조가 이어지므로 접속사 that이 적절. 여기서 that이 이끄는 절은 전체 문장의 보어 역할을 하는 명사절이다.

해석 웨비나(온라인을 통한 세미나)로 인한 가장 즉각적인 이득 중 하나는 그것이 여러분 회사의 출장 경비 중 상당 부분을 줄여줄 수 있다는 점입니다.

• **immediate** 즉시의 **benefit** 이득, 혜택 **eliminate** 없애다 **portion** 부분, 일부 **budget** 비용, 예산

09 정답 **which** ▶ , which (○) / , that (×)

해설 선행사 a coin을 보충 설명하는 관계사절이고, 앞에 콤마(,)가 있으므로 which가 적절. 관계대명사 that은 콤마 뒤에 쓰여 선행사를 보충 설명하는 역할로 쓰이지 않는다.

해석 고객들은 동전 하나를 넣어서 약간의 보증금을 지불해야 하는데, 이 동전은 카트를 다른 카트에 연결해 놓으면 반환된다.

• **deposit** 보증금 **insert** 넣다, 삽입하다 **cart** (쇼핑) 카트 **be connected to** ~에 연결되다

10 정답 **whom** ▶ 목적격 관계대명사 + S + V + ●(목적어)

해설 A friend [***whom*** I hadn't talked to ● in twenty years] called me.

선행사는 A friend(사람)이고 이것은 관계사절 안에서 동사 talk to의 목적어 역할을 하므로 목적격 관계대명사 whom이 적절.

해석 20년 동안 대화를 나눈 적이 없던 친구가 나에게 전화를 했다. 그가 했던 말이라고는 "여보세요" 뿐이었지만, 또 다른 말을 하기도 전에 나는 그가 누구인지 알았다.

11 정답 **that** ▶ 관계대명사 + 불완전한 구조

해설 Some restaurants [***that*** ^V^play ^O^loud music] want customers to quickly eat ~.

관계사절 안은 동사 play 앞에 주어가 빠진 불완전한 구조이므로 주격 관계대명사가 될 수 있는 that이 적절.

해석 시끄러운 음악을 트는 일부 식당은 손님들이 서둘러 먹고 나가길 원하는데 기다리는 손님들이 착석할 수 있게 하여 매출을 올리기 위해서이다.

• **be seated** 앉다

12 정답 **that** ▶ 관계대명사 + 불완전한 구조

해설 This program helps parents restrict the time [***that*** ^S^children ^V^spend ● on the Internet].

관계사절 안은 동사 spend의 목적어가 빠진 불완전한 구조이므로 목적격 관계대명사가 될 수 있는 that이 적절.

해석 이 프로그램은 부모가 아이들이 인터넷에 보내는 시간을 제한하도록 돕는다. 이것은 또한 특정한 웹 사이트로의 접근을 차단한다.

• **restrict** 제한하다 **block** 차단하다, 막다 **access to** ~로의 접근 **specified** 특정한, 명시된

13 정답 **where** ▶ 관계부사 + 완전한 구조

해설 The campus has traditional classrooms ~ ***where*** ^S^the students and lecturer ^V^discuss ^O^matters in class.

뒤에 「주어 + 동사 + 목적어」의 완전한 구조가 이어지고 선행사가 traditional classrooms(장소)이므로 관계부사 where가 적절.

해석 그 대학 캠퍼스에는 학생들과 강의자가 수업 중에 사안들을 토론하는 강의실 교육을 위한 전통적인 교실들이 있다.

• **traditional** 전통적인 **lecture** 강의 **lecturer** 강의자

14 정답 **in which** ▶ 전치사 + 관계대명사 + 완전한 구조

해설 The term "food desert" refers to *geographic areas* [***in which*** people(S′) have(V′) limited access(O′) to healthy and affordable food].

완전한 구조가 이어지므로 관계부사가 적절. 관계부사는 「전치사 + 관계대명사」로 바꿔 쓸 수 있으므로 in which가 적절.

해석 '음식 사막'이라는 용어는 사람들이 건강에 좋고 가격이 알맞은 음식을 제한적으로 접하는 지리적 지역을 나타낸다. • **geographic** 지리적인 **limited** 제한된 **access** 접근 **affordable** (가격이) 알맞은

15 정답 **whose** ▶ 관계대명사 whose + 명사 = 선행사's + 명사

해설 An artist [***whose*** works feature the beauty of the Quebec landscapes] has been recognized for his commitment to the local community.

문맥상 '예술가의 작품'이라는 뜻이며, 뒤에 명사 works가 있으므로 소유격 관계대명사 whose가 적절.

해석 퀘벡 경관의 아름다움을 특징으로 하는 작품의 한 예술가는 지역 사회에 대한 헌신으로 인정받았다. • **feature** ~을 특징으로 하다 **commitment** 헌신 **community** 지역 사회, 공동체

16 정답 **what** ▶ what + 불완전한 구조

해설 ~ on the planet for future generations [who will inherit(V′) ***what*** we leave behind ●(O′)].

선행사가 없으므로 관계대명사 that이 올 수 없고, 뒤에 이어지는 절의 구조가 불완전하므로 접속사 that도 올 수 없다. 따라서 what이 적절. what이 이끄는 절은 관계대명사 who가 이끄는 절에서 동사 will inherit의 목적어 역할을 하는 명사절이다.

해석 우리는 우리가 남긴 것을 물려받을 미래 세대를 위해 지구에 미치는 환경의 영향을 최소화해야 할 책임이 있다.

• **minimize** 최소화하다 **generation** 세대 **inherit** 물려받다

17 정답 **who** ▶ 사람 선행사 → 관계대명사 who

해설 Looking into the eyes of the person(선행사) [***who*** you are talking with] can make the interaction ~.

you are talking with에서 볼 수 있듯이 목적어가 빠진 불완전한 구조이다. 앞의 선행사 the person을 수식하는 관계대명사 who가 적절.

해석 당신과 대화를 나누는 사람의 눈을 들여다보는 것은 상호 작용을 더 효과적이게 할 수 있다. • **interaction** 상호 작용

18 정답 **which** ▶ none of + 관계대명사

해설 Emily Dickinson, a famous poet(S), wrote(V) over 1,700 poems, none of ***which*** were published(V′) ~.

콤마(,)로 연결된 두 개의 절을 연결할 접속사 역할과 앞에 나온 명사구 1,700 poems를 대신 받을 대명사 역할을 겸할 수 있는 관계대명사가 들어가야 하므로 which가 적절하다.

해석 유명한 시인인 Emily Dickinson은 1,700편이 넘는 시를 썼는데, 이 시들 중 한편도 그녀가 살아 있는 동안 출판되지 않았다.

19 정답 **why** ▶ 관계부사 + 완전한 구조

해설 A leading scientist explained *the reason* [***why*** every student majoring in mathematics, sciences, and engineering(S′) needed to study(V′) the humanities(O′)].

완전한 구조가 이어지므로 관계부사가 적절. 이유를 나타내는 선행사(the reason)가 있으므로 why가 적절.

해석 한 선두적인 과학자는 수학, 과학, 공학을 전공하는 모든 학생이 인문학을 공부해야 하는 이유를 설명했다. • **leading** 선두적인 **major in** ~을 전공하다 **engineering** 공학 **humanities** 인문학

20 정답 **that** ▶ 선행사 + 관계대명사 that + 불완전한 구조

해설 Nearly every step of food production [***that*** V involves O farming, fishing, processing, and distribution] consumes energy ~.

앞에 선행사 food production이 있고 관계사절 안은 동사 involves 앞에 주어가 빠진 불완전한 구조이므로 주격 관계대명사가 될 수 있는 that이 적절.

해석 농업, 어업, 가공, 유통을 포함하는 식량 생산의 거의 모든 단계는 에너지를 소비하고 온실가스 배출을 방출하여 지구 온난화의 원인이 된다.

• **production** 생산 **process** 가공[처리]하다 **distribution** 유통 **consume** 소비하다 **release** 방출하다 **emission** 배출, 배출물 **contribute to** ~의 원인이 되다, ~에 기여하다

21 정답 ○ ▶ 접속사 that + 완전한 구조

해설 Researchers analyzed data on antibiotic use from 50 countries over the last ten years and found ***that*** S the consumption of these medications V has increased rapidly in low-income countries.

뒤에 완전한 구조가 이어지므로 접속사 that이 적절. 여기서 that이 이끄는 절은 동사 found의 목적어 역할을 하는 명사절이다.

해석 연구진이 지난 10년간 50개국의 항생제 사용 데이터를 분석한 결과 저소득 국가에서 이들 약품의 소비가 급증한 것으로 나타났다.

• **analyze** 분석하다 **antibiotic** 항생제 **consumption** 소비 **medication** 약, 약물

22 정답 × / **when** ▶ 관계부사 + 완전한 구조

해설 ~ in Berlin until 1933, **when** he(S′) gave up(V′) his citizenship(O′) for political reasons ~.

선행사 1933년을 보충 설명하고 뒤에 완전한 구조가 이어지므로 관계부사 when으로 고쳐야 한다.

해석 Albert Einstein은 1933년까지 베를린에서 독일 시민으로 남아 있었는데, 이때 그는 정치적인 이유로 시민권을 포기하고 미국으로 이민해 왔다.

• **citizenship** 시민권 **immigrate** 이민해 오다

23 정답 ○ ▶ 관계대명사 + 불완전한 구조

해설 ~ food delivery industry is the great amount of plastic waste [***which*** S it V generates].

관계사절 안에서 동사 generates의 목적어가 빠진 불완전한 구조이므로 목적격 관계대명사 which가 적절.

해석 성장하는 온라인 음식 배달 산업의 가장 해로운 측면 중 하나는 그것이 만들어 내는 많은 양의 플라스틱 쓰레기이다.

• **damaging** 해로운 **aspect** 측면 **generate** 만들어 내다

24 정답 × / **which** ▶ 관계대명사 + 불완전한 구조

해설 앞의 명사를 보충 설명하는 역할을 하면서 관계사절 안에서 주어 역할을 해야 하므로 관계대명사 which로 고쳐야 한다.

해석 스페인-미국 전쟁은 미국이 서태평양과 중남미에서 많은 영토를 획득하면서 끝이 났는데 1898년에 일어난 분쟁이었다.

• **acquire** 획득하다, 얻다 **territory** 영토 **conflict** 분쟁

25 정답 × / **which** 또는 **that** ▶ 관계대명사 + 불완전한 구조

해설 A labor union is an organization [***which***[***that***] V represents O workers and tries to protect their interests over wages, benefits, and other working conditions].

앞에 선행사 an organization이 있고 관계사절 안은 동사 represents 앞에 주어가 빠진 불완전한 구조이므로 주격 관계대명사가 될 수 있는 which나 that으로 고쳐야 한다.

해석 노동조합은 노동자들을 대표하고 임금, 특전, 기타 근로 조건에 대해 그들의 이익을 보호하기 위해 노력하는 조직이다.

• **labor union** 노동조합 **organization** 조직, 단체 **represent** 대표하다 **interest** 이익 **wage** 임금 **benefit** 특전, 혜택; 수당

26 정답 × / **that** ▶ 접속사 that + 완전한 구조

해설 The researchers(S) assumed(V) ***that***(O) S the variety a brand offers V would be used as a quality cue and thus influence consumers' choices.

뒤에 완전한 구조가 이어지므로 what을 접속사 that으로 고쳐야 한다. 여기서 that이 이끄는 절은 전체 문장의 목적어 역할을 하는 명사절이다.

해석 연구원들은 한 브랜드가 제공하는 다양성이 품질의 단서로 사용될 것이고 따라서 소비자들의 선택에 영향을 미칠 것이라고 추측했다.

• **assume** 가정하다 **quality** 품질 **cue** 단서; 신호

27 정답 × / **where** ▶ 관계부사 + 완전한 구조

해설 The farmer's market, ***where*** we usually buy our fruits and vegetables, opens from 7 a.m. to 1 p.m. on Saturdays year round.

뒤에 완전한 구조가 이어지므로 관계부사로 고쳐야 하며, 장소를 나타내는 선행사(The farmer's market)를 보충 설명하는 관계사절이 되어야 하므로 which를 where로 고쳐야 한다.

해석 우리가 주로 과일과 채소를 사는 농산물 직거래 장터는 1년 내내 매주 토요일 오전 7시부터 오후 1시까지 문을 연다. • **former's market** 농산물 직거래 장터 **year round** 1년 내내의, 연중 계속되는

28 정답 **show the ways people react to the bad things in life** 또는 **show how people react to the bad things in life** ▶ 관계부사 how

해설 관계부사 how와 선행사 the ways는 함께 쓸 수 없으므로 둘 중 하나만 써야 한다. • **react** 반응하다

29 정답 **whose capitals are not the largest city** ▶ 관계대명사 whose + 명사 = 선행사's + 명사

해설 There are quite a few countries such as China, Brazil and Australia [***whose*** capitals are not the largest city].

문맥상 '나라들의 수도'가 되어야 하고, 관계사절 안에 주어 capitals가 있으므로 주격 관계대명사 which가 아닌 소유격 관계대명사 whose를 선택해 써야 한다. • **capital** 수도

30 정답 **are extremely muddy when it rains, which makes it difficult for cars to pass through** ▶ , which (○) / , that (×)

해설 앞의 절 전체를 보충 설명하는 역할을 하면서 관계사절 안에서 주어 역할을 해야 하므로 관계대명사 which를 선택하여 쓰고 반드시 콤마를 앞에 써야 한다. 관계대명사 that은 콤마 뒤에 쓰여 선행사를 보충 설명하는 역할로 쓰이지 않는다. • **extremely** 매우, 극도로 **muddy** 질퍽한, 진흙투성이인

갈무리 ❺

본문 p. 142

1 정답 ③

해설 (A) 선행사 your backpack을 보충 설명하는 관계사절을 이끌고 있으므로 which가 적절. 앞에 콤마가 있음에 유의한다. 관계대명사 that은 콤마 뒤에 쓰여 선행사를 보충 설명하는 역할로는 쓰이지 않는다.
(B) your backpack을 '~한 상태로 유지하다'란 의미를 나타내는 「keep + 목적어 + 목적격보어」의 구조가 되어야 자연스럽다. 주어진 네모는 보어 자리이므로 형용사 close가 적절. 부사는 보어로 쓰일 수 없다.
(C) 선행사가 people이므로 사람을 받는 관계대명사 who가 적절.
해석 학생들은 배낭에 무거운 짐을 넣어 메고 다녀서는 안 되며 당신도 마찬가지이다. 총 몸무게의 24%보다 적은 무게의 짐을 배낭에 짊어지도록 하고, 절대로 한쪽 어깨만이 아닌 양쪽 어깨로 배낭을 메어라. 12kg(노트북 컴퓨터와 책 몇 권)의 무게는 단 십 분 만에 팔로 가는 혈액의 흐름을 줄어들게 할 수 있어서 통증, 마비, 근육통이 유발된다. 또한, 끈을 자신 몸의 크기와 체형에 맞게 조절하여 배낭을 몸에 밀착시켜라. 무거운 것을 들 때는 무릎을 구부리되 허리를 구부려선 안 된다. 무거운 물건을 드는 사람들이 사용하는 허리 지지대를 생각해 보라. 지지대는 허리가 편안하면서 곧게 유지되도록 돕는다.
• **load** 짐 **laptop computer** 노트북 컴퓨터 **flow** 흐름 **lead to** ~을 야기하다 **numbness** 마비, 감각을 잃음 **ache** 통증 **adjust** 조절[조정]하다 **strap** 끈, 줄 **bend** 굽히다; 구부러지다
구문 [1행] School kids should*n't* carry heavy loads in their backpacks — and ***neither*** should(V) you(S).
「neither + 조동사 / be동사 + S」는 'S도 역시 ~그렇지 않다'라는 의미로 '부정'의 말에 동의하는 표현이다. neither가 문두에 올 때 '주어-동사'의 도치가 일어나는 것에 유의한다.

2 정답 ④

해설 (A) 뒤에 to hear의 목적어가 빠진 불완전한 구조가 왔고 the sound를 선행사로 하는 관계대명사 that이 적절.
(B) ~, you(S) make(V) them(O) ᵛ**feel** ᶜ***special*** ~.
SVOC 문장의 보어(C)로 쓰인 원형부정사 feel이 다시 보어를 취하고 있는 구조이다. 여기서 feel은 '~하게 느끼다'란 뜻으로 형용사 보어가 필요하다.
(C) 콤마(,)에 이어지는 관계대명사는 앞에 나온 어구나 절을 보충 설명하는데 선행사가 people이므로 관계대명사 who가 적절.
해석 여기 당신을 위한 간단한 퀴즈가 있다. 전 세계 사람들이 자신들의 언어와 상관없이 가장 듣기 좋아하는 소리는 무엇일까? 정답은 간단하다. 모든 사람은 자신의 이름을 듣는 것을 좋아한다. 유명한 책인 《How to Win Friends and Influence People(인간관계론)》의 저자인 데일 카네기는 "어느 언어든지 가장 듣기 좋은 소리는 사람의 이름이다."라고 말했다. 이 사실에 대해서는 의심할 여지가 없다. 당신이 만나는 사람들의 이름을 기억한다면 당신은 그 사람들이 특별하게 느끼도록 해주고 사적인 따뜻함과 호의를 대화에 불어넣는다. 이름을 기억하는 습관을 지녀라, 그러면 당신은 모든 이들과 더 친밀한 관계를 즐기게 될 것이며, 그 사람들은 자신들에게 관심을 보여준 것에 대해 당신에게 감사하고 당신에게 찬사를 보낼 것이다.
• **no matter what** ~이 무엇이든지 간에 **There is no doubt about** ~에 대해 의심할 여지가 없다 **warmth** 따뜻함 **friendliness** 호의 **grateful** 감사하는 **admire** ~에 감탄하다; 존경하다

3 정답 ②

해설 (A) 콤마(,) 이후에 이어지는 절에는 동사가 없으므로 술어동사 역할을 할 수 있는 동사원형 find가 와야 한다. 준동사는 술어동사로 쓰일 수 없다. 이때 find는 명령문을 이끈다.
~, **find**(V) **someone** [(who(m)) you can talk to ● about it](O).
(B) It usually happens // that just talking *about* ***what*** *is on your mind*(S') shows(V') ~.
관계대명사 what은 명사절을 이끈다. 여기서 전치사 about의 목적어 역할을 하는 명사절이 필요하므로 what이 적절. 선행사가 없으므로 관계대명사 which는 쓰일 수 없다.
(C) be동사의 보어 역할이 필요하므로 형용사 lucky가 적절.
해석 당신이 혼자서는 대처할 수 없는 문제를 가지고 있다면, 그것에 관해 이야기할 수 있는 누군가를 찾아라. 그 대상이 당신의 엄마나 가장 친한 친구일 필요는 없으며 친절한 이웃, 체육관 강사, 또는 집 근처의 다정한 식료품점 주인이 될 수도 있다. 단지 당신의 마음속에 있는 것을 이야기하는 것만으로도 당신에게 그것에 대처하는 새로운 방법들을 보여준다. 이 접근법은 심지어 당신이 큰 문제라고 생각했던 것이 결코 문제가 아니었다는 것을 드러낼 수 있다! 운 좋게도 당신은 한때 같은 문제를 겪었던 사람, 바로 지금 당신이 어떻게 느끼고 있는지 정확하게 아는 사람에게 이야기하게 될지도 모른다.
• **deal with** ~을 다루다, 처리하다 **on your own** 혼자 **neighbor** 이웃 *cf.* **neighborhood** 근처; 이웃 사람들 **instructor** 강사[교사] **grocery store** 식료품점 **reveal** 보이다; 드러내다
구문 [4-5행] It(가주어) usually happens **that** just talking about what is on your mind(S') shows(V') you(IO') new ways [to deal with it](DO').
It은 가주어, that 이하가 진주어이다.
[5-6행] This approach **can** even **reveal**(V) that ˢ**what (you thought) was a big problem** ᵛ**was** never really a problem at all!(O)
목적어절 내의 주어를 더 풀어쓰면 the thing [which (you thought) was a big problem]이다.

4 정답 ②

해설 (A) '귀신고래'가 멸종 위기종 명단에서 '삭제된' 것이므로 the gray whales(의미상 주어)와 take(동사)는 수동관계. 따라서 being taken이 적절하다. 여기서 after는 전치사로 쓰여 뒤에 동명사가 목적어로 왔다.
(B) spend + (시간/돈) + v-ing: v하면서 ~을 보내다/쓰다
(C) 뒤에 주어가 빠진 불완전한 구조의 절이 왔고 앞의 ocean currents를 선행사로 하는 관계대명사 that이나 which 자리인데 콤마 뒤에는 which만 쓸 수 있다.
해석 멸종 위기종 관리 명단에서 제외된 지 겨우 5년 후에 귀신고래가 대량으로 죽어가고 있다. 개체 수는 추정된 최고치인 26,635마리에서 겨우 17,414마리로 (떨어져) 1/3 이상이 감소했다. 35톤에서 50톤이 나가는 이 동물들은 해저에 사는 작은 생물인 단각류 수백만 마리를 먹으면서 베링해에서 여름을 보낸다. 이 귀신고래들은 (먹이를) 먹기 위해 남쪽 캘리포니아로부터 베링해까지 먼 길을 이동하지만 단각류들은 해류에 의해 제공되는 먹이에 의존하는데, 이 해류가 지구 온난화로 인해 변화되고 있다.
• **take off** 제외시키다, ~을 빼다 **endangered species** 멸종 위기종 **population** 개체 수, 인구 **estimated** 추정된 **peak** 최고치, 정점 **decline** 감소 **beast** 짐승 **feed on** ~을 먹고 살다 **creature** 생물, 생명

이 있는 존재 **migrate** (동물이 계절에 따라) 이동하다, 이주하다 **rely on** ~에 의존하다 **current** 해류, 기류 **alter** 변하다, 달라지다

5 정답 **ⓐ which → that ⓒ what → which 또는 that ⓓ that → what**

해설 ⓐ ~ that(S) doesn't mean(V) **that** ˢyou ⱽneed ᴼto constantly discuss every one of them.(O)
동사 mean의 목적어 역할을 하는 명사절이 와야 하고, 뒤에 「주어 + 동사 + 목적어」의 완전한 구조가 이어지므로, 관계대명사 which를 접속사 that으로 고쳐야 한다.

ⓒ You can list high-quality materials **[which[that]** ˢyour reusable bags ⱽare made of ●].
앞에 선행사 high-quality materials가 있고 뒤에 전치사 of의 목적어가 빠진 불완전한 구조가 이어지므로, 목적격 관계대명사 which나 that으로 고쳐야 한다.

ⓓ 뒤에 전치사 about의 목적어가 빠진 불완전한 구조가 이어지고, 앞에 선행사가 없으므로 선행사를 포함하는 관계대명사 what으로 고쳐야 한다.

오답풀이 ⓑ 앞에 선행사 one을 수식하면서 뒤에 주어가 빠진 불완전한 구조의 관계대명사절을 이끄는 that은 적절하다.

ⓔ 앞에 선행사 a reason을 수식하면서 뒤에 주어가 빠진 불완전한 구조의 관계대명사절을 이끄는 that은 적절하다.

해석 당신의 상품이나 서비스가 수많은 장점을 가지고 있다고 하더라도, 그것은 그것들 모두를 일일이 끊임없이 논해야 한다는 것을 의미하지는 않는다. 대신에, 사람들에게 당신이 그들의 문제점, 특히 그들의 골치를 아프게 하는 것을 어떻게 해결할 수 있는지 알려라. 당신이 재사용할 수 있는 가방을 팔고 있다고 가정해 보자. 당신은 재사용 가능한 가방이 만들어진 고급 재료들을 나열할 수도 있다. 그것을 논하기만 하는 대신에, 그 가방이 어떻게 친환경적일 수 있는지에 초점을 맞출 수도 있는데, 그것은 당신의 고객들이 실제로 관심이 있는 부분이다. 또 다른 예시를 보자. 2001년에, 아이팟은 '당신의 주머니 속에 들어 있는 1,000개의 음악'이라는 슬로건으로 성공을 거두었다. 그 이유는 무엇일까? 사람들은 무거운 워크맨을 들고 다니는 데 싫증이 났기 때문이다. 그러므로 그들이 "이 물건 혹은 이 서비스는 내게 꼭 필요한 것이다"라고 느끼게 할 이유를 생각해 보라.

• **advantage** 장점, 이점 **constantly** 끊임없이 **reusable** 재사용할 수 있는 **environmentally friendly** 환경친화적인

6 정답 **ⓐ where ⓑ how ⓒ which ⓓ which**

해설 ⓐ 뒤에 완전한 구조가 이어지며, 문맥상 '어디서 무리를 지을지'라는 의미가 되어야 하므로 의문부사 where가 적절.

ⓑ 뒤에 완전한 구조가 이어지고, 문맥상 '어떻게 환경 조건이 메뚜기의 수명 주기에 영향을 미치는지'라는 의미가 되어야 하므로 의문부사 how가 적절.

ⓒ 뒤에 주어가 빠진 불완전한 구조가 이어지므로 관계대명사 자리인데 문맥상 soil을 선행사로 하므로 관계대명사 which가 적절.

ⓓ 뒤에 주어가 빠진 불완전한 구조가 이어지므로 관계대명사 자리인데 문맥상 an important requirement를 선행사로 하므로 관계대명사 which가 적절.

해석 사막 메뚜기 한 마리는 하루에 자신의 몸무게만큼의 식물을 먹어 치울 수 있다. 그것은 2.5그램의 메뚜기 한 마리에게는 많은 양이 아닌 것 같지만, 4천만 마리가 모이면 3만 5천 명의 사람들만큼 많은 음식을 먹어 치울 수 있다. NASA의 지원을 받은 과학자들은 메뚜기들이 어디서 무리를 지을지 더 잘 찾아내기 위해 UN과 협력하고 있다. 흙의 수분도와 식물의 원격 감지 관찰을 통해, 연구원들은 환경 조건이 메뚜기의 수명 주기에 어떻게 영향을 미치는지 추적하고 있다. 그들은 그것들이 퍼지기 전에 발생을 막기를 희망한다. 암컷은 거의 항상 습하고, 따뜻하며, 모래가 많은 흙에 알을 낳기 때문에 흙의 수분도가 중요하다. 전형적으로, 그들은 지표면 아래 5-10센티미터까지의 흙이 축축하지 않으면 알을 낳지 않는다. 알이 부화한 후에, 근처에 있는 많은 양의 식물은 자라나는 메뚜기들에게 영양분을 공급하고 이동 형태를 안내해주는 중요한 요건이 된다.

• **locust** 메뚜기 **consume** 소모하다 **vegetation** 초목 **gather** 모이다 **remote** 원격의 **sense** 감지하다 **observation** 관찰 **track** 추적하다 **outbreak** 발생 **moisture** 수분, 습기 **hatch** 부화하다 **requirement** 요건 **migration** 이주

PART II 밑줄 어법

UNIT 01 동사 밑줄

Points to Remember

본문 p. 151

❶ 주어 - 동사의 수일치

01 정답 ╳ / **are**

해설 전명구(on the road to success)의 수식을 받는 복수명사(the milestones)가 주어이므로 복수동사가 와야 한다.

해석 때로 시간 낭비처럼 느껴지지만, 성공으로 가는 길목의 이정표는 언제나 실패이다. • **milestone** 이정표

02 정답 ╳ / **is**

해설 동명사구 주어(using them ~ others)는 단수 취급하므로 동사를 is로 고쳐야 한다.

해석 우리는 모두 스마트폰을 사랑한다. 그러나 다른 사람과 함께 있을 때 사용하는 것은 아주 무례하다.

• **company** 함께 있음; 함께 있는 사람들; 회사 **plain** 아주; 분명한

03 정답 ╳ / **was**

해설 electricity가 주어이므로 단수동사가 와야 한다. no electricity, and oil lamps를 주어로 착각하지 않도록 한다. oil lamps는 and 뒤에 이어지는 절의 주어이다.

해석 200년 전의 삶이 어땠는지 상상할 수 있는가? 전기가 없어서 밤에는 기름등잔이 사용되었다. • **electricity** 전기

04 정답 ○

해설 부분 표현 Most of 다음에 나오는 명사 foods가 복수이므로 복수동사 were가 적절.

해석 과거에 대부분의 음식들은 뿌리 작물, 잡초, 관목, 그리고 더 많은 것들이었다. • **weed** 잡초 **shrub** 관목

05 정답 ╳ / **does**

해설 Artificial light가 주어이므로 단수동사 does로 고쳐야 한다.

해석 인공조명은 일반적으로 아주 조금의 빛의 파장만을 포함하므로 햇빛이 기분에 미치는 것과 같은 효과를 갖지는 않는 것 같다.

• **artificial** 인공적인 **typically** 보통 **wavelength** 파장

06 정답 ╳ / **seem**

해설 전명구(of how ~ interacted)의 수식을 받는 복수명사(Memories)가 주어이므로 복수동사가 와야 한다.

해석 아빠와 내가 어떻게 소통했는지에 대한 기억들이 오늘 내게는 재미있게 보인다. • **interact** 소통하다

❷ 시제

07 정답 ╳ / **have learned**

해설 since가 이끄는 시간의 부사구(since the beginning of this year)와 함께 쓰여 과거부터 현재까지 지속되고 있는 상태를 나타내므로 현재완료가 되어야 한다.

해석 윌슨 고등학교 학생들은 올해 초부터 배워온 모든 것들을 무척 자랑스럽게 여기고 있다.

08 정답 ○

해설 if가 이끄는 조건의 부사절이므로 현재시제가 미래시제 대신 쓰인 것이 적절.

해석 용돈을 현명하지 않게 쓰면 당신은 실수에서 교훈을 얻게 될 것이다.

• **allowance** 용돈

09 정답 ○

해설 in 1997은 명백한 과거 시점을 나타내므로 과거시제가 적절.

해석 첫 소설인 「해리포터와 마법사의 돌」이 1997년에 출간된 이후, 이 책들은 세계적으로 인기를 얻었다. • **release** 출시[출간]하다 **popularity** 인기 **worldwide** 세계적으로; 전 세계적인

10 정답 ╳ / **ends**

해설 By the time이 이끄는 시간의 부사절이므로 현재시제가 미래시제를 대신해야 한다. 따라서 현재형인 ends로 고쳐야 한다.

해석 학기가 끝날 때쯤이면 Jason은 어느 대학에 다니고 싶은지 생각하고 있을 것이다. • **semester** 학기

❸ 조동사와 법

11 정답 ○

해설 문맥상 '과거의 상태, 습관'을 나타내는 「used to-v (v하곤 했다)」가 적절하다.

해석 나는 어릴 때 우리 교회의 주일 학교 놀이방에서 많은 인형과 장난감을 가지고 놀곤 했다. • **Sunday school** 주일 학교

12 정답 ╳ / **should have reserved**

해설 문맥상 '예약했어야 했는데 하지 않았다'라는 뜻으로, 과거 사실에 대한 후회를 나타내므로 「should have p.p.」의 형태가 적절. 「must have p.p. (~했음이 틀림없다)」는 과거 사실에 대한 단정적인 추측을 나타내므로 부적절.

해석 "죄송합니다만 방이 없습니다. 방이 다 찼습니다."라고 직원이 말했다. 나는 방을 미리 예약했어야 했는데 (하지 않아서 유감이다).

• **reserve** 예약하다 **beforehand** 미리

13 정답 ╳ / **(should) be**

해설 that절 앞에 요구를 나타내는 동사 request가 있고 that절의 내용이 '~해야 한다'라는 당위성을 내포하고 있으므로 '(should) 동사원형'이 되어야 한다.

해석 우리 선생님은 우리 반 모든 학생이 내일 아침 9시까지 강당으로 올 것을 요청하셨다. • **request** 요청하다; 요청

❹ 태

14 정답 ╳ / **was awakened**

해설 전화벨 소리가 나를 '(잠에서) 깨운' 것이므로 I를 주어로 하는 문장은 수동태로 표현해야 한다.

해석 어느 늦은 토요일 저녁, 나는 내 전화벨 소리에 잠이 깼다.

• **ringing** 울리는 소리; 울리는

15 정답 ✕ / **were designed**

해설 로봇들과 design은 수동관계이므로 수동태가 적절하다. 문장에서 동사 made와 designed 두 개가 있는데, 어느 것이 문장의 본동사가 되어야 하는지를 문맥을 통해 판단해야 한다. 차량을 수리하거나 조립하는 것은 로봇에 해당하므로, 앞의 made ~는 주어인 These robots를 수식하는 과거분사구가 되어야 한다.

These robots (made of a synthetic compound) were designed last year to ~.
(These robots = S, were designed = V)

해석 합성 화합물로 만들어진 이 로봇들은 차량을 수리하거나 혹은 어쩌면 그것들을 조립하는 것을 돕도록 작년에 고안되었다.

• **synthetic** (인위적으로) 합성한, 인조의 **compound** 화합물 **vehicle** 차량 **assemble** 조립하다

16 정답 ○

해설 음식과 find는 수동관계이므로 수동태가 적절하다.

해석 과거에 사람들은 흔히 숲, 강가, 동굴, 그리고 음식을 찾을 수 있는 거의 모든 장소에서 음식을 구했다.

• **commonly** 흔히; 보통 **riverside** 강가 **virtually** 거의, 사실상

17 정답 ✕ / **is known**

해설 which의 선행사는 Napa Valley로서 know와 수동관계이므로 수동태가 되어야 한다. be known for(~으로 유명하다)

해석 샌프란시스코에 머무는 동안 우리는 훌륭한 와인으로 유명한 나파 밸리를 두 번 방문했다.

18 정답 ○

해설 혈액과 test는 수동관계이므로 수동태가 적절하다.

해석 기증된 모든 혈액은 B형 간염과 에이즈와 같은 다양한 혈액 매개 감염에 대해 검사를 한다.

• **donate** 기증하다 **blood-borne** 혈액을 매개로 한 **infection** 감염

❺ 병렬구조

19 정답 ✕ / **complements**

해설 동사의 3인칭 단수형인 does와 but으로 연결된 병렬구조. 연결되는 동사도 3인칭 단수형이 되어야 하는 것에 주의.

Non-verbal communication
- **does** not substitute verbal communication
- *but*
- rather **complements** it.

해석 비언어적 의사소통은 언어적 의사소통을 대체하지 않고 오히려 그것을 보완한다. • **non-verbal** 비언어적인 **substitute** 대체하다 **complement** 보완하다

20 정답 ✕ / **(to) admit**

해설 「ask A to-v (A가 v하도록 부탁하다)」의 구조에서 to stop과 and로 연결된 병렬구조이므로 admit이나 to admit으로 고쳐야 한다.

The teacher asked him
- **to stop** lying
- *and*
- **(to) admit** that it was he who had broken the statue.

해석 선생님은 그에게 거짓말을 그만하고 조각상을 깨뜨린 사람이 그 자신이라고 인정할 것을 부탁했다. • **statue** 조각상

UNIT Exercise

본문 p. 154

01 정답 ✕ / **introduced**

해설 found와 introduced가 and로 연결된 병렬구조.

He
- **found his wife preparing ~**
- *and*
- **introduced her to ~**

해석 그는 아내가 음식을 준비하고 있는 것을 발견했고 그녀를 몇몇 회사 사람들에게 소개했다.

02 정답 ✕ / **used to**

해설 문맥상 '과거의 상태, 습관'을 나타내는 「used to-v (v하곤 했다)」가 적절하다. 「be used to-v」는 'v하는 데 사용되다'라는 뜻이므로 부적절.

해석 나는 내 딸이 친구들을 더 많이 사귀게 하려고 노력하곤 했지만, 결국 딸이 필요로 하는 것은 다른 아이들이 필요로 하는 것과 다르다는 것을 알았다.

• **get A to-v** A가 v하게 하다

03 정답 ✕ / **comes**

해설 동명사구 주어(Crossing one's fingers)는 단수 취급하므로 동사는 comes가 되어야 한다.

해석 손가락을 포개어라! 그러면 아마 당신의 소원이 이루어질지도 모른다. 손가락 포개기는 오래된 관습에서 비롯된다.

• **cross A's fingers** (집게손가락 위에 가운뎃손가락을 포개어) 행운을 빌다 **come true** 이루어지다, 실현되다 **custom** 관습

04 정답 ✕ / **are**

해설 부정어이자 보어인 Rare가 문장 앞으로 나와 주어와 동사가 도치된 문장. 주어가 복수명사 the musical organizations이므로 동사 is를 are로 고쳐야 한다.

해석 모든 공연마다 그런 연주자들을 고용할 여력이 있는 음악 단체는 드물다. • **organization** 단체, 조직 **can afford to-v** v할 여유가 있다 **hire** 고용하다

05 정답 ✕ / **is**

해설 「one of + 복수명사 (~ 중 하나)」는 단수 취급한다.

해석 그녀의 소일거리 중 하나는 우리에게 많은 전설 이야기 그리고 가장 좋은 것은, 귀신 얘기를 해주는 것이다.

• **pastime** 소일거리, 취미 **legend** 전설

06 정답 ✕ / **allow**

해설 「a handful of + 복수명사」는 복수 취급하고, of 다음에 단수명사 혹은 셀 수 없는 명사가 오면 단수 취급한다. advancements가 쓰였으므로 복수동사가 와야 한다. like international conference calls, ~ video chats는 주어에 대한 추가 정보를 주는 삽입구이다.

해석 국제 전화 회의, IP 전화, 화상 통화 같은 겨우 소수의 진보는 사람들이 글을 쓰는 것보다는 통화를 하게 한다.

• **a handful of** 소수의, 한 줌의 **advancement** 진보 **conference** 회의, 학회 **chat** (인터넷으로) 대화[채팅]하다

07 정답 ✕ / **kept**

해설 '종이'가 '보관되는' 것이므로 주어(Paper)와 동사(keep)는 수동관계. 따라서 수동태가 알맞다.

해석 사람들은 캔이나 플라스틱 병을 다른 쓰레기봉투에 버려야 한다. 종이 또한 분리되어 보관된다. 플라스틱, 금속, 종이는 재활용을 위한 특수 시설로 보내진다. • **separate** 분리된; 분리하다 **recycling** 재활용

08 정답 × / **disappeared**

해설 disappear(사라지다)는 자동사이므로 수동태로 쓸 수 없다.

해석 도도새는 19세기 말에 멸종되었다. 인간과 다른 짐승들에 의해 남획된 것이다. 그 새들이 사라진 후 캘버리아 나무는 싹 틔우는 것을 멈췄다.

• **extinct** 멸종된 **sprout** (싹)을 틔우다 **seed** 씨

09 정답 × / **hope,** ○

해설 p.p.구(involved in ocean science)의 수식을 받는 주어는 The scientists이므로 복수동사가 와야 한다. 주격 관계대명사절의 동사는 선행사에 일치시켜야 하는데 live는 선행사인 the species와 수가 일치하므로 바르게 쓰였다. species는 단수와 복수가 일치하는 명사인데, 문맥상 여기서는 복수로 쓰였음을 알 수 있다.

해석 해양 과학에 종사하는 과학자들은 해양 생물에 관한 더 많은 이해와 연구를 통해, 그들이 훨씬 더 많은 사람들에게 바다에 사는 종(種)들을 보호하도록 권장할 수 있기를 희망한다.

• **involved in** ~에 관련된 **encourage A to-v** A가 v하도록 권장하다 **species** ((생물)) 종(種)

10 정답 × / **bit**

해설 동사의 과거형인 came과 and로 연결된 병렬구조인데 문맥상 같은 '과거'의 때를 의미하므로, bite의 과거형 bit가 적절.

~, a three-meter-long crocodile — **came** out of the water / and / **bit** her legs.

해석 갑자기, 3미터짜리 악어가 물속에서 튀어나와 그녀의 다리를 물었다. 다행히, 그녀는 나뭇가지를 계속 잡고 있을 수 있었다.

• **crocodile** 악어 **hold on to** ~을 계속 잡고 있다

11 정답 × / **must have been**

해설 문맥상 과거 사실에 대한 단정적인 추측을 나타내는 「must have p.p.(~했음에 틀림없다)」가 적절하다. must be는 현재에 대한 강한 추측을 나타낸다.

해석 얼마 전 미국의 한 연구팀이 어느 고대 도시에 있는 사원 하나를 답사했다. 그 도시는 한때 매우 번성했음에 틀림없는데, 왜냐하면 그 도시는 높은 수준의 문명을 향유했기 때문이다. • **explore** 답사하다, 탐구하다 **temple** 사원 **ancient** 고대의 **prosperous** 번성한 **civilization** 문명

12 정답 ○

해설 부분 표현 two thirds of 다음에 나오는 명사구 US consumers가 복수이므로 복수동사가 적절.

해석 미국 소비자의 거의 3분의 2는 온라인에서 데이터와 개인 정보를 공유하는 것이 현대 경제의 일부라고 생각한다.

• **consumer** 소비자 **economy** 경제

13 정답 × / **has been**

해설 과거부터 현재까지의 기간을 나타내는 부사구(For three months now)와 함께 쓰여 지속되고 있는 상태를 나타내므로 현재완료 has been으로 고쳐야 한다.

해석 지금까지 3개월 동안 휴대폰 화면에 금이 간 채로 우리를 찾아오는 고객들의 수가 크게 늘었다. • **significant** 상당한 **crack** 금이 가다

14 정답 × / **affect**

해설 '경험'이 '영향을 미치는' 것이므로 능동태로 고쳐야 한다.

해석 아이들은 매우 취약하기 때문에, 어린 시절의 경험은 그들의 삶의 과정 동안 그들의 생각과 행동에 영향을 미친다.

• **vulnerable** 취약한 **affect** 영향을 미치다 **behavior** 행동

15 정답 ○

해설 주격 관계대명사절 내의 동사는 선행사의 수에 일치시킨다. which의 선행사는 a list가 아니라 bread dishes and foods이므로 복수동사 use가 적절.

해석 이것은 빵을 주재료로 하는 빵 요리와 음식의 목록이다.

• **primary** 주된, 주요한 **ingredient** (요리의) 재료, 성분

16 정답 × / **melted**

해설 주절의 동사가 「조동사 과거형 + 동사원형」이고 문맥상 현재 사실을 반대로 가정하는 가정법 과거 구문이므로, if절에는 동사의 과거형인 melted를 써야 한다.

해석 만약 남극과 그린란드와 산악의 빙하를 덮고 있는 모든 얼음이 녹으면 해수면은 약 70미터 상승할 것이고, 바다는 모든 해안 지역을 덮칠 것이다.

• **glacier** 빙하 **sea level** 해수면 **coastal** 해안의

17 정답 × / **was invited**

해설 '영화배우'가 '초대된' 것이므로 수동태인 was invited로 고쳐야 한다.

해석 베니스 영화제에서 강연하도록 초청된 이 영화배우는 이 행사에서 상도 받았다.

18 정답 × / **include**

해설 전명구(of the disease)의 수식을 받는 복수명사(The most common symptoms)가 주어이므로 복수동사가 와야 한다.

해석 이 병의 가장 흔한 증상은 발열, 인후염, 근육통, 심한 두통, 기침, 피로를 포함한다.

• **symptom** 증상 **fever** 발열, 열 **severe** 심한 **fatigue** 피로

19 정답 × / **providing**

해설 동명사구 주어가 and로 연결된 병렬구조이므로 동명사 providing으로 고쳐야 한다.

Teaching children wrong from right,
loving them in a responsible manner
and
providing them with the skills to live a happy life ~.

해석 아이들에게 옳은 것과 잘못된 것을 가르치고, 그들을 책임감 있는 태도로 사랑하고, 행복한 삶을 살 수 있는 기술을 아이들에게 제공하는 것은 양육을 매우 도전적인 일로 만든다. • **manner** 태도 **provide** 제공하다 **extremely** 극도로 **challenging** 도전적인

20 정답 × / **improves**

해설 주절에 쓰인 suggest는 '제안하다'가 아니라 '시사[암시]하다'라는 뜻이며 that절의 내용은 당위성을 내포하지 않고 있다. 따라서 현재의 사실을 나타내는 현재시제의 동사 improves로 고쳐야 한다. 동명사구가 주어일 때 동사는 단수동사로 받는다.

해석 새로운 연구는 3차원의 비디오 게임을 하는 것이 공간 기억력과 인식 능력을 모두 향상시킨다는 것을 시사한다. • **three-dimensional** 3차원의 **spatial** 공간의 **recognition** 인식, 인지

21 정답 ○

해설 if가 이끄는 조건의 부사절이므로 현재시제가 미래시제 대신 쓰인 것이 적절.

해석 기한까지 서류를 제출하지 않으면 건강 보험이나 재정 지원을 잃게 된다.

• **submit** 제출하다 **deadline** 기한, 마감일 **insurance** 보험 **financial** 재정적인 **assistance** 지원

22 정답 ○

해설 전명구(in the commodity)의 수식을 받는 복수명사(Price changes)가 주어이므로 복수동사가 적절.

해석 상품의 가격 변동은 가정의 지출에서 기업의 수입, 국가의 GDP에 이르기까지 모든 수준의 경제 환경에 영향을 미친다.

• **commodity** 상품 **corporate** 기업의 **earnings** 수입, 소득

23 정답 **× / been signed**

해설 '합의서'는 '서명되는' 것이므로 현재완료 수동태 has been signed가 되도록 고쳐야 한다.

해석 계약서의 수정된 내용은 양측이 서면 합의서에 서명한 후에만 효력을 발생할 것이다.

• **amendment** 개정 **contract** 계약 **come into force** 효력을 발생하다, 발효되다 **agreement** 합의, 협의

24 정답 **× / should have checked**

해설 '확인했어야 했는데 (하지 않았다)'란 뜻이므로, 과거 사실에 대한 후회를 나타내는 「should have p.p.」의 형태로 고쳐야 한다.

해석 비가 금방 그칠 것 같지 않다. 우리는 이 소풍을 계획하기 전에 일기예보를 확인했어야 했다. • **forecast** 예보, 예측

25 정답 ○

해설 in 2013은 명백한 과거 시점을 나타내므로 과거시제가 적절.

해석 필리핀에서 가장 최근에 심하게 파괴적이었던 지진은 2013년 보홀섬의 서해안에서 발생했다. • **severely** 심하게 **destructive** 파괴적인 **occur** 발생하다, 일어나다

26 정답 **× / were assigned**

해설 '참가자들'이 '배정되는' 것이므로 수동태 were assigned로 고쳐야 한다.

해석 비타민 C를 규칙적으로 복용하면 감기에 걸릴 위험이 감소하는지에 대한 연구에서 참가자들은 비타민 C 그룹이나 비타민 C를 복용하지 않는 그룹에 배정되었다.

• **risk** 위험 **participant** 참가자 **assign** 배정하다

27 정답 **nor did he seem to improve**

해설 부정어 nor를 문장 앞으로 내보내고 주어와 동사를 도치시키면 된다. 일반동사의 도치는 「조동사(do, does, did) + S + 동사원형」의 어순이므로 did를 추가해야 한다.

• **career** 직업 **architecture** 건축

28 정답 **Much of learning occurs through trial and error**

해설 부분 표현 Much of 다음에 나오는 명사 learning이 단수이므로 단수동사 occurs를 써야 적절.

• **trial and error** 시행착오

29 정답 **not only attracting new customers but also maintaining long-term healthy relationships with them**

해설 「not only A but also B」 구문으로, focus on의 목적어로 동명사 attracting을 써야 하며 maintain과 병렬구조를 이루므로 maintaining으로 고쳐 써야 한다.

• **strategy** 전략 **attract** 끌어모으다 **maintain** 유지하다

30 정답 **children who are around a dog tend to be more social**

해설 관계사절(who ~ a dog)의 수식을 받는 복수명사(children)가 주어이므로 복수동사 형태가 적절.

• **outgoing** 외향적인

UNIT 02 명사/대명사 밑줄

Points to Remember

본문 p. 159

❶ 대명사의 일치

01 정답 ○

해설 밑줄 친 대명사는 pennies를 받고 있으므로 복수형 them이 적절.

해석 요즘 많은 미국인은 1센트 동전을 귀찮은 것으로 여긴다. 사실, 대부분의 사람이 그것들(= 1센트 동전들)을 사용조차 하지 않는다.

• **consider A as B** A를 B로 여기다 **penny** 페니, 센트 (= a cent) **annoyance** 귀찮은 것; 성가심

02 정답 **× / those**

해설 characters의 반복을 피하기 위한 자리이므로 복수형 those가 적절.

해석 뮤지컬의 등장인물들은 오페라의 그것들(= 등장인물들)과 상당히 다르다.

03 정답 ○

해설 changes의 반복을 피하기 위한 자리이므로 복수형 ones가 적절.

해석 변화를 인지함에 있어서, 우리는 가장 최근의 변화를 가장 혁명적인 것으로 간주하는 경향이 있다. • **perceive** 인지하다 **regard A as B** A를 B로 여기다 **revolutionary** 혁명적인

04 정답 ○

해설 문맥상 feeding의 의미상 주어 People과 밑줄 친 목적어가 동일한 대상을 가리키므로 재귀대명사 themselves가 적절.

해석 파킨슨병을 앓고 있는 사람들은 떨리는 손 때문에 스스로 음식을 먹는 것에 어려움을 겪는다. • **suffer** 고통받다 **disease** 질병 **have difficulty v-ing** v하는 데 어려움을 겪다

05 정답 **× / which**

해설 콤마(,) 뒤에 이어지는 절의 주어 역할과 두 절을 이어주는 접속사 역할을 동시에 해야 하므로 관계대명사가 올 자리이다. 선행사 two ideas를 보충 설명하는 관계사절을 이끌기 때문에 관계대명사 which가 적절하다.

The environmental action group presented two ideas, **and** both of **them** are aimed at improving our city's air quality.

→ The environmental action group presented two ideas, both of **which** are aimed at improving our city's air quality.

해석 그 환경 단체는 두 가지 방안을 제시했는데, 그 두 가지 모두 우리 시(市)의 공기 질을 향상시키는 것을 목적으로 한다. • **present** 제시하다; 수여하다 **aim at** ~을 목적으로 하다 **improve** 향상시키다

06 정답 **× / them**

해설 의미상 주어는 the nets이고 동사 collect의 목적어는 the microplastics이므로 목적격 대명사 them으로 고쳐야 한다.

해석 해류에 있는 미세 플라스틱 조각은 보통 그것을 모으기 위해 사용되는 그물을 통과할 수 있을 만큼 충분히 작으면 측정하기가 매우 어렵다.

• **microplastic** 미세 플라스틱 조각 **current** 해류, 흐름 **measure** 측정하다 **typically** 보통

07 정답 × / **another**

해설 여러 가지 중 하나는 one, 그 밖의 여러 가지 중 또 다른 하나는 another로 받는다. the other는 '남은 유일한 하나'를 의미하므로 문맥상 적절치 않다.

해석 내가 하계 올림픽 게임에서 관전하고 싶은 종목은 많다. 하나는 수영이고, 또 다른 하나는 체조이다. • **gymnastics** 체조

08 정답 × / **which**

해설 두 개의 절을 연결할 접속사 역할과 앞에 나온 명사를 대신 받을 대명사 역할을 겸할 수 있는 관계대명사가 필요한 자리로, 전치사 of가 앞에 있으므로 which가 되어야 한다.

해석 오늘날 35개 이상의 고효율 변기가 미국 시장에 출시되고 있는데, 이 중 일부는 한 번 물을 내릴 때 1.3갤런 미만의 물을 사용한다.

• **high-efficiency** 고효율 **gallon** 갤런(액량 단위) **flush** (변기의) 물을 내림

❷ 명사와 수식어의 수일치

09 정답 ○

해설 셀 수 없는 명사 effort를 수식하는 a great deal of는 적절.

해석 다음 달에 있을 연극을 준비하기 위해 학생들은 많은 노력을 기울였다.

• **play** 연극

10 정답 ○

해설 mistakes는 셀 수 있는 명사의 복수형이므로 a few의 수식을 받을 수 있다.

해석 나이가 제일 많은 선수라서 나는 외야에서 뛰어야 했다. 어떤 경기 도중에 나는 실수를 좀 했다. • **outfield** (야구의) 외야

UNIT Exercise

본문 p. 160

01 정답 ○

해설 밑줄 친 대명사는 your social image를 받고 있으므로 단수형 it이 적절.

해석 만약 당신의 사회적 이미지가 나쁘다면, 오늘 여러분 자신의 내면을 들여다보고 그것을 개선하기 위해 필요한 조치를 취하라.

02 정답 × / **the other**

해설 신발의 양쪽처럼 두 가지 중 하나는 one, 나머지 유일한 하나는 the other로 표현한다. '그 밖의 여러 가지 중 또 다른 하나'를 의미하는 another는 문맥상 적절치 않다.

해석 내가 개를 집으로 데려온 다음 날, 나는 신발 한 켤레를 잃어버렸다. 그 다음 날 나는 내 신발 한 짝이 정원에 반쯤 묻혀 있는 것을 발견했고, 나머지 한 짝은 이웃집 집 안에 있었다.

• **half-buried** 반쯤 (땅에) 묻혀 있는

03 정답 × / **it**

해설 밑줄 친 대명사는 Worrying about ~ in the future라는 동명사구 혹은 이를 다르게 표현한 a tough habit을 대신하므로 단수형 it이 적절.

해석 미래에 일어날 일을 걱정하는 것은 고치기 어려운 습관이지만, 당신이 그것을 고치지 않는다면 오늘에 최선을 다하는 삶을 살 수 없다.

04 정답 × / **their**

해설 밑줄 친 대명사는 two or more words를 대신하므로 복수형 their가 적절.

해석 종종 축약형은 단어의 첫 번째 음절이거나, 둘 혹은 그 이상의 단어들이 함께 있을 때는 그 단어들의 머리글자들이다.

• **syllable** 음절 **initial** 머리글자; 처음의, 초기의

05 정답 ○, × / **them**

해설 Brian이 앞서가던 나머지 모든 선수들을 따라잡은 것이므로, '나머지 모두'를 의미하는 the others가 적절하게 쓰였다. 밑줄 친 대명사는 Brian이 따라잡은 다른 사람들, 즉 the others를 대신하므로 them이 적절.

해석 10km 경주는 놀라웠다! Brian은 결승선 100m 앞까지 줄곧 맨 뒤에 있다가, 다른 사람들 모두를 따라잡아 그들을 앞지르고 우승했다!

• **incredible** 믿을 수 없는 **catch up to[with]** (경주에서) ~을 따라잡다 **overtake** 앞지르다, 추월하다

06 정답 × / **itself**

해설 밑줄 친 대명사는 단수명사 any e-commerce enterprise를 대신하므로 단수인 itself가 적절.

해석 어떤 전자 상거래 기업도 한 회사의 제품들만 마케팅하고 판매하도록 자신을 제한해야 할 이유가 전혀 없다. • **absolutely** 전혀; 전적으로 **e-commerce** 전자 상거래 **enterprise** 기업

07 정답 × / **whose**

해설 문장에 동사(have heard, earn)가 두 개 있다. 따라서 절과 절을 연결할 수 있는 관계대명사가 필요하다. 문맥상 '바이올리니스트와 피아니스트의 이름'이란 뜻이므로 소유격 관계대명사 whose가 적절.

The violinists and pianists earn between $30,000 and $50,000 for a single performance. + You've heard their names.

→ The violinists and pianists [whose names you've heard] earn between $30,000 and $50,000 for a single performance.

해석 당신이 이름을 들어본 적이 있는 바이올리니스트들과 피아니스트들은 한 회 공연에 3만 달러에서 5만 달러를 번다. • **earn** (돈을) 벌다

08 정답 × / **yourself**

해설 밑줄 친 대명사는 to express의 의미상 주어인 you와 같은 대상을 지칭하므로 재귀대명사 yourself로 받아야 한다.

해석 당신이 셰익스피어가 될 필요는 없다. 그러나 서면으로 자신을 적절하게 표현하는 방법을 알 필요는 있다. • **properly** 적절하게

09 정답 × / **it**

해설 문맥에서 밑줄 친 대명사는 동사 make의 가목적어 자리로, 진목적어는 to switch to English later이다. 가목적어 역할을 할 수 있는 it이 적절.

~ and to make **it** easier to switch to English later.
(make: V, it: 가목적어, to switch to English later: 진목적어)

해석 그 팀은 아이들이 모국어를 좀 더 잘 이해할 수 있고 후에 영어로 전환하는 것이 더 쉽도록, 걸러어로 된 수업 자료를 개발하기를 원한다.

• **material** 자료; 물질 **switch to** ~로 전환하다

10 정답 × / **parts**

해설 few는 셀 수 있는 명사의 복수형을 수식하므로 복수형 parts가 적절.

해석 비행기는 눈에 보이는 움직이는 부품이 거의 없는, 하나의 거대한 금속 컨테이너이다. • **container** 컨테이너; 그릇 **visible** 눈에 보이는

갈무리 ①

본문 p. 161

1 정답 **② is → are**

해설 Bach, the great German composer, wrote *violin sonatas* [**that** ***are*** impossible to ~]!

주격 관계대명사 that이 이끄는 절의 선행사는 violin sonatas이다. 관계사절 안에서 동사의 수는 선행사에 일치시켜야 하므로 복수동사 are가 적절.

오답풀이 ① 바흐 활이 '발명된' 것이므로 수동태가 적절.

③ its가 지칭하는 대상은 앞서 언급된 the violin bow로, 단수이고 뒤에 이어지는 명사인 horsehair와 연결되는 소유격 대명사가 쓰여야 하므로 its가 적절.

④ 바이올린 활의 털이 바이올린 연주자에 의해 '느슨해지는' 것이므로 주어(its hair)와 동사(loose)는 수동관계. 따라서 동사는 수동태(be loosened)가 적절.

⑤ 삼중 혹은 사중 화음이 '연주될 수 있는' 것이므로 수동태가 적절.

해석 바흐 활은 특이한 음악적 문제 때문에 발명되었다. 바흐는 독일의 위대한 작곡가로, 기존의 바이올린으로는 연주하기 불가능한 바이올린 소나타를 작곡했다! 소나타는 삼중, 사중의 화음을 포함하지만, 기존의 바이올린의 활로는 한 번에 두 개를 초과하는 음을 연주할 수 없다. 그것은 바이올린의 줄 받침대는 굽어 있지만, 바이올린 활은 곧고 활의 털이 굉장히 팽팽하기 때문이다. 이 바이올린 활의 털은 한 번에 두 줄만 닿을 수 있다. 반면에 바흐 활은 굽어 있고 연주자들이 연주할 때 활의 털이 느슨해지게 할 수 있다. 바흐 활로는 바흐가 작곡한 대로 삼중 혹은 사중 화음이 동시에 연주될 수 있다.

• **bow** (바이올린 등을 켜는) 활 **unusual** 특이한 **sonata** 소나타 (기악을 위한 독주곡 또는 실내악) **note** ((음악)) 음, 음표 **chord** ((음악)) 화음 **at a time** 한 번에 **bridge** (현악기의) 줄 받침대 **horsehair** ((음악)) 바이올린 활의 털 **string** (악기의) 현, 줄 **at once** 동시에, 한 번에; 즉시 **loosen** 느슨하게 하다 **simultaneously** 동시에

2 정답 **③ allow → be allowed**

해설 당신이 스노클링 하도록 '허용되는' 것이므로 주어 you와 동사 allow는 수동관계이다. 따라서 수동태(be allowed)가 적절. 「be allowed to-v」는 'v하도록 허용[허락]되다'란 뜻.

오답풀이 ① only 부사구(only in Tonga)가 강조를 위해 문두에 오면 (조)동사와 주어를 도치시켜야 한다. 즉, 「조동사(can) + S(you) + V(get)」의 어순을 취하는 도치구문이다.

② 시간·조건의 부사절에서는 현재시제가 미래시제를 대신한다. If가 이끄는 조건의 부사절이므로 동사 take가 현재시제로 적절하게 쓰였다.

④ 동사와 호응하는 주어는 the presence로 단수명사이므로 단수동사 causes가 적절.

~ ***the presence*** of so many boats ~ in the water ***causes*** the humpbacks ~.
(S′ … V′)

⑤ 앞서 언급된 Some people과 짝을 이루어 쓰인 부정대명사이다. Some people을 제외한 나머지 모든 사람들(The others)의 주장이 아니라 일부의 '다른 사람들'을 의미하는 것이 문맥상 적절하므로 Others가 맞다.

해석 당신은 많은 나라에서 고래 구경 여행을 갈 수 있지만, 오직 통가에서만 당신은 실제로 바닷속으로 들어가 이 아름답고 거대한 동물들 바로 옆에서 수영할 수 있다. 매년 7월 혹등고래는 통가의 따뜻한 수역으로 옮겨 와 몇 달간 머문다. 만약 당신이 통가의 바바우 섬에서 고래 구경 투어를 한다면, 그 고래들과 새끼 고래들 곁에서 스노클링 하는 게 허용될 것이다. 어떤 사람들은 그렇게 많은 배와 사람들이 바다에 있으면 혹등고래가 스트레스에 시달리게 된다고 하여, 이런 이유로 적어도 하나의 투어 보트 조종사는 스노클링을 허락하지 않아야 한다고 말한다. 다른 사람들은 고래들이 불안해하거나 괴로워하기보다는 관광객들에게 호기심을 갖는다고 주장한다.

• **get into** ~에 들어가다 **alongside** 옆에, 나란히; ~와 함께 **giant** 거대한 동물; 거인 **migrate** 이동[이주]하다 **presence** 존재 **claim** 주장하다 **distressed** 괴로워하는

3 정답 **① them → themselves ④ be → have been**

해설 ① 주어 cats와 동사 domesticate의 목적어가 동일한 대상을 가리키므로 재귀대명사 themselves가 적절.

④ 과거의 일에 대한 추측이므로 may have p.p. 형태가 적절.

오답풀이 ② '다른 동물들이' 인간들로부터 도움을 '필요로 한' 것이므로 other animals와 need는 능동관계.

③ 관계대명사 who절의 동사 brought와 and로 연결된 병렬구조.

it was probably the Egyptians who finally **brought** them inside / *and* / **tamed** them.

⑤ 비교급(closer)을 수식하는 부사로 much가 적절.

해석 대부분의 길들여진 동물들과 달리 고양이들은 야생에서 사회성 있는 동물이 아니다. 뿐만 아니라 고양이는 보호나 노동력의 형태로 인간에게 도움을 제공하는 것으로 자신을 길들이지 않았다. 다른 동물들이 빙하 말기에 살아남으려고 인간들로부터 도움을 필요로 했던 것에 반해 고양이들은 그런 곤란을 겪지 않았다. 결국 고양이들을 안에 들여놓고 길들인 것은 아마도 이집트인들이었을 것이다. 길들여진 고양이가 인간들과 함께 살았을지도 모른다고 추측되는 고고학적 증거는 기원전 6,000년으로까지 거슬러 올라가지만, 최초의 확정적인 역사적 증거는 3,500년 전의 이집트 그림에서 보인다. 고양이들은 개들처럼 인간에 의해 선택적으로 번식되는 일이 거의 없었기 때문에 고양이들은 그것들의 조상들과 유전적으로 훨씬 더 흡사하다. 즉, 근본적으로 고양이들은 여전히 야생 동물인 셈이다.

• **domestic** 길들여진, 국내의, 가정의 **the wild** (야생 상태의) 자연 **furthermore** 뿐만 아니라 **domesticate** 길들이다 **labor** 노동 **tame** 길들이다 **archeological** 고고학의 **evidence** 증거 **B.C.E.** 기원전(= before the Common Era) **definitive** 확고한, 최종적인 **selectively** 선택적으로 **breed(-bred-bred)** 번식시키다 **ancestor** 조상 **genetically** 유전적으로

4 정답 **① are → is ③ felt → feeling**

해설 ① 주어 The idea 뒤에 동격의 that절이 이어진 구조로서 단수동사 is가 되어야 한다.

③ 전체 문맥상 다른 사람들(others)이 '느끼고 있는 것'에 대한 독자들의 이해를 증진시킨다는 것이므로 능동태가 되어야 한다.

오답풀이 ② children을 받는 것이므로 복수대명사 them은 적절.

④ 주어인 they와 목적어가 일치하므로 재귀대명사 themselves는 적절.

해석 독서가 더 넓은 인간 경험에 대한 우리의 연결을 강화시킬 수 있다는 생각은 단순한 관찰 이상이다. 그것은 상당한 연구에 의해 뒷받침되어 왔다. 연구는 독서가 아이들이 정서적 지능이나 동정심과 관련된 기술을 쌓는 데 도움을 줄 수 있으며, 아이들이 다른 인간의 관점들로 더 큰 연결을 형성할 수 있도록 한다는 것을 보여준다. Scientific American의 한 기사는 문학 소설이 다른 사람들이 느끼고 있는 것에 대한 독자들의 이해를 증가시킨다는 것을 연구원들이 어떻게 발견했는지에 관해 설명한다. 나아가 그 기사는 문학 소설은 우리 자신과 다른 사람들과의 관계의 중요성을 포함해 사회 행동에 관한 가치

관을 교육하고 촉진한다고 주장한다. 이 연구 결과는 독자들이 더 높은 수준의 감정 지능과 동정심을 가지고 있다는 것을 암시하는데, 이는 독자들이 다른 사람의 입장에 더 쉽게 자신을 둘 수 있다는 것을 의미한다.

- **enhance** 높이다, 강화시키다 **broad** 넓은 **observation** 관찰 **considerable** 상당한, 많은 **indicate** 나타내다 **intelligence** 지능 **compassion** 동정심, 연민 **perspective** 관점, 시각 **article** 글, 기사 **literary** 문학의 **promote** 촉진하다 **regarding** ~에 관하여 **significance** 중요성

UNIT 03 형용사/부사 밑줄

Points to Remember

본문 p. 165

❶ 형용사, 부사 자리 구분

01 정답 × / **highly**

해설 '매우 재능이 있는'이라는 의미로, 형용사 talented를 수식하는 부사가 되어야 문맥이 자연스럽다.

해석 스탠리 큐브릭이 자신의 영화로 알려지기 전에 그는 매우 재능이 있는 사진작가였다.

02 정답 × / **impossible**

해설 우리말 해석상 '불가능하게 만들 것이다'이므로 부사인 impossibly(불가능하게)가 어울리는 것 같지만, 「make + 목적어 + 목적격보어」의 구조로 make는 목적격보어로 부사가 아닌 형용사를 취한다.

~ the cost(S) will make(V) a return flight to Earth(O) almost impossible(C).

해석 새로운 거주 가능한 행성을 탐험하는 프로젝트는 시간이 걸릴 것인데 그 비용이 지구로 복귀하는 비행을 거의 불가능하게 만들 것이기 때문이다.

- **explore** 탐험하다 **habitable** 거주할 수 있는 **planet** 행성

03 정답 × / **mentally**

해설 mental은 '정신적으로 자극이 되는'이라는 의미의 형용사이다. 바로 다음의 형용사 stimulating을 수식하고 있으므로 부사가 되어야 문맥이 자연스럽다.

해석 소설을 읽는 것은 정신적으로 자극이 되는 활동이다. 당신은 책을 읽으면서 이야기를 따라 펼쳐지는 영화처럼 마음속에 그림을 그린다.

- **stimulating** 자극이 되는 **go along with** ~을 따라가다

04 정답 × / **stable**

해설 「keep + 목적어 + 목적격보어」의 구조로 keep은 목적격보어로 부사가 아닌 형용사를 취한다.

해석 신경계는 외부의 상태를 점검하는 것으로 신체의 온도를 안정적으로 유지하는 것을 돕는다.

- **temperature** 온도 **stably** 안정적으로 **monitor** 검사하다; 감시하다

05 정답 ○

해설 '공식적으로 승인된'이라는 의미로, 형용사 approved를 수식하는 부사 officially는 적절.

해석 가장 효율적인 것으로 공식 승인된 가전제품은 쇼핑객에게 알리기 위해 특별한 로고가 부착되어 있다.

- **household appliance** 가전제품 **officially** 공식적으로 **approve** 승인하다 **efficient** 효율적인 **tag** 태그를 붙이다 **alert** 알리다

06 정답 ○

해설 「find + 목적어 + 목적격보어」의 구조로 find는 목적격보어로 형용사를 취하므로 beneficial은 적절.

해석 사람들은 천천히 그러나 확실히 야생 식량 자원을 찾는 것에 익숙해지고 있다. 점점 더 많은 사람들이 그것이 매우 유익하다고 생각한다.

- **get acquainted with** ~에 익숙해지다 **resource** 자원 **beneficial** 유익한, 이로운

07 정답 ○

해설 여기서 sound는 '~하게 들리다'란 뜻으로 형용사를 보어로 취하는 동사이므로 positive는 적절.

해석 보상은 매우 긍정적으로 들리지만, 그것들은 종종 부정적인 결과로 이어질 수 있다. • **reward** 보상 **consequence** 결과

08 정답 ○

해설 형용사 strict를 수식하므로 enough가 형용사 뒤에 위치해야 한다.

해석 우리 부모님은 충분할 정도로 엄격하시진 않다. 형은 자신이 하고 싶을 때마다 컴퓨터 게임을 한다. • **whenever** ~할 때마다

09 정답 × / **enough experience**

해설 명사 experience를 수식하므로 enough가 명사 앞에 위치해야 한다.

해석 그는 교사로서 충분한 경험이 없다. 그는 자신의 반의 짓궂은 아이들을 다루는 데 도움이 필요하다. • **naughty** 짓궂은, 말을 안 듣는

❷ 비교급 수식 부사

10 정답 ○

해설 비교급 easier and better를 수식하는 부사로 much는 적절.

해석 과학적인 지식으로 무장한 사람들은 우리가 사는 방식을 변화시키는 도구와 기계를 만들어 우리의 삶을 훨씬 더 쉽고 좋게 만든다.

- **armed** (지식 등으로) 무장한 **knowledge** 지식 **tool** 도구 **transform** 완전히 바꿔 놓다

UNIT Exercise

본문 p. 166

01 정답 ○

해설 '빠르게 지나갔다'라는 의미로 동사 have gone을 수식하는 부사 quick은 적절. quick은 형용사일 뿐 아니라 부사로도 쓰인다. quickly도 quick 대신 쓰일 수 있다.

해석 우리는 벌써 어학 과정의 절반 정도를 한 상태이다. 지난 4주가 빠르게 지나갔다. • **halfway** 중간[가운데쯤]에

02 정답 × / **gorgeous**

해설 ~ the dress [I wore in the orchestra](S) made(V) me(O) ^V^**look**(C) ^C^**gorgeous** tonight.

SVOC 문장에서 사역동사 made의 보어(C)로 원형부정사 look이 쓰이고, 다시 look이 보어를 취하고 있는 구조이다. 여기서 look은 '~하게 보이다'라는 뜻으로 형용사를 보어로 취한다.

해석 친구들은 내가 오케스트라에서 입은 그 드레스가 오늘 밤 나를 아주 멋져 보이게 해줬다고 말했다.

• **orchestra** 오케스트라 **gorgeously** 아주 멋지게

03 정답 × / **smooth**

해설 SVOC 문장에서 사역동사 made의 보어(C)로 원형부정사 feel이 쓰이고, 다시 feel이 보어를 취하고 있는 구조이다. 여기서 feel은 '~하게 느껴지다'라는 뜻으로 형용사를 보어로 취한다.

~, it(S) made(V) my skin(O) [V]**feel** so [C]**smooth**(C) ~.

해석 내가 그 제품의 샘플을 테스트했을 때, 그것이 내 피부를 매우 매끄럽게 느껴지게 해서(→ 피부가 매우 매끄럽게 느껴져서) 나는 즉시 몇 개를 샀다.

• **smoothly** 매끄럽게 **right away** 즉시

04 정답 ○

해설 stay는 상태를 나타내는 동사로 형용사 보어를 취한다. 동사 stay를 수식하는 부사 형태가 되어야 하는 것으로 착각하지 않도록 하자.

* 상태를 나타내는 동사 be, stand, keep, stay, hold, remain 등은 '~이다, (~한 상태로) 있다'로 해석되며 이때 형용사를 보어로 취한다.

해석 오늘날의 사회에서는 밤에 더 많은 일을 하기가 더 쉽다. 상점들은 쇼핑을 위해 하루에 24시간 열려 있다.

05 정답 × / **enough sleep**

해설 명사 sleep을 수식하므로 enough가 명사 앞에 위치해야 한다.

해석 오늘날 사람들은 충분한 수면을 취하지 않고 있다. 밤에 8시간을 자는 대신 그들은 일하거나 다른 것들을 하고 있다.

06 정답 × / **nearly**

해설 형용사인 near(가까운)와 의미가 자연스럽게 연결되는 명사가 문맥에 보이지 않는다. 대신 '거의 속수무책인'의 의미로 형용사 helpless를 수식하는 부사가 되어야 문맥이 자연스럽다. nearly는 부사로 '거의'라는 뜻.

해석 항공사 예약 담당자들은 예약 시스템이 고장 나면 거의 속수무책이 된다. • **reservation** 예약 **agent** 대리인, 대행 업무를 하는 직원 **helpless** 속수무책인 **break down** 고장 나다

07 정답 × / **open**

해설 우리말 해석상 '개방적으로 유지하다'이므로 부사인 openly(개방적으로)가 어울리는 것 같지만, 동사 keep이 「목적어 + 목적격보어」의 구조를 취할 때 목적격보어 자리에는 부사가 아닌 형용사가 들어가야 한다.

Keep(V) your heart(O) **open**(C) to accept the best in everyone.

해석 우리의 마음속에 있는 것은 언제나 (눈에) 보인다. 모든 사람 속에 있는 최선을 수용하도록 마음을 열어두어라.

08 정답 × / **regularly**

해설 '정기적으로 예정된'의 의미로 분사형 형용사 scheduled를 수식하는 부사가 되어야 문맥이 자연스럽다.

해석 정기적으로 예정된 모임에서, 회원들은 그들의 이야기와 스트레스, 감정들, 문제들, 그리고 회복된 것들을 공유한다.

• **scheduled** 예정된 **recovery** 회복

09 정답 × / **reasonable**

해설 여기서 sound는 '~하게 들리다'라는 뜻으로 형용사 보어를 취하는 동사.

해석 사람들은 서로 다른 취향을 갖고 있다. 그래서 어떤 책이 최고인지에 대해 언쟁하는 것은 타당하게 들리지 않는다.

• **taste** 취향; 맛이 나다 **reasonably** 타당하게 **argue** 언쟁하다

10 정답 × / **late**

해설 be동사의 보어 자리로 '늦은'이라는 뜻의 형용사 late가 들어가는 것이 적절하다. lately는 '최근에'란 뜻.

해석 나는 Mark에게 내가 야구장에 가는 길에 Sam을 차에 태우고 가야 해서 조금 늦을 거라고 말했다.

• **pick up** ~을 (차에) 태우다 **on the way** 가는 중에

11 정답 × / **partially**

해설 '부분적으로 묻혀 있는'의 의미로 형용사 buried를 수식하는 부사가 되어야 문맥이 자연스럽다.

해석 폼페이시는 일부가 (땅에) 묻혀 있는 지금의 나폴리 부근의 로마의 도시이다. • **partial** 부분적인

12 정답 ○

해설 명사 meeting을 수식하는 형용사 yearly는 적절.

해석 우리 반의 모든 학생들은 그들이 진행하는 것을 논의하기 위해 연 1회의 회의를 할 것이다. • **yearly** 연 1회의, 1년에 한 번씩 있는

13 정답 ○

해설 비교급 more를 수식하는 부사로 much는 적절.

해석 네덜란드 안경 업체가 만든 특수 렌즈는 렌즈가 그다지 튼튼하지 않았기 때문에 장난감에 지나지 않았다. • **Dutch** 네덜란드의

14 정답 ○

해설 '비교적 최근의'의 의미로 형용사 recent를 수식하는 부사 relatively는 적절.

해석 몇몇 연구자들은 옛날 사람들은 주로 동물의 근육 살을 먹었다고 추정했다. 그러나 근육에 집중하는 것은 비교적 최근 현상인 것 같다.

• **assume** 추정하다 **muscle** 근육 **flesh** (사람, 동물의) 살, 고기 **yet** 그렇지만 **relatively** 상대적으로 **phenomenon** 현상

15 정답 ○

해설 비교급 more를 수식하는 부사로 even은 적절.

해석 고효율 식기세척기는 구형 모델보다 훨씬 더 많은 물을 절약한다. 이 기계들은 구형 모델보다 물을 50%까지 적게 사용한다.

• **high-efficiency** 고효율 **dishwasher** 식기세척기 **up to** ~까지

16 정답 × / **shortly**

해설 형용사인 short(짧은)와 의미가 자연스럽게 연결되는 명사가 문맥에 보이지 않는다. 대신 '곧 뒤따를 것이다'의 의미로 동사 follow를 수식하는 부사가 되어야 자연스럽다. shortly는 부사로 '곧'이란 뜻.

해석 선거 결과에 대한 언론 보도가 업데이트되고 있으며, 곧 더 많은 뉴스가 뒤따를 것이다. • **media** 언론, 매체 **election** 선거

17 정답 × / **brave enough**

해설 형용사 brave를 수식하므로 enough가 형용사 뒤에 위치해야 한다.

해석 누구나 잘못을 저지르지만, 자신의 잘못을 인정할 만큼 용기 있는 사람은 많지 않다. • **admit** 인정하다

18 정답 ○

해설 여기서 seem은 '~하는 것처럼 보이다'란 뜻으로 형용사 보어를 취하는 동사.

해석 숲에서 하는 하이킹이 심신을 치유할 수 있다는 것은 분명해 보일지 모르지만, 과학은 하이킹이 실제로 두뇌를 더 좋게 바꿀 수 있다는 것을 발견해 내고 있다. • **obvious** 명백한

19 정답 × / **easily**
해설 '쉽게 식별되는'의 의미로 형용사 identified를 수식하는 부사 easily로 고쳐야 한다.
해석 바다코끼리는 긴 흰 엄니, 콧수염, 그리고 커다란 몸으로 쉽게 식별될 수 있는 해양 포유동물이다.
• **marine** 해양의 **mammal** 포유류 **identify** 식별하다 **tusk** (코끼리의) 엄니[상아] **mustache** 콧수염

20 정답 × / **rudely**
해설 형용사인 rude(무례한)와 의미가 자연스럽게 연결되는 명사가 문맥에 보이지 않는다. 대신 '무례하게 대하다'의 의미로 동사 treated를 수식하는 부사 rudely가 되어야 자연스럽다.
해석 나의 유일한 불만 사항은 우리를 매우 무례하게 대했던 직원에 관한 것이 될 것이다. 그 외에는 그곳은 방문하기에 좋은 장소였다.
• **complaint** 불만 **regarding** ~에 관하여 **otherwise** 그 외에는

21 정답 × / **increasingly**
해설 '점점 더 중요한'의 의미로 형용사 important를 수식하는 부사 increasingly로 고쳐야 한다.
해석 사람들이 온라인에서 더 많은 시간을 보내면서, 기업들이 그들의 디지털적인 존재를 개선하는 것이 점점 더 중요해지고 있다.
• **presence** 존재(감)

22 정답 ○
해설 find는 「find + 목적어 + 목적격보어」의 구조로 SVOC 구조의 동사로도 쓰이지만 여기서는 '쉽게 찾았다'라는 의미의 SVO 구조의 동사로 쓰인 것이므로 easily가 적절히 쓰였다.
해석 우리는 도착하자 기차역에서 그녀를 아주 쉽게 찾았고 그녀는 우리에게 부산에 대해 아주 빈틈없는 개요를 전달해주었다. • **thorough** 빈틈없는

23 정답 × / **bitter**
해설 여기서 taste는 '~한 맛이 나다'란 뜻으로 형용사를 보어로 취하는 동사이므로 부사 bitterly를 형용사 bitter로 고쳐야 한다.
해석 아이는 약이 쓴맛이 난다고 불평하며 약을 먹기를 거부했다.

24 정답 ○
해설 「make + 목적어 + 목적격보어」의 구조로 make는 목적격보어로 형용사를 취하므로 convenient는 적절.
해석 연장된 영업시간은 고객들이 심야에 쇼핑하는 것을 더욱 편하게 할 것이다. • **extend** 연장하다

25 정답 × / **completely**
해설 '철저히 비밀로'의 의미로 형용사 confidential을 수식하는 부사 completely로 고쳐야 한다.
해석 변호사들은 보통 변호사와 의뢰인 간의 의사소통을 철저히 비밀로 할 것이 요구된다. • **attorney** 변호사 **confidential** 비밀[기밀]의

26 정답 ○
해설 be동사의 보어 자리이므로 형용사 costly가 적절히 쓰였다.
해석 대부분의 응답자들은 '나는 대부분의 환경 보호 실천들은 돈이 많이 든다고 생각한다'라는 말에 동의하지 않았다.
• **respondent** 응답자 **statement** 말, 서술 **green** 환경 보호의

27 정답 × / **calm**
해설 여기서 remain은 '계속 ~이다, ~한 상태를 유지하다'라는 뜻으로 형용사를 보어로 취하는 동사이므로 부사 calmly를 형용사 calm으로 고쳐야 한다.
해석 스트레스나 압박을 받는 상황에서도 감정을 관리하고 침착한 상태를 유지하는 능력은 성공과 직결된다. • **pressure** 압박

28 정답 **is considered lucky is because of its rarity**
해설 SVOC의 문장구조에서 목적격보어로 형용사가 오는 것인데 목적어가 주어로 나갔으므로 수동태로 표현해야 한다. 이때 목적격보어는 형용사 그대로 수동태 문장에 남아 있어야 한다. • **rarity** 희귀성
People (S) consider (V) a four-leaf clover (O) **lucky** (C).
→ A four-leaf clover (S) is considered (be p.p.) **lucky** (C).

29 정답 **strongly suggest that the company is growing more efficient**
해설 grow는 '자라다'의 의미로 SV 구조의 동사로도 쓰이지만, 이 문장에서 grow는 '~해지다, ~하게 되다'의 의미로서 보어를 취하는 SVC 구조의 동사로 사용해야 한다.

30 정답 **are mostly grown for export**
해설 '대부분 재배되는'의 의미로 grown을 수식하는 부사 mostly로 고쳐 써야 한다.

UNIT 04 비교구문 밑줄

Points to Remember

본문 p. 171

❶ 원급, 비교급, 최상급 형태 구분

01 정답 × / **most**
해설 둘을 비교하는 것이 아니라 범위 안(in the world)에서 가장 우위에 있는 것을 나타내므로 최상급이 와야 자연스럽다. 「one of the + 최상급 + 복수명사 + in ~」은 '~중 가장 …한[인] 것들 중의 하나'란 뜻.
해석 오리건주 블루 리버에 있는 도서관은 세계에서 가장 특이한 도서관 중 하나이다. • **unusual** 특이한

02 정답 ○
해설 「as + 원급(freely) + as」 표현이 적절하게 쓰였다. 동사 wrote를 수식하는 부사여야 하므로 형용사 free는 쓸 수 없다.
해석 작곡가로서 그의 가장 초기 시절부터, 슈베르트는 다정한 편지를 쓰듯 곡을 자유롭게 썼다. • **composer** 작곡가 **friendly** 친절한, 우호적인

03 정답 × / **greater**
해설 「비교급 + than」의 형태가 되어야 하므로 great의 비교급 greater가 적절.
해석 그는 우리에게 치료의 혜택이 어떤 잠재적 위험보다 훨씬 더 크다고 말했다. • **treatment** 치료 **potential** 잠재적인 **risk** 위험

04 정답 ○
해설 「as + 원급 + as」의 원급이 문장의 보어 역할을 하므로 원급 자리에는 형용사가 들어가는 것이 적절.
해석 이에 따른 경제적, 사회적 변화 측면에서 볼 때, 인터넷 혁명은 세탁기와 다른 가전제품만큼 중요한 것은 아니었다.
• **in terms of** ~ 면에서, ~에 관하여 **consequent** ~의 결과로 일어나는 **household appliance** 가전제품

❷ 비교 대상의 병렬구조

05 정답 × / **those with men's names**

해설 비교되는 대상이 '여자 이름을 딴 허리케인들(Hurricanes with women's names)'과 '남자 이름을 딴 허리케인들(Hurricanes with men's names)'이므로 those with men's names가 적절. 반복을 피하기 위해 Hurricanes를 those로 받는다.

해석 여자 이름을 딴 허리케인들이 남자 이름을 딴 허리케인들보다 더 많은 사상자를 낸 것으로 보인다.

06 정답 × / **scolding**

해설 praising과 병렬구조를 이뤄 문법적 성격이 같아야 하므로 v-ing 형태인 scolding이 와야 한다.

When we want to change others, **praising** is better [than] **scolding**.

해석 다른 사람들을 변화시키고 싶을 때, 칭찬하는 것이 꾸짖는 것보다 더 낫다. • **scold** 꾸짖다

07 정답 × / **those in the city**

해설 비교되는 대상이 '시골에 사는 사람들(People in the country)'과 '도시에 사는 사람들(people in the city)'이므로 those in the city가 적절. 반복을 피하기 위해 people을 those로 받는다.

***People* in the country** are more friendly [*than*] ***those* (= people) in the city**.

해석 시골에 사는 사람들은 도시에 사는 사람들보다 더 다정하다. 나는 시골에 사는 것이 많은 이점이 있다고 생각한다. • **advantage** 이점, 장점

08 정답 × / **go**

해설 stay와 병렬구조를 이뤄 문법적 성격이 같아야 하므로 동사원형인 go가 와야 한다.

I would rather **stay** home doing nothing [*than*] **go** to a movie with him on Friday.

해석 금요일에 그와 영화를 보러 가느니 차라리 집에서 아무것도 안 하고 있겠다.

09 정답 × / **going**

해설 going과 병렬구조를 이뤄 문법적 성격이 같아야 하므로 v-ing 형태인 going이 와야 한다.

Many parents would agree that **going** out with a baby or a little child is at least twice [*as difficult as*] **going** out by yourself.

해석 많은 부모들은 아기나 어린아이와 함께 외출하는 것이 혼자 외출하는 것보다 적어도 두 배 이상 어렵다는 데 동의할 것이다.

❸ 비교급 관용 표현

10 정답 × / **the more**

해설 「the + 비교급 ~, the + 비교급 ...」(~할수록 더 …한)의 구조이므로 the more가 적절.

해석 도시들이 더 커질수록 우리는 대중교통에 더 많이 투자해야 한다.

• **invest** 투자하다 **transportation** 교통

UNIT Exercise

본문 p. 172

01 정답 × / **that of a goldfish** 또는 **goldfish's**

해설 대명사 That은 앞 문장에 나온 the average attention span of a human being을 대신한다. 따라서 비교되는 대상은 인간의 평균 주의 집중 시간(the average attention span of a human being)과 금붕어의 평균 주의 집중 시간(the average attention span of a goldfish)이다. 반복을 피하기 위해 the average attention span을 that으로 받는다. 또는 소유격인 goldfish's로 쓸 수도 있다.

~ ***the average attention span of a human being*** was 8 seconds. ***That*** is even shorter [*than*] ***that* of a goldfish**, ~.
= the average attention span

해석 우리의 주의 집중 시간은 과학적 기술 장치들로 인해 감소해 왔다. 2013년 인간의 평균 주의 집중 시간은 8초였다. 이것은 금붕어보다도 짧은데 금붕어들은 9초의 주의 집중 시간을 갖고 있다.

• **attention span** 주의 집중 시간 **device** 장치, 기기 **average** 평균의

02 정답 × / **more**

해설 「비교급 + than」의 구조이므로 비교급 more quickly가 되어야 한다. than 뒤의 those는 children을 받는다.

해석 보모들에 의해서나 보육 시설에서 보살펴지는 아이들은 어머니에 의해서 보살핌을 받는 아이들보다 독립심과 사회적 기술들을 더 빨리 얻는 경향이 있다. • **babysitter** 보모 **day-care center** 보육 시설, 어린이집 **independence** 독립심; 독립

03 정답 ○

해설 문맥상 범위 안(on earth)에서 가장 우위에 있는 것을 나타내므로 최상급 표현이 적절.

해석 코코야자 나무는 많은 사람에게 '생명의 나무'로 알려져 있다. 실제로 어떤 사람들은 그것을 지구상에서 가장 유용한 나무라고 여긴다.

• **coconut palm** 코코야자 나무 **consider A B** A를 B로 여기다

04 정답 × / **more powerful**

해설 「비교급 + than」의 구조이므로 비교급이 와야 한다.

해석 현실 세계에서 여러분은 많은 어려움에 직면한다. 어떻게 그것들을 극복할 수 있을까? 한 가지 방법은 여러분의 상상력을 이용하는 것이다. 사실, 그것은 여러분이 생각하는 것보다 더 강력한 도구이다.

• **face** 직면하다 **get over** 극복하다 **imagination** 상상(력) **in fact** 사실상

05 정답 ○

해설 「비교급 + than」의 구조이므로 비교급 less valuable은 적절.

해석 검은 양은 털을 다른 색깔로 염색하는 것이 어려웠기 때문에 전통적으로 흰 양보다 덜 가치 있는 것으로 여겨졌다. • **dye** 염색하다

06 정답 **his injury was not as serious as it was previously thought** 또는 **his injury was not as serious as it was thought previously**

해설 「as + 원급 + as」의 원급이 문장의 보어 역할을 하므로 원급 자리에는 형용사 serious가 적절하고 previous는 동사 was thought를 수식하므로 부사로 고쳐 써야 한다.

07 정답 **people spend more time working than being with their loved ones**

해설 사역동사 「make + 목적어 + 목적격보어(원형부정사)」 구조 뒤에, 「spend + 시간 + v-ing」 구조가 되어야 한다. than 뒤에는 working과 병렬구조를 이루므로 같은 v-ing 형태인 being이 와야 한다.

Today's competitive working environment has made (V) people (O) spend (C) more time **working** than **being** with their loved ones.

• competitive 경쟁적인

갈무리 ❷

본문 p. 173

1 정답 **① lately → late**

해설 lately는 '최근에'라는 뜻의 부사로, 의미가 자연스럽게 연결되는 수식 대상이 문맥에 보이지 않는다. 대신 '늦게 잠들다'란 의미로 부사 late(늦게)가 되어야 문맥이 자연스럽다.

오답풀이 ② 주어와 목적어가 일치하므로 yourself가 적절히 쓰였다.

③ 문맥상 loud가 아니라 noises를 수식하므로 형용사인 harsh가 적절하다.

④ the noise를 받으므로 대명사 it이 적절하다.

⑤ to be moved를 수식하므로 부사인 gently가 적절하다.

해석 늦게 잠들고 언제든 당신이 원하는 때에 일어날 수 있다는 것은 멋진 일이다. 그러나 거의 매일 당신은 오히려 일찌감치 일어나 아늑한 잠자리에서 나와야 한다. 어떤 사람들은 자연적으로 일어날 수 있지만, 우리 대부분은 보통 알람 시계에서 흘러나오는 귀 따갑고 시끄러운 소리의 도움이 필요하다. 우리가 소음을 좋아한다면 모를까, 그건 단지 우리가 그것에 익숙해지기 때문이다. 아름다운 음악이나 노래하는 새소리로 부드럽게 잠에서 깬다면 얼마나 더 좋을까? 큰 알람 소리는 화재나 다른 비상사태를 위한 것이다. 매일 자연의 소리나 아름다운 음악 소리로 잠에서 깨어나 자신에게 더 멋진 시작을 주어라.

• **cozy** 아늑한 **sooner rather than later** 오히려[차라리] 일찌감치 **harsh** 귀에 거슬리는; (생활 환경이) 혹독한 **it's not as if** ~라면 모를까 **get used to** ~에 익숙해지다 **gently** 부드럽게 **emergency** 비상(사태) **awaken** (잠에서) 깨다

구문 [5-6행] How much better (의문사) would **it** (가주어) be **to be moved gently out of sleep by beautiful** ~? (진주어)

it은 가주어로 to be 이하의 내용을 가리킨다.

2 정답 **② anxiously → anxious**

해설 feel은 여기서 '~하게 느끼다'라는 의미로, 형용사를 보어로 취한다. 따라서 anxious가 적절.

오답풀이 ① 문장의 주어는 almost every book ~ success로, every는 '모든'이라는 의미이지만 항상 단수로 취급함에 유의해야 한다. 따라서 단수동사인 contains가 적절.

③ 「be busy + v-ing」의 구조로서 형용사인 busy가 적절.

④ 동사 do를 수식하는 부사 자리이므로 부사 occasionally가 적절.

⑤ 여기서 much는 비교급 lovelier를 강조하는 부사로 알맞게 쓰였다.

해석 요즘 성공에 관한 거의 모든 책이나 글은 어떻게 더 생산적이 되는가에 대해 많은 조언을 담고 있으므로 우리 중 다수가 항상 불안하다고 느끼는 것은 조금도 놀랄 일이 아니다. 심지어 우리는 이미 무언가를 하느라 바쁠 때도 무언가를 해야만 한다고 항상 생각하고 있다. 우리의 머릿속에는 항상 "그렇게 게을러선 안 돼!"라고 말하는 잔소리가 있다. 글쎄, 나는 모두에게 덜 생산적이게 되라고 조언하고 싶다. 그렇다. 덜 하려고 노력하고 가끔은 아무것도 하지 마라! 우리 속 쳇바퀴 위의 햄스터처럼 뱅글뱅글 달리는 것을 멈춰라. 보다 사람다워져라. 느긋해져라. 휴식하라. 그러면 당신이 생산적일 때 당신은 훨씬 더 근사한 것들을 생산할 것이다.

• **contain** 담고 있다 **tons of** 많은 **productive** 생산적인; 산출[생산]하는 **anxiously** 걱정[근심]하여 **nagging** 잔소리하는 **make an effort** 노력하다 **occasionally** 가끔

3 정답 **① being → (to) be ⑤ scarce → scarcer**

해설 ① 「cooler + than ~」은 비교급 표현으로 비교되는 대상들은 문법적으로 대등한 형태여야 한다. to be rude와 병렬구조이므로 than 이하는 (to) be well-mannered가 되어야 한다.

Some teenagers think it's cooler **to be rude** than **(to) be well-mannered.**

구조상 than 이하의 to 또는 to be는 생략될 수 있다.

⑤ 문맥상 '~보다 더 …한'의 의미로 「scarce의 비교급(scarcer) + than ~」이 되어야 한다.

오답풀이 ② 동명사구인 acting politely가 that절 안에서 주어이므로 단수동사 is가 적절. 구나 절 주어는 단수 취급한다.

③ 복수명사인 grown-ups를 받으므로 복수대명사인 them은 적절하다.

④ 이때 more는 부사 much의 비교급으로, 동사 work를 수식하여 '더 ~하게'의 의미로 적절하게 쓰였다.

해석 어떤 십 대들은 예의 바른 것보다 무례한 것이 더 멋지다고 생각한다. 몇몇 더 나이 든 사람들조차 예의 바르게 행동하는 것은 약자들이 하는 것이라고 생각한다. 그러나 예의 바르다는 것은 약함의 표시가 아니라, 그것은 사실상 강함의 표시이다. 더욱이, 그것은 대단한 기술이다. 그것은 당신이 존경받게 할 수 있고, 심지어 당신이 어른들이 해주기를 바라는 것들을 그들에게 하게 할 수 있다! 사실, 예의범절은 아주 많은 상황이 당신에게 더 유리하게 돌아가도록 할 수 있다. 그렇다면 왜 그렇게 많은 사람이 그토록 예의가 없을까? 아마도 그것은 예의 바르다는 것이 사려 깊음, 공감, 관심을 필요로 하는데, 이런 자질들이 유감스럽게도 우리가 바라는 것보다 조금 더 부족하기 때문이다.

• **well-mannered** 예의 바른, 공손한 (↔ ill-mannered) **win** (명성 등을) 얻다, 떨치다 **thoughtfulness** 사려 깊음 **empathy** 공감, 감정 이입 **awareness** 관심, 의식 **scarce** 부족한, 드문

구문 [3-4행] ~, it's a great skill: it ***can win*** (V_1) **you** (IO) **respect** (DO), and even ***make*** (V_2) **grown-ups** (O) **do** what you want them to do! (C)

4 정답 **② more → most ④ reading → (to) read ⑤ known → been known**

해설 ② 「the + 비교급 ~, the + 비교급 …」 구문도 아니고, 둘을 비교하는 비교급 구문도 아니다. 범위 안(in life)에서 가장 우위에 있는 것을 나타내므로 최상급이 와야 자연스럽다. 「the + 최상급 + in ~」은 '~중에서 가장 …한'의 의미.

④ 앞의 to have와 연결되는 것이므로 (to) read가 되어야 한다.

visitors ┌ to have ~
 and
└ (to) read to ~

⑤ '나'는 환자에게 고무 코를 씌워놓는 것으로 '알려진' 것이므로 I와 know는 수동관계.

오답풀이 ① 형용사 useful(유용한)은 meaningful(의미 있는)과 함께 명사 role의 수식어로 적절하게 쓰였다.
③ 우리말 해석상 '자연스럽게 행동하라'이므로 부사인 naturally가 쓰일 것 같지만 동사 be의 보어 자리에는 부사가 아닌 형용사가 들어가야 한다. 「as + 원급(natural) + as (~만큼 …한)」 표현이 쓰였다.

해석 장애인들은 그들이 여전히 유용하고 의미 있는 역할을 하고 있다는 안심을 원하므로 이것이 현실이 되도록 거들어라. 인생에 있어 가장 영감을 주는 이야기는 그들의 역경을 극복한 장애인들과 함께한 경험들로부터 나온다. 장애인을 만나는 경우에 다른 누구와 함께 있을 때처럼 자연스럽게 행동하라. 유머 감각을 잃지 마라. 어떤 환자가 혼수상태에 있다면 그들이 여전히 당신의 존재를 듣고 느낄 수 있다고 가정하라. 나는 방문객들에게 이 사람들과 긴 대화를 나누고 책을 읽어주고 당연히 그들을 많이 접촉하라고 권유한다. 나는 주변의 분위기를 띄워주기 위해 혼수상태에 빠진 환자들에게 빨간색 고무 코를 씌워놓는 것으로 알려져 있다.

• **disabled** 장애를 가진 **reassurance** 안심, 안도감 **fill a role** 역할을 하다 **inspiring** 고무적인, 의욕을 고취시키는 **abandon** 버리다 **in a coma** 혼수상태에 빠진 **assume** 가정하다 **presence** 존재 **rubber** 고무 **lighten up** 가볍게 하다, 누그러뜨리다 **atmosphere** 분위기, 기운

UNIT 05 v-ing/p.p. 밑줄

Points to Remember

본문 p. 177

❶ 능동·수동 구분

01 정답 × / **recycled**

해설 여기서 recycling은 전치사 of의 목적어로 쓰인 v-ing가 아니라 명사 paper를 수식하는 분사이다. 종이가 '재활용되는' 것이므로 recycled (p.p.)가 적절. Fifty kilograms는 복수 형태이지만 한 덩어리로 보아 단수 취급한다.

cf. **Twenty miles *is*** a long way to walk. (20마일은 걷기에는 먼 거리다.)

해석 50킬로그램의 재생지는 나무 한 그루를 아낀다. • **recycle** 재활용하다

02 정답 × / **taken**

해설 공식적인 인구 조사가 '이루어진' 것으로, 분사구문의 의미상 주어인 The official census와 take는 수동관계.

해석 공식 인구 조사는 2000년에 이루어졌는데, 전화와 면담을 통해 수행되었다. • **conduct** 수행하다

03 정답 × / **designed**

해설 체계가 '고안된' 것이므로 a system과 design은 수동관계. designed(p.p.)가 적절.

해석 과학은 독특하다. 과학자들은 추측하는 대신에 자신들의 생각이 진실인지 거짓인지를 증명하기 위해 고안된 체계를 따른다. • **prove** 증명하다

04 정답 ○

해설 미세 플라스틱 조각을 '형성하는' 것으로, 분사구문의 의미상 주어인 Most plastics와 form은 능동관계.

해석 대부분의 플라스틱은 자외선(UV) 빛에 노출되면 더 작고 작은 조각으로 분해되어 미세 플라스틱 조각들을 만든다.

• **expose** 노출시키다 **ultraviolet** 자외선의

05 정답 × / **appealing**

해설 「with + 목적어 + 분사」 구문으로 목적어인 its summer scenes and bright colors와 appeal은 능동관계이므로 appealing이 적절.

해석 인상주의는 보기에 '편하고' 그것의 여름 풍경과 밝은 색채가 보기에 매력적이다. • **appeal** 흥미를 끌다 **to the eye** (겉으로) 보기에

❷ 동사 자리 vs. 준동사 자리

06 정답 × / **engage**

해설 문장의 동사가 없으므로 주어 People에 호응하는 동사 engage가 필요하다.

해석 식량을 찾아다니는 것은 야생의 식량 자원을 탐색하는 수단이다. 오늘날 빠르게 진행되는 사회의 사람들은 필요에 의해서든, 즐거움을 위해서든 이 일에 참여한다. • **fast-paced** 빠르게 진행되는 **engage in** ~에 참여[관여]하다 **entertainment** 즐거움, 오락

07 정답 × / **cut**

해설 주어가 생략된 명령문 구조이므로 동사원형인 cut으로 고쳐야 한다.

해석 신문의 만화란을 읽을 때, 당신을 웃게 하는 만화를 오려내라. 냉장고나 직장 등 당신이 그것을 가장 필요로 하는 곳 어디에든 그것을 붙여라.

• **cartoon** 만화 **refrigerator** 냉장고

08 정답 × / **allowed**

해설 by vastly ~ chores는 전명구로 삽입어구이고, 문장의 동사가 없으므로 주어 Household appliances에 호응하는 동사 allow가 필요한데, 뒤에 병렬구조를 이루는 동사 got이 과거시제이므로 allowed가 적절하다.

해석 가전제품은 가사노동에 필요한 업무량을 대폭 줄임으로써 여성들이 노동 시장에 진출할 수 있게 했고 사실상 가사노동과 같은 직업을 없앴다.

• **household appliance** 가전제품 **vastly** 엄청나게, 대단히 **virtually** 사실상 **profession** 직업 **domestic** 가정[집안]의; 국내의

09 정답 ○

해설 문장의 동사인 had heard와 began이 있으므로 준동사인 realizing은 적절. realizing ~ sailors는 분사구문.

해석 갈릴레오 갈릴레이는 소형 망원경에 대해 듣고 자신만의 것을 만들기 시작했는데, 그 장치가 군대와 선원들에게 얼마나 유용할지 바로 깨달았다.

• **device** 장치, 기기 **sailor** 선원

10 정답 ○

해설 문맥상 do는 앞의 have동사를 받는 것이므로 적절.

해석 제2차 세계 대전 이래 처음으로, 유럽인들은 자녀들이 자신들이 그린 것보다 더 낮은 생활 수준을 갖게 될 가능성에 직면해 있다.

❸ 병렬구조

11 정답 × / **receiving**

해설 전치사 after 뒤에 이어지는 finishing과 and로 연결된 병렬구조.

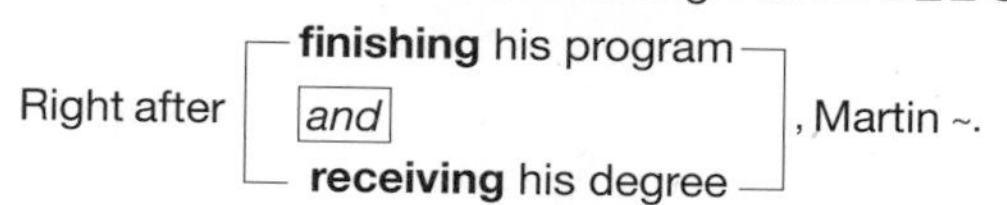

Right after
finishing his program
and
receiving his degree
, Martin ~.

해석 과정을 마치고 학위를 받은 직후, Martin은 보스턴으로 이사했다.
• **degree** 학위; (각도, 온도계 등의) 도; 정도

12 정답 ○
해설 전치사 with 뒤에 이어지는 working과 or로 연결된 병렬구조.

Try experimenting with ┌ **working** by a window
or
└ **using** full spectrum bulbs in your desk lamp.

해석 창문 옆에서 일하거나 책상 램프에 있는 풀 스펙트럼 전구를 사용하는 실험을 해 보라. 당신은 아마 이것이 당신의 작업 환경의 질을 향상시킨다는 것을 알게 될 것이다.
• **experiment** 실험을 하다 **spectrum** (빛의) 스펙트럼 **bulb** 전구

❹ 문장의 주요소로 쓰이는 v-ing

13 정답 ○
해설 frightening은 동사 enjoy의 목적어로 쓰인 동명사이다. enjoy는 동명사(v-ing)를 목적어로 취하는 동사.
해석 그녀는 사람들을 언짢게 할 수 있다는 것을 알면서도, 그들에게 겁을 주는 것을 즐긴다. • **frighten** 겁먹게[놀라게] 만들다

14 정답 ○
해설 Sharing your experiences는 동명사구로 문장에서 주어 역할을 한다.
해석 성취든 낙담이든, 당신의 경험을 공유하는 것은 멋지다.
• **accomplishment** 성취, 성과 **disappointment** 낙담, 실망

15 정답 × / **being**
해설 전치사 for의 목적어 자리로 동명사 형태인 being이 들어가는 것이 적절.
해석 할머니는 아버지가 (몸이) 약해 병원에 자주 가신다고 야단을 치신다.
• **criticize** 야단치다, 비판하다

16 정답 ○
해설 전치사 to의 목적어 자리로 동명사 형태인 pleasing이 들어가는 것이 적절.
해석 만약 당신이 아이의 성취에 대해 지속적으로 보상한다면, 아이는 보상을 받는 것에 더 집중하기 시작한다. 아이에게 신나는 일의 초점은 배우는 것 자체를 즐기는 것에서 당신을 기쁘게 하는 것으로 바뀐다.
• **consistently** 지속적으로 **reward** 보상하다 **shift** 바뀌다, 달라지다

17 정답 × / **hearing**
해설 문맥상 '과거에 ~한 것을' 잊지 못할 것이라는 내용이므로 to hear는 hearing으로 고쳐야 한다.
해석 5학년 때 현지 관현악단이 영화 곡을 연주하러 우리 학교로 왔는데, 나는 처음으로 관현악단 소리를 들은 것을 결코 잊지 못할 것이다.

❺ 빈출 표현

18 정답 × / **hearing**
해설 「keep v-ing」는 '계속 v하다'란 표현으로 hearing이 적절.
해석 누군가 "힘내요, Green 씨!", "할 수 있어요, Green 씨!"라고 외치는 것이 계속 들렸다.

19 정답 × / **watching**
해설 「spend + 시간[돈] + v-ing」는 'v하는 데 시간[돈]을 쓰다'라는 표현으로 watching이 적절.
해석 한 연구는 25-34세 연령층이 가장 많은 온라인 비디오를 시청하고 있으며, 남성들이 여성들보다 온라인 비디오를 보는 데 더 많은 시간을 소비한다는 것을 보여준다.

20 정답 ○
해설 「be devoted to v-ing」는 'v하는 데 바치다[헌신하다]'라는 표현으로 helping이 적절.
해석 사람들은 그를 타인을 돕는 데 자신의 삶을 바친 완전히 이타적인 사람으로 묘사했다. • **depict** 묘사하다 **selfless** 이타적인

UNIT Exercise

본문 p. 180

01 정답 ○
해설 문맥상 앞의 are treated의 반복을 피하기 위한 것이므로 are가 적절.
해석 새로운 연구에 따르면 현재 영국의 소녀들은 자신들보다 소년들이 더 잘 대우받고 있다고 생각한다.

02 정답 × / **examining** 또는 **to examine**
해설 문맥상 밑줄 이하의 어구가 수식하는 대상은 밑줄 바로 앞의 our bodies가 아니라 microchips이다. 마이크로칩이 '검사하는' 것이므로 microchips와 examine은 능동관계. 따라서 examining(v-ing)이 적절. 또는 to examine으로 바꿀 수도 있는데 이때는 '목적'을 의미한다. (~ 검사하기 위해서 마이크로칩을 체내에 실제로 갖게 될지도 모른다.)
In the future we may actually have **microchips** (in our bodies) **examining** ~.
해석 미래에 우리는 혈압, 체온, 그리고 심박동수를 매일 검사해주는 마이크로칩을 체내에 실제로 갖게 될지도 모른다.
• **microchip** 마이크로칩 **blood pressure** 혈압 **heart rate** 심박동수

03 정답 × / **strengthened**
해설 주어 Globalization에 호응하는 동사 has weakened와 and로 병렬 연결된 구조이므로 strengthened로 고쳐야 한다.
해석 세계화는 국가의 역할과 권위를 약화시키고 개인주의를 강화시켰다.
• **globalization** 세계화 **authority** 권위 **strengthen** 강화시키다

04 정답 × / **visiting**
해설 「with + 목적어 + 분사」 구문으로 목적어인 about 2,500,000 people과 visit은 능동관계이므로 visiting이 적절.
해석 오늘날 이 유네스코 세계 유산은 매년 약 250만 명이 방문하는 이탈리아의 가장 인기 있는 관광지 중 하나이다.
• **heritage** 유산 **tourist attraction** 관광지

05 정답 ○
해설 전치사 before의 목적어 자리로 동명사 형태인 using이 들어가는 것이 적절.
해석 과학자들은 끊임없이 자신들의 이론과 결론을 재검토하고 시험한다. 일단 누군가가 발견을 하면, 다른 사람들은 그 정보를 자신의 연구에 사용하기 전에 그것을 주의 깊게 재검토한다.
• **constantly** 끊임없이 **reexamine** 재검토하다 **theory** 이론 **conclusion** 결론 **discovery** 발견 **review** 재검토하다

06 정답 × / **adding**

해설

~ develop math skills by [**counting**, **matching**, **sorting**, **grouping**, *and* **adding**] blocks while they play.

해석 어린아이들은 놀면서 블록을 세고 맞추고 정렬하고 분류하고 또 더하면서 수학적 능력을 발달시킨다.

• **match** ~에 맞추다, 조화시키다 **sort** 정렬하다, 구분하다 **group** 분류하다, 그룹화하다

07 정답 × / **understanding**

해설 「have trouble v-ing (v하는 데 어려움을 겪다)」

해석 나는 그들이 말하는 것을 이해하는 데 어려움을 겪는데 왜냐하면 그들이 너무 빨리 말해서 내 머리로는 따라갈 수 없기 때문이다.

• **keep up** 따라가다, 따라잡다

08 정답 ○

해설 love는 목적어로 동명사(v-ing)와 to부정사(to-v)를 모두 취할 수 있다. 따라서 watching은 동사 love의 목적어로 적절.

해석 Maria Mitchell은 아버지의 망원경을 통해서 하늘을 보는 것을 좋아했고, 어느 날 밤에 그녀는 매우 특별한 것을 보았는데, 그것은 혜성이었다.

• **telescope** 망원경 **comet** 혜성

09 정답 × / **called**

해설 '위험한 운동들'이 익스트림 스포츠로 '불리는' 것이므로 수동관계. 따라서 called가 적절.

~ young athletes are taking part in **risky activities** (*called* "extreme sports" or "X-sports"~).

해석 점점 더 많은 젊은 선수들이 산악자전거 타기, 절벽 위의 스노보딩, 번지 점핑 같은 '익스트림 스포츠' 혹은 '엑스스포츠'로 불리는 위험한 운동들에 참여하고 있다.

• **athlete** (운동) 선수 **extreme** 극도의, 극심한 **cliff** 절벽

10 정답 ○

해설 「become accustomed to v-ing」는 'v하는 데 익숙해지다'란 관용 표현으로 전치사 to 뒤에는 동명사(v-ing)가 목적어로 이어진다.

해석 그는 노예들이 자신들의 구원자들을 항상 반기려 하지는 않았다는 사실을 알게 되었다. 그들은 노예로 사는 것에 익숙해져 있었다.

11 정답 × / **forgetting**

해설 전치사 through의 목적어 자리이므로 동명사 forgetting이 적절.

해석 Tom은 집에 돌아오면 조용하게 뉴스를 읽으면서 쉬기를 원한다. 그는 낮 동안 해결되지 않은 문제들에 의해 스트레스를 받아서 그 문제들을 잊는 것으로 마음의 안정을 찾는다. • **relief** 안도; 완화

12 정답 × / **bubble** 또는 **bubbling**

해설 「지각동사(see) + 목적어(the water) + 목적격보어(bubble/bubbling)」의 구조. 물이 거품을 '일으키는' 것이므로 목적어와 목적격보어는 능동관계. 따라서 원형부정사 또는 v-ing가 적절.

해석 우리 집 근처 공원의 시내는 내가 늘 가장 좋아하는 곳이었다. 물이 바위 위아래로 물거품을 일으키며 흐르는 것을 볼 때 나는 그것에 매료된다.

• **stream** 시내, 개울 **fascinate** 마음을 사로잡다, 매혹하다 **bubble** 거품이 일다

13 정답 × / **to recall**

해설 기억을 떠올리려고 했지만 못했다는 것이므로 to recall이 적절.

해석 오늘 아침에 나는 그 전날 밤에 읽은 그의 소설 중의 하나에 나오는 등장인물의 이름을 떠올리려고 했지만 그러지 못했다.

14 정답 ○

해설 전치사 for 뒤에 이어지는 putting과 and로 연결된 병렬구조.

~ Hans Lippershey got credit for [**putting** two lenses on either end of a tube *and* **creating** a "spyglass" in 1608.]

해석 그가 그것을 해낸 첫 번째 사람은 아니었을지라도, 네덜란드의 안경 제조업자 Hans Lippershey는 1608년에 한 개의 관 양쪽 끝에 두 개의 렌즈를 끼우고 '소형 망원경'을 만든 것에 대해 인정받았다. • **credit** 인정; 칭찬

15 정답 × / **serving**

해설 비언어적 의사소통이 '역할을 하는' 것이므로 분사구문의 의미상 주어인 it과 serve는 능동관계. 현재분사 serving이 적절.

해석 비언어적 의사소통은 언어적 의사소통의 대체물이 아니다. 오히려 그것은 전달되고 있는 메시지의 내용의 풍부함을 강화하는 역할을 하는 보충으로서 기능해야 한다.

• **non-verbal** 비언어적인 **substitute** 대체물 **rather** 오히려 **function** 기능하다 **enhance** 강화하다, 높이다

16 정답 ○

해설 감정동사의 능동·수동을 구분하는 문제로, 주어(many of the singer's fans)가 '실망스러운 감정을 느낀' 것이므로 disappointed(p.p.)가 적절.

해석 비록 그 가수의 많은 팬들은 그녀가 콘서트를 취소한 것에 대해 매우 실망했지만, 많은 사람들은 건강을 우선시하는 그녀의 필요를 이해했다.

• **prioritize** 우선시하다

17 정답 × / **(to) let**

해설 rather than으로 앞에 있는 to handle과 병렬 연결되어 있으므로 let 또는 to let으로 고쳐야 한다.

해석 누군가가 당신을 비판할 때, 당신은 그것이 당신의 자존감을 떨어지게 하기보다 스스로를 향상시키기 위한 긍정적이고 생산적인 방법으로 그 비판을 다루려고 노력할 수 있다.

• **criticize** 비판하다 **criticism** 비판, 비난 **productive** 생산적인 **lower** 떨어뜨리다 **self-esteem** 자존감, 자부심

18 정답 × / **named**

해설 「with + 목적어 + 분사」 구문으로 목적어인 a building과 name은 수동관계이므로 named가 적절.

해석 기업들이 대학에 거액을 기부하면 보통 명패나 기부자의 이름을 딴 건물로 보상을 받는다.

• **donate** 기부하다 **reward** 보상하다 **name after** ~의 이름을 따서 명명하다 **donor** 기부자

19 정답 × / **working**

해설 that절의 동사는 should have이므로 주어인 anyone을 수식하는 준동사 자리이다. anyone과 work는 능동관계이므로 working이 적절.

해석 아이들과 가깝게 일하는 사람이라면 누구나 아이들의 안전과 복지를 염두에 두어야 한다.

• **have ~ at heart** ~을 염두에 두고 있다, 간절히 바라다 **welfare** 복지

20 정답 ○

해설 문장의 동사인 require가 있으므로 charts and graphs를 수식하는 준동사 containing은 적절.

해석 역사 수업은 때로 학생들에게 역사 데이터나 정보가 포함된 차트와 그래프를 분석할 것을 요구한다.

• **analyze** 분석하다 **contain** 포함하다

21 정답 × / **shocked**

해설 감정동사의 능동·수동을 구분하는 문제로, 주어(she)가 충격적인 감정을 '느낀' 것이므로 shocked(p.p.)가 적절.

해석 모든 사람들이 그녀에 대해 걱정했지만, 그녀는 거울 속 자신의 모습을 보고 전혀 충격받지 않았다.

22 정답 × / **allowing**

해설 기술의 급속한 발전이 '가능하게 한' 것으로 분사구문의 의미상 주어인 The rapid advancement of technology와 allow는 능동관계.

해석 기술의 급속한 발전은 우리가 세상을 인식하는 방식을 바꾸어 서로 지구 반대편에 있는 사람들이 의사소통을 할 수 있게 했다.

• **advancement** 발전, 진보 **perceive** 인식[인지]하다

23 정답 ○

해설 동사 makes의 목적어 자리로 동명사 형태인 accomplishing이 들어가는 것이 적절.

해석 달성 불가능한 목표를 설정하는 것은 당신의 궁극적인 목표를 성취하는 것을 훨씬 더 어렵게 만든다.

• **unobtainable** 달성할 수 없는, 얻을 수 없는 **accomplish** 성취하다 **ultimate** 궁극적인

24 정답 ○

해설 「with + 목적어 + 분사」 구문으로 목적어인 tears와 fall은 능동관계이므로 falling이 적절.

해석 Miranda는 한 시간 동안 그 자리에 서서 눈물을 흘리며 완전히 침묵을 지켰다.

25 정답 ○

해설 그물이 '뒤덮인' 것이므로 their nets와 cover는 수동관계. covered가 적절.

해석 두 어부는 그물이 진흙으로 뒤덮인 것을 발견했는데, 그것은 제거하기가 어려웠다.

26 정답 ○

해설 의미상 주어인 Drug repositioning과 reduce는 능동관계이므로 분사구문을 이끄는 reducing은 적절.

해석 구약을 새로운 용도로 연구하는 것으로도 알려진 약물 재배치는 승인된 약물에 대한 새로운 적용을 찾아내는 효과적인 전략이며, 약 개발 비용과 시간을 절감해 준다.

• **reposition** 재배치하다 **strategy** 전략 **application** 적용, 응용 **approve** 승인하다

27 정답 × / **start**

해설 동사 feel과 and로 병렬 연결된 것이므로 start로 고쳐야 한다.

해석 우리가 사랑하는 누군가에게 무시당하면, 우리는 우울함을 느끼고 자기 자신과 자신의 가치를 의심하기 시작한다.

• **ignore** 무시하다 **depressed** 우울한 **doubt** 의심하다 **self-worth** 자아 존중감, 자부심

28 정답 ○

해설 주어 A journalist에 호응하는 동사 won은 적절.

해석 중동을 포함하여 전 세계 분쟁 지역을 취재한 기자가 퓰리처상을 수상했다. • **cover** 취재[보도]하다 **conflict** 분쟁, 갈등

29 정답 **not just a matter of acquiring a set of rules and building up a large vocabulary**

해설 전치사 of에 acquiring과 and로 이어진 병렬구조가 되어야 하므로 building으로 어형을 변화시켜야 한다.

Learning a language is not just a matter of **acquiring** a set of rules / *and* / **building** up a large vocabulary.

30 정답 **always aimed at helping us use our brains to get out of trouble**

해설 빈도부사는 be동사나 조동사 뒤, 일반동사 앞에 위치하므로 always의 위치에 주의한다. 전치사 at의 목적어 자리로 동명사 형태인 helping이 들어가는 것이 적절하며 「help + 목적어 + 목적격보어」에서 목적격보어는 to부정사 또는 원형부정사가 모두 가능하지만 주어진 어구에 to가 하나밖에 없으므로 '곤경에서 벗어나기 위해(to get out of trouble)'를 표현하는 데 쓰여야 한다.

UNIT 06 부정사 밑줄

Points to Remember

본문 p. 185

❶ 목적격보어로 쓰이는 부정사

01 정답 × / **tell**

해설 make + 목적어 + v: 목적어가 v하게 하다

해석 선생님은 내가 아는 모든 것에 대한 사실을 말하게 했다.

02 정답 × / **to do**

해설 expect + 목적어 + to-v: 목적어가 v하기를 기대하다

해석 남편은 내가 모든 집안일을 할 것이라고 기대한다. 그건 공평하지 않다. 왜냐하면 나 또한 풀타임으로 일을 하고 있기 때문이다.

03 정답 × / **to call**

해설 ask + 목적어 + to-v: 목적어가 v할 것을 요청하다

해석 어떤 교사들은, 특히 젊은 교사들일 경우, 그들의 이름으로 불러달라고 요청할 것이다. • **relatively** 비교적

04 정답 ○

해설 help + 목적어 + (to-)v: 목적어가 v하도록 돕다

to start 대신 start도 쓰일 수 있다.

해석 만화 '찰리 브라운'과 '블론디'는 나의 아침 일상의 일부분이고, 내가 미소로 하루를 시작할 수 있도록 도와준다.

❷ 동사의 목적어: to부정사

05 정답 × / **to help**

해설 refuse to-v: v할 것을 거절하다

해석 형은 나의 수학 숙제를 도와주는 것을 거절하고 야구를 하러 나갔다.

06 정답 ○

해설 decide to-v: v할 것을 결정하다

해석 한번은 아빠가 내게 잔디를 깎으라고 하셨는데, 나는 앞마당만 하고 뒷마당은 미루기로 결정했다. • **postpone** 미루다, 연기하다

❸ 진주어 / 진목적어

07 정답 × / **to try**

해설 It(S) is(V) a better idea ***to try* to understand others [who are different from you]**(S′ (진주어)).

해석 당신과는 다른 사람들을 이해하려고 하는 것이 더 좋은 생각이다.

08 정답 × / **to tell**

해설 I(S) thought(V) it(O) necessary(C) ***to tell* you a few things ~ before you move in.**(O′ (진목적어))

해석 당신이 이사 오기 전에 그 집에 대해 몇 가지 말해 주는 것이 필요하다고 생각했다.

❹ to부정사의 역할 / to부정사 관련 표현

09 정답 × / **to purchase**

해설 문장의 동사 are saving이 있으므로 관계사나 접속사 없이 또 다른 동사가 들어갈 수 없다. 준동사로 바꿔야 하며 의미상 to purchase(구입하기 위해서)가 들어가는 것이 적절.

해석 우리는 집을 구입하기 위해서 돈을 모으고 있다. 우리의 꿈은 우리 소유의 집을 갖는 것이다.

10 정답 × / **to have**

해설 seem to-v: v하는 것처럼 보이다, v하는 것 같다 (= appear to-v)

해석 그는 자신을 가수라고 생각했지만, 그는 재능이 없어 보였다.

• **talent** 재능

UNIT Exercise

본문 p. 186

01 정답 × / **to express**

해설 wish to-v: v하기를 바라다

해석 저희는 프로젝트에 참여해주셨던 모든 분께 진심 어린 감사를 표하고 싶습니다.

• **sincere** 진심 어린 **appreciation** 감사 **be involved in** ~에 연관되다

02 정답 × / **to become**

해설 allow + 목적어 + to-v: 목적어가 v하도록 허락하다

해석 만일 Wills가 자기 자신이 야구에서 실패한 것들로 인해 좌절하는 것을 그냥 놔뒀더라면 그는 아무런 기록도 세우지 못했을 것이다.

• **frustrated** 좌절감을 느끼는

03 정답 × / **to cancel**

해설 agree to-v: v하기로 동의하다

해석 우리가 고른 리조트에 관한 많은 좋지 않은 후기를 읽고 나서, 우리는 예약을 취소하기로 동의했다. • **reservation** 예약

04 정답 ○

해설 cause + 목적어 + to-v: 목적어가 v하는 것을 야기하다[초래하다]

해석 치명적인 화산 분출은 기후에 영향을 미쳐 전 세계에 걸쳐 기온 하강을 초래했다.

05 정답 × / **to participate**

해설 encourage + 목적어 + to-v: 목적어가 v하도록 격려하다

해석 훌륭한 지도자는 직원들이 회사 내에서의 자신의 직위와 상관없이 의사 결정에 참여하도록 격려할 수 있다.

• **participate in** ~에 참여하다 **decision-making** 의사 결정 **regardless of** ~에 상관없이 **status** 지위

06 정답 × / **to help**

해설 마치 사역동사처럼 해석되지만 get은 사역동사가 아니고 목적격보어로 to-v를 취한다. get + 목적어 + to-v: 목적어가 v하도록 하다

해석 나는 포인트 시스템을 실행하여 마침내 아이들이 집안일을 돕도록 했는데, 아이들이 얻는 돈의 양은 일주일에 얼마나 많은 일을 하느냐에 달려 있다.

• **implement** 시행하다

07 정답 ○

해설 to go camping은 plans를 수식하여 '캠핑 갈 계획'으로 해석되는 것이 자연스러우므로 to부정사가 앞의 명사를 수식하는 형용사적 역할로 맞게 쓰였다. 'have + 목적어 + v: 목적어가 v하게 하다' 구조가 되어야 하는 것으로 착각하지 않도록 한다.

해석 다행히도, 캠핑을 매우 좋아하는 우리 형이 이번 주말에는 캠핑 갈 계획이 없어서 우리는 형의 텐트를 빌릴 수 있다.

• **camping-crazy** 캠핑을 매우 좋아하는

08 정답 × / **to sprout**

해설 ~ *for* the seeds of the tree(S′) / **to sprout**(V′), / they(S) needed(V) to first be digested(O) ~.

문장의 목적어가 되는 명사절인 that절에 동사 needed가 있으므로 관계사나 접속사 없이 또 다른 동사가 들어갈 수 없다. 준동사로 바꿔야 하며 문맥상 to-v의 부사적 용법인 to sprout(싹 틔우기 위해)가 들어가는 것이 적절. for the seeds of the tree는 to sprout의 의미상 주어이다. first는 부사로서 to-v의 to와 v 사이에는 간혹 부사가 위치하기도 한다.

해석 과학자들은 그 나무 씨앗들이 싹을 틔우기 위해서는 우선 도도새에 의해 소화되어야 한다고 최종 결론지었다.

• **conclude** 결론을 내리다 **sprout** 싹을 틔우다 **digest** 소화시키다

09 정답 ○

해설 watch + 목적어 + v: 목적어가 v하는 것을 지켜보다 (watch + 목적어 + v-ing: 목적어가 v하고 있는 것을 지켜보다)
get off 대신 getting off도 쓰일 수 있다.

해석 나는 집으로 가는 여정을 즐겼고 함께 타고 있던 승객들이 그들의 정거장에서 내리는 것을 보았다. • **fellow** 동료 **passenger** 승객

10 정답 × / **to please**

해설 문맥상 '당신을 기쁘게 해주기 위해'라는 의미의 부사적 역할을 하는 to부정사가 오는 것이 적절하다. that they can은 문장의 목적어인 선행사 anything을 수식하는 관계사절이다. can 뒤에는 반복을 피하기 위해 do가 생략되었다.

In fact, dogs ┌ love you
　　　　　　　and
　　　　　　└ will do anything [that they can (do)] to please you.

해석 사실, 개들은 당신을 사랑하고, 당신을 기쁘게 해주기 위해 자기들이 할 수 있는 일은 어떤 일이든 할 것이다. • **please** 기쁘게 하다

11 정답 **× / to know**

해설 want + 목적어 + to-v: 목적어가 v하기를 원하다

해석 나는 왜 그가 나를 Green 씨라고 부르고 있는지를 물었고, 그는 "제가 당신의 아들이라는 걸 누구도 알게 되는 걸 원치 않았거든요."라고 대답했다.

12 정답 **× / to download**

해설 The growing use of smartphones(S) has made(V) it(O) easier(C) for people(의미상 주어) to download copyrighted content(O' (진목적어)) ~.

해석 스마트폰 사용의 증가는 사람들이 저작권 보호를 받는 콘텐츠를 돈을 지불하지 않고 더 쉽게 인터넷에서 다운로드 받을 수 있게 했다.

• **copyright** 저작권을 얻다

13 정답 **× / to be**

해설 enable + 목적어 + to-v: 목적어가 v하는 것을 가능하게 하다

해석 미래의 발전은 매년 같은 땅에서 더 많은 농작물이 생산될 수 있게 할 것이다. • **crop** 농작물

14 정답 **○**

해설 형용사 hard를 수식하는 부사적 용법의 to부정사로서 적절.

해석 인간은 도덕성을 가지고 있고 동물은 그렇지 않다는 믿음은 아마 습관적 사고로 불릴 것이고, 나쁜 습관은 고치기 매우 어렵다.

• **morality** 도덕성 **can[could, may, might] well** 아마 (~일 것이다) **extremely** 매우, 극히

15 정답 **× / make**

해설 let + 목적어 + v: 목적어가 v하게 하다

해석 남들이 당신을 대신하여 중요한 결정을 하게 하면 할수록 당신은 더욱 더 우유부단해질 것이다. • **indecisive** 우유부단한

16 정답 **○**

해설 lead + 목적어 + to-v: 목적어가 v하도록 이끌다

해석 중국의 경제력 증가는 중국으로 하여금 세계 경제 정책과 프로젝트에 점점 더 관여하도록 하였다.

17 정답 **× / to communicate**

해설 앞에 있는 명사 The ability를 수식하는 형용사적 용법의 to부정사가 되도록 to communicate로 고쳐야 한다.

ability + to-v: v하는 능력

해석 명확하게 의사소통을 하는 능력은 필수적인 기술이며, 배우고 연습함으로써 습득될 수 있는 것이다. • **acquire** 습득하다, 얻다

18 정답 **× / to create, ○**

해설 ~ it(S) is(V) almost impossible ***to create more***(S' (진주어)), ~.

appear to-v: v인 것 같다

해석 주차장의 수는 지금 최대 수준이며 경제적, 환경적 이유로도 더 늘리는 것은 거의 불가능하다. 유일하게 가능한 해결 방책은 대중교통 분야에 있는 것 같다. • **maximum** 최대 **economic** 경제의 **environmental** 환경의 **course of action** 해결 방책 **public transportation** 대중교통

19 정답 **○, × / move**

해설 밑줄 친 to catch(잡기 위해서)는 부사적 역할을 하는 to부정사로 바르게 쓰였다.

make + 목적어 + v: 목적어가 v하게 하다

해석 돌고래는 함께 사냥하여, 혼자 할 때보다 훨씬 더 많은 물고기를 잡는다. 때때로 그들은 가능한 한 많은 물고기를 잡기 위해 넓게 무리 지어 퍼져서 다닌다. 돌고래는 물고기들을 얕은 물가나 해변 쪽으로 이동하게 하는데, 그곳에서는 물고기들이 도망갈 수 없다.

• **spread** 퍼지다 **as ~ as possible** 가능한 한 ~한 **shallow** 얕은 **escape** 탈출하다

20 정답 **○**

해설 「의문사 + to-v」 형태인 how to manage가 know의 목적어 역할을 하는 구조.

해석 당신은 언젠가 가정을 꾸리게 될 것이고, 돈을 관리하는 방법을 알아야 한다고 설명하라.

21 정답 **× / to buy**

해설 Single-income households (earning average salaries)(S) find(V) it(O) almost impossible(C) to buy a house(O' (진목적어)) ~.

해석 평균 급여를 버는 외벌이 가구는 대도시에서 집을 사는 것이 거의 불가능하다고 생각한다. • **metropolitan** 대도시의

22 정답 **× / to wait**

해설 too ~ to-v: 너무 ~해서 v할 수 없다

해석 만약 여러분의 아이들이 너무 참을성이 없어서 줄을 서서 몇 분 동안 기다릴 수 없다면, 기다림이 끝나면 아이들과 함께 할 재미있는 것에 대해 이야기해 봐라. • **impatient** 참을성이 없는, 조급한

23 정답 **○**

해설 앞에 있는 명사구 the cheapest way를 수식하는 형용사적 용법의 to부정사는 적절.

해석 소비자의 물 의식 개선이 가장 많은 물을 절약하는 가장 저렴한 방법일지도 모르지만, 그것이 소비자들이 물 보존에 기여할 수 있는 유일한 방법은 아니다. • **consciousness** 의식, 자각 **contribute to** ~에 기여하다 **conservation** 보존, 보호

24 정답 **× / to motivate**

해설 that절 안에 동사 should be increased가 있으므로 관계사나 접속사 없이 또 다른 동사가 들어갈 수 없다. 준동사로 바꿔야 하며 의미상 to motivate(동기 부여하기 위해서)가 들어가는 것이 적절.

해석 전문가들은 직원들을 동기 부여하기 위해 임금을 인상해야 하고, 이는 생산성 향상으로 이어질 수 있다고 주장했다.

• **motivate** 동기 부여하다 **productivity** 생산성

25 정답 **○**

해설 ask + 목적어 + to-v: 목적어가 v하는 것을 요청하다

해석 검찰은 그에게 형사 사건의 증인으로 출석할 것을 요청했다.

• **prosecutor** 검찰, 검사 **witness** 증인 **criminal** 형사상의

26 정답 **○**

해설 have + 목적어 + v: 목적어가 v하게 하다

해석 그 리조트는 여러분께서 사용하실 수 있는 세탁기와 건조기가 있고 직원들에게 세탁하도록 할 수도 있습니다.

27 정답 **○**

해설 명사구 a good story를 수식하는 형용사적 용법의 to부정사는 적절.

해석 이런 캠핑 여행에서 Arthur 삼촌은 항상 이야기해 줄 재미난 이야기를 가지고 있곤 했다.

28 정답 **× / to offer**

해설 Her generosity consistently made her the first (to offer to help ~).
(made: V, her: O, the first: C)

목적격보어인 명사 the first를 수식하는 형용사적 용법의 to부정사는 적절.

해석 그녀의 너그러움은 항상 그녀로 하여금 친구를 돕고 가족을 보살피고 이웃을 돕는 것을 제안하는 최초의 사람이 되게 하였다.

• **generosity** 너그러움 **consistently** 항상

29 정답 **We made every effort to persuade him not to resign**

해설 to persuade가 명사 every effort를 수식하고, 「persuade + 목적어 + v(목적어가 v하도록 설득하다)」의 구조가 되도록 쓴다. to부정사의 부정은 not이나 never를 앞에 두면 된다.

• **resign** 사직[사임]하다

30 정답 **an effective method to keep the air clean enough to breathe**

해설 an effective method를 수식하는 to부정사 구조를 만들고 「keep + 목적어 + 목적격보어(형용사) + enough + to-v」의 순서로 쓰면 된다.

갈무리 ❸

본문 p. 189

1 정답 **② to lie → to lying**

해설 「from A to B (A부터 B까지)」의 구조에서 전치사 to의 목적어인 동명사가 and로 연결되는 병렬구조이다. to부정사로 착각하지 않도록 주의한다.

~ **from** a hike ~ **to** [**lying** on a picnic rug / *and* / **reading** a good book] in a pleasant ~.

오답풀이 ① start는 동명사(v-ing)와 to부정사를 모두 목적어로 취할 수 있다.

③ 문맥에 맞게 「stop v-ing (v하는 것을 멈추다)」와 「stop to-v (v하기 위해 멈추다)」의 쓰임을 구분해야 한다. 문맥상 '살피기 위해 멈추는' 것이므로 to explore가 적절.

④ 동명사구인 Escaping ~ lives가 문장의 주어이므로 helps가 적절. 구나 절 주어는 단수 취급한다.

⑤ ~, and can make us *feel* happier and more relaxed.
(can make: V, us: O, feel: V, happier and more relaxed: C)

SVOC 문장의 보어(C)로 쓰인 원형부정사 feel(~하게 느끼다)이 다시 보어를 취하고 있는 구조이다.

해석 당신이 대부분의 사람들과 같다면, 당신의 일상은 아마도 사람, 소음, 분주함으로 가득 차 있을 것이다. 만약 그렇다면, 한 달에 하루 또는 한 주말까지도 혼자서 시간을 보내보는 것이 좋은 생각일지도 모른다. 달콤한 고독의 하루는 산을 하이킹하는 것에서부터 쾌적한 공원에서 소풍용 돗자리 위에 누워 좋은 책을 읽는 것까지 그 어떤 것이든 될 수 있다. 박물관에 가거나, 자전거를 타다가 당신의 눈을 사로잡는 어떤 것을 살피기 위해 가던 길을 멈추는 것도 될 수 있다. 일상의 계속되는 압박과 소음에서 벗어나는 것은 우리가 다시 자연과 접촉할 수 있도록 돕고 더 행복하고 보다 여유롭게 느끼도록 할 수 있다.

• **be packed with** ~로 가득 차다 **busyness** 분주함, 바쁨 **all by yourself** 혼자서 **solitude** 고독 **rug** 돗자리, 깔개 **pleasant** 쾌적한; 상냥한 **catch A's eye(s)** A의 눈길을 끌다, 눈에 띄다 **constant** 지속적인 **pressure** 압박 **get in touch with A** A와 접촉하다 **in touch with** ~에 접촉하여 **relaxed** 여유로운, 느긋한

2 정답 **④ confused → confusing**

해설 confuse A with B는 'A와 B를 혼동하다'란 의미로서 you와 confuse는 능동관계이므로 confusing으로 고쳐야 한다. 감정동사로 쓰이지 않은 것에 주의한다.

오답풀이 ① 문장의 동사 return이 있으므로 관계사나 접속사 없이 또 다른 동사가 들어갈 수 없다. 분사구문을 나타내는 준동사로 바꿔야 하며, 의미상 주어 you와 search는 능동관계이므로 searching이 적절.

② 「be accustomed to v-ing」는 'v하는 데 익숙하다'란 관용표현이므로 eating은 적절.

③ continue는 동명사를 목적어로 취하는 동사이므로 eating은 적절.

⑤ learn은 to부정사를 목적어로 취하는 동사이므로 to recognize는 적절.

해석 당신은 종종 밥을 많이 먹은 후에 무언가 맛있는 것을 찾아 부엌으로 다시 돌아가는가? 아무 생각 없이 먹는 것에 너무 익숙해서 배가 불러도 멈출 수가 없는가? 어떤 사람들은 극도로 배가 부르거나 배가 터질 것 같은 느낌이 들 때까지 계속 먹을 것이다. 당신의 식습관은 일, TV 프로그램 시청, 인터넷 서핑과 같은 다른 것들을 하느라 바빠 당신의 관심이 다른 곳에 있을 때 훨씬 더 고통받는다. 이 말이 낯설지 않게 들린다면 당신은 실제 배고픔과 가짜 배고픔을 혼동하고 있을지도 모른다. 나쁜 식습관을 바꾸고 진정한 배고픔을 알아내는 것을 배우는 것이 효과적인 체중 감소를 위해 필요하다.

• **be accustomed to v-ing** ~하는 데 익숙하다 **mindlessly** 분별[지각] 없이 **bloated** 배가 터질 듯한 **burst** 터지다 **attention** 주의 **confuse** 혼동하다, 혼란스럽게 하다 **fake** 가짜의

3 정답 **① donating → donated ⑤ becomes → become**

해설 ① '돈'이 '기부되는' 것이므로 the money와 donate는 수동관계. 따라서 donated가 적절.

⑤ 조건의 부사절에서는 미래의 의미를 나타내더라도 현재시제가 미래시제를 대신한다. 또한 If절의 주어가 복수명사인 practices이므로 복수동사인 become이 맞는 표현이다. 바로 앞의 this를 주어로 착각하지 말 것.

오답풀이 ② 셀 수 없는 명사인 money를 수식하므로 a small amount of는 적절.

③ to부정사는 명사를 수식하는 형용사적 역할을 할 수 있다. to raise가 good ways를 수식.

④ 전치사는 목적어로 v-ing 형태를 취하므로 in의 목적어로 doing은 적절.

해석 우리나라에서는 개인이 다른 OECD 국가들에서 자선 단체에 기부되는 금액의 10분의 1 정도를 기부한다는 보고서가 있다. 이것은 많은 사람이 적은 금액이라도 자선 단체에 기부하는 것에 대해 전혀 관심이 없기 때문이다. 많은 OECD 국가들에서는 아이들이 가난한 사람들을 위해 가판대에서 케이크와 쿠키를 파는 것과 같은 일들을 함으로써 모금하도록 배운다. 그러나 우리 아이들은 다른 사람들을 위해 모금하는 좋은 방법들을 배우지 못하고 성장한다. 우리는 사회 전반에 걸쳐 기부라는 메시지를 퍼뜨리는 조치를 취할 필요가 있고, 어려서부터 교육을 하는 것은 이 같은 일을 하는 첫 번째 단계가 될 것이다. 이러한 관행이 살아가는 하나의 방식이 된다면 우리는 우리나라를 점차 변화시킬 수 있을 것이다.

• **donate** 기부[기증]하다 **charity** 자선 단체 **raise** (자금 등을) 모으다; 들어 올리다 **the needy** 가난한 사람들 (= the poor) **take a step** 조치를 취하다 **gradually** 점차, 서서히

4 정답 **① knows → know ② the other → another**
④ encouraged → to encourage

해설 ① 주어가 복수명사 Geese이므로 이에 호응하는 복수동사 know가 적절.

② '그 밖의 여러 마리 중 또 다른 하나'를 가리키므로 another가 적절.

④ 문장의 동사 honk가 있으므로 관계사나 접속사 없이 또 다른 동사가 들어갈 수 없다. 준동사로 바꿔야 하는데 문맥상 to encourage(격려하기 위해)가 가장 적절하다.

오답풀이 ③ **It**(S) **is**(V) sensible ***to take* turns doing demanding jobs**(S' (진주어)), ~.

⑤ two other geese의 동사 fall out과 접속사 and로 연결되는 병렬구조. 이때 geese는 goose의 복수형이므로 이에 호응하는 동사도 복수동사로 받는다.

~ two other geese — **fall out** with that goose
and
follow it down to lend help and protection.

해석 브이(V) 대형으로 날아가는 거위들은 팀워크에 대해서 많은 것을 알고 있다. 대장 거위가 지치면 다시 들어가고 다른 거위가 그 선두를 맡는다. 조직 내에서 일하는 사람들을 말하든, 남쪽으로 비행하는 거위들을 말하든지 간에, 힘든 일을 할 때 교대를 하는 것은 합리적인 일이다. 거위들은 앞에 있는 거위들이 속도를 유지하도록 격려하기 위해 뒤편에서 끼룩끼룩 울어댄다. 우리도 격려의 마음을 표시함으로써 지도자들을 격려해야 한다. 마지막으로, 거위 한 마리가 아프거나 총에 맞아 다치고 대형에서 이탈하면 다른 두 마리의 거위가 그 거위와 함께 빠져 나와 도움을 주거나 보호하기 위해 그 거위를 따라다닌다. 마찬가지로, 우리도 다른 사람들을 도와서 일에 뒤처지지 않도록 그들을 도와야 한다.

• **geese** 거위(goose)의 복수 **formation** 대형, 편대 **rotate** 교대로 하다 **sensible** 합리적인 **take turns** 교대로 하다 **demanding** 힘든 **organization** 조직 **wounded** 다친, 상처를 입은 **fall out** 빠져 나오다 **keep up with** ~에 뒤지지 않다

UNIT 07 전치사/접속사 밑줄

Points to Remember

본문 p. 193

❶ 전치사, 접속사 구분

01 정답 **× / because**

해설 주어(I), 동사(can do)를 갖춘 절이 이어지고, 문맥상 '~ 때문에'라는 의미가 어울리므로 접속사 because가 적절.

해석 내가 다른 사람들을 위해 무언가를 할 수 있기 때문에 나는 나 자신에 대해 뿌듯함을 느낀다.

02 정답 **× / Although 또는 Though**

해설 주어(it), 동사(is)를 갖춘 절이 이어지고, 문맥상 '비록 ~이지만'의 의미가 어울리므로 접속사 Although 또는 Though가 적절.

해석 미국에서는 인간을 복제하는 것은 불법이지만 동물을 복제하는 것은 합법적이다. • **clone** 복제하다

03 정답 **× / during**

해설 명사(the early 1960s)가 이어지고, 문맥상 '~ 동안'이란 의미가 어울리므로 전치사 during이 적절. while은 접속사로 쓰인다.

해석 당신이 만일 1960년대 초반의 야구팬이었다면 Maury Wills라는 이름의 야구 선수를 기억할 것이다.

04 정답 **× / despite 또는 in spite of**

해설 명사구(the loss ~ natural habitat)가 이어지고, '~에도 불구하고'란 의미가 어울리므로 전치사 despite 또는 in spite of가 적절.

해석 흰꼬리사슴의 자연 서식지인 숲과 삼림 지역의 상당한 손실에도 불구하고 그들의 개체 수는 증가해왔다. • **population** 개체 수 **loss** 손실 **habitat** 서식지 **woodland** 삼림 지역

❷ 주의해야 할 전치사와 접속사

05 정답 ○

해설 문맥상 '~처럼'의 뜻이 자연스러우므로 전치사 like가 들어가는 것이 적절.

해석 그는 아기처럼 매우 곤히 자고 있었다. 그래서 나는 그를 깨우고 싶지 않았다. • **soundly** 곤히, 깊이

06 정답 **× / as**

해설 문맥상 '~로서'라는 의미로 '자격'을 나타내는 전치사 as가 적절.

해석 젊었을 때 그는 여러 해 동안 해외에서 의사로서 군 복무를 했다.
• **serve in the army** 군대에서 복무하다 **abroad** 해외에(서), 해외로

07 정답 **× / like**

해설 문맥상 '~처럼'의 뜻이 자연스러우므로 전치사 like가 적절. alike는 형용사 또는 부사로 쓰일 수 있으며 '비슷한; 비슷하게'라는 뜻. (☞ 네모 어법 Point 22)

해석 나는 어렸을 땐 어머니를 많이 닮았지만, 지금은 아버지처럼 보인다고 (→ 아버지를 닮은 것 같다고) 생각한다. • **resemble** ~을 닮다

08 정답 ○

해설 since는 접속사, 전치사로 모두 쓰이는데, 여기서는 주어(the Earth), 동사(is rotating)가 이어지므로 접속사이다. 문맥상 '~ 때문에'로 해석된다.

해석 지구가 일정한 속도로 회전하기 때문에 우리는 움직이는 것처럼 느끼지 못한다. • **rotate** 회전하다 **constant** 일정한, 변함없는

09 정답 **× / As 또는 When**

해설 문맥상 '~할 때'로 해석하는 게 자연스럽다. 접속사 As 또는 When이 적절. Whether가 부사절을 이끌 때는 '~이든 (아니든)'이라는 의미를 나타낸다.

해석 점심시간이 끝나갈 때쯤 그는 우리에게 자신이 사직하고 다른 회사에 갈 것이라고 말했다. • **resign** 사직하다

10 정답 **× / neither**

해설 「neither A nor B (A도 B도 아닌)」 형태의 상관접속사가 들어가는 것이 적절. both는 「both A and B」의 형태로 쓰인다.

해석 그녀는 처음으로 책을 발간했지만, 그 책은 많은 비판을 받지도, 많은 인기를 얻지도 않았다.

• **publish** 출판하다, 발행하다 **criticism** 비판, 비난; 비평 **popularity** 인기

UNIT Exercise

본문 p. 194

01 정답 **× / if 또는 whether**

해설 문맥상 '~인지 아닌지'로 해석하는 것이 자연스러우므로 접속사 if 또는 whether가 들어가는 것이 적절. 이때 if[whether]는 to see의 목적어 역할을 하는 명사절을 이끈다.

~ *to see* ***if[whether]*** [S]naps (during the middle of the day) [V]could play ~.

해석 과학자들은 대낮에 자는 낮잠이 심장마비의 위험을 줄이는 역할을 할 수 있는지 알아보기 위해 조사를 했다.

• **nap** 낮잠 **reduce** 줄이다 **risk** 위험 **heart attack** 심장마비

02 정답 **× / despite 또는 in spite of**

해설 명사구(their different spellings)가 이어지고 문맥상 '~에도 불구하고'라는 의미가 어울리므로 전치사 despite 또는 in spite of가 적절.

해석 flower(꽃)와 flour(밀가루)는 동음이의어인데, 이것은 그 단어들이 철자가 다름에도 불구하고 똑같이 발음된다는 것을 의미한다.

• **flour** 밀가루 **pronounce** 발음하다

03 정답 **× / during**

해설 명사구(the night shift)가 이어지고 문맥상 '~ 동안'이라는 의미가 어울리므로 전치사 during이 적절.

해석 연구에 따르면 더 밝은 조명이 생체 시계를 속임으로써 야간 근무 동안 근로자들이 더욱 정신이 깨어 있도록 해 준다고 한다.

• **alert** 정신이 맑게 깨어 있는 **night shift** 야간 근무 **play a trick on** ~을 속이다 **internal clock** 생체 시계

04 정답 **× / despite 또는 in spite of**

해설 '~에도 불구하고'란 뜻의 in spite of 또는 despite가 들어가는 것이 적절.

해석 푸에르토리코섬은 다소 작다. 그러나 그것의 규모에도 불구하고, 그 섬은 아주 많은 수의 관광객을 끌어들인다.

• **rather** 다소, 약간 **attract** 끌어들이다

05 정답 **× / because**

해설 주어(the computer screen), 동사(shows)를 갖춘 절이 이어지고 문맥상 '~ 때문에'라는 의미가 어울리므로 접속사 because가 적절.

해석 일부 교육자들은 컴퓨터 스크린이 아이들에게 모든 것을 보여주기 때문에 아이들이 자신의 상상력을 충분히 사용하지 않는다고 말한다.

• **educator** 교육자 **imagination** 상상력

06 정답 **× / Although 또는 Though**

해설 주어(it), 동사(rained)를 갖춘 절이 이어지고 문맥상 '비록 ~이지만'의 의미가 어울리므로 접속사 Although 또는 Though가 적절.

해석 매일 비가 왔지만 우리는 홍콩에서의 여행을 즐겼고 곧 다시 가보고 싶다.

07 정답 **× / while 또는 as**

해설 주어(I), 동사(was cleaning)를 갖춘 절이 이어지고 문맥상 '~ 동안' 또는 '~하면서'라는 의미가 어울리므로 접속사 while 또는 as가 적절.

해석 어제 나는 지하실을 청소하다가[청소하면서] 증조할머니 사진을 한 장 발견했다. 나는 매우 놀랐는데, 내가 증조할머니를 정말 많이 닮은 것이다.

• **basement** 지하실 **great-grandmother** 증조할머니

08 정답 **× / both**

해설 「both A and B (A와 B 둘 다)」 형태의 상관접속사가 들어가야 하므로 both가 적절. not only는 「not only A but (also) B (A뿐만 아니라 B도)」의 형태로 쓰일 수 있다.

해석 내용이 진지한 TV 프로그램은 drama(드라마)라고 불린다. 재미난 프로그램은 comedy(코미디)라고 불린다. 어떤 프로그램은 재미있으면서 내용이 진지하기도 하다. 우리는 이런 종류의 프로그램을 'dramedy(드라메디)'라고 부른다.

09 정답 **× / if 또는 whether**

해설 문맥상 '~인지 아닌지'로 해석하는 것이 자연스러우므로 접속사 if 또는 whether가 들어가는 것이 적절. 이때 if[whether]는 to find out의 목적어 역할을 하는 명사절을 이끈다.

~ to find out ***if[whether]*** [S]**people** (in cities) really [V]**do walk** faster than ~.

해석 한 과학자 집단은 대도시 사람들이 소도시 사람들보다 실제로 더 빨리 걷는지 알아보기로 했다. 그들은 대도시 사람들이 소도시 사람들에 비해 거의 두 배의 속도로 걷는다는 것을 알아냈다.

10 정답 **○, × / either, ○**

해설 As는 접속사로 '~하면서, ~할 때'라는 뜻이며 뒤에 주어, 동사를 갖춘 절이 이어진다. 「either A or B (A 또는 B 어느 한 쪽)」 형태의 상관접속사가 들어가야 하므로 either가 적절. both는 「both A and B」의 형태로 쓰일 수 있다. 문맥상 '~인지 아닌지'로 해석하는 것이 자연스러우므로 접속사 if 또는 whether가 들어가는 것이 적절. 이때 if[whether]는 wondering의 목적어 역할을 하는 명사절을 이끈다.

해석 아이작 뉴턴은 나이가 들면서 자신의 생각이나 자연 과학 책에 몰두하였다. 밤에는 그는 별을 올려다보곤 했으며 그 별들도 지구와 같은 세계인지 궁금해했다.

• **be absorbed in** 몰두하다, ~에 빠져 있다 **used to-v** v하곤 했다

UNIT 08 wh-/that 밑줄

Points to Remember

본문 p. 197

1 wh-

01 정답 **× / whose**

해설 뒤에 「주어(parents) + 동사(hated) + 목적어(their jobs)」의 완전한 구조가 오므로 주격 또는 목적격 관계대명사 which가 쓰일 수 없다. 문맥상 children's parents라는 뜻이므로 소유격 관계대명사 whose가 적절.

해석 그 결과는 자신의 직업을 싫어하는 부모들의 아이들에게서 스트레스 호르몬의 수치가 훨씬 더 높다는 것을 보여주었다. • **hormone** 호르몬

02 정답 **○**

해설 뒤에 「주어(you) + 동사(were faced) + 전명구(with a stressful situation)」의 완전한 구조가 오며, 때를 나타내는 선행사(a time)가 있으므로 관계부사 when이 바르게 쓰였다.

해석 네가 스트레스를 많이 받은 상황에 직면했던 때에 대해 이야기해줘.

• **be faced with** ~에 직면하다 **stressful** 스트레스가 많은

03 정답 ✕ / **where**

해설 뒤에 「주어(you) + 동사(practice) + 목적어(basic skateboarding skills)」의 완전한 구조가 오고, 장소를 나타내는 선행사(the perfect area)가 있으므로, 관계대명사 which가 아니라 관계부사 where가 와야 한다.

해석 교차로가 없는 긴 내리막길은 스케이트보드의 기본기를 연습할 수 있는 완벽한 장소일 수 있다. • **downward** 내리막의 **cross street** 교차로

04 정답 ✕ / **that** 또는 **which**

해설 바로 앞에 선행사 bright colors가 있으므로 선행사를 포함하는 관계대명사 what은 올 수 없다. 동사로 시작되는 불완전한 구조를 이끌므로 주격 관계대명사 that 또는 which가 적절.

해석 일부 곤충들은 절대 몸을 숨기지 않는다. 그보다는, 날개에 멀리서도 보이는 밝은색을 지녔다.

05 정답 ✕ / **how excited I was**

해설 remember의 목적어로 「how + 형용사」가 이끄는 감탄문이 왔으므로 「how excited + S + V」가 알맞은 어순.

해석 나는 아빠가 나의 맨 처음 자전거를 집에 갖고 오셨던 날 내가 얼마나 신이 났는지 기억한다.

06 정답 ✕ / **what**

해설 repeat의 목적어가 되는 선행사를 자체 내에 포함하면서 뒤에 오는 절을 이끌 수 있는 관계대명사인 what이 필요하다.

~ repeat **what** they have said ●.
= the thing(s) which[that]

해석 사람들에게 천천히 말해달라거나 말한 것을 한 번 더 말해달라고 부탁하기를 주저하지 마라. • **hesitate to-v** v하기를 주저하다

2 that

07 정답 ○

해설 뒤에 「주어(reality TV programs) + 동사(offer) + 목적어(several benefits)」의 완전한 구조가 오므로 접속사 that이 바르게 쓰였다. that이 이끄는 명사절은 동사 say의 목적어이다.

해석 리얼리티 TV 프로그램들은 호기심을 만족시키는 것을 포함하여 여러 가지 이득을 소비자들에게 제공한다고 연구자들은 말하고 있다.
• **benefit** 이득, 혜택 **consumer** 소비자 **curiosity** 호기심

08 정답 ✕ / **which**

해설 콤마 뒤에서 앞에 나온 명사(구)를 부연 설명하는 관계사절이므로 which가 적절. 관계대명사 that은 선행사를 보충 설명하는 계속적 용법으로 쓸 수 없다.

해석 그녀는 많은 이야기를 들려줬는데 그것들(이야기들)은 그녀 자신의 모험 이야기라고 주장한다. • **claim** 주장하다 **adventure** 모험

09 정답 ✕ / **what**

해설 앞에 타동사 does가 있고 뒤에 불완전한 구조 「주어(he) + 동사(loves)」가 이어지고 있다. 명사절을 이끌면서 선행사를 포함하고 있는 관계대명사 what이 필요하다.

해석 Alvin은 시내에 있는 선두적인 건축 회사에서 모형을 제작하고 있다. 그는 자기가 사랑하는 일을 하고 있고 수입도 좋다.
• **leading** 선두적인 **architectural firm** 건축 회사

10 정답 ○

해설 뒤에 「주어(koalas) + 동사(have) + 목적어(almost no energy)」의 완전한 구조가 오므로 접속사 that이 바르게 쓰였다. 「so ... that S + V (너무 …해서 ~하다)」 구문이 사용되었다.

해석 최근의 연구는 그 잎들이 단순히 영양분이 너무나도 적어서 코알라가 에너지가 거의 없다는 것을 보여 주었다. • **nutrient** 영양분, 영양소

UNIT Exercise

본문 p. 198

01 정답 ✕ / **who(m)** 또는 **that**

해설 바로 앞에 선행사 a group of intelligent followers가 있으므로 선행사를 포함하는 관계대명사 what은 올 수 없다. 뒤에 오는 구조가 동사 trained의 목적어가 빠진 불완전한 구조이므로 목적어 역할을 할 수 있는 목적격 관계대명사 who(m) 또는 that이 적절.

해석 공자는 윤리학을 포함한 여러 가지 학문에 있어 그가 교육시킨 똑똑한 추종자들을 모았다. • **gather** 모으다 **intelligent** 총명한 **follower** 추종자 **subject** 학과 **ethics** 윤리학

02 정답 ○

해설 바로 앞에 선행사 new information이 있고 목적어가 없는 불완전한 구조를 이끌고 있으므로 목적격 관계대명사 that은 적절.

해석 과학자들이 설명할 수 없는 새로운 정보를 찾으면 낡은 생각이 대체된다. • **replace** 대체[대신]하다

03 정답 ✕ / **what**

해설 앞에 타동사 produced가 있고 뒤에 불완전한 구조가 오므로 명사절을 이끌며 선행사를 포함하는 관계대명사 what이 적절하다.

해석 슈베르트는 자신의 머릿속에 있는 것들을 만들어냈을 뿐이지만, 우리에게 이러한 다채로운 음악적 보물을 나눠주었다.

04 정답 ○

해설 뒤에 오는 구조가 「동사(take) + 목적어(a long time)」로 불완전하므로 주어 역할을 할 수 있는 주격 관계대명사 that이 적절하다. that take a long time to decay가 문장의 주어인 Plastic bags를 수식한다.

해석 썩는 데 오랜 시간이 걸리는 비닐봉지는 친환경적인 대체물로 대체되어야 한다. • **plastic bag** 비닐봉지 **decay** 썩다; 부패 **alternative** 대안

05 정답 ✕ / **which**

해설 앞의 내용을 보충 설명하는 관계사절이므로 which가 적절. 관계대명사 that은 선행사를 보충 설명하는 계속적 용법으로 쓸 수 없다.

해석 나는 사람들로 꽉 찬 엘리베이터에 밀려들어 갔는데, 이는 나를 짜증나게 했고 나는 내가 엉뚱한 건물 안에 있다는 것을 알아채지 못했다.
• **push into** ~로 밀어 넣다 **crowded** 붐비는, 복잡한 **realize** 깨닫다; 실현하다

06 정답 ✕ / **that** 또는 **which**

해설 The story ~ is a good example of **a legend** [***that*** native people invented ● ~].
바로 앞에 선행사 a legend가 있으므로 선행사를 포함하는 관계대명사 what은 올 수 없다. 선행사 a legend는 관계사절 내 동사인 invented의 목적어 역할을 하므로 목적격 관계대명사 that 또는 which가 적절.

해석 나우파카 꽃에 관한 이야기는 원주민들이 자신들의 주위 세계를 이해하기 위해서 만든 전설의 좋은 예이다.
• **legend** 전설 **native** 원주민의 **make sense** 이해하다, 이치에 맞다

07 정답 ×/ **you would like**

해설 「what kind of + 명사」가 이끄는 간접의문문이 tell의 목적어이므로 「what kind of job + S + V」의 어순이 되어야 한다. 「tell + 간접목적어(a human resources manager) + 직접목적어(what kind of ~ like)」의 구조.

해석 당신의 자질에 대해 꼭 기술하시고, 하고 싶은 일이 무엇인지 인사부장에게 말하세요. • **be sure to-v** 꼭[반드시] v하다 **qualification** 자질, 자격 **human resources** (회사의) 인사부; 인력 자원

08 정답 ×/ **whose**

해설 관계대명사의 격을 확인한다. who 뒤에 「주어(stories) + 동사(were filled with) + 목적어(tragedy)」의 완전한 구조가 오므로 주격 관계대명사가 쓰일 수 없다. 문맥상 a writer's stories란 뜻이므로 소유격 관계대명사 whose가 적절하다.

해석 옛날에 이야기가 비극으로 가득 찬 한 덴마크 작가가 있었다.
• **be filled with** ~로 가득 차 있다 **tragedy** 비극

09 정답 ×/ **what**

해설 전치사 in의 목적어가 되는 선행사를 자체 내에 포함하면서 뒤에 오는 절을 이끌 수 있는 관계대명사인 what이 필요하다.

해석 새로운 화법은 그것이 만들어진 방식뿐만 아니라 보이는 것에서도 대중에게 도전적이었다. • **public** 대중

10 정답 ×/ **where** 또는 **in which**

해설 뒤에 「주어(we ourselves) + 동사(might be pressured)」의 완전한 구조가 이어지므로 관계대명사 which가 아니라 관계부사가 와야 한다. 선행사 situations는 관계부사 where가 받는다.

해석 "우리는 모두 우리 자신이 압박감을 느낄지도 모르는 상황들에 처해 있는 사람들을 보기를 좋아한다. 우리는 그들이 느끼는 것을 느낄 수 있지만 안전한 거리를 두고서 말이다."라고 매쿼리 대학의 Kip Williams 교수는 말한다. • **pressure** 압박하다

11 정답 ×/ **why we dream,** ○

해설 why가 이끄는 간접의문문이 do not know의 목적어이므로 「why + S + V」의 어순이 되어야 한다. 밑줄 친 that은 앞에 선행사 thoughts and feelings가 있고, that절의 동사 experience의 목적어가 없는 불완전한 구조이므로 목적격 관계대명사이다.

Although scientists(S′) do not know(V′) for certain **why we dream**(O′), // some(S) believe(V) **that**(접속사) our dreams are associated with *thoughts and feelings*(O) [**that**(관계대명사) we experience ● while we are awake].

해석 과학자들은 우리가 왜 꿈을 꾸는지 확실히 모르지만, 일부 과학자들은 꿈이 우리가 깨어 있는 동안 경험하는 생각 및 감정과 연관되어 있다고 믿는다. • **for certain** 확실히 **be associated with** ~와 연관되다

12 정답 ○

해설 「주어(it) + 동사(enables) + 목적어(your muscles)」의 완전한 구조가 이어지므로 명사절을 이끄는 접속사 that이 적절.

Another benefit of aerobic training(S) is(V) **that** it enables your muscles to better use oxygen ~(C).

해석 에어로빅 훈련의 또 다른 장점은 이것이 근육이 장시간 동안 일하기 위해 산소를 더 잘 활용할 수 있도록 해준다는 것이다.
• **aerobic** 에어로빅 **muscle** 근육 **oxygen** 산소

13 정답 ○

해설 do의 목적어가 되는 선행사를 자체 내에 포함하면서 뒤에 오는 절을 이끌 수 있는 관계대명사인 what은 적절.

~ do **what** you have to do ● to improve ~.
= the thing(s) which[that]

해석 특정 분야에 약점이 있다면, 교육을 받고 자기를 위해서 개선하기 위해 해야 하는 일을 하라.

14 정답 ×/ **what**

해설 전치사 on의 목적어가 되는 선행사를 자체 내에 포함하면서 뒤에 오는 절을 이끌 수 있는 관계대명사인 what이 필요하다.

~ than on **what** she did ● to earn it.

해석 칭찬은 배움에 대한 사랑을 빼앗아 갈 수 있다. 만약 당신이 아이의 성취에 대해 지속적으로 아이에게 보상한다면, 아이는 그것을 얻기 위해 한 것보다 보상을 받는 것에 더 집중하기 시작한다.
• **compliment** 칭찬 **consistently** 지속적으로, 계속해서 **reward** 보상하다 **accomplishment** 성취

15 정답 ○

해설 뒤에 「주어(she) + 동사(ate) + 목적어(a plate of spaghetti)」의 완전한 구조가 오므로 접속사 that이 바르게 쓰였다. that이 이끄는 명사절은 동사 reported의 목적어이다.

해석 Mary Decker는 경주 전날 밤 스파게티 한 접시를 먹었다고 말해 1970년대 스포츠계를 놀라게 했다.

16 정답 ○

해설 뒤에 오는 구조가 「주어(I) + 동사(hated)」로 불완전하므로 목적격 관계대명사가 필요하다. 콤마 뒤에서 앞에 나온 어구(mowing ~ hedges)를 부연 설명하는 관계사절이므로 which가 적절.

해석 아버지는 잔디를 깎거나 산울타리를 자르는 등 집안일을 맡아달라고 내게 끊임없이 잔소리를 하셨는데, 나는 그것이 싫었다.
• **nag** 잔소리를 하다 **mow** (잔디를) 깎다 **hedge** 산[생]울타리

17 정답 ×/ **whose**

해설 뒤에 「주어(price) + 동사(is) + 보어(much more expensive)」의 완전한 구조가 오므로 주격 또는 목적격 관계대명사 which가 쓰일 수 없다. 문맥상 '유기농 식품의 가격'이라는 뜻이므로 소유격 관계대명사 whose가 적절.

해석 그녀는 보통 자신의 아이들을 위해 비 유기농 식품보다 가격이 훨씬 더 비싼 유기농 식품을 산다. • **organic** 유기농의

18 정답 ×/ **where** 또는 **in which**

해설 뒤에 「주어(speaking) + 동사(may be) + 보어(impossible or inappropriate)」의 완전한 구조를 이루고 있고, 앞에 장소를 나타내는 선행사 situations가 있으므로 관계부사인 where 또는 「전치사 + 관계대명사」 형태인 in which가 적절.

해석 비언어적 의사소통은 말하는 것이 불가능하거나 부적절할 수 있는 상황에서 유용할 수 있다. • **inappropriate** 부적절한

19 정답 ○

해설 뒤에 「주어(doing so) + 동사(harms) + 목적어(the product's quality)」의 완전한 구조가 오므로 접속사 that이 바르게 쓰였다. 「so ... that S + V (너무 …해서 ~하다)」 구문이 사용되었다.

해석 제조사가 비용을 너무 많이 절감해서 그렇게 하는 것이 제품의 품질을 손상시킨다면, 증가된 수익성은 오래가지 못할 것이다.
• **manufacturer** 제조자 **profitability** 수익성

20 정답 ✕ / that
해설 뒤에 「주어(the students) + 동사(had changed) + 목적어(sweatshirts)」의 완전한 구조가 이어지므로 관계대명사 what이 아닌 접속사 that이 적절하다. 여기서 that절은 notice의 목적어 역할을 한다.
해석 대부분의 관찰자들은 학생들이 몇 분 후에 다시 방에 들어갔을 때 운동복 상의를 갈아입은 것을 알아차리지 못했다.
• **observer** 관찰자; 목격자 **sweatshirt** 운동복 상의

21 정답 ○
해설 뒤에 「주어(your car) + 동사(is not working)」의 완전한 구조가 이어지므로 접속사 that이 적절하다. 여기서 that절은 observe의 목적어 역할을 한다.
해석 당신의 자동차 정비사는 당신의 차가 작동하지 않는다는 것을 단지 관찰하지 않는다. 그는 그것이 왜 작동하지 않는지 알아낸다.
• **mechanic** 정비공 **observe** ~을 보다, 관찰하다 **figure out** 알아내다

22 정답 ✕ / that
해설 뒤에 「주어(animals) + 동사(have) + 목적어(moral behavior)」의 완전한 구조가 이어지므로 관계대명사나 의문대명사 what이 아니라 접속사 that이 적절하다. 여기서 that절은 possibility를 부연 설명하는 동격의 명사절이다.
해석 동물이 도덕적인 행동을 하는 가능성의 복잡한 영향을 다루기보다는 동물에 대한 도덕성을 부정하는 것이 더 쉽다.
• **morality** 도덕성 **complex** 복잡한 **possibility** 가능성

23 정답 ○
해설 뒤에 「주어(double lenses) + 동사(made) + 목적어(nearby things) + 목적격보어(look bigger)」의 완전한 구조가 이어지므로 접속사 that이 적절하다. 여기서 that절은 discovered의 목적어 역할을 한다.
해석 그의 아이들은 이중 렌즈가 근처의 사물들을 더 크게 보이게 한다는 것을 발견했다. • **nearby** 가까운 곳의

24 정답 ○
해설 앞에 선행사 chemicals가 있고, 동사로 시작되는 불완전한 구조를 이끌고 있으므로 주격 관계대명사 that은 적절.
해석 대부분의 사람들은 밝은 햇살 속에서 가장 행복하다. 그 빛은 정서적으로 행복하다는 느낌을 가져다주는 화학 물질을 몸에서 발산하게 할지도 모른다.
• **release** 배출, 방출 **chemical** 화학 물질 **well-being** (건강과) 행복

25 정답 ○
해설 a method를 선행사로 하는 주격 관계대명사 자리로서 that은 적절.
해석 야생 식량 자원을 찾는 것은 오랫동안 사용되어 온 방법이다.
• **resource** 자원

26 정답 ○
해설 뒤에 「주어(I) + 동사(was finished)」의 완전한 구조가 오므로 접속사 that이 바르게 쓰였다. 「so ... that S + V (너무 …해서 ~하다)」 구문이 사용되었다.
해석 일이 너무 오래 걸려서 내가 일을 마쳤을 때는 이미 해가 저물었다.

27 정답 ✕ / that
해설 뒤에 「주어(he) + 동사(could pick) + 목적어(the best places to camp)」의 완전한 구조가 이어지므로 관계대명사 what이 아닌 접속사 that이 적절하다. 여기서 that절은 문장의 보어 역할을 한다.
해석 Arthur 삼촌에 대한 한 가지 멋진 점은 그가 항상 캠핑하기에 가장 좋은 장소를 고를 수 있다는 것이었다.

28 정답 ○
해설 앞에 선행사 역할을 하는 명사가 없고, 뒤에 오는 절을 이끌 수 있어야 하므로 관계대명사 what은 적절.
해석 최근의 통신 기술 발전은 상대적인 측면에서 19세기 후반에 일어났던 것보다 더 혁명적이지 않다.
• **progress** 진보, 전진 **telecommunications** 통신 **revolutionary** 혁명적인 **relative** 상대적인, 비교상의

29 정답 ○
해설 뒤에 오는 구조가 「동사(allows) + 목적어(it) + 목적격보어(to travel)」로 불완전하므로 주격 관계대명사가 필요하다. 콤마 뒤에서 앞에 나온 절을 부연 설명하는 관계사절이므로 which가 적절.
해석 플라스틱은 분해되는 속도가 극도로 느리고 떠다니는 경향이 있어 수천 마일을 해류로 이동할 수 있다.
• **extremely** 극도로 **float** 뜨다 **current** 해류, 흐름

30 정답 ✕ / that
해설 진주어(you make ~ life)를 이끄는 접속사 that으로 고쳐야 한다.
해석 인생 후반보다는 일찍 실수를 하는 것이 낫다.

갈무리 ❹

본문 p. 201

1 정답 ② **while → during**
해설 while은 접속사이므로 뒤에 「주어 + 동사」를 갖춘 절이 이어져야 한다. 그러나 her childhood라는 명사구가 이어지므로 같은 의미의 전치사 during이 적절.
오답풀이 ① 접속사 Although 뒤에 「주어(she) + 동사(survived)」를 갖춘 절로 구조적으로 적절하며 문맥상으로도 '비록 ~라도'라는 의미로 올바로 쓰임.
③ learn은 to부정사를 목적어로 취하는 동사이므로 to say는 적절.
④ 주어와 동사 pushed의 목적어가 같은 사람이므로 재귀대명사 herself는 적절.
⑤ to부정사의 형용사적 쓰임. the first person을 수식한다.
해석 Heather Whitestone은 왕관을 쓰기까지 많은 장애를 극복했다. 그녀는 18개월이 되었을 때, H 독감 바이러스 때문에 거의 죽을 뻔했다. 비록 살아남기는 했지만, 거의 완전히 귀가 들리지 않게 되었다. 그 결과, 어린 시절 그녀는 언어 교정 치료에 아주 많은 시간을 보냈다. 자신의 성(姓)을 말하는 것을 배우는 데 6년이 걸렸다. 그녀는 청각 장애 학생을 위한 학교 대신에 애써서 정규 학교에 다녔다. 그사이, 그녀는 부모님의 가슴 아픈 이혼을 견뎠다. 그녀는 미인 선발 대회에 참가하기 시작했을 때, 미스 앨라배마 미인 대회에서 1위를 차지했고 1995년에 그녀는 장애인으로서 미스 아메리카 미인 대회에서 1위를 차지한 첫 번째 사람이 되었다.
• **obstacle** 장애 **path** 길 **influenzae** 인플루엔자균 **therapy** 치료법, 요법 **meanwhile** 그사이에, 그동안에 **heartbreaking** 가슴 아픈, 상처를 주는 **divorce** 이혼; 이혼하다 **disability** 장애

2 정답 ① **which → that**
해설 뒤에 「주어(the girls) + 동사(had to dress) + 목적어(themselves) ~」의 완전한 구조가 이어지므로 관계대명사나 의문대명사 which가 아니라 접속사 that이 적절하다. 여기서 that절은 clear instructions와 동격이다. 이를 관계대명사의 선행사로 착각하지 말아야 한다.

But S I V gave IO the maid DO clear instructions *that* the girls had to dress themselves ~.

오답풀이 ② 문맥상 「used to-v (과거에 v하곤 했다)」가 적절.

③ My colleagues and relatives (S) used to accuse (V1) me (O1) ~ and asked (V2) why S I V had O a maid. (O2)

why가 이끄는 명사절이 동사 asked의 목적어 역할을 한다.

④ By V **asking** O **my children** C **to do** ~, ~.

동사 ask는 목적격보어로 to부정사를 취한다. asking은 전치사 by의 목적어.

⑤ '우리'가 '양육하는' 것으로, 분사구문의 의미상 주어인 We와 nurture는 능동관계. 따라서 현재분사 nurturing이 적절.

해석 나는 두 딸이 한창 자랄 무렵 가정부를 두었다. 하지만, 나는 그 가정부에게 아이들이 스스로 옷을 입고 스스로 방 청소를 해야 한다는 명확한 지침을 주었다. 내 동료나 친척들은 내가 아이들에게 너무 엄하게 한다고 나를 책망하곤 했고, 왜 가정부를 두었느냐고 물었다. 아이들에게 자신의 일을 스스로 하게 요구함으로써 나는 그들이 자급자족할 수 있게 되고 남들에게 의존하여 약해지지 않게 되기를 바랐던 것이다. 우리는 아이들을 아이들로서 대해주어야 하고 사랑과 보살핌으로 양육해야 한다. 하지만, 우리는 또한 그들이 도움이 되고 책임감 있는 사람이 되도록 그들을 훈육해야 한다.

• **instruction** 지시; 설명 **colleague** 동료 **relative** 친척 **accuse A of B** A를 B로 비난하다 **harsh** 가혹한 **self-sufficient** 자급자족할 수 있는 **dependence** 의존 **nurture** 양육하다 **discipline** 훈육하다 **individual** 개인; 각각의

3 정답 ③ **which → where**

해설 밑줄 친 which 뒤는 「주어(things) + 동사(are arranged)」의 완전한 구조를 이루고 있고, 장소를 나타내는 선행사 the ends of the aisles를 보충 설명하므로 관계부사인 where가 적절하다. 콤마(,)에 이어지는 관계사가 이끄는 절은 앞에 나온 어구나 절을 보충 설명한다.

오답풀이 ① avoid는 v-ing를 목적어로 취하는 동사이다. 따라서 buying은 적절.

② 앞서 하나의 좋은 요령(one good trick)이 언급되었고, 그 밖의 여러 다른 요령 중에서 또 다른 하나를 언급하고 있으므로 Another는 적절.

④ '표지판'이 '~라고 말하는[알려주는]' 것이므로 signs와 say는 능동관계. 따라서 saying은 적절하다.

⑤ 콤마(,) 뒤에 이어진 절에 동사가 없으므로 술어동사의 역할을 하는 ask는 적절. 동사원형 ask가 이끄는 명령문이다.

해석 식료품 비용을 절감하고 싶다면, 슈퍼마켓 선반의 눈높이에서 찾을 수 있는 물품의 구매를 피하는 것은 하나의 좋은 요령이다. 대개 가장 비싼 품목들은 눈높이에 있고 그보다 싼 것들은 가장 높거나 가장 낮은 곳에 자리한다. 또 다른 요령은 통로 끝에 있는 특별 전시된 것들을 피하는 것인데, 그곳의 물건들은 마치 세일 중인 것처럼 보이도록 배열되어 있다. 당연히 캔들은 눈길을 끄는 피라미드 형태로 쌓여 있고 그 피라미드는 '특별' 혹은 '초특가'임을 알려주는 표지판으로 장식되어 있을 테지만 그것이 싸다는 것을 의미하는 것은 아니다. 표지판을 주의 깊게 읽고, 당신이 어떠한 상품이 세일 중인지 아닌지 여전히 확신을 할 수 없다면 그곳에서 일하는 사람에게 물어보아라.

• **grocery** 식료품 **shelf** 선반(복수형 shelves) **option** 선택할 수 있는 것 **place** 놓다[두다] **display** 전시, 진열 **aisle** 통로 **arrange** 배열하다 **stack** 쌓다 **decorate** 장식하다

4 정답 ③ **which → what**

해설 ~, reminding (V) you (IO) that [*what* you have ●] is good enough. (DO)

「S + V + IO + DO」 문장에서 that은 직접목적어절을 이끄는 접속사로 쓰였다. 밑줄 친 which가 이끄는 절이 동사 is의 주어가 되는 것이 문맥상 가장 자연스럽다. 그러므로 동사 is의 주어, 즉 선행사를 포함하는 관계대명사이면서 동시에 밑줄 뒤에 이어지는 절에서 타동사 have의 목적어 역할을 할 수 있는 관계대명사 what이 적절.

오답풀이 ① 동사 keep이 「목적어 + 목적격보어」의 구조를 취할 때는 형용사 보어를 취한다.

② 「keep A from v-ing」는 'A를 v하는 것으로부터 보호하다, 막다'의 의미로 문맥에 적절하다. 「keep + 목적어 + v-ing (목적어가 계속 ~하게 하다)」와는 구별해야 한다.

④ '당신이' '괴롭힘을 당하는' 것이므로 you(의미상 주어)와 bother는 수동관계.

⑤ 「allow + 목적어 + to-v」: 목적어가 v하도록 허락하다

해석 감사는 여러 가지 이유로 중요하다. 그것은 삶의 선물과 관계에 대해 당신의 마음을 열어놓게 한다. 그것은 살아 있는 것이 얼마나 행운인지에 대해 지속적으로 상기시켜 주고, 당신의 관계를 당연시하지 못 하게 한다. 감사는 당신이 가진 것이 충분하다는 것을 상기시키면서 당신이 계속 만족감을 느끼도록 해준다. 감사에 초점이 맞춰져 있으면 작은 문제들은 당신을 괴롭히지 않는다. 감사는 파트너의 나쁜 습관들과 관계의 불완전함으로 인해 괴로워지는 것으로부터 면역력을 갖게 해준다. 감사는 '사소한 것들' 너머의 것을 보게 해주고 관계 속에 있어서 생기는 문제들에 대해 과잉 반응하지 않도록 해준다.

• **gratitude** 감사 **reminder** 상기시키는 것 **keep A from ~** A가 ~하지 못 하게 하다 **take A for granted** A를 당연시하다 **immunize** 면역력을 갖게 하다 **imperfection** 미비함, 결함 **overreact** 과잉 반응하다

5 정답 ② **where → which** ④ **what → which[that]**

해설 ② 뒤에 오는 구조가 「동사(positions) + 목적어(us)」로 불완전하므로 관계부사는 쓸 수 없고, 주어 역할을 할 수 있는 주격 관계대명사가 필요하다. 콤마 뒤에서 앞에 나온 절을 부연 설명하는 관계사절이므로 which가 적절. 관계대명사 that은 선행사를 보충 설명하는 계속적 용법으로 쓸 수 없다.

④ 바로 앞에 선행사 variants가 있으므로 선행사를 포함하는 관계대명사 what은 올 수 없다. 동사로 시작되는 불완전한 구조를 이끌고 있으므로 주격 관계대명사 that 또는 which가 적절.

오답풀이 ① 뒤에 주어 없이 동사로 시작되는 불완전한 구조가 나오므로 주격 관계대명사 that은 적절. 이때의 that은 unique viruses를 선행사로 한다.

③ 앞에 선행사 the same way가 있어서 관계부사 how 대신에 that을 쓴 것은 적절.

⑤ 앞에 있는 명사 the ability를 수식하는 형용사적 용법의 to부정사 to tackle은 적절.

해석 모든 동물 종은 그들을 감염시키기 위해 적응한 독특한 바이러스의 숙주이다. 우리의 개체 수가 증가함에 따라, 우리는 더 야생의 지역으로 확장해 나가는데, 이것은 우리가 보통 접촉하지 않는 동물들 근처에 우리를 위치시킨다. 바이러스는 체액과 밀접하게 접촉함으로써 사람 간에 전파되는 것처럼 동물에서 인간으로 퍼질 수 있다. 처음에 바이러스는 새로운 숙주에 적응하지 못했기 때문에 쉽게 퍼질 수 없다. 그러나 시간이 지남에 따라 새로운 숙주에서 진화할 수 있으며, 더 잘 적응된 변종을 만들어 낼 수 있다. 바이러스가 새로운 숙주에게 가면, 그들은 흔히 더 심각한 질병을 유발한다. 이것은 바이러스와 초기 숙주가 함께 진화해 종들이 내성을 갖도록 했기 때문이다. 하

지만 새로운 숙주 종은 바이러스와 싸우는 능력이 부족할 수 있다. 예를 들어, 우리가 박쥐와 그들의 바이러스에 접촉하게 되면, 우리는 에볼라 바이러스에 감염될 수 있지만, 박쥐 자체는 영향을 덜 받는다.

• **host** 숙주 **adapt** 적응하다 **infect** 감염시키다 **contact** 접촉 **fluid** 유체 **evolve** 발달하다 **generate** 만들어 내다 **variant** 변종 **frequently** 흔히, 자주 **initial** 초기의, 처음의 **resistant** 저항력 있는 **tackle** (힘든 문제와) 씨름하다 **affected** 영향을 받은

MEMO

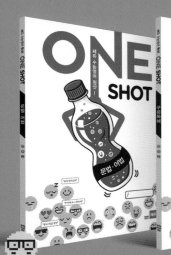

쎄듀 초·중등 커리큘럼

	예비초	초1	초2	초3	초4	초5	초6

구문
- 천일문 365 일력 | 초1-3 | 교육부 지정 초등 필수 영어 문장
- 초등코치 천일문 SENTENCE — 1001개 통문장 암기로 완성하는 초등 영어의 기초

문법
- 초등코치 천일문 GRAMMAR — 1001개 예문으로 배우는 초등 영문법
- 왓츠 Grammar — Start (초등 기초 영문법) / Plus (초등 영문법 마무리)

독해
- 왓츠 리딩 70 / 80 / 90 / 100 A / B — 쉽고 재미있게 완성되는 영어 독해력

어휘
- 초등코치 천일문 VOCA&STORY — 1001개의 초등 필수 어휘와 짧은 스토리
- 패턴으로 말하는 초등 필수 영단어 1 / 2 — 문장 패턴으로 완성하는 초등 필수 영단어

ELT
- Oh! My PHONICS 1 / 2 / 3 / 4 — 유·초등학생을 위한 첫 영어 파닉스
- Oh! My SPEAKING 1 / 2 / 3 / 4 / 5 / 6 — 핵심 문장 패턴으로 더욱 쉬운 영어 말하기
- Oh! My GRAMMAR 1 / 2 / 3 — 쓰기로 완성하는 첫 초등 영문법

	예비중	중1	중2	중3

구문
- 천일문 STARTER 1 / 2 — 중등 필수 구문 & 문법 총정리

문법
- 천일문 GRAMMAR LEVEL 1 / 2 / 3 — 예문 중심 문법 기본서
- GRAMMAR Q Starter 1, 2 / Intermediate 1, 2 / Advanced 1, 2 — 학기별 문법 기본서
- 잘 풀리는 영문법 1 / 2 / 3 — 문제 중심 문법 적용서
- GRAMMAR PIC 1 / 2 / 3 / 4 — 이해가 쉬운 도식화된 문법서
- 1센치 영문법 — 1권으로 핵심 문법 정리

문법+어법
- 첫단추 BASIC 문법·어법편 1 / 2 — 문법·어법의 기초

문법+쓰기
- EGU 영단어&품사 / 문장 형식 / 동사 써먹기 / 문법 써먹기 / 구문 써먹기 — 서술형 기초 세우기와 문법 다지기
- 올씀 1 기본 문장 PATTERN — 내신 서술형 기본 문장 학습

쓰기
- 거침없이 Writing LEVEL 1 / 2 / 3 — 중등 교과서 내신 기출 서술형
- 중학 영어 쓰작 1 / 2 / 3 — 중등 교과서 패턴 드릴 서술형

어휘
- 천일문 VOCA 중등 스타트/필수/마스터 — 2800개 중등 3개년 필수 어휘
- 어휘끝 중학 필수편 — 중학 필수어휘 1000개
- 어휘끝 중학 마스터편 — 고난도 중학어휘 +고등기초 어휘 1000개

독해
- ReadingGraphy LEVEL 1 / 2 / 3 / 4 — 중등 필수 구문까지 잡는 흥미로운 소재 독해
- Reading Relay Starter 1, 2 / Challenger 1, 2 / Master 1, 2 — 타교과 연계 배경 지식 독해
- READING Q Starter 1, 2 / Intermediate 1, 2 / Advanced 1, 2 — 예측/추론/요약 사고력 독해

독해전략
- 리딩 플랫폼 1 / 2 / 3 — 논픽션 지문 독해

독해유형
- Reading 16 LEVEL 1 / 2 / 3 — 수능 유형 맛보기 + 내신 대비
- 첫단추 BASIC 독해편 1 / 2 — 수능 유형 독해 입문

듣기
- Listening Q 유형편 / 1 / 2 / 3 — 유형별 듣기 전략 및 실전 대비
- 쎄듀 빠르게 중학영어듣기 모의고사 1 / 2 / 3 — 교육청 듣기평가 대비